増補改訂版

前夜

日本国憲法と自民党改憲案を読み解く

梓澤和幸・岩上安身・澤藤統一郎

現代書館

まえがき

岩上安身

　本書初版の「まえがき」執筆の前夜(二〇一三年一一月二六日)、強行採決が行われ、稀代の悪法・特定秘密保護法が衆院で可決されてしまった。

　それから約二年、二〇一五年九月一九日未明、違憲の疑いが濃い平和安全法制(安全保障関連法案＝戦争法)がきわめて強引な採決により「成立」してしまった。解釈改憲による集団的自衛権の行使容認によって、米国の引き起こす戦争に地球の裏側であろうと、宇宙の彼方であろうと(安保法制懇座長代理・北岡伸一氏の発言)自衛隊がつき従ってゆく体制ができ上がってしまったことになる。

　日本に対する有事であれば、日本の周辺および日本国土内が舞台になる。そうした急迫不正な侵害に関しては、個別的自衛権で対応可能であり、米軍との協力や援護も可能であるにもかかわらず、なぜ集団的自衛権の行使を、憲法解釈を曲げてまで強引に容認したのか。背景には莫大な財政赤字を抱えながら維持困難な地球大の軍事帝国を築いてしまった米国からの強い要請がある。

　米国が集団的自衛権の行使を強く求めるのは、日本の防衛とは関係のない、米国の国際戦略に基づく戦争に加担させるためである。その結果、米国の戦費を肩代わりさせられ、税金を乱費し、自衛隊員の生命を犠牲にしてしまう可能性がある。犠牲を強いられるのは、日本の防衛や国益のためでなく、米国という、限界まで伸びきってしまった、オーバーストレッチ帝国の維持という実現困難なミッションのためであり、日本が自分たちの頭で理性的に物事を考えることなく対米追従していくのは、我が国の実体が米国の「属国」に他ならないからである。

　こうした真実を日本国民が目の当たりにすれば、米国からの真の独立と民主化を求める声が高まるのは必然である。であるからこそ、米帝国との「同盟」(実は従属関係)に忠誠を誓う「属国」の政府官僚らは、米国からのミッションである隷属の遂行のためにも、「秘密」と「ファシズム」とを必要とする。国民の目や耳から「真実」を遠ざけるためである。特定秘密保護法や安保法制の成立・施行は、そのための第一歩である。そして第一歩ではあっても、そのすべてではない、というところが肝要である。

　来年(二〇一六年)夏、参議院が改選を迎える。この参議院選挙に安倍政権は、自民党改憲草案を引っさげ、憲法改正の必要性を世に問う。すでに衆議院は改憲発議に必要な三分の二の議席（定数四七五議席、改憲発議に必要なのが三一七議席、自民・公明両党で三二六議席、さらにおおさか維新を足すと三三七議席）を改憲勢力が占めている。参議院は（定数二四二議席、改憲発議に必要なのが一六二議席、改憲勢力は自民・公明両党で一三三議席、その他改憲勢力として次世代の党が五議席、おおさか維新が六議席、そしておおさか維新と統一会派を目指す日本を元気にする会が七議席で一五一議席）、あとわずかに一一議席程度である。実は議席数からみて、日本国憲法が崖っぷちに瀕していることを、ほとんどの国民は知らされていない。

憲法改正論議といえば、改憲賛成派も改憲反対派（護憲派）も、憲法九条を前提にしてきた。しかし、安倍政権がもくろむのは、憲法九条の改正ではなく、緊急事態宣言の創設である。

安保法制の「成立」から間もない九月二四日、自民党本部で開かれた記者会見では、二〇一六年夏の参院選において憲法改正を「公約に掲げる」と明言した。さらに一一月一〇、一一日両日行われた衆参での予算委員会において、安倍晋三首相は、「緊急事態条項」の新設を重視すると明言した。

「緊急事態」は、自民党改憲草案で新たに付け加えられた一章であり、その第九九条として「緊急事態の宣言が発せられたときは、法律の定めるところにより、内閣は法律と同一の効力を有する政令を制定することができる」「緊急事態の宣言が発せられた場合には、何人も、法律の定めるところにより、当該宣言に係る事態において国民の生命、身体及び財産を守るために行われる措置に関して発せられる国その他公の機関の指示に従わなければならない」と明記されている。

つまり、自民党改憲草案に示されている緊急事態条項とは、国会の事前同意を必ずしも必要とせずに、国民の各基本権が停止させられ、公権力が制限なく全権を振るえるものであり、国会は完全に形骸化され、言論報道機関も統制され、行政府が立法府を兼ね、法律と同じ効力を持つ政令を国会にはかることなく乱発できて、予算措置も取れ、期間の延長もできるという、事実上無制限の権力を行使できるものである。

これはかつてナチスが利用した「全権委任法」と極めて酷似している。「緊急事態」の名の下で、我々の人権は制限され、憲法を変えることなく様々な法案が内閣のみで決定されていくことになってしまう。

たとえ激甚災害であれ、災害のために、こんな危険な国家緊急権が必要なはずはない。災害時に公的機関が出動する被災地域は限定であり、国土全土や社会の全領域を覆う必要はない。

これは非常時にかこつけて、全権を手にする危険な非常事態宣言である。これさえ手に入れてしまえば憲法九条の改正すら必要ない。現行憲法を無効化する立法は簡単にできてしまう。

ドイツで一九三三年に国会放火事件が起きた直後に出された緊急事態宣言によって、ナチスへの抵抗勢力は根こそぎにされ、そののちに全権委任法が成立した。全権委任法の導入前に、緊急事態宣言の段階で、勝負は決していたと考えられる。

ナチスの当時の緊急事態宣言と比較しても、自民党が導入するという緊急事態宣言条項は極めて強力なもので、ナチスが全権掌握していったその轍を踏む危険性が現実的にありうる。帝国の「属国」でありながら、ファシズムという最悪の政体が成立しかねない。

米国が我々日本国民の基本的人権を守る理由はまったくない。我々の権利は日本国民としての権利であり、その権利を定め、守っているのは日本国憲法に他ならない。

憲法は主権者たる国民が権力者に向かって権力の濫用を戒めるために書かれたものであり、憲法に書かれた範囲においてのみ権力の行使が可能になるとして授権するものである。

すなわち立憲主義の制約のもとでのみ民主主義は健全に機能するのであり、立憲主義を欠いた民主主義は一時的に多数を占めた者たちの専横を許し、独裁を誕生させてしまう可能性がある。民主主義とともに立憲主義が尊重されなくてはならない所以である。

ところが自民党改憲草案は、基本的人権の上位に「公益及び公の秩序」をあからさまに位置づける。立憲主義を根底から破壊する、エセ憲法であり、これが通るということは、日本が、先進的な立憲民主主義国家の隊列から落伍することを意味する。

危機的な状況が眼前に迫る一方で、参院選を七カ月後に控えてなお、共産党の「国民連合政府」構想を掲げた「野党共闘」の呼びかけに対しては、野党第一党である民主党は態度を保留し続け、時間だけがいたずらに浪費されている。

二〇一五年の秋に安保法制が「成立」してしまい、約半年後の二〇一六年の夏には、運命の分かれ道ともいうべき緊急事態宣言条項の創設をめぐる重要な参院選を控えた二〇一五年冬、本書の増補改訂版を出すことになり、再度の鼎談を梓澤弁護士、澤藤弁護士にお願いした。本書はその鼎談に大幅に加筆したテキストを所収している。一人でも多くの方に読まれ、目前に迫る危機についての理解が深まることを著者の一人として願う。

（二〇一五年一一月三〇日夜）

増補改訂版 前夜＊目次

自民党案は明らかに後退している／自民党案では、人権を制限する言葉が追加されている
靖国神社は、国民に対する精神支配装置／憲法は、国民が国家の間違いを正すことを保障するもの
日本は満州事変の愚を繰り返すつもりか／勝ち取った民権か、与えられた民権か
表現の自由を根本から否定する自民党案／自民党案は治安維持法を思い起こさせる
弾圧が始まったとき、あなたはいつ声を上げるのか／憲法は、良い項目なら何でも入れていいわけではない
経済活動の制約を緩めて、新自由主義の流れを加速／二二条に込められた新自由主義のメッセージ
「公益及び公の秩序」を使って行なう行政代執行／公務員の権利を制約する自民党案
公務員の争議権にとどめを刺す／在日外国人の生存権すら認めない!?
憲法に入れるべき条項と入れる必要のない条項／学問の自由で保障される「大学の自治」
地方公務員の争議権は認められない／教育行政の「不当な支配」がまかり通る現実
自民党は「家制度」を復活させようとしている／日本維新の会が目指す軍事国家／在特会を警備する警察
在特会の主張も、思想・表現の自由なのか／韓国国旗を燃やし、水平社から逃げ回る在特会
義務ばかりを書き込んでしまう、自民党案／自民党改憲がつくり出す、「非公開裁判」
TPPで、国家は企業にひざまずく／マスコミを包囲するTPPというタブー
逮捕されたら、すぐに弁護士を！／たとえ犯罪を犯した自覚があっても、すぐに弁護士を！
人間の尊厳を守る「黙秘権」／小林多喜二の悲劇を繰り返すのか／弁護人を付ける権利もない残念な国
裁判官の表現の自由を認めない日本の裁判所／残虐な刑罰を禁ずる国に残る死刑制度
第一三条の改悪と一体となって、私生活にも権力が／〈公益及び公の秩序〉で全体主義国家へ
国防軍は、何を守ろうとしているのか／たとえ公開裁判を保障しても、非公開の軍事裁判所とセットでは……
TPP参加で、非公開の仲裁も付いてくる／世界に跋扈する、ISDという怪物
第九六条改憲案に戸惑う世論／そもそも改正要件を定めたのは、誰なのか？／ヘイトスピーチも表現の自由か
自由主義の基本としての「遡及処罰の禁止」／アメリカにこそ問うべき、戦争責任
いまこの瞬間にも、冤罪に苦しむ人がいることを忘れてはいけない／

日本国憲法　前文

現行憲法の前文には、人類普遍の原理が示されている

岩上　早速ですが、自民党の日本国憲法改正草案です。[※1]最初に、有名な前文がありますが、その前文が書き直されています。

　現行憲法には、「政府の行為によつて再び戦争の惨禍が起ることのないやうにすることを決意し、ここに主権が国民に存することを宣言し、この憲法を確定する。そもそも国政は、国民の厳粛な信託によるものであつて、その権威は国民に由来し、その権力は国民の代表者がこれを行使し、その福利は国民がこれを享受する。これは人類普遍の原理であり、この憲法は、かかる原理に基づくものである。われらは、これに反する一切の憲法、法令及び詔勅を排除する」とある。要するに、国民に主権があるということと、平和主義ということが最初に書かれているのですが、自民党案は「我が国は、先の大戦による荒廃や幾多の大災害を乗り越えて発展し、いまや国際社会において重要な地位を占めており、平和主義の下、諸外国との友好関係を増進し、世界の平和と繁栄に貢献する。日本国民は、国と郷土を誇りと気概を持って自ら守り、基本的人権を尊重するとともに、和を尊び、家族や社会全体が互いに助け合って国家を形成する」となっており、そして最後に、「日本国民は、良き伝統と我々の国家を末永く子孫に継承するため、ここに、この憲法を制定する」とあります。

　現行憲法では「われらは、平和を維持し、専制と隷従、圧迫と偏狭を地上から永遠に除去しようと努めてゐる国際社会にお

※1日本国憲法改正草案
以下、改正草案、自民党案。
全文は以下からダウンロードできる。
http://www.jimin.jp/policy/policy_topics/pdf/seisaku-109.pdf

いて、名誉ある地位を占めたいと思ふ。われらは、全世界の国民が、ひとしく恐怖と欠乏から免かれ、平和のうちに生存する権利を有することを確認する」となっています。

全部、読み上げていると時間がなくなるので、このように一部抜粋して読み上げましたが、現行憲法には平和主義ということ、何よりも国民に主権があって、それ以外の法令、及び詔勅も排除するということが強く謳われている。そういう平和主義と国民主権の強調が、自民党の改正草案では薄められているのです。

そして改正草案では、「国と郷土を誇りと気概を持って守る」、また「良き伝統」や「家族」などの言葉が出てくるのが特徴です。これだけ見て、「この国が平和で、家族を守り、国と郷土を誇りを持って守りましょう」という一般的な文章だったら悪くはないと考える人も少なくないでしょうけども、これが憲法の前文に書き込まれることで、憲法がどう変わってしまうのかお聞きしたいと思います。

澤藤 そうですね。私は、ここでは、二つのことが重要ではないかと思います。

一つは、日本国憲法の前文の中には、人類普遍の原理というものが強調されているわけです。私たちの憲法は、人類普遍の原理を踏まえて、つまり、人類の英知が到達した共通のものとして、「これが国際基準だ」、「これが一八世紀後半から形成されてきたグローバルスタンダードだ」、「世界の英知、人類の歴史が到達した普遍的な原理に基づいて、この憲法をつくります」という宣言がなされている。しかし、自民党の改正案では、それがみごとに落とされている。

岩上 なるほど。普遍性から特殊性へ、ということが一つあるわけですね。

澤藤 まずは、「意識的に普遍的なものを顧みない」という宣言がされているという印象を受けざるを得ません。一九四五年の敗戦までの七六年間、我が国の天皇制権力がやってきたことは、実は世界のスタンダードとはかけ離れた、たいへん特殊な独りよがりの政体・国体だったのですが、日本国憲法の制定によって、「普遍的なものに変えるんだ」という宣言をしたわけです。それをいまひっくり返す意味を考えなければならないと思います。

それからもう一つは、普遍的原理を排除した上で、非常に特異なイデオロギーに基づく原理を宣言していること。「日本国は天皇を戴《いただ》く国家であって」というのが、前文の冒頭に出てくる文言です。この「天皇を戴く国家」という言葉は、憲法にあるべき言葉ではありません。ましてや冒頭に、です。

天皇制というのは、旧体制の伝統・歴史であったかもしれませんが、本来こういうものは、歴史的にはフェードアウトすべき存在だと考えるのが、常識であり良識です。

だんだんと天皇の権限と権威をなくして、国民一人ひとりが主権者として自立した精神構造をもたなければいけない。こういうことは、多くの人に常識として捉えられていることです。

しかし、前文の冒頭にこれに逆行する規定を置くということは、特定のイデオロギー、つまり「国に誇りと気概を持ち、和を尊び、規律を重んじ、国を成長させ、良き伝統、国

自民党改正草案
(前文)

日本国は、長い歴史と固有の文化を持ち、国民統合の象徴である天皇を戴［いただ］く国家であって、国民主権の下、立法、行政及び司法の三権分立に基づいて統治される。

我が国は、先の大戦による荒廃や幾多の大災害を乗り越えて発展し、今や国際社会において重要な地位を占めており、平和主義の下、諸外国との友好関係を増進し、世界の平和と繁栄に貢献する。

日本国民は、国と郷土を誇りと気概を持って自ら守り、基本的人権を尊重するとともに、和を尊び、家族や社会全体が互いに助け合って国家を形成する。

我々は、自由と規律を重んじ、美しい国土と自然環境を守りつつ、教育や科学技術を振興し、活力ある経済活動を通じて国を成長させる。

日本国民は、良き伝統と我々の国家を末永く子孫に継承するため、ここに、この憲法を制定する。

現行憲法
(前文)

日本国民は、正当に選挙された国会における代表者を通じて行動し、われらとわれらの子孫のために、諸国民との協和による成果と、わが国全土にわたつて自由のもたらす恵沢を確保し、政府の行為によつて再び戦争の惨禍が起ることのないやうにすることを決意し、ここに主権が国民に存することを宣言し、この憲法を確定する。そもそも国政は、国民の厳粛な信託によるものであつて、その権威は国民に由来し、その権力は国民の代表者がこれを行使し、その福利は国民がこれを享受する。これは人類普遍の原理であり、この憲法は、かかる原理に基くものである。われらは、これに反する一切の憲法、法令及び詔勅を排除する。

日本国民は、恒久の平和を念願し、人間相互の関係を支配する崇高な理想を深く自覚するのであつて、平和を愛する諸国民の公正と信義に信頼して、われらの安全と生存を保持しようと決意した。われらは、平和を維持し、専制と隷従、圧迫と偏狭を地上から永遠に除去しようと努めてゐる国際社会において、名誉ある地位を占めたいと思ふ。われらは、全世界の国民が、ひとしく恐怖と欠乏から免かれ、平和のうちに生存する権利を有することを確認する。

われらは、いづれの国家も、自国のことのみに専念して他国を無視してはならないのであつて、政治道徳の法則は、普遍的なものであり、この法則に従ふことは、自国の主権を維持し、他国と対等関係に立たうとする各国の責務であると信ずる。

日本国民は、国家の名誉にかけ、全力をあげてこの崇高な理想と目的を達成することを誓ふ。

◉日本国憲法前文

家を子孫に継承する」という、いわば国家主義に基づくものです。自民党は、天皇を中心とした国家という、昔の国体思想とほとんど変わらないことを考えているのではないか。なんと古めかしい、現在の憲法にふさわしからぬものを持ってきたのか、という違和感をぬぐえません。

梓澤　ここに『人権宣言集』[※1]という文庫本を持ってきました。この中には、フランス人権宣言をはじめ、各国の人権宣言が出ています。その中に、「世界人権宣言」というものが載っています。

　日本国憲法が制定に至るのは一九四六年で、世界人権宣言が一九四八年です。これが何を意味しているかというと、「人権を大切にするということ」「個人を大切にするということ」を徹底することが、二つの大戦で過ちを犯した人類の教訓としてあるんだということです。そういう流れが、二つの大戦ののちに世界中に広まって、その一つとして日本国憲法も高く理想を掲げたわけです。

　いま、澤藤さんが話した前文の改変は、そういう世界的な流れの中の一つとして理想を高く謳った、この日本国憲法の腰骨を折るという感じがします。

岩上　二つの大戦を経て、日本を含めて世界中が、愚かなことをしたという反省が生じた。戦争によって殺したり、殺されたりすることは、究極の人権侵害ですから、それまでにすでに存在していた「人権が大事だ」という考え方を徹底しようとする流れが強まったわけですね。

　その流れの中に日本国憲法も位置付けられる。「マッカーサー[※2]から押し付けられた憲法」という言い方がよくされますけれども、そんなに単純なものではないということですね。日本の側にも、受け止めよう、積極的に受け入れようとする姿勢があり、そして現実にその憲法を受容し、育んできた。その結果、日本は平和主義で、かつ人権を大事にする国だという認識が、世界中に共有されてきたわけですね。

澤藤　現行憲法の前文の中には、大切なことがたくさん書いてあります。とりわけ漏らしてはならないことは、九条と対になる形で、平和を人権として捉えているということです。

「われらは、全世界の国民が、ひとしく恐怖と欠乏から免かれ、平和のうちに生存する権利を有することを確認する」という文言があります。これは普通、〈平和的生存権〉と言われていますけれども、これが前文のなかに明記されているわけですね。

　私たち、訴訟の中で憲法を取り扱う者にとっては、行政のシステムがどういうふうにできているのかということと、そのシステムを通じて、一人ひとりの国民にどういう権利が与えられ、どういう権利として行使をすることができるのかということに関心を持たざるを得ません。九条だけでは政府に対する命令なのですね。

軍隊をもってはいけない。交戦権は認めない。一方で、一人ひとりの国民が、それによってどういう権利を持つのか。それは「平和のうちに生存する権利を有することを確認する」――これを使って、訴訟ができる。この権利を使って、様々なことができるという試みがなされているわけです。

岩上　〈平和的生存権〉というのは、ここに「全世界の国民が」ということがあるように、自分たち日本国民の平和的生存権だけではなく、他国民、他者の平和的生存権もお互いに認めると。こういうことですね。

澤藤　おっしゃるとおりです。しかもそれは、絵に描いた餅としての単なる文言ではなくて、これを裁判で使えなければならない。つまり、九条の内容が、政府の行為によって損なわれたときには、一人ひとりの国民が、「自分の平和的生存権を侵害された」ということで、然るべき訴訟を提起することができなければならない。あるいは、訴訟でなくても、「私の平和的生存権が侵害された」ということで、あらゆる場で異議の申し立てができなければならない。

下級審のレベルでは、こういうことを認める判決もいくつか出ているわけですね。そういう貴重な権利根拠規定が、今回の自民党改正草案ではまったくなくなってしまう。これは、どうしても見過ごすことができません。

世界人権宣言（外務省 HP より）

第1条　すべての人間は、生れながらにして自由であり、かつ、尊厳と権利とについて平等である。人間は、理性と良心とを授けられており、互いに同胞の精神をもって行動しなければならない。

第2条

1　すべて人は、人種、皮膚の色、性、言語、宗教、政治上その他の意見、国民的若しくは社会的出身、財産、門地その他の地位又はこれに類するいかなる事由による差別をも受けることなく、この宣言に掲げるすべての権利と自由とを享有することができる。

2　さらに、個人の属する国又は地域が独立国であると、信託統治地域であると、非自治地域であると、又は他のなんらかの主権制限の下にあるとを問わず、その国又は地域の政治上、管轄上又は国際上の地位に基づくいかなる差別もしてはならない。

第3条　すべて人は、生命、自由及び身体の安全に対する権利を有する。

第4条　何人も、奴隷にされ、又は苦役に服することはない。奴隷制度及び奴隷売買は、いかなる形においても禁止する。

第5条　何人も、拷問又は残虐な、非人道的な若しくは屈辱的な取扱若しくは刑罰を受けることはない。

第6条　すべて人は、いかなる場所においても、法の下において、人として認められる権利を有する。

第7条　すべての人は、法の下において平等であり、また、いかなる差別もなしに法の平等な保護を受ける権利を有する。すべての人は、この宣言に違反するいかなる差別に対しても、また、そのような差別をそそのかすいかなる行為に対しても、平等な保護を受ける権利を有する。

第8条　すべて人は、憲法又は法律によって与えられた基本的権利を侵害する行為に対し、権限を有する国内裁判所による効果的な救済を受ける権利を有する。

第9条　何人も、ほしいままに逮捕、拘禁、又は追放されることはない。

第10条　すべて人は、自己の権利及び義務並びに自己に対する刑事責任が決定されるに当っては、独立の公平な裁判所による公正な公開の審理を受けることについて完全に平等の権利を有する。

第11条

1　犯罪の訴追を受けた者は、すべて、自己の弁護に必要なすべての保障を与えられた公開の裁判において法律に従って有罪の立証があるまでは、無罪と推定される権利を有する。

2　何人も、実行の時に国内法又は国際法により犯罪を構成しなかった作為又は不作為のために有罪とされることはない。また、犯罪が行われた時に適用される刑罰より重い刑罰を課せられない。

第12条　何人も、自己の私事、家族、家庭若しくは通信に対して、ほしいままに干渉され、又は名誉及び信用に対して攻撃を受けることはない。人はすべて、このような干渉又は攻撃に対して法の保護を受ける権利を有する。

第13条

1　すべて人は、各国の境界内において自由に移転及び居住する権利を有する。

2　すべて人は、自国その他いずれの国をも立ち去り、及び自国に帰る権利を有する。

※1『人権宣言集』

高木八尺、末延三次、宮沢俊義編集。1957年、岩波文庫。

※2　ダグラス・マッカーサー

第二次世界大戦後に日本を占領した連合国軍の最高司令官。1946年2月に、松本烝治国務大臣を委員長とする憲法問題調査委員会起草の憲法改正要綱が GHQ（連合国軍最高司令官総司令部）に提出されたが、マッカーサーはこれを拒否。代わりに、GHQ による憲法草案（マッカーサー草案と呼ばれる）を提示し、日本政府はこれに沿って案を練り直した。

日本国憲法　第一章　天皇

今回の改憲案が「完成形」とは限らない

岩上　次は、第一条です。

現行憲法も自民党案も「主権の存する国民の総意に基づく」は同じですが、天皇の扱いが〈象徴〉から〈元首〉に変わっています。これは、前文のところで、先ほど澤藤弁護士からご指摘のあった「日本国は、長い歴史と固有の文化を持ち、国民統合の象徴である天皇を戴く国家である」という箇所と呼応し合っているような気がします。この「元首になる」ということは、どういう意味があると思いますか？

澤藤　元首というのは、「国を代表する地位にある者」というのが、普通の考え方ですから、日本では、内閣総理大臣です。国民主権国家において、「国民の総意に基づいて」とは、具体的には選挙によること以外にはあり得ません。二段階の選挙の過程を踏みますけれども、国民の代表者というのは、内閣総理大臣がふさわしい。これは当然のことです。

かつては元首であり、あるいは統治権の総攬者、かつ軍の総司令官・大元帥でもあり、さらには天子として、宗教的権威まで兼ね備えていた天皇を、国の機関として残しておくとして、何の権限も権威も持たなくするにはどうしたらいいのか。どう扱ったらいいのかたいへん難しい。それを、〈象徴〉という言葉で表したのです。それ以上のなにものでもない、何の権限もなければ、権威もないということを〈象徴〉という言葉で表していた。それを今度は、復権の第一歩として、〈元首〉にしているわけですから、私は、これは明らかに……。

岩上　第一歩なのだと？　この改憲案が、完成形ではない可能性もあるということですか？

澤藤　ええ、もちろんそうです。

天皇とは、一体何でしょうか。それは、かつては統治権の総攬者で、主権者であったわけです。つまり、日本国民という主権者に対して、主権を競う相手です。日本国民にとって、主権者としての地位を競う危険なライバルといえば、天皇しかいないのです。この危険な天皇の地位を、ほんの一センチでも高めるようなことをしてはならない。私は、新しい憲法をつくるのなら、第一章は当然、「国民主権」から始まるべきだと思います。あるいは、「基本的人権」から始まるのが当たり前のこと。

岩上　澤藤先生のお考えでは、現行憲法でも、ということですね。現行憲法の第一条には、国民主権ではなく、天皇の地位から入っていますから。それを、むしろ変えて、国民主権から入る、そういう改憲案をつくったらどうか、というお考えですね。

澤藤　個人的には、そっちのほうがずっと整合性の取れた良い憲法だと思います。しかしいま、わざわざそういうことを発案して、運動を起こそうという、そんな考えは毛頭ありません。現行憲法の中の精神を十分に活かすような立法、行政、司法ができれば、それで十分だと考えています。しかし、天皇の地位を一センチでも上げるような改正には、絶対に反対。そういう立場です。

梓澤　国民主権というのは、君主主権に対する反対語なのですね。天皇が元首であると謳うことは、君主主権に近づくことです。だから、さっき岩上さんがおっしゃったように、「天皇」という言葉は変えていませんけれども、そこが解禁されることによって、つまり「元首」という言葉が使われることによって、限りなく君主主権に接近できる。そのイデオロギーというか、考え方を採択したのが元首制です。

自民党改正草案
第一章　天皇
（天皇）
第一条　天皇は、日本国の元首であり、日本国及び日本国民統合の象徴であって、その地位は、主権の存する日本国民の総意に基づく。
（皇位の継承）
第二条　皇位は、世襲のものであって、国会の議決した皇室典範の定めるところにより、これを継承する。

現行憲法
第一章　天皇
第一条　天皇は、日本国の象徴であり日本国民統合の象徴であつて、この地位は、主権の存する日本国民の総意に基く。
第二条　皇位は、世襲のものであつて、国会の議決した皇室典範の定めるところにより、これを継承する。

岩上　なるほど。現行憲法も、君主権といいますか、君主制への名残のようなものがあり、それに対して、新しく国民主権の考え方を持ってきていて、そこは折衷されている感じがあると思うのです。

澤藤　おっしゃるとおりです。

岩上　自民党案もやはり折衷案なのですが、若干、天皇の君主性といいますか、その色が濃くなっている。一応、「日本国民統合の象徴であって、その地位は、主権の存する日本国民の総意に基づく」と書かれているのだけども、天皇が元首として明記され、存在感がより強まっている。

九六条のところで話が出ると思いますけれども、自民党はまず憲法の改正をしやすいものにしようとしていますよね。つまり、もう少し時間をかけて、教育やメディアが、「天皇は元首である」という刷り込みを国民に対して行なって、国民主権に対する国民の思いが希薄化したら、どんどん変わっていく可能性があるということですね。

澤藤　ええ。君主主権がいまさら復活するとは、さすがに思えません。しかし、戦前だって、天皇というのは飾りものです。飾りものといっても、非常に使える飾りものなのです。為政者にとっては、いわば使い勝手の良い魔法の杖。こんな便利なものはない。国民の痛みを伴うような政策であろうとも、これは天皇の思し召しだと押し通すことができる。

極端な話が、戦争も「天皇の意志」と言って行なうことができる。天皇は神であり、神の子だから、神風が吹いて必ず勝つ、だから、戦争をやっていい。開戦は神なる天皇のご意志だと。こんなふうにして、民心をリードすることができた。極めて便利な使い勝手の良い飾りものであり、魔法の杖だったわけです。

だから、為政者にとっては、「天皇」を道具として使えるように、もっともっと権威付けをしたいのです。いまだって、天皇は様々に使われているわけです。そういう天皇の政治利用は、断固として拒否をしなければならない。しかし、この自民党の改正草案には、そういった姿勢は毛頭ない。

岩上　わかりました。続いて自民党案で大幅に改変された第三条、また新たに加えられた第三条の二及び第四条を見ていきます。

これまでも、皇位継承のときに元号が定められてきたことを憲法に書き込むということだと思います。併せて国旗と国歌についての規定も書かれた、重要な条文です。

澤藤　私は、国旗と国歌と元号、この三つを、国民に天皇制を刷り込むための小道具三点セットと呼んでいます。もう一つ付け加えれば、いわゆる休日・祭日といわれるものです。宮中の宗教行事の日を国民にも押し付けて、一緒に祝えというのが祭日です。いまは「祭日」と呼ばないで、「国民の休日」ですけれども、実はこれも色濃く、国民生活の中に天皇制を刷り込ませる役割を果たしている。
元号というのは、天皇が即位した日を初年として、国民すべてに、自分の歴史をそれと重ねて数えさせるという、国民生活の精神的な部分に影響の大きいもので、私は意識的に元号は使わないことにしています。天皇制から、国民一人ひとりが独立しなければならないという、そういう考え方の実践としてです。

国旗国歌については、一九九九年に国旗国歌法ができました。しかし、〈尊重義務〉は、法律に盛り込まれていません。法案の段階からそんなものはなかった。「尊重義務などを付ければ、法律ができるはずがない」という判断だったわけです。なぜ、そういう判断に至ったかといえば、それは、国民のイデオロギー統制となってしまうから、すなわち憲法一九条に違反するからなのです。
それを、自民党案は、あえて国旗国歌を尊重しなければな

自民党改正草案

（国旗及び国歌）
第三条　国旗は日章旗とし、国歌は君が代とする。
2　日本国民は、国旗及び国歌を尊重しなければならない。

（元号）
第四条　元号は、法律の定めるところにより、皇位の継承があったときに制定する。

（天皇の権能）
第五条　天皇は、この憲法に定める国事に関する行為を行い、国政に関する権能を有しない。
〔削除〕
〔削除〕

現行憲法

第三条　天皇の国事に関するすべての行為には、内閣の助言と承認を必要とし、内閣が、その責任を負ふ。
〔新設〕
〔新設〕

第四条　天皇は、この憲法の定める国事に関する行為のみを行ひ、国政に関する権能を有しない。
②　天皇は、法律の定めるところにより、その国事に関する行為を委任することができる。
第五条　皇室典範の定めるところにより摂政を置くときは、摂政は、天皇の名でその国事に関する行為を行ふ。この場合には、前条第一項の規定を準用する。

らないと踏み込んで変更する。

一方でこれには、「尊重したっていいんじゃないの」と考える方が、おそらくいらっしゃると思うのですね。

岩上 たくさんいると思います。

澤藤 そういう方に申し上げたい。この憲法上の〈尊重義務〉というのは、法律になれば、あるいは現場に行けば、権力的な強制になってくるのです。必ずそうなるのです。

石原慎太郎さんや橋下徹さんのような、人権を知らない、あるいはわきまえない都知事や市長はすでに強制を実行しています。そういうことを助長するのです。私は、日の丸や君が代が好きな人がいても、一向に差し支えないと思います。「素晴らしい歌だ」「素晴らしいメロディだ」、あるいは「素晴らしいデザインだ」と思う感性を否定するつもりはありません。

しかし、例えばサッカー場で、みんなが日の丸を打ち振るときや、君が代を斉唱するときに、「私は嫌だ」と言う人に対しては、とても大きな社会的同調圧力がかかるわけです。権力の目から見て、この社会的同調圧力というのが多数派の意見であって、「これを強制したほうが都合がいい」と考えれば、「これを強制するという法律」をつくることになります。

それは結局、国家主義の方向に、ナショナリズムの方向に日本全体を引っ張っていくことになる。しかし、「そういう同調圧力に私は従いません」という少数の人が存在するということは、実は民主主義にとってはたいへん貴重なことなのです。そういう人を圧殺してはいけない。

私は、大きな危機感を持っています。もっともっと少数者に寛容な社会でなければ、たいへん生きにくい。「少数者の意見を圧殺して、多数者の側に同調せよ」という圧力を正当化する社会は、ファシズムの社会です。これはとても危険な、生きづらい社会になります。私は、いまその一歩手前にまできているのではないかという危機感を持っております。

これは是非、ご理解をいただきたい。

岩上 なるほど。国民には主権があり、それぞれ基本的人権がある。そして、そこには思想信条の自由がある。だから、それが少数者の思想であっても、そうした個々の思いや思想信条、そうした思想を抱える個々の人々を圧殺したり、踏みにじったりしてはならない。これが一番重要な大前提であるからこそ、その上に特定の信条を押しつけるようなものを持ってきて、振りかざし、憲法に書き込むようなことがあってはならないと。こういうことになるわけですね。

澤藤 おっしゃるとおりです。

梓澤 メキシコオリンピック（一九六八年）の際、アメリカの公民権運動——黒人差別に反対する運動が非常に高揚して

自民党改正草案

（天皇の国事行為等）

第六条　天皇は、国民のために、国会の指名に基づいて内閣総理大臣を任命し、内閣の指名に基づいて最高裁判所の長である裁判官を任命する。

2　天皇は、国民のために、次に掲げる国事に関する行為を行う。
一　憲法改正、法律、政令及び条約を公布すること。
二　国会を召集すること。
三　衆議院を解散すること。
四　衆議院議員の総選挙及び参議院議員の通常選挙の施行を公示すること。
五　国務大臣及び法律の定めるその他の国の公務員の任免を認証すること。
六　大赦、特赦、減刑、刑の執行の免除及び復権を認証すること。
七　栄典を授与すること。
八　全権委任状並びに大使及び公使の信任状並びに批准書及び法律の定めるその他の外交文書を認証すること。
九　外国の大使及び公使を接受すること。
十　儀式を行うこと。

3　天皇は、法律の定めるところにより、前二項の行為を委任することができる。

4　天皇の国事に関する全ての行為には、内閣の進言を必要とし、内閣がその責任を負う。ただし、衆議院の解散については、内閣総理大臣の進言による。

5　第一項及び第二項に掲げるもののほか、天皇は、国又は地方自治体その他の公共団体が主催する式典への出席その他の公的な行為を行う。

現行憲法

第六条　天皇は、国会の指名に基いて、内閣総理大臣を任命する。

②　天皇は、内閣の指名に基いて、最高裁判所の長たる裁判官を任命する。

第七条　天皇は、内閣の助言と承認により、国民のために、左の国事に関する行為を行ふ。
一　憲法改正、法律、政令及び条約を公布すること。
二　国会を召集すること。
三　衆議院を解散すること。
四　国会議員の総選挙の施行を公示すること。
五　国務大臣及び法律の定めるその他の官吏の任免並びに全権委任状及び大使及び公使の信任状を認証すること。
六　大赦、特赦、減刑、刑の執行の免除及び復権を認証すること。
七　栄典を授与すること。
八　批准書及び法律の定めるその他の外交文書を認証すること。
九　外国の大使及び公使を接受すること。
十　儀式を行ふこと。

第四条　（略）

②　天皇は、法律の定めるところにより、その国事に関する行為を委任することができる。

第三条　天皇の国事に関するすべての行為には、内閣の助言と承認を必要とし、内閣が、その責任を負ふ。

〔新設〕

自民党改正草案
（摂政）
第七条　皇室典範の定めるところにより摂政を置くときは、摂政は、天皇の名で、その国事に関する行為を行う。
2　第五条及び前条第四項の規定は、摂政について準用する。
（皇室への財産の譲渡等の制限）
第八条　皇室に財産を譲り渡し、又は皇室が財産を譲り受け、若しくは賜与するには、法律で定める場合を除き、国会の承認を経なければならない。

現行憲法
第五条　皇室典範の定めるところにより摂政を置くときは、摂政は、天皇の名でその国事に関する行為を行ふ。この場合には、前条第一項の規定を準用する。
第八条　皇室に財産を譲り渡し、又は皇室が、財産を譲り受け、若しくは賜与することは、国会の議決に基かなければならない。

いる時代ですが、陸上選手の一人が、『星条旗よ永遠なれ』が歌われるときに、黒い手袋をはめて、グッと拳を突き上げたのです。[※1]それは、我々の世代には、非常に鮮烈な印象を与えました。いま、日本の国歌が流れるときに、カメラがそこをずっと映していくのだけれど、選手の中には、口を開けて歌わない人がいますよね。もちろん「お前、日本国民だったら歌えよ」という人もたしかにいらっしゃるでしょう。しかし、どうしても歌えない人がいるのです。

例えば、沖縄の人の中には、戦争の陸上戦で二〇万人以上が亡くなり、日の丸のもとに自分たちは犠牲になったと伝承されていて、やはり（君が代を）歌えない人がいるのです。それから、被差別部落で生きてきた人の中にも、どうしても歌えない、あるいは、日の丸を掲げられないという人がいる。なにか決まった理論とかイデオロギーとかによるものじゃなくて、人間そのものとして、人間の存在そのものとして歌えないのです。人間の自由や尊厳に関わるものとして、僕は大切にしたい。「お前、歌えよ」という人にも、是非、寛容性というのを持っていただきたいと思います。

岩上　少数者を尊重するという表現は、正確な言い方ではなかったですね。多数であろうが少数であろうが、日々の生活や、生きていく上で、とにかく個々の基本的人権が尊重されるべきである。なので、その人が少数だろうと多数だろうと、個々が尊重されなくてはならない。そこが原理原則だということですよね。

澤藤　まだ、少し違います。多数者は権力を握れます。少数者は権力に従わざるを得ない立場にある。何が大切かといえば、多数者に疎まれる思想や言論、もっとはっきり言えば、権力者に憎まれる思想や言論の自由です。少数者の言論こそが、実質的に重要なのです。

形式的には、いま岩上さんがおっしゃったように、誰の人権も同じです。しかし、多数者の人権なんて、本当はわざわざ法的な保護の対象にしなくたっていいわけで、だからこそ、少数者の人権が大切なのです。その意味で、戦前における共産党員の人権というのは、非常に大切だったわけです。しかしこれは、弾圧する側にとってみれば、「天皇に不忠な人間に人権なんかあるものか」となる。それが、その時代の倫理だったわけです。だからこそ、これを大切にせよというのが人権の思想なのです。

いま、例えばオウムの信者に人権があるか。当然にあるんです。暴力団員に人権があるか。あるんですよ。それは、ちゃんと人権があるものとして扱わなければならない。まして や、日の丸や君が代に従えないという人に、人権があるかといえば、それは確実にあるわけです。だから、私はむしろ少数者であるということ、少数者の人権を大切にするという視点が、民主主義社会では死活的に重要だと思います。

岩上　わかりました。人権の話は、この後の条項でまた出てくると思います。今度は、九条の話にいきましょう。

※1　1968年に開催されたメキシコオリンピックにおいて、陸上男子200m走で金メダルを獲得したトミー・スミス（Tommie Smith）選手と、同じく銅メダルを獲得したジョン・カルロス（John Carlos）選手が、表彰式で国家が演奏される中、「ブラックパワー」への敬意を表して、黒い手袋をはめた拳を掲げ、公民権運動への連帯を示した。この行為は、アメリカオリンピック委員会の怒りを買い、両者は選手団から除名され、オリンピックからも永久に追放された。

日本国憲法　第二章　戦争の放棄

米国の言いなりで、「自衛隊」から「国防軍」へ

岩上　まず、九条の一項について、現行憲法にある「国際紛争を解決する手段としては、永久にこれを放棄する」という文章が、自民党の改正案では「用いない」に変わっている。「永久に放棄する」ではなくなっているということです。少し弱められている。ただ、「戦争の放棄」は書いてある。

次に、現行憲法二項の「前項の目的を達するため、陸海空軍その他の戦力は、これを保持しない。国の交戦権は、これを認めない」という箇所です。ここは、一番議論の分かれているところで、憲法全体の平和主義、基本的人権、立憲主義に賛成する人の中にも、「この二項は言いすぎではないか」「自衛隊の存在は認めてもいいのではないか」と思っている人が多いと思います。

そしてこれが、自民党案では「前項の規定は、自衛権の発動を妨げるものではない」と書き換えられている。そしてそのあとに、新設の第九条の二として、ここから国防軍についての規定が出てきます。この中の注目する箇所として、五項に「国防軍の機密に関する罪を犯した場合の裁判を行うため、法律の定めるところにより、国防軍に審判所を置く。この場合においては、被告人が裁判所へ上訴する権利は、保障されなければならない」と書いてあります。つまり、裁判所が、通常の司法権の外に置かれるといいますか、別に置かれると。かつての軍法会議のようになるのだろうと思います。

澤藤　現在、自衛隊がありますが、これは明らかに国内治安を担う警察組織とは違う。軍隊の実質を持つ武力としての組織でしょう。しかし自民党は、自衛隊では足りなくて、これを国防軍にするのだという。私は現在の自衛隊についても、憲法違反だと思っておりますけれども、「専守防衛の軍事組

織が必要だ」と思っている方を敵だとは思っていません。
大切なことは、なぜ自衛隊を国防軍に変えなければならないのか。この意図は、きちんと確認をしておくことで、おそらく、多くの国民は、自民党案を「納得できない」というこ

自民党改正草案

第二章　安全保障

（平和主義）

第九条　日本国民は、正義と秩序を基調とする国際平和を誠実に希求し、国権の発動としての戦争を放棄し、武力による威嚇及び武力の行使は、国際紛争を解決する手段としては用いない。

2　前項の規定は、自衛権の発動を妨げるものではない。

（国防軍）

第九条の二　我が国の平和と独立並びに国及び国民の安全を確保するため、内閣総理大臣を最高指揮官とする国防軍を保持する。

2　国防軍は、前項の規定による任務を遂行する際は、法律の定めるところにより、国会の承認その他の統制に服する。

3　国防軍は、第一項に規定する任務を遂行するための活動のほか、法律の定めるところにより、国際社会の平和と安全を確保するために国際的に協調して行われる活動及び公の秩序を維持し、又は国民の生命若しくは自由を守るための活動を行うことができる。

4　前二項に定めるもののほか、国防軍の組織、統制及び機密の保持に関する事項は、法律で定める。

5　国防軍に属する軍人その他の公務員がその職務の実施に伴う罪又は国防軍の機密に関する罪を犯した場合の裁判を行うため、法律の定めるところにより、国防軍に審判所を置く。この場合においては、被告人が裁判所へ上訴する権利は、保障されなければならない。

（領土等の保全等）

第九条の三　国は、主権と独立を守るため、国民と協力して、領土、領海及び領空を保全し、その資源を確保しなければならない。

現行憲法

第二章　戦争の放棄

第九条　日本国民は、正義と秩序を基調とする国際平和を誠実に希求し、国権の発動たる戦争と、武力による威嚇又は武力の行使は、国際紛争を解決する手段としては、永久にこれを放棄する。

②　前項の目的を達するため、陸海空軍その他の戦力は、これを保持しない。国の交戦権は、これを認めない。

〔新設〕

とになると思います。現在の自衛隊がなぜ、九条の二項があるのに、法的に存在しうるか。自衛隊の前身である、警察予備隊ができた一九五〇年には、これは国内治安のための組織であって、決して軍隊ではないということだった。

一九五二年に保安隊ができたときには、「九条には、『陸海空軍その他の戦力は、これを保持しない』と書かれているが、戦力とは、近代戦を有効に遂行する組織、編成を持った能力のことであって、この保安隊はそこまでいかない。近代戦を遂行する能力なんかないから、これは憲法違反ではない」といわれた。

一九五四年に、現行自衛隊法ができたわけですが、そのときには何と言われたか。これは、軍隊ではなく「自衛」隊である、だから九条違反ではないといわれた。国には固有の自衛権があり、この固有の自衛権を行使する範囲であれば、つまり、自衛のための実力であれば、決して憲法違反ではないと。その自衛のための必要最小限度実力説ということで、この説明は現在もずっと引き継がれているわけです。

これが、相当なまやかしで、どんどん自衛隊の装備も近代化され、実力も大きくなってきたわけですけども、それでもやはり、「自衛のため」という大枠は外せない。少なくとも、外国に行って、武力を行使する状態になれば、これは自衛の範囲内であるということは到底できない。そういう制約が、ずっとかかり続けてきた。これに対して、いま、アメリカが非常な不満をぶつけているわけです。去年の夏のアーミテージレポートも、露骨に、それはアメリカの意図として、「ちゃんと一緒に戦えるようにしろよ」と言っている。

岩上 そうですね。二〇一二年八月一五日、終戦記念日に出された第三次アーミテージレポートには、「軍事的に、より積極的な日本を、もしくは平和憲法の改正を求めるべきだ。集団的自衛権の禁止は同盟の障害である」と書かれています。[※1]九条の改正を求め、そして集団的自衛権の行使容認を強く求め、同時に、「ホルムズ海峡へ出動しろ」と言っている。イランは本来、日本の防衛と直接関係ありませんね。なのに米国は「イランとこれから戦争をやるので、それに下請けとして加われ」ということを具体的に言っています。

「自衛隊」から「国防軍」へ名前が変わるというのは、単なる名称の変更ではない。米軍とともに動ける軍にしてしまえということです。軍であれば、自衛隊のように、自衛のための専守防衛に徹する組織ではなく、軍事組織として、ある程度の自由度を持って外の世界へ出て行くということも可能になる。

澤藤 おっしゃるとおりです。自衛隊は、あくまで専守防衛、自衛のための必要最小限の組織でなければならない。もちろんこの原則では、アメリカと一緒に海外で軍事力を行使することはできない。しかし、アメリカは、「そういう制約は取っ払え」という要望を強く持っている。もちろん、日本の為政者にとっても、それは望むところです。

いますぐ戦争をやろうと考えているかどうか、それはともかく、いざというときには、戦争もできる体制をつくっておきたい。防衛産業も大歓迎。そういう点からいけば、いままでの自衛隊から国防軍に変えるというのは、憲法九条、とりわけ二項に制約された、「普通の軍隊」ではない専守防衛の組織から、「普通の軍隊」として制約のない軍事行動ができる組織へと変わることです。海外での作戦にも参加できる。

こういう組織にしたいことは、見え透いたことですが、私は、これに反対という意見――専守防衛なら認めるけども、それ以上はやり過ぎだと思っている意見――が、日本国民の過半数のものだと考えています。

梓澤　こうなると一番たいへんなのは、アメリカが戦争を起こそうとしたときです。二〇〇三年のイラク戦争のときは、自衛隊は水の補給などしかできず、戦争行為は一切できなかった。しかしもし、戦争行為ができるようになったら、アメリカが日本に対して「日本人、戦争に行くべし。国防軍があるだろ。それを派遣しなさいよ」と言うようになってくる可能性がある。

ジャーナリストの池上彰さんが、週刊文春の中で言っていたのですが、「そういうふうになったらたいへんでしょ。国防軍になんて」と安倍総理に対して言ったら、「いえ、自衛隊員が国のために命を捧げて入ってくることに、自分は誇りに思っております」と答えたというのです。自衛隊の隊員や家族の人たちにとって、「国のために命を捧げることを誇りに思っている人たちがいるのなら、戦場に行かせたらどうですか」とアメリカに言われて派遣されることになるなんて、たまったものじゃないですよ。

岩上　先ほど澤藤先生が普通の軍隊とおっしゃったのですが、僕は、日本の国防軍が普通の軍隊だとは思わないですね。普通の国の軍隊は、軍隊があることの善し悪し、それから、戦争することの善し悪しはさておき……。

澤藤　なるほど。自分で考える。従属性の問題ですね。

岩上　そうです。開戦するかどうか、自分で考える。主権があるのです。独立した主権国家であれば、その体制が民主主義国家であろうが、君主制であろうが、国家として独立した主権をもって戦争行為を行なうわけです。けれども、日米同盟下の日本は、独立しているとはいえず、そんな国が、アメリカに強く迫られて、憲法を改正させられて、国防軍はそのまま米軍の下部組織になっていくわけですよ。装備もアメリカから押しつけられて買わされ、演習もアメリカの立てた戦略に基づいて行なわれる。親会

※1「第三次アーミテージレポート」全文翻訳。（http://iwj.co.jp/wj/open/archives/56226）

社の指示に従う子会社のようにくっついていくわけです。

その状態で行なう戦争が、独立国家としての行為といえるのか。主権行為といえるのか。もう、まったくハチャメチャな話ですね。これまでの議論は、自衛か戦争かという話で、戦争をするということも、独立国家としての戦争、大日本帝国の戦争の仕方を前提としていたのですが、これからやろうとしていることは、集団的自衛権の名のもとの、米国属国としての戦争行為です。属国として、アメリカに従って動きながら、国内外に「独立国です」と言って偽装し、その挙げ句、どこかの国で誰かと撃ち合いをして、その恨みつらみや責任というのを自国で引き受けなければいけないという、かつてない愚かな状況が生まれると思うのです。

澤藤 私が高校二年のときに、安保闘争がありました。六〇年安保です。そのとき、津々浦々に「安保反対」という声が響いた。みんながまだ戦争の記憶から、それほど覚めやらぬときですので、「この安保条約がある限り、あの好戦的なアメリカの戦争に巻き込まれる」「あんな好戦的な国と一緒になって、戦争に参加させられるのは、とんでもない」という雰囲気が安保闘争の基底にあった。そしていまも、事態は変わっていないはずなのです。

岩上 もっと悪化していますよね。

澤藤 そうですね。アメリカの好戦性というのは際立ってきていると思います。それを、もう一度考えて、現在の時点で「安保反対」「九条を守れ」という運動になって然るべきだと思っています。なかなかそうならないことに歯痒さを感じているところです。

梓澤 一つ加えておきたいのですが、ベトナム戦争のときに、まさにアメリカの従属国であった韓国は、アメリカに兵隊を出させられて、五〇〇〇人が亡くなっているのです。[※1]アメリカの軍隊の死亡率よりもずっと高いと思いますね。国防軍になった場合、たいへんな役目を担わされるんです。

もう一つ、別の条項にいってしまいますが、九条の五項に「国防軍に審判所を置く」というのがあります。こう書くことで、日本がどう変わってしまうかというと、現在の自衛隊法では、自衛隊の秘密を漏らした者は、懲役五年に処するというふうになっています。[※2]独立教唆罪というものがあって、新聞記者が、自衛隊の秘密、国防軍の秘密を漏らさせようと取材に入った場合、それも処罰されるのです。取材しただけであっても。国防軍審判所というのは、一つは、「危ないところに行け」という上官の命令に反したり、脱走したり、あるいは召集に応じて行かなかったりと、そういう人を処罰します。つまり、軍人を処罰します。そのほかには、その刑法、いわゆる国防軍刑法に違反する秘密を漏らさせた者を処罰します。つまり市民にもその審判が及んでくるのです。

前に、仙台の裁判所で、自衛隊員が市民運動家の中に入っていって、昔の憲兵みたいなことをやったということが国家賠償請求裁判となり、問題になりました。[※3] そのように、この国防軍が国民をも監視するようになっていき、ある新聞記者は、この国防軍審判所で裁かれ、またある市民は、基地が入った写真を丘の上から撮ったということで、戦前のように引っ張られます。

岩上　自民党案の、第九条の二の五にはっきり書いてありますね。「国防軍に属する軍人その他の公務がその職務の実施に伴う罪又は国防軍の機密に関する罪を犯した場合の裁判を行うため」と。これを読む限りは、軍人及び公務員だけが、国防軍審判所で裁かれるのかと思いきや、もし連座させられるようなことがあったら、その秘密を共有した、あるいは、漏えいに何か関わったとか、運用等々の面で、「職務の実施」を妨げるようなことをした場合、軍人だけではなく、一般市民も、また引っ張って……。

梓澤　監視の対象になる。少なくとも、日常的に軍の監視下に置かれ、そしてあるときは、審判所へ引っ張られる。

岩上　この軍の審判所と、通常の刑法で裁かれる裁判所（司法裁判所）とは、何がどう違ってきますか？　例えば、そこで被告の利益が守られない、守られにくい、何かそういうことはあり得るのですか？

澤藤　これはおそらく、またそういう法律をつくることになるのでしょう。最終的には、司法裁判所、つまり最高裁判所に行かなきゃならんということになっています。けれども、少なくとも一審は軍事裁判所です。裁判というからには、それは裁判の形式は取らなければいけませんけれども、これは、普通の裁判にあるような被告人の利益を守る配慮というものが薄いことを覚悟しなければならない。

　例えば、軍事機密を取り扱う裁判において、軍事機密が何であるか、本当にそれが軍事機密として守るに値する実質的な重要秘密にあたるものかを公開法廷で徹底的に争わせることは国としてはしたくない。そういう意味では、いまの裁判と違う裁判所をつくるというのは、「迅速に、軍事目的に沿った裁判をやるんだ」という意思の表れとしか考えられないですね。つまり、軍隊なのだから、軍事裁判をやる、軍法会議

※1　室岡鉄夫『韓国軍の国際平和協力活動——湾岸戦争から国連 PKO 参加法の成立まで——』によると、ベトナム戦争での韓国軍の死者は 5099 名。（http://www.nids.go.jp/publication/kiyo/pdf/bulletin_j13-2_2.pdf）

※2　自衛隊法第 122 条「防衛秘密を取り扱うことを業務とする者がその業務により知得した防衛秘密を漏らしたときは、五年以下の懲役に処する。防衛秘密を取り扱うことを業務としなくなつた後においても、同様とする」。

※3　イラク戦争での自衛隊派遣に反対する市民集会などの参加者らの写真や発言などを、自衛隊の情報保全隊が情報収集し、「表現の自由やプライバシー権を侵害された」として、107 名の原告が、提訴していた問題。2012 年 3 月 26 日、仙台地裁は、原告 5 人について「違法な情報収集で人格権を侵害された」と認め、1 人 5 万〜10 万円、計 30 万円の支払いを国に命じた。(『日本経済新聞』http://www.nikkei.com/article/DGXNASDG2603L_W2A320C1000000/)

をやる。戦争を効率的に遂行することが第一で、人権への配慮が二の次になって当たり前でしょということですよ。

岩上　もう一つ、九条改正のところで新設されている九条の三という項目があります。「（領土等の保全等）第九条の三　国は、主権と独立を守るため、国民と協力して、領土、領海及び領空を保全し、その資源を確保しなければならない」とあります。これだけ読めば、「当たり前の話じゃないの」と思ったりするのですが、「領空を保全し」と書いてありますが、ちょっと苦笑してしまうのは、現時点でも、例えば首都圏の上空は米軍に管制されてしまっている。この国は、沖縄だけが米軍の占領下にあるわけではなく、国土の至るところを外国軍に占領されていて、その管制下にあるのです。

　自民党案は、そのことに関して異常に鈍感で、どうして米軍による管制が存在しないかのように書くことができるのか。「領土、領海、領空の保全」と「主権と独立を守る」というならば、「基本的に、外国軍は同盟国・友好国であっても、日本国内に駐留してはならない。アメリカとも仲良くしましょう。しかし、駐在武官などは別として、外国軍の将兵は一兵たりとも我が国に入ってはならない」と主張すべきでしょう。軍事同盟を締結しても、外国軍の常時駐留の必要性はない。外国の軍艦や軍人、戦車や飛行機がわが国にあるということ自体、主権の侵害ですから。

　しかし、そういう観念がまったくないまま、こういうことを書かれるのは、非常に気持ちが悪い。これはもう、「アメリカの属国であることは構わない。米軍だけは日本に駐留し続けてけっこうだ。しかし、他の国の軍隊の侵犯は許せない」と言っているようにしか思えない。

澤藤　おっしゃるとおりです。九条関係をここで終わるので、ひと言だけ申し上げておきたいのですけれども、九条の精神というのは「武力で平和を守るのではない。武力をなくすことで平和を達成する」という思想です。持ってはならない武力というのは、自国の武力だけではなく、外国の武力も含むわけで、これが砂川事件[※1]で鮮明に表れたところです。

　砂川事件では、立川基地拡張工事反対闘争の中で、測定を阻止しようとしたデモ隊が基地に立ち入ったことが犯罪とされました。現行犯逮捕ではなく、測量から一カ月ほど経ったある日、突然、二三人の労働者や学生が捕まり、そのうち七人が起訴された。起訴罪名は、刑事特別法（刑特法）違反。これは地位協定に基づくものです。まず安保条約があって、それに基づく地位協定――当時は行政協定と言いました――がある。さらに地位協定に基づいて刑事特別法がつくられ、つまり占領目的を妨げることで、日本人が逮捕され起訴されたわけです。

　ところが、一審の東京地裁伊達判決[※2]は「憲法九条というのは、自国の軍隊であろうと、アメリカ軍であろうと、これは憲法違反なんだ」ということをはっきり言ったわけです。

これに対して国は「いや、憲法九条で禁止されている軍隊というのは、自国の統制下にある軍隊だけで、外国のものを含まない」という奇妙な論理を展開した。そして、「刑特法は憲法違反ではない」という論陣を張ったわけです。

これにはいろんなエピソードがありますけれども、結局、跳躍上告※3という形で、高裁を抜きにして、最高裁へ行って、しかも一九五九年、安保改定の前年ですから、早く決着を付けなければいけないということで、その年のうちに判決が出るわけです。当時の最高裁の長官であった田中耕太郎氏（二〇一頁参照）が、マッカーサー大使（ダグラス・マッカーサーの甥）と話をして、事前に「こうしますから」と説明していたというのが最近明らかになっています。※4結局、最高裁は、いわゆる統治行為論（裁判所が口を挟むべきものでなく、現行の法体系をそのまま尊重すべき）で、「あえて憲法違反というべきではない」と、一審判決を覆してしまった。

ここで争われたのは、憲法九条に謳っている軍隊、戦力というものに、アメリカ軍を「含む」のか、「含まない」のかということだった。伊達判決は「含む」ということを明確にしたわけですが、最高裁で覆された。以来、九条の精神からいえば、まことに奇妙な憲法違反の状態がずっと続いている。

岩上　そう考えると、この「領土の保全等」の一項目というのは、ものすごく重要なのですが、いままで十分に注目されてないと思うのです。ここに「主権」「独立」と書いてあるわけですから、主権国家に外国軍が駐留しているというのは異常な状態であるわけです。したがって、「地位協定というのは憲法違反だからやめてもらう」「駐留は完全にやめてもらう」ということがセットでなければ、「独立国家」などと言うのは、ちゃんちゃらおかしいわけです。ものすごい矛盾ですよ。

澤藤　そうですね。この九条の三を立案した方は、北方四島と竹島と尖閣だけが頭にあったと思います。

岩上　本土のことも、沖縄のことも、この首都圏の上空の米軍による管制も全然頭にない。そんな馬鹿な話は、あってはならないと思います。

※1　砂川事件
1957年7月8日、立川基地滑走路の中にある農地の測量が行われた際、これに抗議して地元反対同盟を支援する労働者・学生が柵を押し倒して基地の中に立ち入った。この行動に対し、警視庁は日米安保条約に基づく刑事特別法違反の容疑で23名を逮捕し、うち7名が起訴された。

※2　伊達判決
1959年3月30日、東京地方裁判所の伊達秋雄裁判長は、駐留米軍を特別に保護する刑事特別法は憲法違反であり、米軍基地に立入ったことは罪にならないとして、被告全員に無罪判決を言い渡した。この判決を伊達判決と呼ぶ。

※3　跳躍上告
第一審判決に対し、控訴を経ずに最高裁判所に申し立てを行うこと。

※4　2008年に、国際問題研究家の新原昭治氏が、米国立公文書館で発見した資料によると、伊達判決を受けて、当時の駐日大使ダグラス・マッカーサー2世が、同判決の破棄を狙って外務大臣の藤山愛一郎に最高裁への跳躍上告を促す外交圧力をかけたり、最高裁長官・田中と密談したりするなどの介入を行なっていた。

日本国憲法　第三章　国民の権利及び義務

国家の都合で、「基本的人権」が認められない

岩上　さて、次が「第三章　国民の権利及び義務」という、大変重要なところで、基本的人権の話です。

　現行の憲法では、「第一一条　国民は、すべての基本的人権の享有を妨げられない」となっています。自民党案は、これを「全ての基本的人権を享有する」と変えてある。「妨げられない」というわけではない。「享有を妨げられない」が「享有する」になっている。

　そして「この憲法が国民に保障する基本的人権は、侵すことのできない永久の権利である」と変えられている。「永久の権利である」とまで書いてあるのは変わらないのですけども、「現在及び将来の国民に与へられる」という部分がなくなっています。これによって、どのぐらいの影響が出るのか、私にはちょっとわかりません。

　次に、現行憲法第一二条です。「国民は、これを濫用してはならないのであつて、常に公共の福祉のためにこれを利用する責任を負ふ」とある。ここに、自民党案では「自由及び権利には責任及び義務が伴うということを自覚し」という一文が入るわけです。そしてその次、「公共の福祉のためにこれを利用する責任を負ふ」が「公益及び公の秩序に反してはならない」と変わっている。

　以上が、一一条、一二条です。ちょっと細かいことではありますが、「将来の国民に与へられる」という文がなくなっているのは、どういう意味を持つのでしょうか。

澤藤　それは、改正の限界の問題として意味を持つと思います。あとで出てきますけれども、憲法の改正には当然、限界がある。憲法上の大事な原則は変えることができない。基本的人権を「将来の国民に与へられる」と言えば、これは、変

えてはならないということを明瞭に言っていることになる。自民党案に残されている「永久の権利である」というだけと、現行憲法の「現在及び将来の国民に与へられる」というところまで言い切ることとのニュアンスの差です。自民党案の一一条は「人権保障規定は改正できないことを曖昧にした」と読むことができます。

　これは、現行の九七条についても言えます。最高法規という章の最初に、九七条があります。ここにも、これらの権利、つまり人権は「過去幾多の試練に堪へ、現在及び将来の国民に対し、侵すことのできない永久の権利として信託された」と書かれている。一一条と九七条は、呼応するものとして、セットで読まれます（三〇〇頁参照）。

岩上　たしかに第九七条に、「将来の国民に対し」ということ、そして、この憲法というのは、ただ自国の歴史だけを反映しているのではなく、人類の歴史の積み重ねの果てにあるものなのだということ。ここに、その普遍性も書き込まれているということですね。

澤藤　そうですね。しかも、最高法規という章の最初に出ているというのは、非常に意味があるわけです。これが、自民党案では全部削除になっている。「こんなものは要らない」

自民党改正草案
第三章　国民の権利及び義務

（日本国民）
第十条　日本国民の要件は、法律で定める。

（基本的人権の享有）
第十一条　国民は、全ての基本的人権を享有する。この憲法が国民に保障する基本的人権は、侵すことのできない永久の権利である。

（国民の責務）
第十二条　この憲法が国民に保障する自由及び権利は、国民の不断の努力により、保持されなければならない。国民は、これを濫用してはならず、自由及び権利には責任及び義務が伴うことを自覚し、常に公益及び公の秩序に反してはならない。

現行憲法
第三章　国民の権利及び義務

第十条　日本国民たる要件は、法律でこれを定める。

第十一条　国民は、すべての基本的人権の享有を妨げられない。この憲法が国民に保障する基本的人権は、侵すことのできない永久の権利として、現在及び将来の国民に与へられる。

第十二条　この憲法が国民に保障する自由及び権利は、国民の不断の努力によつて、これを保持しなければならない。又、国民は、これを濫用してはならないのであつて、常に公共の福祉のためにこれを利用する責任を負ふ。

と言っている。これはやはり、憲法改正の限界と大きな関係を持つものだと考えます。

岩上　自民党案の基本的人権のところに「自由及び権利には責任及び義務が伴うことを自覚し、常に公益及び公の秩序に反してはならない」とあります。これは「公の秩序のもとでのみ、基本的人権を認めるよ」と言っているのですね。そうだとすると、基本的人権が〈自然権〉であって、そもそも政府から与えられるものではないということが、すっぽり抜けていると思うのです。

　これは、憲法だけではなくて、近代思想に深く関わる話です。ジョン・ロック※1、あるいはルソー※2といった思想家たちが、自然権としての人権を説いたわけです。天賦人権説というと、どこか神様がいるかのようにも思えますが、これは〈自然権〉であるということですね。

　生まれながらの権利であって、その時代の権力者、共同体、政府などから与えられるものではない。「人間には、生きていく権利がある。そして、それは人間それぞれが持っている絶対的な権利なのだ」ということを認めた上で、あとはその人間が寄り集まって、生きていく集団を形成するときに社会契約を行なう。国家とのあいだに契約を行なう。そういうものとして、こうした法がつくられてきたと思うのです。まず人ありき。次に国がある。

　それが、公の秩序が先行したり、歴史と伝統を持った国家が先行したり、そして、そこに反しない限り人権を認めてやるよ、という、まず国ありきの構成になってしまっている。

梓澤　前にも言いましたが、「民主主義といえば多数決」ということがすぐに浮かびます。例えば、学級委員を選ぶとき、多数決じゃないかと。それで、多数が決めたら、憲法だって変えていいじゃないかと。後ほど「二分の一説」も出てくると思いますが、それだけではなくて、さっき澤藤弁護士が言われたように、憲法の中には「憲法を変えるときに、ここから先に踏み込んでは駄目だよ」という思想が埋め込んであるわけです。

　それは何かというと、仮にある時期、特定政党の大多数が選挙で議席を占めたとする。あるいは、国民投票で多数になったとする。それでも、人権というものを、人類の、それこそ一〇〇〇年、二〇〇〇年の知恵の結果、辿りついたものだから、短慮に基づいて、そこを傷つけて否定してはいけない。これが、憲法に埋め込まれた思想なわけです。

　しかしながら、もちろんお互いに社会という集団で生活していくのだから、他人の人権をお互いに制約するような人権の行使があった場合には、それは制約されてもしようがない。それが「公共の福祉」という言葉なのです。

岩上　現行憲法の一二条に書かれている「常に公共の福祉の

ためにこれを利用する責任を負ふ」というところ。そして、一三条の幸福追求権。「すべて国民は、個人として尊重される。生命、自由及び幸福追求に対する国民の権利については、公共の福祉に反しない限り、立法その他の国政の上で、最大の尊重を必要とする」というところですね。

梓澤　この「公共の福祉」という言葉が、自民党の草案にはないのです。「公益及び公の秩序」という言葉に変わってしまっている。

人権という最高の価値があり、また個人は国家よりも貴いという価値がある。その価値を制限するには、もう一つ他の人――澤藤弁護士の人権もあれば、私の人権もある――の人権を制約するようなとき、そういうときには、それは「公共の福祉」という考え方で、お互いの「調整」が必要である。だから、〈調整の原理〉なのです。

宮沢俊義先生[※3]という人が「公共の福祉」というのは、人権同士の調整をする〈調整の原理〉であるという言葉で言い換えたのですが、そういう言葉がすっぽりと自民党草案から落ちて、今度は「公益及び公の秩序」に変わってしまった。

澤藤　もともと「公共の福祉」という言葉は、私ども弁護士にとっては敵対的な言葉として、つまり、人権に対する対抗概念、権力が加える人権制約をエクスキューズする言葉としていままで使われてきたので、非常に反感を持っていたのです。しかし、だんだんと裁判所も、これは人権が相互に矛盾し、あるいは、複数の人権がどうしても両立できないときの〈調整の原理〉だというふうに、読むようになってきている。

岩上　では、それは初期、そういう感じではなかったということですか？

澤藤　そうです。雲の上に、どこかに人権とは別の「公共の福祉」というものがあって、「公共の福祉」という言葉をひと振りすれば、すべての人権が抑制できるというような、こう読めるような判例はたくさんあったのです。

しかし、だんだん、そうではなくなってきた。それは、学者や実務家の努力なのです。ここまで、「公共の福祉」の意味を安易な人権制約の道具としては使えないものとしてき

※1　ジョン・ロック
1632 ～ 1704。イギリスの哲学者。ロックの思想は名誉革命を理論的に正当化するものとなり、その中で示された社会契約や抵抗権についての考えはアメリカ独立宣言、フランス人権宣言に大きな影響を与えた。（http://ja.wikipedia.org/）

※2　ジャン＝ジャック・ルソー
1712 ～ 1778。スイス出身の哲学者、政治哲学者、教育哲学者、言語哲学者、作家、作曲家であり、啓蒙思想の時代にあった 18 世紀フランスで活躍した。同時代の多くのフランスの知識人とともに百科全書派の一人に数えられる。（http://ja.wikipedia.org/）

※3　宮沢俊義
1899 ～ 1976。日本の法学者。大日本帝国憲法から日本国憲法への移行を法的に解釈した八月革命説を唱えたこと、また法哲学者である尾高朝雄との尾高・宮沢論争（国体論争）などが有名。その他公共の福祉の解釈における一元的内在説の主張など、後の憲法学界に多大な影響を残した。（http://ja.wikipedia.org/）

た。そしたら今度は「公益及び公の秩序」、公益公序という言葉に置き換えてしまえと。
岩上　しかも、自民党案では上下関係がはっきりしています。「常に公益及び公の秩序に反してはならない」、これはもう、公益と公の秩序が基本的人権より明確に上位に位置付けられていますよね。
澤藤　そうですね。これが、人権に敵対をしていることは明らかです。
　その前の「自由及び権利には責任及び義務が伴う」というところ。権利というのは、法技術の用語として義務と対になっているわけです。権利があれば、対をなす義務がある。基本的人権という権利の主体は、国民一人ひとりの個人であって、その権利に対応する義務の主体は国家、あるいは、国家の機関です。法体系は権利という概念を使って組み立てられているので、法文に権利が出てくるのは当たり前のことなのです。本来は「義務を伴う」なんて言う必要もない。
　それは結局、「基本的人権といっているけれども、十分には認めないぞ」という宣言でしかないのです。現行憲法でも「濫用してはならない」という歯止めがありますが、これは当たり前のことです。例えば、言論の自由がある。しかし、どんな言論をしても自由だという主張はあり得ない。どんな行動の自由があるといっても、殺人の自由はあり得ない。こうした当たり前のことを「責任及び義務が伴う」としているのは、「基本的人権として、お前たちが考えているものだって、十分には認めないよ」という宣言以外の何ものでもない。そうとしか読めません。
岩上　ホッブズ[※1]は「自由な状態に置かれると、人間というのは、万人の万人に対する闘争になる。なので、それを調整するものとしてリヴァイアサン＝国家が必要だ」と説きました。調整のための機能ということは、こういう考え方と響き合うものなのでしょうか。リヴァイアサン的な国家がそれを調整するという意味ではなくて、個々が調整し合えるという、それが「公共の福祉」ということなのですか？
澤藤　いや、そうではなくて、Aという人の人権とBという人の人権がある。国家に対する関係では、両方とも十全な権利です。しかし、両方が並び立たない場合が多々あるわけです。そのときには、この両権利を調整しなければならない。「私の権利は、こういう権利だから、遠慮なくやらせていただきます」「いや、それは実は他の人の権利を侵害することに繋がりかねない」などというときには調整をして、どちらかに遠慮してもらわなければならないことがある。
　ほかの人の価値と自分が主張している価値は、平等ですから、両方が並立できなければ、譲歩を余儀なくされる。そのとき、権利が制約されるということを認めざるを得ない。

「公共の福祉」とは、そのような場面で人権相互間を公平に調整して、一方の人権に譲歩を求める「制約原理」ということができます。

人権対人権であれば、対等な価値を調整する必要がある。しかし、人権対国家の関係では、本来、調整の必要などあり得ない。人権が憲法上最高の価値であることは、自明の理だからです。秩序、あるいは国家の利益というものが、アプリオリ（先天的）に人権よりも価値が高いとするのは、倒錯でしかありません。

ところが、自民党案の書き方だと、「人権というのは、常に責任、義務が伴うのだから、あなたの権利は認めないよ。国家にこういう都合があるから、駄目だよ」という考えを認め、国家の都合を人権の上に置いて、国民が国家を批判するような自由を認めないと言われかねないのです。

梓澤　表現の自由は、非常にわかりやすい例だと思います。表現の自由はある。しかし、人の名誉を傷つけ、あるいは絶対に知られたくない秘事、秘密を暴露するプライバシー侵害、これらは許されないということがあります。そのときに、表現の自由という権利と、一方で、名誉やプライバシーという人格権、そのどちらも人権なのだから、互いに調整して、表現する側も名誉棄損しないように、プライバシー侵害しないように、という譲り合いがある。

しかし、この表現の自由も、国会の官邸前抗議行動のように、国家に向かって、少数者が自分たちの声を上げるときには、この一三条に書いてあるように、「最大限に尊重されなければならない」。この「最大限」という表現は、「公益秩序に従え」という表現と全然違います。公益秩序に従わない場合には、警察がワッと出てきて、黙らせるということになるでしょう。

岩上　なるほど。表現の自由でいうと、自立性と公益性と公共性という三つがよく言われます。公共性と公益性、同じようなものに聞こえますが、まず「事実でないといけない」というのはわかります。そうした「公共公益のための言論でなければ駄目ですよ」ということは、常に名誉棄損裁判等々で言われてきていますけども、これはどうなのでしょうか？　自民党の改正案で変わりますか？

梓澤　これは、いわゆる政治的な言論についての制約が非常に多くなるというほかに、インターネットの世界に影響が出てくると思います。インターネット特有の奔放な表現に対して、「政治家に向かって、失礼なことを言った」とか、あるいは「不敬罪だ」とか、

※1　トマス・ホッブズ
1588～1679。イングランドの哲学者で、人工的国家論の提唱と社会契約説により近代政治哲学を基礎付けた人物。政治哲学書である『リヴァイアサン』は、ホッブズの代表的な著作であり、17世紀ヨーロッパにおける国家理論の白眉といわれる。（http://ja.wikipedia.org/）

そういう規制にも繋がっていくだろうと思います。それからなんと言っても、さっき言ったようなデモ行進や集会、そういうところへの公権力的な規制が強まっていく。前にも述べた国防軍審判所と同じように、社会の根詰まり感、石川啄木※1の描いたような閉塞感が、危惧されますね。

岩上　時代閉塞の状況になりかねないということですね。

個性を持った「個人」から抽象的な「人」へ

岩上　続いて第一三条です。現行憲法の「すべて国民は、個人として尊重される」が「全て国民は、人として尊重される」に変わっている。なぜか、わざわざ「個人」を「人」にしているのですね。これは、どういうことなのかなとは思います。

そして、現行憲法で「生命、自由及び幸福追求に関する国民の権利については、公共の福祉に反しない限り、立法その他の国政の上で、最大の尊重を必要とする」とあり、「公共の福祉」となっているのが、「公益及び公の秩序」に変わっている。これは先ほど論じたところなので、置くとして、「個人」が「人」に変わったところ、ここはなんでしょう?

澤藤　よくわからないですね。ただ、いままで個人主義という言葉が定着していいます。人権を語る基本用語が、個人主義と自由主義です。個人主義というのは、個人の尊厳、個人が大切だという考え方です。その大切な個人を権力の理不尽から守らねばならないというのが自由主義。いままで、個人主義と自由主義がセットになって、人権を説明してきた。ところが、「個」という表現が、全体主義的な考えの方には、好ましからざる言葉に聞こえるのではないでしょうか。「個人主義はけしからん。個人主義ではなく、全体のことを考えろ」と。

つまり、「人」というのは、非常に抽象化されて、個性を持った「個人」、一人ひとりの個人というものと、やはりニュアンスが違いますね。そこは、私も指摘されるまで気が付きませんでしたけど、考えてみれば、そういうことではないでしょうか。

岩上　これは「国家の中の国民だよ」という意味合いを強調しているのかもしれませんが、同時に、少し気になるのは、自民党案の至るところに家族の強調が出てくる点です。

家族というのは、もちろん大切なものですが、なぜ憲法で家族を強調するのかと想像したときに、これは少し考え過ぎかもしれませんけども、「個人として」という場合は、家庭で、例えば親と考え方の違う息子という存在も含めて個人として尊重される、ということもあり得ると思うのです。しかし、家は一つのまとまりであって、かつては家長制度、家父長制があり、制度として家長が財産権を握っているような状態で、家長に逆らえないような息子、娘、妻もいたわけです。そうしたことを考えると、家も一つの集団単位で、その中の人で、「個人」と言ったときには、家族からも切り離せる個人として屹立することが可能だけど、「人」の場合には、そうではないということをイメージしているのかな、と思ったりもします。

梓澤　僕の考え方は、法律家の中では比較的少数派の芸術系なのですけども……。

岩上　芸術系（笑）。

梓澤　つまり、ロックをやる人とか、短歌や俳句をやる人など、芸術表現をやっている人は、「インディビジュアル（individual）」と「パーソン（person）」というのが違うということを、直観的に感じると思う。

　つまり、僕は、芸術表現——例えば性表現の自由——に対して、非常に窮屈なものがひたひたと押し寄せてきているということを、この言葉の違いから感じます。きっと自民党案をつくっている人、

※1　石川啄木

1886～1912。日本の歌人・詩人。1910年、石川は『時代閉塞の現状』という時評を執筆した。1910年は、「大逆事件」が起こり、翌年には、事件の裁判結果によって、幸徳秋水ら12名が死刑になった年である。石川は、裁判記録を綿密に読み込み、この裁判が権力による弾圧、冤罪であることを確信していたといわれている。（http://e-satoken.blogspot.jp/2010/12/1910100.html）

自民党改正草案

（人としての尊重等）

第十三条　全て国民は、人として尊重される。生命、自由及び幸福追求に対する国民の権利については、公益及び公の秩序に反しない限り、立法その他の国政の上で、最大限に尊重されなければならない。

（法の下の平等）

第十四条　全て国民は、法の下に平等であって、人種、信条、性別、障害の有無、社会的身分又は門地により、政治的、経済的又は社会的関係において、差別されない。

2　華族その他の貴族の制度は、認めない。

3　栄誉、勲章その他の栄典の授与は、現にこれを有し、又は将来これを受ける者の一代に限り、その効力を有する。

現行憲法

第十三条　すべて国民は、個人として尊重される。生命、自由及び幸福追求に対する国民の権利については、公共の福祉に反しない限り、立法その他の国政の上で、最大の尊重を必要とする。

第十四条　すべて国民は、法の下に平等であつて、人種、信条、性別、社会的身分又は門地により、政治的、経済的又は社会的関係において、差別されない。

②　華族その他の貴族の制度は、これを認めない。

③　栄誉、勲章その他の栄典の授与は、いかなる特権も伴はない。栄典の授与は、現にこれを有し、又は将来これを受ける者の一代に限り、その効力を有する。

「個人」を「人」に変えた人は、胸の中に広がる精神世界が（われわれとは）違っているのではないかと思います。

岩上　これは、ひょっとしたら、ボディブローのようにあとで効いてくるのかもしれませんね。

では第一四条に行きましょう。

現行憲法は、「すべて国民は、法の下に平等であつて、人種、信条、性別、社会的身分又は門地により、政治的、経済的又は社会的関係において、差別されない」というもの。このの「法の下の平等」ですが、ほとんど文章は変わらないんですが、自民党案では、そこに「障害の有無」という言葉が入りました。これは、改正案を見ると、僕は結構なことじゃないかなと思うのですが、これはいかがですか？

澤藤　結構なことだと思います。

岩上　めずらしく、結構なこともあるのですね。

澤藤　しかし、わざわざこれを入れるために憲法改正をしなければならないかどうか。それはまた別の問題です。実際には、障害者基本法で、いろいろと障がい者に手厚い実質的な保護を与えること、その人権を擁護することが本当に重要なことで、これ一つのために、憲法改正まで必要か、ということは別の問題だと思います。

岩上　基本的人権を尊重することから、これは自ずと出てくることですよね？

澤藤・梓澤　そう思います。

岩上　障がいのある方は、先ほどの一三条（幸福追求権）があるわけですから、これがきちんと十全に守られるようなことであれば、そのために変えなくてもいいということですね。変える機会があったときに、こういうものを入れたらどうかという提案ならば、それは当然のことだろうと思います。

ただ、よく考えたら、安倍首相は、二〇一二年の衆議院議員選の選挙演説の中で、特に憲法改正と関係なく「障がいのあるすべての方も」とおっしゃっているのです。「障がい者の福祉のために頑張る」ということを、選挙で訴えてこられたのですね。だから少し、「あれ？　安倍首相ってそんなに、障がい者や福祉に対して高い関心がおありだっただろうか」と思い、耳に残っていたのです。それで、この自民党案を見たら、ああ、ここに書かれているじゃないかと。だから、強調されたかったのだろうなと思いました。

後ほど、環境権の話も出てきます。だから、自民党案には良いことも入っていて、そこで気を惹きたいと言いますか、「そういう人たちに対する配慮もあるのですよ」ということはアピールしたいのだな、というのはわかります。でも、これは重要なことです。いずれ憲法を変えるときがくるならば、こういうことを強調するのは良いのではないかなと思います。

自民党案は、在日外国人への差別を正当化するもの

岩上 では、第一五条にまいりたいと思います。現行憲法の「第一五条　公務員を選定し、及びこれを罷免することは、国民固有の権利である」が、自民党案では「主権の存する国民の権利である」に変わっている。これは、どう違うのか。意味がわからない。「国民固有の権利である」というのと、「主権の存する国民の権利」、これはなんでしょうか？

梓澤 ここには、在日外国人の公務就任権という問題点があります。東京都の、ある在日韓国人の保健師さんが、国籍がないという理由で、課長に昇進する試験を受けさせてもらえなかった。現在でも、差別を設けている自治体、そうでない自治体とあるのですが、その件が最高裁に上がっていったときに、「それは憲法違反ではない」ということにはなったのです。[※1] けれども、それをわざわざ憲法に書き入れてしまうと、そういう争いができなくなります。この憲法の考え方でいくと、「主権の存する」だから、「国籍のない人には、公務就任権がない」というところに結びついていくと思います。

岩上 直後に出てくるのですけれども、現行憲法では第一五条の三項として「公務員の選挙については、成年者による普通選挙を保障する」となっています。これが自民党案では「公務員の選定を選挙により行う場合は、日本国籍を有する成年者による普通選挙の方法による」と変えられている。この

※1　1988年、東京都に保健師として採用された在日韓国人2世は、95年と96年に管理職選考を受験しようとしたが、東京都は鄭氏が日本国籍を持っていないことを理由に、受験資格を否定した。鄭氏は、都に200万円の賠償などを求めていたが、2005年1月26日、最高裁大法廷は、合憲判断を下し、原告の請求を棄却した。（2005年1月26日『毎日新聞』）

自民党改正草案

（公務員の選定及び罷免に関する権利等）

第十五条　公務員を選定し、及び罷免することは、主権の存する国民の権利である。

2　全て公務員は、全体の奉仕者であって、一部の奉仕者ではない。

3　公務員の選定を選挙により行う場合は、日本国籍を有する成年者による普通選挙の方法による。

4　選挙における投票の秘密は、侵されない。選挙人は、その選択に関し、公的にも私的にも責任を問われない。

現行憲法

第十五条　公務員を選定し、及びこれを罷免することは、国民固有の権利である。

②　すべて公務員は、全体の奉仕者であつて、一部の奉仕者ではない。

③　公務員の選挙については、成年者による普通選挙を保障する。

④　すべて選挙における投票の秘密は、これを侵してはならない。選挙人は、その選択に関し公的にも私的にも責任を問はれない。

「日本国籍を有する」という部分と、その二項前の「主権の存する国民」というのが響き合っているということですか？

澤藤　そうでしょうね。

梓澤　実は、また最高裁の判例があって、地方選挙権については、在日外国人や永住権のある外国人に選挙権を与えても憲法に違反するものではない、という最高裁判例があるのです。[※1]それが、このように憲法を変えられてしまうと、もうできなくなってしまう。「日本国籍を有さないのだから、朝鮮籍も駄目」ということになるのです。参政権がそもそもできなくなっている。

岩上　わかりました。では、ここはおそらく、在日外国人の方々に対する様々な制約を正当化することを狙っているのではないかと……。

澤藤　それは明らかだと思います。結局、自民党の憲法改正案は、ナショナリズムが非常に濃厚なトーンで貫かれていますから。最初に、「天皇を戴く国家であって」から始まって、結局は、ナショナリズム高揚の憲法をつくりたいと考えている。そう言ってよろしいと思います。これも、その伏流水が出ているところだと思います。

岩上　私が「ちょっと複雑で、不思議だな」という思いに駆られるのは、こうした憲法を制定しよう、策定しようという人のことです。改正しようという人の中には、戦前に復古して、大日本帝国の再現をしたいと思っている人も多いと思うし、警戒する人も、「大日本帝国の再現をしようとしているんじゃないか」と言って警戒します。

　しかし、在日外国人、特に在日韓国人や在日朝鮮人の方がなぜ日本にいるのかというと、多くの方は、大日本帝国時代の韓国併合により、日本国民になっていったわけです。日本の天皇の臣民とされたわけです。強制で連れてこられた人もいたと言われますが、その国民が、帝国の中を移動して、内地に働きにきたりしていたわけです。そして、そのまま終戦になって、残留していた。これまで日本国民、天皇陛下の臣民だったのに、サンフランシスコ講和条約の締結を境にして、「今日からは違う」と言われたようなものです。

梓澤　サンフランシスコ講和条約の一週間前の法務省民事局長通達で、日本国籍を持っていた在日朝鮮人、在日韓国人が、その日本国籍を一斉に奪われた。

岩上　国籍を奪った。それで、その後は、そういう状態にあった人たちを、特別に残留させていく制度になってきた。それが今日続いているわけですね。

　大日本帝国の朝鮮半島侵出政策については、すでに幕末の頃から、後の明治政府のトップに座る人たち（維新の志士）は、ほとんど皆、征韓論[※2]を共有していました。基本的に新しい国家をつくると同時に朝鮮へ打って出ようとしていた。議論になったのは、時期の早い遅いだけで、朝鮮はひと呑みにして、清もひと呑みにしていこうなんていう考えは、大方の明治維新の志士と言われるような人たちの頭の中にあったわけですよ。幕府の側にも水戸学[※3]や国学を学んだ者にはそういう考えはあった。だから征韓論はひそかな前提だった。そのぐらい、朝鮮半島侵出への野望はあからさまだったのです。

一方で、この自民党の憲法改正案をつくった人たちが、「在日外国人は差別的に扱います」と延々と強調しているのは、戦前へ戻るようなことを一方で言っていますけど、大日本帝国の人たちの考え方とはまた違ったナショナリズムのあり方なのかなと、ふと思いました。併合も抱擁もしない、ただ排他・排斥あるのみなのかと。

梓澤　例えば大阪には、在日朝鮮人、在日韓国人がたくさんいるわけで、ある行政区では、五〇%ぐらいの人しか日本国籍を持っていません。まさに、橋下徹市長の大阪市です。僕は、自民党の人がみんなこれに賛成しているのか、ちょっと首をひねります。

岩上　今回のナショナリズムの高揚に特徴的なのは、嫌韓、それから反中ということです。それも、身近にいる在日外国人の人たちに対して、どうも気にくわないというような感情が先走っています。でも一方で急いでいるのが、戦争をできる国にするシステムづくりなのです。

でも、その戦争の目的は一体何なのか。明治時代、良い悪いで言ったら、明らかに悪いのですけれども、征韓論を唱えていた人たちの国防強化というのは、「併合に向かう」「侵略してそこを取る」ということを目的にしていました。西郷隆盛だってそうですし、橋本左内《さない》、木戸孝允《たかよし》だって、みんなそうです。国力を充実させるまでは駄目だと言ったのは大久保利通《としみち》ですが、彼の頭の中に征韓論がまったくなかったとは言えないわけです。

今日の改憲論者は、戦争をできる国にするというのでしょう。一体、どこの国と何のために戦争をする気なんでしょうか。中国でしょうか。けれども、こんなにも在日コリアンに対して厳しくあたるということは、韓国の対日感情をいたずらに悪化させ、韓国を中国寄りにさせて、不利益を招くだけ

※1　1990年、特別永住者である在日韓国人が、大阪市の各選挙管理委員会に対して、選挙名簿への登録を求めて、公職選挙法24条に基づき、異議の申出をした。しかし、選挙管理委員会がこれを却下したため、彼らは大阪地裁に提訴。その後、最高裁に上告したが、棄却された。しかし、最高裁はその判決理由において（いわゆる傍論）「地方レベルの参政権については法律による付与は憲法上許容される」と記し、部分的許容説に立つ見解を示した。

※2　征韓論
日本の明治初期において、当時留守政府（明治政府首脳部で組織された岩倉使節団が欧米歴訪中にその留守を守るために組織された体制）の首脳であった西郷隆盛・板垣退助・江藤新平・後藤象二郎・副島種臣らによってなされた、武力をもって朝鮮を開国しようとする主張のこと。（http://ja.wikipedia.org/）

※3　水戸学
水戸藩で形成された学問。全国の藩校で水戸学（水戸史学、水府学、天保学、正学、天朝正学ともいわれる）は教えられその「愛民」、「敬天愛人」などの思想は吉田松陰や西郷隆盛をはじめとした多くの幕末の志士等に多大な感化をもたらした。

です。

朝鮮を強引に開国し、不平等条約を結ばせて不当な通商利益を得た明治国家の人々は、江戸時代から唱えられてきた日鮮同祖論を持ち出し、「同じような民族なのだから、これから一緒に暮らそうじゃないか」などと言って、植民地にすることをゴールにした。今度の改憲論者たちは、何を目指す戦争を想定しているのでしょうか。ひたすら自他の違いを強調しての排他なのか。よくわからないのですけれど。

澤藤　何を目指しているのかは、よくわかりませんけれども、「日本民族は単一民族で、その民族が天皇を戴いて、まとまりのある国をつくっていくのだ」という宣言をしているわけですから、「在日朝鮮人は天皇を戴かないだろう。在日中国人もそうだろう。そういうものに参政権などは与える必要はない」ということ、それはそれなりのイデオロギーでしょうが、現行憲法の理念とは相容れないものです。

国民から権力者への命令が、自民党案では逆転する

岩上　自民党案の「身体の拘束及び苦役からの自由」というところです。これも非常に重要だと思うのですが、現行憲法の第一八条にある「何人も、いかなる奴隷的拘束も受けない」という言葉がなくなってしまっているのです。そして、自民党案では「その意に反すると否とにかかわらず、社会的又は経済的関係において身体を拘束されない」ということになっています。

また、第一九条「思想及び良心の自由」に関しては、現行憲法の「思想及び良心の自由は、これを侵してはならない」が、自民党案では「思想及び良心の自由は、保障する」に変わっています。まず、「奴隷的拘束も受けない」というのがなぜなくなっているのか。

澤藤　いままで第一八条は、徴兵制は違憲だということの根拠にされていた条項です。それを鑑みると、なるほど、そこはうまく免れるようにしているなと思います。

岩上　なるほど。徴兵制への布石ですか？

澤藤　そういうふうに読めるところですね。それから、第一九条はよくわかりません。

梓澤　ここは、僕はこういう意味だと思います。「侵してはならない」というのは、裁判規範として、妨害排除的な意味を持ち得るわけです。ここより前にも、一二条、一三条のところに「侵してはならない」といっているところがあるのですが、これを裁判所に持ち出したときに、現行の一九条のほうが裁判上の規範となりやすい。思想・良心を侵害された人たちが裁判所に訴える。そのとき、弁護士が人権を守るために、裁判所に対して強く「妨害を排除できる」と言えるか言

えないかというと、自民党案の場合では、ちょっと僕は、ニュアンス的に違ってくると思いますね。

澤藤　僕は、現実に一九条で裁判をやっていますが、「もし〝保障する〟に変わったら遠慮するか？」と言われたら、それは絶対にしないけど……。

梓澤　しないけどね。

岩上　「侵してはならない」から「保障する」という文言に書き換えるのは、この憲法が、誰が誰に宛てて書いたものなのか、その宛先に関わる変更なのではないでしょうか。本来、立憲主義に基づく憲法というのは、政府や特権者に対し

自民党改正草案

（身体の拘束及び苦役からの自由）
第十八条　何人も、その意に反すると否とにかかわらず、社会的又は経済的関係において身体を拘束されない。
2　何人も、犯罪による処罰の場合を除いては、その意に反する苦役に服させられない。

（思想及び良心の自由）
第十九条　思想及び良心の自由は、保障する。

（個人情報の不当取得の禁止等）
第十九条の二　何人も、個人に関する情報を不当に取得し、保有し、又は利用してはならない。

（信教の自由）
第二十条　信教の自由は、保障する。国は、いかなる宗教団体に対しても、特権を与えてはならない。
2　何人も、宗教上の行為、祝典、儀式又は行事に参加することを強制されない。
3　国及び地方自治体その他の公共団体は、特定の宗教のための教育その他の宗教的活動をしてはならない。ただし、社会的儀礼又は習俗的行為の範囲を超えないものについては、この限りでない。

現行憲法

第十八条　何人も、いかなる奴隷的拘束も受けない。又、犯罪に因る処罰の場合を除いては、その意に反する苦役に服させられない。

第十九条　思想及び良心の自由は、これを侵してはならない。

〔新設〕

第二十条　信教の自由は、何人に対してもこれを保障する。いかなる宗教団体も、国から特権を受け、又は政治上の権力を行使してはならない。
②　何人も、宗教上の行為、祝典、儀式又は行事に参加することを強制されない。
③　国及びその機関は、宗教教育その他いかなる宗教的活動もしてはならない。

て、国民が命じる者として、宛先がそちら（政府）になっているはずです。

　これはすごく重要なことだと思います。現行憲法の「思想及び良心の自由は、これを侵してはならない」という規定は、国民が権力者に対して「侵すなよ」と言っている、命じている文体です。それに対して、自民党案では「思想及び良心の自由は、保障する」となっている。これは、政府や権力者が国民に対して「お前たちに保障してやってもいいぞ」と言っている。こんなふうに、主語と目的語が変わってしまっている。

澤藤　あぁ……、僕は、そういうふうには読まなかったのですけれども、たしかにそういうふうに読めますね。私などは、「侵してはならない」も「保障する」も、国家に対する命令として規定されているのだと読んでしまうわけです。ですが、「これを侵してはならない」が、国民が国家に向けて発した命令だというとわかりやすいですね。自民党案は、やっぱりその点はややわかりにくいですね。

岩上　この自民党改憲草案は、書いている人自身が、「国民が国家に対して発する命令」という立憲主義の根本、そういうベクトルを理解していない。憲法を普通の法令の最上位に、ただ持ってきたものとしか考えていないのではないか。だから、「お前たちのことを保障してやるよ」となってしまう。「国家として、お前たちに与えてやるよ」という言い方に聞こえるのです。

梓澤　無意識が反映している。無意識が。

澤藤　なるほど。指摘されれば、そのとおりですね。

岩上　この立憲主義のベクトルの逆転は、自民党案の「第一九条の二　何人も、個人に関する情報を不当に取得し、保有し、又は利用してはならない」という、個人情報保護法に繋がる不当取得の禁止の話にも関わってきます。「個人情報は守らなきゃ」ということが、現在、社会的なコンセンサスになっていますから、これだけ見ると、悪いことではないように感じるのですけれど、これ、政府はどうなの？って思いますね……。

澤藤　そうです。

岩上　そうですよね。これまた、政府を除外して、政府は国民に対して命令をしていないかと。民間は駄目だけど、政府は別だよと。

澤藤　「何人」の中に政府も入るのでしょうけれども、憲法というのは本来、政府に対する規制でなければならない。そういう体系であるはずですけれども、それが、そうなっていない。別に、政府に対する命令でなければ、普通の法律をつくればいいわけで、憲法レベルまで上げて規定する必要はないわけです。本来の憲法事項ではないものが混じってしまっている。自民党案には、こういうのがいくつも見られます。

梓澤　これについては、先ほどの「障害の有無」のところみたいに、良い条文の例として挙げる人もいるのだけど、僕は違うと思います。よく読んでみてください。「何人も、個人に関する情報を不当に取得し、保有し、又は利用してはならない」とあります。これを、新聞記者やインターネットメディアの取材者の側に身を置いて読んでみると、「何人も――いかなる取材記者も――、政治家に関する情報を不当に取得し」となります。不当にです。「違法に」ではなくて。

不当に取得してはならないということになると、この下位法規である個人情報保護法について、他人情報の中に入っていく取材活動への規制を、もっと徹底して発展させていくと思います。僕は、個人情報保護法反対運動のとき[※1]にいっぱい論文を書いたり、デモをやったりしていたので、非常に敏感になっているのですけれども、この一九条の二は褒めてはいけないと思います。

岩上　僕も個人情報保護法反対運動をやりましたので、梓澤さんとはあの当時、どこかですれ違っているはずですね。もちろん、僕も良いとは思ってはいません。ただ、いまどきだと、多くの人から「これは結構なことだ」というコンセンサスを得やすいと思いますので、非常に問題はあります。

しかし、ここの不当にという箇所には気づいていませんでした。「違法に」ではない。不当にというのは曖昧ですね。違法でなくても、不当だと言われる。そういうことになると、グレーゾーンも駄目という話になりますから、たいへんな問題です、これは。

次は「信教の自由」です。現行憲法では「第二〇条　信教の自由は、何人に対してもこれを保障する。いかなる宗教団体も、国から特権を受け、又は政治上の権力を行使してはならない」とありますが、自民党案では「国は、いかなる宗教団体に対しても、特権を与えてはならない」に変わっている。

現行憲法の「いかなる宗教団体も」というのは、宗教団体が主語ですね。そして、「国から特権を受け」て「政治上の権力を行使してはならない」となっています。「宗教団体が、権力を行使しては駄目」ということになっているのですけど、自民党案では「国が、宗教団体に対して、特権を与えてはならない」と、また主語が変わっていて、それから「権力を行使してはならない」が消えています。これは、どう

※1　2000年10月に政府IT戦略本部の個人情報保護法制化専門委員会が首相に提出した「個人情報の保護に関する大綱」を下敷きに、政府は直ちに「個人情報保護に関する法律案」の作成作業に入り、2002年に個人情報保護法関連五法が国会に提出された。個人情報保護法は、個人情報を取得する際に個人情報の利用方法を本人に明確に伝えなければならないと定めるために、報道の自由を侵害するなどの理由から大きな反対運動が展開された。（http://ja.wikipedia.org/）

読みますか？

澤藤　二〇条でいう宗教というのは、本来、宗教一般というよりは、やはり戦前の天皇制と結びついた国家神道を念頭においている。とりわけ靖国とか、伊勢神宮ですね。つまり、「いかなる宗教団体も」とありますが、「宗教団体」をそうした国家的宗教、あるいは国家神道と読めば、二〇条というのはわかりやすく読めます。

しかし、自民党案ではそれが、どうも薄められたというか、国家神道に対して、「そんなに厳しく言う必要はないよ」というメッセージを受けます。見過ごすことはできないと思います。

岩上　なるほど。主語が倒置したのはどういうことなのでしょうか？「国から特権を受け、又は政治上の権力を行使してはならない」という現行憲法の規定は、まさに国家神道を対象としていますよね。直接、国家神道の主体に向かって言うよりも、国がいかなる宗教団体に対しても、特権を与えては駄目だと、曖昧な文言にしたということでしょうか。

澤藤　そういうふうに取れますね。

梓澤　もう一つ、この憲法改正の動向について、自民党や公明党など、いろんな政党がありますが、宗教団体とも非常に関係の深い政党もあります。そういう宗教団体を拘束するよりも、「国は」ということによって、そういう宗教団体側の人たちがこの改憲案に親和性を持てるような、そういう工夫がしてあるのではないですかね。

岩上　なるほど。これも、スッと見過ごしてしまいそうですけれど。

梓澤　岩上さんに指摘されて、ここはちょっと大事なところだなと思いました。つまり、今後の憲法改正をめぐるいろんな政党の動向をも考える上で大切なところかもしれない。

岩上　そうですね。少なくとも、「政治権力を行使してはならない」というのが消えているのです。そこは重要です。

自民党案は明らかに後退している

岩上　今度はその次、第二〇条第二項ですが、これは現行憲法も改正案も同じです。変わるのは第三項です。現行憲法には、「国及びその機関は、宗教教育その他いかなる宗教的活動もしてはならない」とありますけれども、これが自民党案では、「国及び地方自治体その他の公共団体は、特定の宗教のための教育その他の宗教的活動をしてはならない。ただし、社会的儀礼又は習俗的行為の範囲を超えないものについては、この限りではない」と書いてあります。

これを見てすぐ頭に浮かぶのは、靖国神社の参拝ではないかなと思います。「社会的儀礼又は習俗的行為の範囲を超えない」のだから、神社にお参りすることは何か問題があろうか、ということを定めているように思うのですが、いかがでしょうか？

澤藤　まず、二〇条全体の解説をして、それからこの改正にどういう意味があるのかについて、意見を申し上げたいと思います。

二〇条には、二つのことが書かれています。一つは、国民各個人に信教の自由があること。つまり、どんな宗教を信じるか、あるいは信じないかという自由が保障されている。これに国家は関与してはならない。憲法を学んだ方、あるいは歴史を学んだ方には周知のことですけれども、いろんな人権のカタログがある中で、宗教の自由というのは、歴史的にいつも筆頭にありました。

つまり宗教の自由は、人が精神生活を行なう上で、最も大切なものであり、しかも、国家権力と、激しい形でぶつかってきた。そういう歴史の中で、どの憲法も信教の自由を必ず保障している。むしろ、ある憲法は、これを獲得するためにできたというような歴史すらあるわけです。それが、現行憲法の二〇条の一項と二項なのです。

一項と二項は、国民の信教の自由というレベルで、ものを言っている。特に、二項。これは、例えば戦前の憲法体制の中でも、学校行事その他で、臣民の信教の自由は一応認められていた。ただし、それは臣民たる義務に背かざる限り、そして法律の留保、つまり法律に抵触しない範囲において、とされていた。

ですから、例えば戦前は、学校教育の中で、宮城遥拝《きゅうじょうようはい》（天皇の住んでいるほうに向かって、頭を下げさせること）などを、当然に強制してもいいのだとされていました。例えば、上智大学は、カトリック系の大学ですけれども、こういうところにすら、宮城遥拝、あるいは靖国神社参拝の命令をしています。学校当局は、最後には受け入れざるを得なくなる。

そのような歴史的経過があって、この二〇条の二項というものがある。すなわち、何人も宗教上の行為を強制されない。祝典、儀式、行事などにおいて、宗教的な意味合いを持っているものには、その参加を強制されることがない。つまり、いままで私どもが民主主義先進国と考えていた国の普遍的なもの、プラス日本の特殊事情を踏まえてできたのが、二〇条一項と二項なのです。

岩上　浄土真宗だと、神祇不拝《じんぎふはい》※1と言いますよね。簡単に言うと、我々は神を拝まない、という考えです。それに対して、やはり戦前・戦中には、拝むことが強制

※1　神祇不拝
神祇とは、天神地祇（てんじんちぎ）の略で、天の神と地の神、すなわちすべての神々の総称のこと。浄土真宗では、親鸞が説いた「神祇不拝」の教えを基本とし、自身の苦悩から抜け出すために、神頼みや仏頼みなどの祈願を行うことを否定している。

されるようなことがあったのでしょうか？

澤藤　それはそうですね。真宗大谷派の僧侶で、大逆事件※1に連座しておられる方もいらっしゃいます。当然に真宗も国家神道の受容を強制されました。

自民党が言っている日本の歴史伝統文化とは、多様な宗教や文化を切り捨てた〈天皇を戴く国〉ということです。その天皇を戴く国というのが、国家神道という宗教体系で語られていたわけです。戦前、様々な宗教弾圧があったのは公知の事実で、これは結局、国家神道と矛盾する、または抵触するような宗教団体が徹底して弾圧されたということです。その苦い教訓が、この二〇条第一項第二項になっているわけです。

岩上　前に、国旗国歌の尊重という項目がありました（第三条）。国旗国歌の尊重が憲法に謳われることと、この第二〇条の信教の自由、とりわけその第二項「何人も、宗教上の行為、祝典、儀式又は行事に参加することを強制されない」というところは、矛盾して、せめぎ合いになるところじゃないでしょうか？

澤藤　ええ。もうすでにせめぎ合いになっているところです。石原教育行政（東京都の教育行政）が行なった、国旗国歌に対する、起立、斉唱の強制。これは、かつては必ずしも命令ではなかったわけです。

二〇〇三年に石原慎太郎氏が都知事に二度目の当選を果たし、東京都民が三〇八万票という圧倒的な多数投票で支持をしたことから、「一〇・二三通達※2」というものが出て、国旗国歌に敬意を表明すべく、「国旗に正対して起立し、国歌を斉唱すること」という職務命令が、いま東京都の教員全員に出るわけです。一人一人に文書で手渡されるわけですね。

これはたいへん異常な事態だと思いますけれども、そういう中で、その職務命令を潔しとしない方々がいらっしゃいます。私は、七〇〇名に近い方々の裁判を担当しましたけれども、その中で、宗教上の理由で国旗国歌の強制に従えないという方が相当数いらっしゃるわけです。これは憲法二〇条の問題になる。

宗教以外の理由では、政治的な信条、あるいは教員としての良心から、どうしてもこれに服することができない方がいらっしゃいます。中には、自分が寄り添わなければならない子どもたちの中に、在日外国人の子がいて、どうしてもその子が「日本の君が代、日の丸に服することができない」と言う。それに寄り添わなければならない教員のあるべき立場を考えると、自分も子どものためにどうしても立てないという方もいらっしゃるわけです。こういう方は、一九条（思想、良心）の問題になります。

宗教者として、「日の丸・君が代」に服することができない、という信念の方がいらっしゃいます。そういう方からすると、日の丸は、国家神道のシンボルである天照《あまてらす》という太陽神の形象に見えるのです。あるいは、君が代は、戦前がそうであったように、神の子孫であり、自らが現人神《あらひとがみ》である天皇に対する敬意を表明して、その世が永久に続くように、という神なる天皇を寿《ことほ》ぐ歌であって、自分の信じる宗教とは別の聖歌を歌わされるに等しく、そういう強制に服することができない、ということになります。

国旗国歌の強制は、一九条と二〇条とに矛盾するものとして、いませめぎ合っているわけです。

現行二〇条の解説の続きですけれども、一項二項は、国民の側に着目して、すべての国民の権利として、信教の自由がある、といっています。これはつまりは、一人ひとりがどんな宗教を持つことも自由です、持たないことも自由です、これを決して強制されることはありませんよ、どんな信仰を持っても不利益を受けることはありませんよ、と言っている。

三項は、公権力の側に着目して、これに対する規制、命令になるわけです。最高裁判例の用語で言いますと、「制度的保障」です。つまり、人権そのものの規定ではないけれども、人権を徹底して擁護するために、ある制度をつくって、これを守らなければならない、と公権力に対して、命令をしている。

これが〈政教分離〉です。政教の「政」とは、政治権力のこと。「教」というのは、宗教の教、教えということですね。この「政」と「教」とは、高い壁に隔てられて、政治は宗教の世界に入り込んではいけないというのが、〈政教分離〉です。フランスやアメリカでは徹底していると言われますけれども、疑問が残るところです。

しかし日本は、徹底した〈政教分離〉を選んだという歴史があるわけです。あえて言いますが、これ以上ない野蛮な天皇制の宗教政策への反省からです。例えば、（ナチスの宣伝大臣だった）ゲッベルスが、「ナチスは宗教を国民の精神支配に利用することに成功しなかった。これをやり遂げたのは日本の天皇制政府である」ということまで言っている。※3

※1　**大逆事件**
1910（明治43）年、多数の社会主義者・無政府主義者が明治天皇の暗殺計画容疑で検挙され、12名が死刑にされた大冤罪事件のこと。
1世紀を経て、再びあの時代と似たような世相になりつつあることを懸念した有識者らが、2013年1月24日、「102年後に大逆事件を問う」と題する院内集会を開いた。IWJは、この集会の中継を行なった（http://iwj.co.jp/wj/open/archives/54856）。
※2　2003年10月23日、東京都教育委員会は、都立学校の入学式・卒業式などにおける国旗掲揚・国歌斉唱の実施について、教職員は国旗に向かって起立し、国歌を斉唱すべきこと、国旗掲揚・国歌斉唱の実施にあたり、校長の職務命令に従わない教職員は服務上の責任を問われることを周知すべきことを通達した。
※3　『日本の政治宗教――天皇制とヤスクニ』（宮田光雄、朝日選書、1981年）P.36。

つまり、日本の天皇制政府は、国家神道という道具で、国民一人ひとりの精神まで支配しようとした。その復活を許さない、という厳格な条項が、この二〇条第三項だと読まなければならない。ところが、現行の二〇条第三項と、自民党案のものを並べて読めば、自民党案は明らかに後退している。

これは、自民党のほうから言えば、「これが最高裁判例だよ」と言いたいところだと思うのです。しかし、最高裁判例の読み方はいろいろあります。

自民党案では、人権を制限する言葉が追加されている

岩上　最高裁判例の中に、このような「社会的儀礼又は習俗的行為の範囲を超えないものについては、この限りではない」という文言があるのでしょうか？

澤藤　明確にそうではないのですけれども、最高裁判例は、現在「目的効果基準論[※1]」と言われています。つまり、目的と効果と、この二つを見るのだと。これはアメリカの連邦最高裁の判例からヒントを得て、独自に日本の最高裁がつくり上げました。有名なものとしては「津地鎮祭訴訟」というものがあります。

「伊勢は津でもつ、津は伊勢でもつ」と言われる、三重県の津市です。一九六五年、津市の体育館の起工式に、津市が神職を呼んで地鎮祭をやりました。これは宗教行事ですが、この行事に、当時のお金で四千数百円のお金を払った。これが違憲、違法ではないか、ということで争われた住民訴訟が、「津地鎮祭訴訟」です。

この訴訟において、名古屋の高等裁判所は、「これは違憲である」ということを非常に明確に言いました。「地鎮祭は宗教行事である」と。「宗教行事に国が関与してはならない。二〇条三項をみれば当たり前だろう」と言ったわけです。いまの二〇条三項なら、そう読めます。この津地鎮祭訴訟における名古屋高裁判決は、引用されることがたいへん多い。

この判決の中に、「本件において、津市が地鎮祭を神社神道式で行なったところで、とりたてて非難したり重大視するほどの問題でないとする考え方は、右に述べたような人権の本質、政教分離の憲法原則を理解しないものというべきである。政教分離に対する軽微な侵害が、やがては思想・良心・信仰といった精神的自由に対する重大な侵害になることを怖れなければならない」という有名な文句があります。だから、厳格に解さなければならない。しかし、最高裁がそれをひっくり返して合憲にしたのです。[※2]これは、大変有名な判決です。一〇対五で、五人の裁判官が反対意見を書きました。

この判決の中で使われたのが、「目的効果基準」です。この論法では、まず原則と例外を取り換えます。憲法の条文に

は「国は宗教活動をしてはならない」と書いてあるが、「原則は宗教活動ができる」としたのです。地方自治体も、宗教的な活動を「原則はできる」のだと。しかし、憲法によって禁じられ、できないものがある。それは、「その目的が宗教的な意義を持ち、その効果において、宗教に対する援助、助長、促進、または圧迫、干渉になるもの」と言ったわけです。

その論法の中で、「宗教行事も社会的儀礼、または習俗となってしまえば、目的・効果の両面で、禁止された宗教活動にあたらない」となるわけです。現在、私が裁判を担当している国旗国歌の事案も、結局は、「これは社会的な儀礼だから、憲法一九条に違反しない」と言うわけです。

このように「社会的儀礼又は習俗論」というのは、いますら、人権を制限する口実に使われている言葉です。一つは権力の宗教介入合理化に使われる言葉ですが、それだけではなくて、思想、良心、あるいは表現の自由など、広く一般に基本的人権を制約する理屈に使われます。私は、これが自民党案のように、二〇条三項の中に明定されることは、絶対にあってはならないと考えています。

靖国神社は、国民に対する精神支配装置

梓澤　現行の条文が、「国及びその機関は、宗教教育その他いかなる宗教的活動もしてはならない」となっているのに対して、自民党草案の方は、「特定の宗教のための教育その他の宗教的活動をしてはならない」としていて、目的を限定しているように読めます。このあたり、何か違いがあるのではないですか？

澤藤　まず、「宗教教育をしてはならない」が、「特定の宗教のための教育をしてはならない」に変わった。宗教教育において、例えば宗教的な情操教育をする。あるいは、いかなる

※1　国や自治体の行為が、憲法が禁じた政教分離原則に抵触するかどうかを判断するための判例上の目安。「津地鎮祭訴訟」最高裁大法廷判決で示された。宗教との関わり合いはどの程度までなら許されるかについて、「行為の目的が宗教的意義を持ち、その効果が宗教を援助、助長、促進または圧迫、干渉する行為」をした場合は憲法に違反する、と定義付けた。また、行為がこの宗教的活動に当たるかどうかを検討する際は、「行為に対する一般人の宗教的評価、行為者の意図、目的、一般人に与える効果、影響などの事情を考慮して」「社会通念に従って客観的に判断すべき」とした（http://plus.yomiuri.co.jp/）。

※2　1977年7月、最高裁判所大法廷は、津市が行なった地鎮祭の目的は世俗的なもので、その効果は、神道を援助、助成、促進するものでないため、憲法第20条第3項により禁止される宗教的活動にはあたらず、これに対する公金の支出も憲法第89条に違反するものではないとの判決を下した。

宗教に対しても寛容でなければならないとか、いかなる宗教も無宗教も併存できるのだ、というような教育をするのは、特に問題ではなく、むしろ望ましいことだと思います。

だから、公教育の中で、「宗教に触っちゃいかん」というような、そういうバカげたことはない。そういう意味では、「特定の宗教のための教育をしてはならん」というのは、それはそれなりに理由があることだと思います。

ただ、問題は「いかなる宗教的活動もしてはならない」というところ。これは、非常に幅が広いわけです。まず、「宗教活動」より「宗教的活動」のほうが広い。しかも、「いかなる宗教的活動もしてはならない」です。つまり、現行憲法は、〈政教分離〉の壁は非常に高いということを、強調している文言であると読まなければならない。それが、自民党案では「宗教的活動をしてはならない」だけになっている。

岩上　宗教の多くは、儀礼が寄せ集められてつくられ、それによって構築されていますから、ここで言う「宗教的な活動」に「儀礼」も含まれるとしたら、拝むことや、その他ほとんども儀礼行為の中に括られてしまうと思うのです。一見、靖国参拝だけの話と思いきや、もっと様々なことが入ってくるかもしれない。

澤藤　私は、靖国に関する訴訟をやってまいりましたけれども、国家神道の中の、軍国主義的な側面、あるいは排外主義的な側面を象徴するのが、靖国神社だと思います。もちろん、私は、亡くなられた戦没兵士に対して、哀悼の意を表することは当然だと思いますが、国家が、家族や国民から死者の霊を祀る権利を取り上げて独占するようなことがあってはならないと思います。

そもそも靖国神社は、国民に対する精神支配のため、しかも天皇のために死ぬことが臣民としての最高の栄誉であり、義務であるということを教えるための装置としてできました。

亡くなった戦没者の親にしてみると、「うちのぐうたら息子が戦死をして、なんともったいなくも天子さまが自らお参りをして下さる。こんな名誉なことはない」という民衆の感情に訴える基盤を持った装置なのです。

現在もそうです。「国が、国のために死んだ者を祀ることがどうして悪いのか」という非常に単純だけれども、遺族には訴える力のある強い論理があるわけです。それだけに、危険なものだと思います。こういうかつての軍国主義や天皇制を支えた国家神道という精神的な側面の軍国主義の象徴である靖国神社と国が関わりを持つようなことはあってはならない。

天皇が、靖国神社に参拝をしたり、あるいは内閣総理大臣が、公的な資格で参拝をしたりすることは、絶対にあってはならない。この原則をいささかも崩してはならないと思います。

ひと言で言えば、靖国神社というのは、かつては軍事的な宗教施設でもあり、宗教的な軍事施設でもあった。若い方はご存じないかもしれませんが、各神社のトップを宮司《ぐうじ》といいます。その頃の靖国神社の宮司は、陸軍大将と海軍大将が交互に務めていました。

神社というのは、かつては神祇省、あるいは文部省の管轄であったけれども、靖国神社だけは、陸海軍が管轄をしていた。警備は、警察ではなく、軍が行なっていた。そういう軍事施設なのです。だからまさに、政府と軍、それから宗教（国家神道）、これらが融合したとてつもなく大がかりな装置が、靖国神社であったのです。

これが現在、宗教法人として私的なものになったはずなのですけれども、どうしても国家と結びつきたいという衝動を抑えきれない。靖国の国家管理の問題は、長くくすぶりました。その後は、内閣総理大臣の公式参拝を求める運動が続いていました。いまも、様々な形で、国会議員や閣僚が靖国参拝に行くわけです。

次に、君が代の問題です。先ほど、国旗国歌に拳拳服膺《けんけんふくよう》（常に忘れないでいること）できないという理由の中に、宗教的な理由でそういうことができない、という方がいらっしゃると話しました。君が代の「君」は、天皇のことです。天皇とは、行政側に言わせると、憲法に象徴としてあるもので、何の問題もない、と言われます。

これに対して、宗教者から見ると、君が代の君である天皇は、やはり宗教儀式を経て初めて、天皇になるわけです。大嘗祭《だいじょうさい》※1という、ややグロテスクな宗教的な秘儀を経て初めて、天皇としての礼儀、祖先から続いている天皇の力をもらう。

岩上　グロテスクというのは？　真床覆衾《まとこおうふすま》※2みたいなことですか？

澤藤　そういうことです。先帝の亡骸と一晩共寝をするという神秘的な象徴行為を経て、初めて天皇は、天皇としての霊

※1　大嘗祭
天皇が、即位ののち初めて新穀を天照大神をはじめ天神地祇（てんじんちぎ）に奉り、自らも食す祭りのことで、天皇一世一度の最大の祭り。「おおにえのまつり」「おおむべのまつり」とも呼び、践祚（せんそ）大嘗祭ともいう。毎年11月その年の新穀を神に捧げ、自らも食す新嘗（にいなめ）祭のことを、古く毎年の大嘗と称したのに対し、毎世の大嘗といった。この祭りを斎行することで、新しい天皇が真の天皇となると信仰されてきた。律令の整備とともに、その次第等について詳細に規定されたが、延喜の制で大祀とされたのは、この祭りのみである。（『日本大百科全書』（小学館）より）

※2　真床覆衾
真床とは床のことで、覆衾とは寝る際に体に掛ける寝具のことをいう。大嘗会においては、御殿の床に八重の畳を敷き、そこに神を寝かせ、天皇となるべき者も一緒に寝て、真床覆衾をかぶる。そして目覚めて起きた時には、天神の霊がその体内に入っており、人にして神なる天皇になっているとされる。（参考:『大辞林』（三省堂）、小淵繁利『日本古代史へのアプローチ』、逵日出典『八幡宮寺成立史の研究』）

威を継承する。そして、宮中での四方《しほう》拝※1から始まって、秋季皇霊祭※2や春季皇霊祭など、天皇が天皇であるための祭祀、宗教儀式は、いまも変わりなく、宮中で行なわれている。そういう天皇を寿ぐ君が代を歌うことはできない。つまり、「神なる天皇の代よ、永遠なれ」と言うことはできない。これが、宗教的な信念を持っている方の言い分だということも、ご理解いただきたいと思います。

岩上　例えば、キリスト教徒の方にとっては、生身の人間が、キリスト教と何の関係もない現人神であると言われても、それは受け入れられない。彼らは一神教ですから、キリスト教の神こそが神であるということ、それは譲れない話です。そこは、非常に厳しいもので、どんな場面であっても、その儀礼を強要することは、土台本来は無理のある話ですね。

憲法は、国民が国家の間違いを正すことを保障するもの

澤藤　日本国憲法の大原則は、ともかく一人ひとりが、それぞれに個性ある人格を持った人間として尊重されて、この世の中に共存できる、ということなのです。それを一つの宗教で、あるいは一つのイデオロギーで、統率するようなことは、絶対にあってはならない。これが憲法二〇条であり、一九条の精神です。宗教の自由であり、思想、良心の自由ですね。もう少し根源に遡れば、一三条になるわけですけれども（三七頁参照）。

岩上　幸福追求権ですか？

澤藤　ええ。一三条は、個人の尊重。国家権力ではなく個人こそが憲法上の価値として根源的存在なのだ、ということを宣言している条文と、普通読まれます。

岩上　この幸福追求権というのは有名で、幸福追求権をもって行なわれている裁判はいろいろあると思います。自己決定を尊重するために、ということ。

先日、オバマ米大統領が再選して、それにまつわる演説をしました※3。オバマ大統領は、ジェファーソン※4の「独立宣言」に触れて、「この精神から我々は少しも揺らいでない、これを貫いていく」と述べました。

そこで言われているのは、個人としての尊重、生命、自由及び財産、そして幸福追求に関する権利であり、これらは、侵すことのできない個々人に与えられた独立した権利だということでした。日本国憲法に書き込まれたことと、まったく同じことを言っています。

このアメリカの「独立宣言」はジョン・ロックの自然法の流れをくみ、イギリスの「名誉革命」の影響を受けたものです。「独立宣言」はフランスの「人権宣言」にも影響を与え、日本の憲法にも書き込まれるようになった重要な権利です。

そして憲法は、一人ひとりが人格を持つ人間であって、それが尊重されるのだと、それが民権の一番重要な基礎をなすとしています。他方、自民党の改憲案は、国権をいかに強め、民権をその下に据えるかということに力点を置き、それがあらゆる条に表れている。

澤藤　おっしゃるとおりです。ジェファーソンの有名な言葉に、「信頼は常に専制の親である。自由な政府は国民の信頼によってではなく、〈ジェラシー〉によってつくられる」という言葉があります。[※5]〈猜疑〉と訳されますが、国民は国家を信頼しろ、ということではないのです。国家を信頼するということは、美徳でも何でもない。国家は、過つものです。国家、あるいは、時の政権は、「常に自分のやりたいように国民を操りたい」と考えます。教育も、マスコミも操って、統制したい。そういう衝動を持っているものだ、と国民は考えなければいけない。

だから、国家に対しては、あらゆる言論を通じて、そして最後は選挙という手段で、その間違いを正す。常に国家に対しては、「こいつは間違えるに違いない」と、〈猜疑〉の目を光らせなければならない。もし間違えたら、相手はたいへんな力を持つ怪物なわけですから、間違えないように見守らなければならない。それが日本国憲法、あるいは近代以降の憲法が想定している、国家観です。

岩上　国民は、国家に対して猜疑心を持つべきであり、また、持つのは当たり前のことだと。国家性悪説と言ってもいいと思いますが、国家を放置しておけば、悪事をなすことがあり得る。国家の支配者たちは、私欲のために、様々な理屈をつけて人々を苦しめたり、あるいは操ろうとしたりすることがあり得る。

※1　四方拝
1月1日の早朝に行なわれる皇室祭祀。天皇が清涼殿の東庭に出て、属星・天地四方・山陵を拝し、五穀豊穣・天下太平を祈る。明治以降は神嘉殿で、皇大神宮・豊受大神宮・四方の神々を拝することに改められた。(『大辞泉』より)

※2　皇霊祭
旧制の国祭の一つ。毎年、春分・秋分の日に天皇みずから皇霊を祭る大祭。現在は天皇の私事として行なわれる。(『大辞泉』より)

※3　2013年1月21日、オバマ米大統領は、2期目の就任演説の冒頭、以下のように述べた。
「我々を米国人たらしめるのは、2世紀以上も前につくられた独立宣言に明記されている理念への忠誠です。／我々は、すべての人間は生まれながらにして平等であり、生命、自由、幸福の追求という侵すべからざる権利を神から与えられているのだという真理を自明なものとします』(「アメリカ独立宣言」より)／今、我々はこの言葉の意味することと、我々が現在直面している現実との間に橋をかけようと、終わりのない旅を続けます」(「IBCパブリッシング http://www.ibcpub.co.jp/」より)

※4　ジェファーソン
トマス・ジェファーソン。1743～1826。米国の政治家。第3代大統領。在任1801～1809。独立運動に参加して、「独立宣言」を起草。国務長官・副大統領を経て、大統領となった。貿易の改善、ルイジアナ州の購入などの功績を残す。退任後には、バージニア大学を創立。(『大辞泉』より)

※5　1776年、法律学全集3『憲法』に、トマス・ジェファーソンは以下のように記述した。
「われわれの選良を信頼して、われわれの権利の安全に対する懸念を忘れるようなことがあれば、それは危険な考え違いである。信頼はいつも専制の親である。自由な政府は、信頼ではなく、猜疑にもとづいて建設せられる。われわれが権力を信託するを要する人々を、制限政体によって拘束するのは、信頼ではなく猜疑に由来するのである。われわれ連邦憲法は、したがって、われわれの信頼の限界を確定したものにすぎない。権力に関する場合は、それゆえ、人に対する信頼に耳をかさず、憲法の鎖によって、非行を行わぬように拘束する必要がある」

だからこそ、国民が、国家の間違いを正していかなければならないし、またそれをでき得る状態でなければいけない。そのためには、諸権利が保障されなくてはならない。出版、思想、信条、宗教の自由、その他の権利は、必要な権利なのだということですね。

日本は満州事変の愚を繰り返すつもりか

梓澤　ちょっとここで、触れておきたいことがあります。前に、「世界人権宣言」について、戦争の災厄を防ぐために、という意味で言ったのですが、「国際連合憲章」というのを改めて読み直してみると、その冒頭に、「我ら連合国の人民は、我らの一生のうちに二度まで言語に絶する悲哀を人類に与えた戦争の惨害から将来の世代を救い、基本的人権と人間の尊厳及び価値と男女及び大小各国の同権とに関する信念を改めて確認し」と書かれています。

　すなわち、二つの大戦を招いて、何千万という人たちの命が失われたが、一人ひとりの個人の価値を、国より上、それこそ至高の価値、最高の価値として見ることによってこそ、戦争というものを防ぐことができるのだと。そういう信念に貫かれて、国際連合というものを結成し、日本も、その中に入ったわけです。

　自民党の憲法改正草案が、もしこのままスッと通った場合、日本は満州事変の愚を繰り返すつもりなのでしょうか。国際連合のことを、当時は「国際連盟」と言っていました。満州事変のとき、日本は、国際連盟から脱退して、世界から孤立し、戦争への道を歩んでいった。いままたそういう価値を選ぼうとしているのか。

岩上　「国連憲章」と明らかに反するということですね。

梓澤　はい。だから政治家は、いまや〈立憲主義〉そのものを見直さなきゃいけない。

岩上　自民党の西田昌司参議院議員は、現行憲法は無効であるとはっきり言っていますし、[※1] 片山さつき参議院議員も、天賦人権説を否定すると言っている。[※2] この二人が、特異な考え方の持ち主であることは間違いないですけれども、彼らだけではなくて、自民党の中で、この憲法草案をつくっていった方々、あるいは、そうした彼らの行動を支える思想家たちも、同様の考えを持っているのでしょう。

　例えば、西田議員は、「我が国の国柄にふさわしくないから、憲法九条の考え方を含めて、これを除く」と言うわけです。日本の伝統文化に立脚していないものは、欧米からの押し付けだから、それを排除すると。

　しかし、〈立憲主義〉も〈天賦人権説〉も、日本の伝統文化や国柄に合わないという理由で捨てよと主張するのだったら、西田議員や片山議員は、まず国会議員のバッジを外すべきだ、と申し上げたい。代議制民主主義は、元々この国の歴史にあったものじゃない。近代になってから欧米から輸入したものです。

日本の伝統ではなく、欧米からの輸入だから、という理由で立憲主義や天賦人権説を否定するなら、ご本人が議員バッジをまず外し、代議制民主主義のもとでの国会議員であることをやめていただいて、ちょんまげを結っていただき、車に乗るのもやめていただく。そして、原発はつい最近入ったものですから、もちろんこれもやめて、近代的な軍隊を持つなんていうことは考えないでいただきたい。

そこまでやって、我が国の歴史、文化、伝統、国柄に合わないものは入れない、立憲主義も天賦人権説も受け入れないということを、堂々とご主張なさっていただきたいと思います。

梓澤　これは、自民党の改憲草案という形で、政党の名前で発表されていますけれども、私は、いわゆる保守、保守革新と分ければ、保守の人たちの中にも、この価値観を共有しない人は潜在的にいらっしゃると思うのです。

岩上　潜在的にどころか、いっぱいいると思います。

梓澤　例えば、慶應大学教授の小林節さんという方も、もともとは改憲を主張されていたのですが、この自民党の改憲の流れにはついていけない、とおっしゃっています。[※3]

こうしたこともあって、この機会に、自民党改憲草案の持っている根本的な考え方について、本当にこれでいいのかと問い直すべきです。現在、いわゆる防衛論理、安全保障論理だけで意見が分かれちゃっているけれども、この機会に、是非一回根本に戻って議論したいと思います。

※1　西田昌司参議院議員（自民党）は、2012年7月28日放送のテレビ朝日「朝まで生テレビ」の中で、国民主権が憲法によるものではないと発言し、さらに、自身の動画チャンネル「週刊西田」の中で、以下のように語っている。
「現在の憲法というのは、もともと占領中につくられた法的にも無効なものであるし、内容的にも、日本の伝統とか歴史的な規範とは別個の基準でつくられたものであるから、これを憲法ということ自体おかしい。（略）　憲法は法律以前の国の形、土台なんです。その土台が法律論でいってしまうとおかしい。土台を話すときには、そもそもモラルとか価値観の話で言わなきゃ駄目なんです。そこを法律論の中でガチガチにしてしまうから、本来憲法というのは国柄とか価値観とか、法律以前の形の集大成であるのにその集大成を語れなくなるんです」（2012年9月15日『週刊西田 一問一答「現憲法無効論を主流にできるのか？」』）

※2　片山さつき衆議院議員（自民党）は、2012年12月7日、自身のツイッターで「国民が権利は天から付与される、義務は果たさなくていいと思ってしまうような天賦人権論をとるのは止めよう、というのが私たちの基本的考え方です」と書き込んだ。

※3　慶應義塾大学法学部の小林節教授は、憲法を専攻領域としており、改憲派の論客としてよく知られている。しかし改憲派でありながら、立憲主義に基づかない憲法改正には強い反対の立場をとっている。
自民党改憲草案について、小林教授は、「権力者側から国民へ指示する条項を入れようとする」ものであり、「憲法の何たるかがわかっていない連中に憲法改正を云々させるわけにはいかない」と批判している（2012年12月21日『日経ビジネスオンライン』）。
さらに、自民党の中に「立憲主義」を知らない議員がいることに触れ、「（立憲主義は）議論の前提として知っていて当たり前。知らないのなら議論に参加するな！」と憲法を知らない議員が改憲を進めようとしていることを厳しく非難したこともある（2013年5月23日、「立憲フォーラム」第3回勉強会、http://iwj.co.jp/wj/member/archives/12380）。

勝ち取った民権か、与えられた民権か

岩上 二〇一三年一月一一日付の『ロサンゼルス・タイムズ』が、自民党改憲草案の危険性について、記事を書きました。これは、非常に長い論文で、改憲草案の中身について、九条の問題だけではなく、基本的人権の制約だとか、それから言論・出版の自由、思想信条の自由に対して、ものすごく厳しい評価を下していて、しかもそれが、自民党憲法草案の第何条にある、と細かく書かれている。

また、記事の中で、『ロサンゼルス・タイムズ』は、「世界中の人権団体は、自民党の憲法改正草案に反対する世論を結集すべきである」と呼びかけている。さらに「自民党は全体主義的、軍国主義的な日本をつくろうとしているのだ」とまで書いています。そういう長文の文章が掲載されています。我々は、全文を訳して読んで、ちょっとびっくりしました。[※1]

澤藤 まったく同感です。一番ベーシックなところにあるのは、人類の英知が積み重ねた近代立憲主義です。つまり、個人の人権が一番大切で、国家というのは人権にとって危険なものだから、これを制約しなければならない、そのための憲法だ、というものです。しかし、私たちが「これは当たり前のものだ」と考えていたのを、「これは、日本の伝統文化、歴史に合わないものだ」として排除する。

例えば、「天賦人権論というのは、妄説、間違った説であって、そういうものは取らない」と非常にはっきり言っている。つまり、日本というのは、天皇を戴く国家であり、龍谷大学の山内敏弘先生[※2]の言葉を借りますと、結局、憲法の上に天皇を置いてしまっているのが、自民党改憲草案ではないでしょうか。

つまり、人類の英知の積み重ねだとされてきたものを否定して、天皇制を中心にしたたいへん偏狭な考え方、それで人権まで否定をしてしまう。また山内さんの言葉を借りますけれども、これが自民党のＤＮＡなのです。これが保守全体のＤＮＡだとは思わないのですけれども、この改憲案は、おそらく安倍自民党の本音を語っているものとして、非常に参考になる。

それから、自民党のホームページには「Ｑ＆Ａ」(http://www.jimin.jp/policy/pamphlet/pdf/kenpou_qa.pdf) も全文出ていますので、是非お読みいただきたい。これが、いかにグローバルスタンダードからかけ離れたものであるかということを、じっくり見ていただきたい。

岩上 戦後、日本が国際社会の中で、長い時間をかけて積み上げた地位あるいは評価があります。先進欧米諸国と肩を並べる近代民主主義国家の一つであり、平和主義を掲げ、基本

的人権が守られる社会だというふうにみなされており、一定の尊敬を集めていることです。自民党改憲草案は、その地位や評価を捨てること、先進民主主義国家の隊列からの落伍を意味すると思うのです。それは、本当に愚かで危険なことです。

梓澤　日本は、外交上の基本方針として、安全保障常任理事会入りを考えているわけですよ。ならば、その基本的な哲学――「国連憲章」や、「世界人権宣言」の中にある共通理念――を否定してしまったら、一体どうなるのか。

天皇を戴く国家というのは、自民党改憲草案の前文の一番初めにあります。すなわち、「日本国は、長い歴史と固有の文化を持ち、国民統合の象徴である天皇を戴く国家であって」という部分です。改憲草案の一行目にそれを打ち出して、それが全体を貫いている。

安倍首相のおじいさんにあたる岸信介さんが、一九六〇年の安保闘争のときに、「国会周辺は騒がしいが、銀座や後楽園球場はいつもどおりである。私には〝声なき声〟が聞こえる」と有名な言葉を残しています。

岸さんは、巣鴨で二年七カ月間、A級戦犯容疑者として幽囚生活を送りました。それが、出てきた途端に、自主憲法制定を掲げます。その流れがずっと続いて、安倍首相に至っている。しかもそれが、ある条文を合理的なものに変えようという議論ではなくて、明治憲法に戻ろうというような議論、これはとても違うのではないかなと。

岩上　いまここに、一番普遍的な教科書だと言われる、芦部信喜[※3]先生という方が書かれた『憲法　第五版』（岩波書店、二〇一一年）があります。ここでは、日本憲法史における明治憲法の特色として、反民主的要素と民主的要素が混在している、と述べられています。以下、引用します。

※1　2013年1月11日付のロサンゼルス・タイムズ紙に掲載された「A militarized Japan?」と題された記事では、自民党が進める憲法改正について、以下のように紹介。
「日本の安倍晋三新総理が、日本の有名な平和条項である憲法第9条を改正する計画があることを発表した。（略）しかしこの変更は、安倍政権が企んでいる抜本的な憲法改正の一部でしかない。なぜなら自民党改憲草案では、軍事の非常事態のときは国会に法的強制力を与えるとしているからだ。また、徴兵制の禁止条項を取り除くような変更もある」。
続けて同紙は、憲法9条の改正だけでなく、基本的人権まで制約しようとしている点を指摘し、厳しく批判を加えている。さらに、表現の自由への制約にも注意を促し、自民党は全体主義的で軍国主義的な日本をつくろうとしていると警鐘を鳴らしている（元記事：http://www.latimes.com/news/opinion/commentary/la-oe-ackerman-japan-constitution-20130111,0,7592874.story）。
IWJのHPでは、当該記事について、より詳しい内容を紹介している。（2013年3月23日付IWJブログ：http://iwj.co.jp/wj/open/archives/69716）

※2　山内敏弘
龍谷大学教授で、憲法学の専門家。澤藤弁護士は、自身のブログ（http://www.jdla.jp/cgi-bin04/column/sawafuji/index.cgi）の中で、山内教授の言葉を紹介している。それによると、山内教授は自民党の改憲草案を、「自民党の本質、自民党本来のDNAが露骨に出た改憲草案」として、「国民主権、人権尊重、平和主義という憲法の基本価値を、いずれも歪め、換骨奪胎するもの」と厳しく批判している。

※3　芦部信喜
1923～1999。憲法学者。東京大学・学習院大教授を歴任。憲法訴訟の理論を開拓し、憲法制定権力などの研究で学界を主導。護憲派として知られた。

「明治憲法は、立憲主義憲法とは言うものの、神権主義的な君主制の色彩がきわめて強い憲法だった。

（一）反民主的要素

まず、主権が天皇に存することを基本原理とし、この天皇の地位は、天皇の祖先である神の意志に基づくものとされた。「大日本帝国ハ万世一系ノ天皇之ヲ統治ス」（一条）とは、この天皇主権の原理を明示したものである。また、天皇は、神の子孫として神格を有するとされ、「神聖ニシテ侵スヘカラス」（三条）と定められた。さらに、天皇は、「国ノ元首ニシテ統治権ヲ総攬」（四条）する者、すなわち、立法・司法・行政などすべての国の作用を究極的に掌握し統括する権限を有する者とされた」（芦部信喜『憲法 第五版』一八頁）

さらに天皇は、軍事ファシズムのトップであり、同時に、神聖宗教国家のトップでもあるという状態だった。国民には主権や権利はなく、天皇こそがこの国の主人であって、また歴史を通じてそうであったということが、明治憲法に書かれていると述べています。

これは、歴史の捏造だと思うのです。これまでの日本の歴史の中で、天皇中心の国家として、天皇をここまで神格化し、そして天皇が国のすべてを統べる存在として君臨したことが、日本の有史以来果たしてあったのか。

国家神道は昔からあるものだと思っている人が多いですが、このプロトタイプを思いついたのは、おそらく水戸学の会沢正志斎《あいざわせいしさい》[※1]です。「国体」という言葉は、彼の造語です。彼が著した『新論』の中に、「これから攘夷などをやるときに、国家と一神教とを結びつけた、キリスト教に対抗し得るような、強力な宗教をつくり上げなければならない」と書かれています。「つくり上げる」ということは、それまではなかったということですよ。

国家神道をつくり上げて、国の中心に据えて、それが国民を支配するような、そういう形式をつくるべきだと言っている。これはまさに、国家神道の萌芽みたいなものです。『新論』は幕末に、すごく読まれ、影響を与えています。長州の維新の志士たちに最も大きな影響を与えた幕末最大のイデオローグの吉田松陰[※2]は、水戸まで会沢正志斎に会いに行っています。吉田松陰も『日本書紀』の神代記を根拠に朝鮮半島とアジア各国への進出を唱えています。

注意しなくてはいけないことは、水戸学派、それから勤皇[※3]の志士たちにも言えることですが、あの時代に新しい近代国家をつくるということと、同時に朝鮮半島を取りに行こうという征韓論、これらはもう共通認識だったということです。

『宇内《うだい》混同秘策』を著した佐藤信淵《のぶひろ》は、武力で朝鮮だけでなく満州も中国も取り、南京に皇居を移して、全世界すべて皇国とすべし、と主張していたし、薩摩藩主の島津斉彬《なりあきら》も朝鮮の領有を目指し、越前国福井藩士で安政の大獄で処刑された橋本左内は朝鮮、満州、支那、インドを攻め、最終的には世界の五大州を征服することを提唱していました。

幕末にすでに、強大な国家をつくり、帝国主義政策をとる列強の真似をして、すぐ近隣の朝鮮、あるいは台湾を取りに行くと言っていた。そこから始めようと。その挙げ句、さらに中国まで行こうと近世のうちに言っていたのです。

福井藩主だった松平慶永《よしなが》（春嶽）は、明治に入って早々に天皇への奉答書で「支那、朝鮮を属国たらしめ、西洋各国を圧倒し、宇宙間の一天子となし奉られ」などと大まじめに世界征服を提案していましたし、西郷隆盛などは、「朝鮮は通り道で、満州を占領して足場に、手向う者を片端から征服する。ロシアを追分して支那に着手する」と大言壮語していました。これが尊王を掲げ、明治国家をつくった者たちの本心です。

これはたいへんなことだと思うのです。再び天皇を戴く国家をつくり上げるというのは、単に戦前に戻るというだけではなく、過去のアジア各国への侵略をどのように考えるのか、明治の初めから昭和二〇年までの歴史をどう総括するのか、憲法を改正して再び軍事国家となったときに、アジアへの武力進出は二度とないと言いきれるのかどうか、正面から論じなくてはいけない話です。

澤藤　中江兆民《なかえちょうみん》※4が、民権には二つあると言っています。それは、私の言葉で翻訳すれば、「勝ち取った民権」と「与えられた民権」です。勝ち取った民権というのは、十全のもので、与えられた民権というのは、そもそも与えられただけのものでしかなく、円満完全だということはない。大日本帝国憲法は、与えられた民権であったわけです。

岩上　しかも、不十分だったわけですね。

澤藤　はい。一方の日本国憲法は、政治的な意味ではともか

※1　会沢正志斎
1782 〜 1863。江戸後期の思想家で水戸藩士。
1825 年、水戸藩八代藩主・徳川斉脩（なりのぶ）への上呈を目的として、『新論』を著した。
尊王思想と攘夷思想を結合させた尊王攘夷思想を提示するが、危険思想とみなされ、出版することが許されなかった。しかし、その内容は筆写されて全国に伝わり、幕末に起こる尊王攘夷運動の聖典となった。
また、精神の虚無を埋めるためには日本人の信仰を統一させることが必要だと考えており、その思想や著作は、国家神道の形成に影響したとされている。
（名越時正『会沢正志斎の神道論策』http://www.mkc.gr.jp/seitoku/pdf/s10-1.pdf）。

※2　吉田松陰
1830 〜 1859（天保元年〜安政 6 年）。幕末の思想家。教育者。長州藩士。長崎・平戸へ遊学、兵学を学ぶ。江戸に上り、佐久間象山に師事、西洋砲術と蘭学を学ぶ。ペリーが下田に来航したとき密航するが、失敗した。処分を受け、長州藩で投獄、後に幽閉された。幽閉中松下村塾を開き、高杉晋作、伊藤博文らを教育。日米修好通商条約問題で幕府を批判し、再入獄。江戸へ移管されると、幕府の取り調べに対し幕政批判を展開したため、死罪となった（安政の大獄）。

※3　勤王／勤皇
天子のために忠義を尽くすこと。特に江戸末期、佐幕派に対し、天皇親政を実現しようとした思潮。また、その政治運動。尊王。（『大辞泉』より）

※4　中江兆民
1847 〜 1901。思想家。フランスに留学し、帰国後仏学塾を開設。『東洋自由新聞』を創刊し、主筆として明治政府を攻撃し、自由民権運動の理論的指導者となった。ルソーの『民約論』を翻訳。著『三酔人経綸問答』『一年有半』など。（『大辞泉』より）

く、法的な意味では勝ち取った、つまり主権者としての国民が、勝ち取った民権なのです。

つまりこれは、君主や神、国家権力から与えられた民権ではない。天賦人権論という言葉を使うかどうかはともかく、本来存在する円満な人権を前提にするところから議論が始まる、というのがいわば公理なのです。自民党の改憲草案は、これを明確に否定する。

だから、そういう意味では、彼らは与えられた人権論からしか出発できない。私は、米国はそんなに好きな国ではないですが、米国は人権外交などと言って、中国やミャンマー、あるいは北朝鮮などに対して、お前たちは非文明国で、人権をちゃんと擁護してないと批判をします。日本も「そうだ、そうだ」と、米国と一緒になって批判しています。

すると、例えばミャンマーなんかは「人権というのは決して普遍的なものではない。それぞれの国柄や歴史的な段階に応じて、多面的なものなんだ」と反論する。それに対して、米国や日本は「いや、人権というのは、普遍的なものだ。そんなローカルな人権論なんか認めない」と言う。私は、それはそれなりに正しい言い方だと思います。しかし自民党案は、そのローカルな人権論に戻ろうとしている。それでいいのかと言わねばならない。

岩上　これは早い話が、北朝鮮や、いま澤藤先生がおっしゃったミャンマーなどの国柄の特殊性を強調する国々と、「我々は同じだ」と言っているに等しいですね。普遍性より特殊性を強調する国、特殊な国柄を主張する国、イスラム原理主義国家もそうであるかもしれませんが、自民党案は「我々は近代民主主義国家とは違って、普遍性よりも特殊性が強調される国家なんだ」と主張するようなことですね。

澤藤　はい。自民党憲法草案の「Q＆A」を見て驚きました。「和を以って尊しとなす」というのが大事なものだ、ということを堂々と言っているわけです。これが同等者間だったら、道徳として成立しますよ。しかし、国家権力と国民の間で「和を以って尊しとなす」というのはあり得ない。これは、権力を持つ者に好都合なイデオロギーを吹き込もうという以外のなにものでもない。

梓澤　二一条に入りましょう。

表現の自由を根本から否定する自民党案

岩上　第二一条は、非常に重要な条文です。自民党案では、第二項が新設されています。そこに「前項の規定にかかわらず、公益及び公の秩序を害することを目的とした発動を行い、並びにそれを目的として結社をすることは、認められない」と加えられました。

「公益及び公の秩序を害することを目的とした」場合は、言論の自由、そして集会、出版の自由というものが認められない。これは本当に驚くべきことです。

梓澤　これはすごいですね。

岩上　民主主義国家の憲法とはとても思えない。「私たちはファシズム国家である」と宣言したに等しい。先ほど紹介した『ロサンゼルス・タイムズ』も、この条文についてたいへん厳しく、危険だと述べていました。

梓澤　表現の自由がなぜ大事か。個人の至高の価値である自己実現——人格の自律的発展という価値。個人が自由に発言し、互いに切磋琢磨する豊かなコミュニケーションをつくり、そのことによって人格を自ら完成していく。個人の成長と発展を最高のものとみる考え方です。芸術表現の自由などで考えるとわかりやすい。それから個人が公権力から干渉されることなく、意見や情報を発信し受け取り、それを血液のように循環させて、一般の市民が主人公となって、この国の進路を決めていく民主主義の価値です。憲法学では「自己統治」という難しい言葉を使いますが……。人民こそが、国の統治形態を決めていくということ。この二つの価値からいって、表現の自由は侵すべからざる基本的人権である、と考えられています。

　特に大事なことは、ある時代における多数者というのは、そのときの政治権力を握っているわけですから、こんなことをわざわざ言う必要はないのです。では、これが誰のための

自民党改正草案

（表現の自由）

第二十一条　集会、結社及び言論、出版その他一切の表現の自由は、保障する。

2　前項の規定にかかわらず、公益及び公の秩序を害することを目的とした活動を行い、並びにそれを目的として結社をすることは、認められない。

3　検閲は、してはならない。通信の秘密は、侵してはならない。

（国政上の行為に関する説明の責務）

第二十一条の二　国は、国政上の行為につき国民に説明する責務を負う。

現行憲法

第二十一条　集会、結社及び言論、出版その他一切の表現の自由は、これを保障する。

〔新設〕

②　検閲は、これをしてはならない。通信の秘密は、これを侵してはならない。

〔新設〕

人権かといえば、多数者が取っている権力に対して、少数者が物申す権利、人権なのです。

自民党案は、「公益及び公の秩序を害することを目的とした」表現の自由は認められないと言うのですけれども、表現の自由というのは、先ほど述べたように、多数者が取った権力を批判する自由です。これを、公の秩序に反するから認めないと言ってしまうということは、第一項は保障すると言いながら、その表現の自由を第二項で根本から否定しているわけです。これはひどい。

岩上 いま梓澤先生は、「多数者に対して物申す」と言いましたが、それはまた同時に権力に対して物申すと……。

梓澤 そういうことです。多数者というのは、多数者が握った権力のことです。現在でいえば、前回の選挙で多数になった自民・公明の政権に対して物を言うということですね。

澤藤 もう少し言うと、多数者あるいは社会の多数派に、表現の自由に関する権利を付与する必要はないわけです。いつもこの権利を行使しなければならない立場にあるのは少数者、もしくは弱者です。たった一人という場合もあります。

少数であるがゆえに、その時代の権力や社会の大多数から憎まれ、疎まれ、あるいはいじめられ、除け者にされている。そのたった一人の権利にこそ、基本的人権としての表現の自由というのは輝かなければならない。そういうものだと私は思っています。

梓澤 そうです。

岩上 この話題は前回も出ました。多数少数にかかわらず、個々人の権利が重要なんだと。そのとき私が、一人でも自分がその権利を主張しなければならないと思ったら、ひるむことなく主張できることが前提として重要だと申し上げた。

すると澤藤弁護士が、形式的にはまったくそのとおりだけれども、現実面、実際面では、本当に物申すときにたいへんな目に遭うのは少数者だから、少数者の権利がより強調されなければならないとおっしゃっていました。

梓澤 いまここで思い出すのですが、イラク戦争が開戦するときに、米国議会でたった一人の女性議員が反対の票を投じましたよね。[※1]その反対票の輝きというのはすごいですよ。あのときは、誰から見ても、イラクに大量破壊兵器があるから攻撃するという流れだった。そのときに、たった一人で反対したという意味は、ものすごく輝くわけですよ。

いかなる同調圧力が働くときでも、「私はこのことに反対する」と主張すること。例えば、同調圧力が働く原子力発電所の立地自治体においても、少数の町であっても反対する。その人権というのは、ものすごく大事です。それがやがて、多数者をも救うことになるわけですよ。

そういう意味で、表現の自由というのは、いまでき上がっている、まさに公の秩序、あるいは公益に対して抵抗する、必死で身体を張って闘うということです。足尾銅山鉱毒事件を告発した田中正造《しょうぞう》※2を思い出す必要があります。

少数者の権利を保障することが表現の自由なのに、それが「公の秩序に反することを言ったから許されない」となると、たいへんなことになる。これは、単に憲法でこう決まるだけではなくて、この二一条二項が入ることによって、今度はそれに基づく法律ができてくるわけです。

わかりやすい例として、戦前の新聞紙条例というのがあります。新聞紙条例の一三条では、「政府を変壊し、国家を転覆するの論を載せ、騒乱を煽起する者は、禁獄一年以上三年に至るまでを科す。その実犯に至る者は首犯と同じく論ず」と述べられている。

要するに、政府に抵抗する者、いまの政府を変えろと言う者、こんなことやってちゃ駄目だと言う者は、それ自体が刑事犯罪だということです。

自民党改憲案の二一条第二項は、まずは表現の自由に対する制約ですけども、今後表現の自由に関する表現法のようなものや、あるいは新聞テレビ法みたいなものができて、「〇〇論を載せた者を処罰する」ということに結びついていきます。

自民党案は治安維持法を思い起こさせる

梓澤　さらに、自民党案の法文の後半にも問題があります。「並びにそれを目的として結社をすること」、すなわち「公益及び公の秩序を害することを目的として結社をする」ことを認めないとあります。これすなわち何かというと、現行秩序である資本主義体制や、民主主義体制に対して、これに反対することを掲げて結社をすることを言っている。例えば、現行憲法に反対する日本維新の会などはこれにあたると思います。

岩上　石原慎太郎前東京都知事や橋下徹大阪市長らは、まず

※1　2001年9月14日、米国連邦議会は、テロに対する武力行使の全権限をブッシュ大統領に与える決議を採択した。その際、民主党下院議員のバーバラ・リー氏が、上下院合わせてただ一人、反対票を投じた。

※2　田中正造

1841～1913。政治家。栃木出身。1890(明治23)年、衆議院議員に当選。同年、栃木県足尾銅山から流れ出した鉱毒によって、渡良瀬川流域で稲が枯れ、魚が死ぬという現象が起きた。

1891年12月24日、第2回帝国議会本会議で、根腐れした稲と育たない芋、鯉鮒の死骸などを壇上に並べ、鉱毒被害に対して何の対策も打たない政府に対して、激しい追及を行った。その後も、政府の姿勢を徹底的に糾弾し続け、政治生命をかけてこの問題に取り組んだ。

鉱毒被害者に対して、「私の要求が政府に通じぬときは、みずから先頭に立って死を決する覚悟である」とまで約束していた田中は、議員を辞職し、ある決断をする。1901年12月10日、帝国議会の開院式からの帰路に就いていた天皇の馬車に対して、直訴状を握りしめ、直訴を行なったのだ。途中で警官に取り押さえられ、直訴状を天皇に渡すことはかなわなかったが、このことは広く知れ渡り、足尾銅山の鉱毒救済運動がより広まることとなった。晩年は治水事業に尽力した。

また、田中正造は、京都大学原子炉実験所助教の小出裕章氏が最も尊敬している人物であり、小出氏の研究室には、田中正造の写真が掲げられている。

逮捕されなければいけない、ということになってしまいます。

梓澤　そういうことになりますね。だから、ここにある自民党憲法改正草案についても、これをホームページにアップして、拡散することも弾圧される対象になるわけです。

岩上　すると、石原前知事や橋下市長らが、過激なことをおっしゃったり、結社を組織して維新の会をつくったり、そして選挙を経て多数を形成し、自民党の改憲草案のようなものをつくるということは、いまの民主的な憲法体制下だから許されているのであって、もしそういう厳しい取り締まりが可能な体制下であれば、彼らは存在していないし、活動もできないということになりますね。

実際に大日本帝国憲法下にあっても、超過激な独裁主義者が出てくるときには、やっぱり弾圧されましたから。左翼も弾圧されましたけど、ウルトラ右翼のような集団も弾圧されました。そういうことが起きかねない。右であっても、左であっても、とりあえず言い分を聞くことが許される現在のような状態ではなくなってしまうということです。

梓澤　その結社に関する有名な、誰でも知っている法律が「治安維持法」[※1]です。治安維持法の第一条には、「国体を変革することを目的として結社を組織したる者、又は結社の役員その他指導者たる任務に従事したる者は……」この次、すごいですよ。「……死刑又は無期若しくは七年以上の懲役に処し」と書かれている。

「国体」というのは要するに、そのときの天皇制、絶対主義的天皇制です。絶対主義的天皇制を民主主義にしようとする。これが、死刑または無期。さらに、社会主義革命を主張する者もこれにあたる。

自民党改憲案では、そういうところを全然隠さずに、「公の秩序を害することを目的とした活動」の結社を禁止するとしている。これはすごい。

岩上　私は民権論者ですから、国民一人ひとりが主権者だと思っています。ですから私が代表を務めるＩＷＪでは、現行の憲法に則って、人数が少なくても多くても関係なく、例えばデモや請願の様子を映し、中継もしています。

我々は、公の秩序を害することをやっているとは思いませんが、もし、自民党の憲法草案が通って、我々が政府側にとって不都合なものを映し出したなら、彼らは「それは許さない」「結社は認められない」と言い出し、ＩＷＪという結社が認められないことになるかもしれない。そうなると、私はとんでもない煽動行為を行なったということで、治安維持法違反でしょっぴかれる……。

澤藤　首魁《しゅかい》は死刑までありますから。

岩上　死刑ですか……。新しい憲法ができて、治安維持法ができたとしたら、私も捕まるかもしれない。そのときは弁護をひとつよろしくお願いします（笑）。

澤藤　それもできないかもしれない。いま話が出ましたけれども、自民党案の二一条第二項を読んだ人は、誰でも治安維持法を思い浮かべると思います。

治安維持法は、一九二五（大正一四）年に成立しました。これと同じときに、普通選挙法も誕生しました。これによって、職工や水呑百姓までが選挙権を得ることになるわけですから、普通選挙を行なったら明日にでも社会がひっくり返ってしまうのではないか、と天皇制政府は恐れ、治安維持法をつくったのです。

これがどういう目的でつくられたのかというと、国体と私有財産制の二つの否定を阻止するためです。

そして、最初は死刑までは入っていなかった。しかしだんだんと厳しくなるわけです。治安維持法は、一九四一（昭和一六）年の法律で完成体になるわけですけれども、そこでは、もちろん首魁は死刑。それから、目的遂行罪というものがあります。岩上さんが「弁護してください」とおっしゃいましたが、一九三三年にとても有名な労農党弁護士団事件が起こります。

弁護士らが治安維持法でしょっぴかれて、全員有罪になります。起訴されたうちの一人は、共産党に加盟をしたことが起訴事実とされましたが、それ以外は、共産党員――つまり治安維持法違反の被告――を弁護したことで、目的遂行罪ということに問われました。

これは、国体を変革する、私有財産制を否定するなどといった目的の遂行に寄与する行為をしたということです。その中に、共産党員の弁護活動も入れられたわけです。めちゃくちゃな話です。

岩上　もう法治国家じゃないですね。

澤藤　法律でやられたんですよ。

岩上　ですが、裁判では被告人がいて、弁護士がその弁護をする権利も認められていて、両者が自分の言い分を主張し、法廷は公開され、そして裁判官が裁く。こういうことになっています。澤藤先生の話に出てきたケースは、近代法治主義の崩壊じゃないですか。

澤藤　だからそれは、近代の法治主義や法の支配の話であって、明治憲法は、そもそも天賦人権論ではないわけです。

岩上　天賦人権論でないと、こういうめちゃくちゃな手続きも可能になるということですか。

澤藤　そういうことです。やっぱり日本の天皇制というのは、日本独自

※1　治安維持法
国体の変革と私有財産制度の否認を目的とする結社や行動を処罰するために定められた法律。1925（大正14年）制定、1941（昭和16年）全面的に改正。共産主義活動を抑圧するなど、思想弾圧の手段として濫用された。1945年廃止。（『大辞泉』より）

の歴史・伝統・文化に基づいてできているわけです。

先ほどの弾圧裁判では、「あなた方のやっていることは、弁護士としての業務行為であって、一見違法性を阻却されるように思うかもしれない。けれどもそれは形式にすぎず、その実質においては、天皇制に逆らう共産党の宣伝のために弁護活動をやっているのだ」というのが判決の論理となっています。そういう世の中だったのです。

その歴史をいま、再確認する必要があると思います。つまり、自民党改憲案の二一条二項が実現すれば、そういう世の中に戻りかねない。そう私は危惧しています。

弾圧が始まったとき、あなたはいつ声を上げるのか

澤藤　政府や国家権力が暴走したときに、歯止めをかける機能として、ジャーナリズムがあります。ジャーナリズムは徹底してやられます。それだけでなく、弁護権もそうだということです。弁護士も本来、反権力ですが、これも徹底して弾圧されています。
岩上　困りましたね。じゃあ弾圧されたとき、お二人は私を弁護できないではないですか。
澤藤　たぶん駄目です。治安維持法では、政府がつくったリストの中からしか、弁護人選任が許されなかったのです。だから、ブラックリストに載らないような弁護士とコネをつくっておくことも大切ですよ（笑）。
岩上　そうですか、なるほど。澤藤先生や梓澤先生は駄目ですか。
澤藤　ブラックリストでしょうね。ＩＷＪに出ているんじゃ、もうブラックリストですよね（笑）。
梓澤　こういうとき、いつも思うのですが、いまの状況を見ると、新聞やテレビはまだこの問題を取り上げていないですよね。けれども、世の中が危険な方向に走っていくときって、誰かがそれを言うわけです。
その誰かというのは、本当は記者やジャーナリスト――記者とは、人民の斥候兵《せっこうへい》であるという言葉があります――であるはず。つまり、「稜線の向こうから危ないものがやってくるぞ」と知らせるのが記者ですよね。残念ながら、マスメディアがいまその役割を果たしていないと思うのです。
岩上　彼らは権力側の斥候兵であり、資本の斥候兵でもあります。行政府が提供する情報と、スポンサーに寄りかかって成り立つマスメディアには、自ずから限界があります。
梓澤　なるほど。しかし、その斥候兵を本能的に果たす人っていうのは、世の中に必ずいるわけです。『組曲虐殺』（集英社、二〇一〇年）という本があります。これは、井上ひさしさんが小林多喜二（一五三頁参照）のことを書いたのだけど、

井上ひさしさんは、小林多喜二の生きた時代を思い起こしながら、胸が高鳴る思いでこの組曲をつくったと言っています。

小林多喜二は、『蟹工船』という本の一行目に有名な言葉を書いています。これから蟹工船に労働者が乗り込もうというときに、こう言っています。

「おい、地獄さ行ぐんだで!」

誰もが平等に弾圧を受けるわけじゃない。一番最初に先頭に立って、「危ないぞー!」って言った人が集中的にやられるわけです。その結果が、あの虐殺です。ノーマ・フィールドの著作『小林多喜二――二一世紀にどう読むか』(岩波新書、二〇〇九年)の中にも残酷な写真が出てきます。そういうふうにして、これから斥候兵の役割を果たす人が最初にやられます。

マルティン・ニーメラー[※1]という人が有名な言葉を残しています。「最初は共産主義者がやられて、他人のことだと思っていた。その次は、労働組合の幹部がやられたが、これも他人のことだと思っていた。その次は、ユダヤ人がやられたが、これも他人のことだと思っていた。しかし、最後には自分がやられる」という内容です。

そういうふうに、最初は斥候兵のところにきますよ。でも、最後の最後、他人のことだと思っているあなたのところに、憲法二一条二項はやってくるということを、本当に届くような声で言いたいです。

憲法は、良い項目なら何でも入れていいわけではない

岩上　いま論じていた第二一条の表現の自由ですが、自民党案ではこの次に、第二一条の二というのが新しくできています。これは現行憲法にはありません。「国が国政上の行為につき国民に説明する義務を負う」とありますが、これは結構なことじゃないかなと思っていたりするのですけれども、いかがですか。

澤藤　はい。基本的に同じ考えですが、一つだけ申し上げたい。立憲主義という大原則において、憲法にはどうしても書かなければならない事項があります。それは、人権を擁護す

※1　マルティン・ニーメラー
1892 ~ 1984。梓澤弁護士が読み上げた「彼らが最初共産主義者を攻撃したとき」という詩で有名なドイツの神学者。以下、その詩のIWJによる独自訳を掲載する。
「ナチスが共産主義者を攻撃したとき、私は声をあげなかった。なぜなら、私は共産主義者ではなかったから。次に、社会民主主義者が牢獄に入れられたが、私は声をあげなかった。なぜなら、私は社会民主主義者ではなかったから。次に、労働組合員たちが攻撃されたときも、私は声をあげなかった。なぜなら、私は労働組合員ではなかったから。次に、ユダヤ人が連れて行かれた。しかし、私は声をあげなかった。なぜなら、私はユダヤ人ではなかったから。そして、ナチスが私を攻撃したとき、私のために声をあげる者は、誰一人残っていなかった」。

ることと、国権、公権力の行使にきちんとした制約をかけることです。その他に、国の形として、平和主義やその他いろいろ重要な項目をつくることがある。

しかしその際、あまりに多様なことを、これは良いことだ、あれも良いことだ、と憲法典に盛り込むことは、骨格としての憲法を「歪める」とまでは言いませんけれども、「薄める」ことにはなってしまう。「埋没させる」ことになってしまうかもしれない。だから、何でも入れればいいということではない。知的財産の権利などはその典型だと思います。しかしあって使えるものであれば、私自身は歓迎をします。しかし良いことであれば、なんでもかんでも、「良いよね。だから憲法改正が必要だね」という論理に持っていかれることには警戒を要します。だから、「結構な改正」と言われることは抵抗があります。

岩上　日本労働組合総連合会（連合）の古賀伸明会長は、昨日（二〇一三年一月二四日）、これまで述べてきた「憲法改正を俎上に載せることは時期尚早」という表現を、政治方針の素案から削除することを明らかにしました。憲法論議に踏み出すということです。

そして古賀会長は、変えるものの中には、いま澤藤弁護士がおっしゃったような良い権利もあるからなどと言って、環境権や知る権利なども書き込んだらどうか、という話が出ているようです。[※1] 環境権などのちょっと耳に響きのいい言葉を入れ、しかし肝心要の基本的人権、そして国権の制約としての人権の尊重という話は出てこないのです。

澤藤　連合が物を言うべきは、本来は第二八条ですよね。

岩上　そうです、第二八条。勤労者の団結権です。

経済活動の制約を緩めて、新自由主義の流れを加速

岩上　第二二条の一項は、「公共の福祉に反しない限り」が削除され、そして二項は「侵されない」から「有する」に替わりました。

澤藤　「居住、移転及び職業選択の自由を有する」ですけれども、これは実は、経営の自由や企業を展開する自由、いわば「資本主義経済における経済活動の自由」と読まれるのです。ですから、ここは手をつけないわけです。

岩上　手をつけないどころか、緩めたのですよね。現行の「何人も、公共の福祉に反しない限り」というのが緩められて、「何人も」だけになっている。経済活動の自由の制約が解かれています。この「何人」というのは、日本国民を指しているのですか。外国人も含むのでしょうか。

澤藤　緩めた、つまり経済活動の自由を拡大したというご指摘は、そのとおりでしょう。

二二条一項の「何人」は、明らかに外国人も含むものと理解されます。

梓澤　ちょっとそこで二二条の二項を見てください。自民党案では、「全て国民は」という主語になっています。「全て国民は、外国に移住し、又は国籍を離脱する自由を有する」と書いてある。しかし、現行憲法は「何人も、外国に移住し、又は国籍を離脱する自由を侵されない」となっています。

具体的には、再入国許可[※2]という問題があります。崔善愛《チェ・ソンエ》[※3]さんという、いま活躍している在日韓国人のピアニストがいますけども、彼女は留学するときに指紋押捺を拒否したため、再入国許可を得られないまま米国に一〇年以上暮らしたのです。

いろんな運動の盛り上がりの中で再入国でき、日本に帰ってくることができました。彼女が、根拠にして闘ったのは二二条の二項です。自民党案では「国民」ですから、「あなたは相手じゃないよ」ということになって、在日外国人が外されるわけです。その点、「全て国民は」という部分は大きな意味を持ってくると思います。

澤藤　現行憲法で具体的な権利条項の中に「公共の福祉」という制約の言葉があるのは、二二条と二九条（財産権）の二つだけです。これは両方とも、持てる者の権利です。財産の所有の保護は二九条ですし、財産を資本として運営する自由

※1　「連合が憲法問題を含めた『政治方針』を見直すことが1月24日、分かった。憲法改正について従来掲げていた『改正の俎上〔そじょう〕に載せることは、時期尚早』の文言を削除する方向だ。『環境権』や『知る権利』の確立など国民的な議論に対応するため、方針転換した。組織内の議論を経て、10月の大会で正式決定する」。（2013年1月26日「連合通信・隔日版」より）

※2　再入国許可
出入国管理及び難民認定法（入管法）に基づき、日本からの一時出国を希望する国内在留中の外国人が、それまでと同じ在留資格で再入国することを認める制度。許可を得られれば再び入国する際、改めて現地で査証を受ける必要はなくなる。（『1998.04.11 毎日新聞』より）

※3　崔善愛
1959年兵庫県生まれ。在日韓国人3世。9歳のときに協定永住資格を取得したが、81年と86年に指紋押捺を拒否したため、86年5月、米国に留学する際に申請した再入国許可が認められなかった。88年に帰国した際は新規入国者扱いとなり、在留資格を更新しながら裁判を争っていた。
1998年4月10日、崔氏が国を相手に不許可処分取り消しと永住資格の確認などを求めた裁判で、最高裁判所は訴えを全面的に棄却、崔氏の敗訴が確定した。しかしその2年後の2000年4月、外国人登録法が改正され、崔氏の永住資格が14年ぶりに回復した。
指紋押捺制度は、52年施行の外国人登録法で設けられた制度だが、80年代から同制度に対する反対運動が広がり、1993年、法務省は協定永住者らに対する押捺制度を廃止した。

自民党改正草案
（居住、移転及び職業選択等の自由等）
第二十二条　何人も、居住、移転及び職業選択の自由を有する。
2　全て国民は、外国に移住し、又は国籍を離脱する自由を有する。

現行憲法
第二十二条　何人も、公共の福祉に反しない限り、居住、移転及び職業選択の自由を有する。
②　何人も、外国に移住し、又は国籍を離脱する自由を侵されない。

は二二条。その両方とも「公共の福祉に反しない限り」の範囲となっており、この「公共の福祉」というのは、非常に幅広く考えることができます。

つまり、経済的な自由というのは、基本的人権のひとつではあっても、精神的な自由、とりわけ表現の自由などとは違うのだと。国家が、福祉国家的な観点から幅広い規制が可能で、典型的には独占禁止法のような法律で規制をしてもいいんだということ。それに対して、自民党案はやっぱり持てる者へのサービスとして「公共の福祉に反しない限り」という文言を消している。ほかの基本的人権についての制約の緩和だったら、私は諸手を挙げて賛成なんだけれど……。

岩上　つまりこれは、経済的な活動に関しての制約をできるだけ取り払うという、現実にいま動きつつある新自由主義的な傾向、そしてグローバリズムの動きに合わせている。

自由な資本の流入や人の流入なども妨げないようにしようとしている。そうすると、この法文が世界の資本家に対して、色目を使って書かれているような気もします。「公共の福祉に反しない限り」という文言が取られているということは、日本国民だけではなくて、外国の資本家も日本で自由に活動することができる、という下地をつくっているように見えます。

澤藤　そうですね。いままでは、経済的な自由というのは、ほかの精神的な自由とは違うと。二重の基準（ダブルスタンダード）なんだということが普通に言われてきたわけです。

岩上　二重の基準というのは、要するに、精神的な権利というものは、より尊重されなければいけない。一方、財産権というのは、もう少し制約がある、制約が可能だということですよね。

つまり、ときには人が持っている財産でも、神聖不可侵ではなくて、その財産によってあまりにも分配の不平等が起きているときには、再分配を行なうこともできると。公的権力が介入することが可能だと、経済政策で可能なんだよという余地がどこか残されている。

澤藤　自民党案は資本の活動に、非常に親和的なアプローチです。「私たちはあなたの味方ですよ」と言っている。そうしたニュアンスが感じられます。

岩上　非常に重要ですね。いろいろな新自由主義のイデオローグがいますけど、『アナーキー・国家・ユートピア――国家の正当性とその限界』（木鐸社、一九九五年）という本を書いたロバート・ノージック[※1]という人がいます。

彼は、ジョン・ロック[※2]が言った権利の中でも、とりわけ財産権を強調していて、「財産権は絶対神聖不可侵なんだ」ということを言っています。国家というのは最小国家に向かうべき、つまり余計な干渉をするなと。ある意味ではアナーキーだけど、完全になくせということではなくて、国境もほとんどなくしてしまって、自由に経済主体が動ける。その自由に経済主体が動ける財産、その財産権は本当に神聖不可侵だから、絶対侵してはならないと言っています。

　彼らが、なによりも嫌っていることは、再分配のために徴税されて、貧しき者に施すということです。自ずから慈善で施すのだったらいいけれど、政府がお金を取って回すことは絶対に嫌だ、つまりこれが新自由主義なんです。

澤藤　おっしゃるとおりです。

二二条に込められた新自由主義のメッセージ

澤藤　財産を持っている人は、二九条で保障されます。そして、財産権を保障して、その財産をどう運用するか。これは、二二条で保障されるというのが普通の考え方です。

岩上　セットになっているわけですね。

澤藤　ええ。職業選択の自由の中に、資本の営利追及のための活動の自由が含まれるわけです。資本を持っていない人については、二七条（勤労の権利）と二八条（勤労者の団結権等）で、勤労の権利があり、自分たちの労働条件向上のためには、労働組合をつくって活動する自由がある。それもできない人には、二五条の生存権によって、文化的最低限度の生活を営む権利が保障されるわけです。

　そういうふうにして生活をまっとうできるのですが、その中の二二条と二九条が個別の基本権・人権条項の中で、「公共の福祉」という言葉が出てくるところなんです。つまり、ここだけ、一般的な公共の福祉の制約がかかるだけではなくて、個別の条項でも二重にかかっている。これは、国家権力

※1　ロバート・ノージック（Robert Nozick）
1938 ～ 2002。アメリカの哲学者で、ハーバード大学の教授。1974 年に公刊した代表的な著作である『アナーキー・国家・ユートピア』は有名で、リバタリアニズム（自由至上主義）の古典とされる。ノージックは同書の中で「暴力・盗み・詐欺からの保護、契約の執行などに機能を限定した最小国家」が、道徳的に正当な国家であると述べ、この機能を超える国家は不当であることを示している。
これを踏まえて、ノージックは国家による財の再分配を否定し、所有物の正義について「権限理論」を唱える。ノージックが考える所有物の正統な取得プロセスは以下の３つのみである。
1. 獲得の正義（それまで誰のものでもないものを保有する）
2. 移転の正義（ある人から別の人へ保有物が移転・譲与される）
3. 匡正（きょうせい）の正義（上の２つにおいて、過去不正な方法が用いられた場合に、それが時効となる）
この考え方では、ノージックが言うような私的所有権の不可侵性を強調すればするほど、獲得の正義にしたがって、所有の始原に遡る必要がある。しかし、そうなるとアメリカ先住民族から暴力的に奪い取った土地を返還したり、奴隷となった黒人の子孫にその補償を行わざるをえなくなる。アメリカの富裕な資産家たちは、不正義な方法で獲得したその富を放棄しなくてはならないことになる。
そのジレンマを解決するのが、第３の匡正の正義という原理である。不正義な方法で奪った富も、時間が経過したら時効が認められる、というのだ。かくて過去の侵略や略奪、植民地支配によって獲得した富の所有権が正当化されてしまうのである。リバタリアリズムの限界である。

※2　ジョン・ロック（John Locke）
1632 年～ 1704 年。英国の哲学者・政治思想家。イギリス経験論の代表者で、その著『人間悟性論』は近代認識論の基礎となった。政治思想では人民主権を説き、名誉革命を代弁し、アメリカの独立やフランス革命に大きな影響を及ぼした。（『大辞泉』より）

との関係では、国民一般の精神的な自由や生命、あるいは拘束からの自由などとは違って、公権力が制限できる範囲が広いとする根拠と考えられています。

　精神的な自由と経済的な自由とを比較したとき、経済的な自由の制約は広範にできる。一方、国家権力による国民の精神的な自由の制約は、軽々にはなし得ない。権力による制約は厳格に制限されるというわけです。

岩上　なるほど。制約が制限されるというのはなかなか難しいのですが、平たく言うと、精神的な自由に関して、国家権力はそうそう簡単に制約できない。それに対して経済活動では、ときにはある者の経済活動の自由が他者の自由を侵したり、奪ったりする場合もあるから、権利と権利がぶつかり合うことがありうる。だからこそ、個々の権利と権利の衝突を調整する必要がある。

　前に、調整の機能というお話がありましたが、そうした機能を発動するためにも、これは、ある程度国家が介入して、制約することが可能である。公共の福祉に反しない限りにおいて自由であるということになるわけですね。

澤藤　おっしゃるとおりです。ところが、自民党案は、現行の二二条にある「公共の福祉に反しない限り」という文言を取り去るということなんですね。

岩上　そうなんです。自民党案では、「公共の福祉に反しない限り」という言葉が取り払われているんですよ。これだけでは、悪い改正には見えないですね。

澤藤　取り去るだけですから、ロジックも説明も何もない。

岩上　ないですね。あまり強調もされないですね。

澤藤　そういうことですね。これは、国家権力による私人への制約が緩められるというか、国民の自由が伸長する、増強するという局面ですから、本来であれば喜ぶところです。しかし、どうもこれは、経済的な強者、大企業、あるいは企業経営者に対して、その行動の自由を保障する改正と読まざるを得ない。

　新自由主義のメッセージがここに出ています。新自由主義的な改正をします、企業の経済活動の自由をもっと大幅に認めます、公権力の介入はいまよりもずっと緩めて遠慮します、どうぞ自由に経済活動をしてください、労働者の使い捨ても自由です、というメッセージです。

　新自由主義というのは、強者が太れということ。当然、自由競争の中では、敗者も出る。そういう競争が活性化することで、全体のパイが大きくなる。では、負けた者はどうするのかというと、トリクルダウン[※1]で、あなたたちにもいずれおこぼれがきますよ、と言う。

　この条項改正は、そういうことの表れのように見えます。

岩上　なるほど。トリクルダウンは、実際には起こらないんですけどね。

すごく基礎的な質問なのですが、現行憲法の「何人」というのは、本当に国民のことを指すのでしょうか？　それともここに法人という概念は含まれるのですか？

梓澤　この現行憲法にある「何人」は、改正案の方では「全て国民は」になっている。ここの違いは大事です。つまり、「何人」には在日外国人が含まれます。ところが「全て国民は」になると、日本国籍を持った日本列島在住民しか人権が保障されません。

岩上　二二条二項には、「外国に移住し、又は国籍を離脱する自由を」とあります。二二条の「何人も」というのは、「(日本) 国民」ではないですよね。これには、法人は入るのでしょうか？　法人が入ることを前提として書かれている訳ではなくて、あくまで具体的な……。

澤藤　……自然人[※2]……。

岩上　自然人を前提とするわけですか？

澤藤　そうだと思います。自信はありませんけれども、たぶんそうだと思います。「国籍の離脱」というのは、法人にはありませんし、「外国に移住する」というのも、自然人を念頭に置いたとしか考えられないですね。

岩上　自民党案の「何人も、居住、移転及び職業選択の自由を有する」という部分について、自然人をイメージしながら言うと、非常に制約が取れていいように聞こえるんですけれども、現行憲法の職業選択の自由には「公共の福祉に反しない限り」という制約があった。これが取り払われている。澤藤先生が言うには、これはおそらくは、強者のための自由を指すのではないかということですよね。

澤藤　例えば、独占禁止法（独禁法）や大規模小売店舗立地法（大店法）では、強者の経済的自由というのは、中小業者の利益や消費者の利益のために制約をされて当然だと考えられてきたわけです。しかし、いまではだんだんと、経済的な強者に対する枷《かせ》が取り払われてきている。シャッター通りの商店街が増え、消費者の利益も失われつつある。

そうした中で、こういう「公共の福祉に反しない限り」という文言が取り払われようとしている。これによって、消費者の武器、中小業者の武器が鈍磨する。これは大企業に対して送るメッセージの一つだと思います。

※1　トリクルダウン
大型公共投資や税の優遇などを通じて大企業や高所得層の経済活動を活性化させ、社会全体の経済規模の拡大によって得られた富のしずくが高所得層から中所得層に、さらに中所得層から低所得層に流れ落ち、結果として社会全体の利益となるという考え方（「恵泉ディクショナリー」http://www.keisen.ac.jp/dictionary/2012/11/post-140.html）。

※2　自然人
有機的な肉体を持ったいわゆる人間を、民法上、こう呼ぶ。法人に対置される。近代社会においては、自然人はすべて平等の権利能力を有する（民法１条ノ３参照）。自然人の権利能力は出生によって発生し、死亡によってだけ消滅する（小学館『日本大百科全書』）。

自民党改正草案

（財産権）

第二十九条　財産権は、保障する。

2　財産権の内容は、公益及び公の秩序に適合するように、法律で定める。この場合において、知的財産権については、国民の知的創造力の向上に資するように配慮しなければならない。

3　私有財産は、正当な補償の下に、公共のために用いることができる。

現行憲法

第二十九条　財産権は、これを侵してはならない。

②　財産権の内容は、公共の福祉に適合するやうに、法律でこれを定める。

③　私有財産は、正当な補償の下に、これを公共のために用ひることができる。

岩上　順番から行くと次は二三条なんですが、この流れで、二九条を検討しましょう。

「公益及び公の秩序」を使って行なう行政代執行

岩上　現行の「財産権は、これを侵してはならない」から、「財産権は、保障する」に変わった。そして第二項では、現行の「公共の福祉」という言葉が「公益及び公の秩序」に変わりました。

　自民党案の第二項の続きには、「この場合において、知的財産権については、国民の知的創造力の向上に資するように配慮しなければならない」と、当たり前のことを書いているようですけども、知的財産について新たに書き込まれました。この変化をどのように見ますか？

　財産権は、非常に多くの財産を持っている人が対象になると思うのですが、そうは言っても、その人たちの財産を「侵してはならない」というのは、神聖不可侵な感じがします。それが「保障する」になっている。これはどういうふうにご覧になりますか？

澤藤　先ほど申し上げた以上には、よくわかりません。しかし、フランス革命以来、近代市民革命はすべて、いわゆるブルジョア革命[※1]ですから、財産権の神聖性はずっと受け継がれてきていて、いまも資本主義法である限り、財産権の神聖性、保障というのは、当然それなりに大切なものだとされています。

　しかし、現行憲法で「公共の福祉」とあるところが、自民党案では「公益及び公の秩序」になっている。これは諸刃の剣です。諸刃の剣というのは、企業経営者や財界にとっても、危険なものとなる可能性があるということです。公権力との関係では、もしかしたら、国有化もＯＫ、ということになりうるのかなと思います。
いままでは、かなり制約の範囲が広いとはいえ、やはり「公共の福祉」というのは、人権相互間の〈調整原理〉として考えるのが普通でした。それが「公益及び公の秩序」に変わったらどうなるか。自民党の改正問題「Q＆A」を見ますと、こういう〈調整原理〉だという考え方を明確に否定して、「公益及び公の秩序」という概念をつくったと言っています。
ですから、これは財界にとっても、公権力との関係では、ちょっと怖いところだと思います。

岩上　公権力の強化が、自民党の改憲案には書き込まれている。強者やブルジョア、資本家や大企業に対しても、もしかすると、国家がこれまで以上に制約することがあり得るとも読み取れる。そうすると、他の条文と矛盾をきたすんですね。この自民党改憲案が、あくまでも真面目に考えられているという前提になって考えれば、先ほど二二条では、新自由主義的な改憲案になっていると言いましたが、同時に、こちらの二九条の改憲案では、国家主義的な色彩の強化でもある。
国家と資本は、時に対立しうるわけですけれども、その両方の強化を書き込んでしまった、という可能性もあり得るわけですね。

澤藤　もう少しよく考えてみなければいけませんけれども、そう言って差し支えないと思います。

梓澤　この「公益及び公の秩序」というのは、自民党改憲草案を見ていると非常に大切な概念で、自民党案の二一条二項「前項の規定にかかわらず、公益及び公の秩序を害することを目的とした活動を行い、並びにそれを目的として結社をすることは、認められない」というところにも出てきます。

岩上　前にも出ましたが、「公益及び公の秩序」というのは、為政者が決めるものですね。例えば、為政者が、脱原発運動は公益に適わない、あるいは公の秩序を乱すと言って、金曜日の官邸前デモをやめろ、全国のデモをやめろと決めてしまったならば、そうした活動や集会、結社が認められないことになってしまうという話でした。

梓澤　その同じ言葉が、二九条にも顔を出しているわけです。澤藤弁護士が言ったように、いままでの「公共の福祉」というのは、人権と人権がぶつかり合うときに、そのぶつかり合いを〈調整する原理〉として、語られてきたわけです。
ところが今度は、人権の上に立つ価値を持ち出して、それを国家の秩序、公の秩序だと言う。

※1ブルジョア革命
ブルジョアジー（bourgeoisie、資本家階級）が、封建制を打破して、資本主義の発展を保障する政治的・社会的変革のこと。市民革命ともいう。政治的には、資本主義的な生産様式の発展を妨げる絶対王政の政治支配を打倒して、ブルジョアジーの政治権力を樹立する革命であり、経済的には、資本主義に適合的な社会を実現しようとする革命である。領主制と身分制の廃棄、商品所有者としての個人の法の前の平等と経済的自由の実現、自由な私的所有の確立などを、その基本的・一般的課題とする。（小学館『日本大百科全書』）。

そして、お上の利益から考えてこれはけしからんというものは、表現の自由だろうが、二九条だろうが、やっちまうぞと言っている。それが「公益及び公の秩序」ですから、これは、自民党改憲草案の人権に対するメッセージの一つだと思います。

岩上　たしかにそうですね。二九条と二一条を並べて考えるとき、毎週官邸前のデモに集まっている人々の声はイメージしやすい。脱原発に限らず、あらゆるところで、あらゆるテーマで社会的立場が弱い人も、財産のない人々も、それぞれ声を上げて、自分たちの主張を掲げることがこれまで可能だった。そうしたものを制約できるというのが自民党案の第二一条。

次に、財産権と言ったとき、たいへん苦しい思いをしてやっと建てた小さなお家でも財産であり、また富裕層の人が持っている莫大な金融資産のようなものも財産です。あるいは、大企業のオーナーが持っている企業そのものが財産なんてこともあるでしょうけれども、こういったものも「公益及び公の秩序」に従わせることができる。

梓澤　具体例で考えてみると、例えば道路や国防軍の基地を拡張するとき。そういうときに、普通の人の家が、拡張する予定地に建っていることがあり得ます。土地収用法[※1]は、現在の憲法二九条も自民党案の二九条も同じように「私有財産は、正当な補償の下に、公共のために用いることができる」と書いてあるので、それに基づく。

けれども、「公益及び公の秩序」という言葉が出てきた途端、基地の拡張のときは軍事目的という公共の秩序のために、申し訳ないけれども三割提供していただく。つまり、お宅の保障は七割にしていただきます、ということを出せる理屈なのです。

岩上　政府が、あなたの家、ちょっとどけてくれと言ってくるかもしれない。そのときに、「御国の一大事だから」と言われでもしたら、否応なく、従わざるを得ない。そういうことが想定されうる。

澤藤　ついでですけれども、茨城県に百里《ひゃくり》基地[※2]という自衛隊の基地があります。この基地には、主滑走路と副滑走路という二本の滑走路があるのですが、副滑走路がくの字型に曲がっているんです。

本当は二本並行して滑走路が欲しいのですが、真ん中の土地の地権者の抵抗によって、どうしても買収できなかった。現行憲法の下では、軍事基地をつくるための強制的な土地収用はあり得ないわけです。民間飛行場とは話が違う。ですから、いまだにくの字形に曲がったままです。

二九条が「公益及び公の秩序」というふうに変われば、国の必要があるときは、有無を言わさず、あそこはまっすぐになるということになります。

岩上　これは百里基地だけではなく、例えば、沖縄の辺野古《へのこ》の基地移設問題についても、もし自民党案が通れば、アメリカの要求通りに辺野古につくるとか、高江《たかえ》にヘリパッドをつくるとか、こうしたことが簡単にできるようになるのでしょうか。

澤藤　非常にやりやすくなります。裁判所の判断を待つまでもなく行政代執行※3としてもできる範囲が拡がることになるでしょう。

公務員の権利を制約する自民党案

岩上　先ほど澤藤先生が、財産のある人は二一条、二九条と関係あると言われました。次に、財産はないけど働ける人は、二七条、二八条。そして、働けないという人の最後のセーフティネットになるのが、二五条であると。二二条から二四条をちょっと飛ばして、先に二七条と二八条をご説明いただけないかなと思います。

澤藤　自民党案で新しくつくられた二八条の二項では、公務員の勤労条件を改善するために必要な「勤労者の団結する権利及び団体交渉その他の団体行動をする権利」について、「全部又は一部を制限することができる」と書かれている。

岩上　第一項では権利を保障すると書いてある。ところが二項では、これを全部制限することができると書いてある。保障している権利を、次は制約できると言っている。どういうこと？　という感じですよね。

澤藤　第二項は、公務員が対象です。第一項で保障すると言った労働三権、つまり団結権、団体交渉権、そして争議権

※1　土地収用法
公共事業を行うために必要な土地の収用、使用などに関して定めている法律で、公共の利益の増進と私有財産との調整を図ることを目的とする。事業者側が土地を取得するにあたり、金銭面で土地所有者との交渉がまとまらなかったり、争いが起こったりした場合、土地収用法を用いる。この法律の手続きを踏むことによって、規定された補償を行うことで、事業者側は、土地所有者の了解なしでも土地の所有権を得ることができる。

※2　百里基地
茨城県小美玉市にある航空基地。1956年、防衛庁が基地建設の計画を発表。地元農民は、「百里基地反対期成同盟」を結成し、住民のあいだには基地建設反対運動が広がっていった。しかし防衛庁は建設工事を強行。様々な懐柔工作によって1964年には滑走路予定地の土地はすべて買収され、滑走路は完成した。

それでも住民たちは、「百里基地反対同盟」を新たに結成し、反対運動を再開。基地には滑走路に並行して誘導路が造られたが、その中央部分の約1500坪の土地については、防衛庁が最後まで買収することができず、誘導路は「くの字」に曲げてつくられた。

反対同盟の1人である高塚惣一郎氏は、この土地を全国の支援者に1坪ずつ譲るという「1坪運動」を展開し、反対運動を全国へと広げていった。全国の400人近い人々が地主となり、現在でも、誘導路は曲がったままになっている。

（参考：「百里基地反対運動のページ」http://www.cam.hi-ho.ne.jp/kuri777/index.htm）

（参考：「法学館憲法研究所」http://www.jicl.jp/hitokoto/backnumber/20110711.html）

（参考：1995年1月3日『しんぶん赤旗』「戦後50年 大地にきざむ鍬と憲法」）

※3　行政代執行
法律上の義務行為を義務者が履行しない場合に、行政機関がそのなすべき行為をなす、あるいは第3者を使ってこれをなし、その費用を義務者から徴収することを言う。これは、「不履行を放置することが著しく公益に反すると認められるとき」に行われると行政代執行法第2条に定められている。

自民党改正草案

（勤労の権利及び義務等）

第二十七条　全て国民は、勤労の権利を有し、義務を負う。

2　賃金、就業時間、休息その他の勤労条件に関する基準は、法律で定める。

3　何人も、児童を酷使してはならない。

（勤労者の団結権等）

第二十八条　勤労者の団結する権利及び団体交渉その他の団体行動をする権利は、保障する。

2　公務員については、全体の奉仕者であることに鑑み、法律の定めるところにより、前項に規定する権利の全部又は一部を制限することができる。この場合においては、公務員の勤労条件を改善するため、必要な措置が講じられなければならない。

現行憲法

第二十七条　すべて国民は、勤労の権利を有し、義務を負ふ。

②　賃金、就業時間、休息その他の勤労条件に関する基準は、法律でこれを定める。

③　児童は、これを酷使してはならない。

第二十八条　勤労者の団結する権利及び団体交渉その他の団体行動をする権利は、これを保障する。

〔新設〕

（団体行動権）を、公務員に限っては、法律によっていかようにも切り縮めることができるということになります。人権よりも秩序を重んじる自民党案の基本姿勢がよく表れている条項です。

公務員の問題というと、公務員でない人にとっては関係がないように思われがちですけれども、実はそうではなくて、公務員が団結権、団体交渉権、争議権を持っていることは、その国の権利の水準や自由な雰囲気をつくる上で非常に大事なことなのです。

例えば、フランスやドイツなどで、よく警察官の組合がビラ撒きをしたとか、あるいはデモを行なったというような記事を見ます。それからドイツでは裁判官の労働組合があって、市民運動にも活発に参加する。

そのことによって警察官も裁判官も民衆の気持ちがよくわかるようになる。

日本では、福島第一原発事故が起こっていても、原発の差し止めが一件もされないような現実があります。ドイツでは、裁判官が国民とともに行動することや、国民との交流をいとわない。その結果、やっぱりものの考え方の基本的な視点として、弱者に対する共感力が育ってくるわけです。

警察官にしても、一般の公務員にしても、裁判官にしても然りです。したがって、この二八条の二項によって、いま言ったような公務員の人たちが、憲法上、労働三権を制限されることになるのは、この国の設計図として、やはり非常にネガティブな意味を持ってくると思います。

公務員の争議権にとどめを刺す

岩上　私は、二八条の二項でイメージしているのは、教員なのではないかと思ったりもします。以前は、日教組は強力な組織でした。しかしいまはずいぶん弱体化し、組織率も落ち、そして、日教組が何か進歩的な判断を下すとは、もはや信じられていない。

　そうは思いますが、教員には、知識人として、自分の良心や思想の自由を持って、様々な判断をする局面があるはずです。けれども、公務員として上から決められたことに全部一律に従えという場面になると、ときにはその良心の自由とか、思想の自由とか、あるいは学問の自由という原理と衝突を起こすこともあると思うのです。時には、学問の自由が発揮できないという局面にもなってしまうのではないか。

　そしてこれは教育ですから、国民全体に影響を及ぼします。公教育の制度では、国民はそういう一律に言うことを聞かなきゃいけない先生のもとで育てられて、教育を受け、言うことを聞く国民に、都合のいい国民になっていく可能性がある。そこが非常に大きいのではないかという気がします。

澤藤　おっしゃるとおりだと思います。ただ、日教組に限らず、私や梓澤弁護士が弁護士を志した頃は、日本の民主勢力の中心に総評[※1]がいたわけです。総評が中心となって、社共共闘ができると、美濃部《みのべ》[※2]都政をつくったり、あるいは黒田革新府政[※3]をつくったりもできた。そういう時代だった。

　そういう時代に、総評の中心にいたのは民間企業ではなくて、三公社五現業[※4]と言われた公共企業体の国家公務員でし

※1　総評
日本労働組合総評議会。1950年7月、日本の労働運動の大勢を制した民主化同盟派（民同派）組合と、日本労働組合総同盟（総同盟）左派とによって結成された全国中央組織（ナショナル・センター）。89年11月21日、日本労働組合総連合会（連合）の結成を受けて解散した。（小学館『日本大百科全書』より）

※2　美濃部亮吉
1904～1984。東京大学を卒業後、大学教授や行政管理庁の官僚などを経て、1967年に東京都知事に就任。日本社会党と日本共産党を支持基盤とし、計12年間にわたって知事を務めた。

※3　黒田了一
1911～2002。東北大学出身で、終戦後にはシベリア抑留を経験。その後、大阪市立大学法学部の教授を経て、1971年、日本社会党と日本共産党の支持のもと、公害・環境問題を訴え当選、79年まで大阪府知事を務めた。

※4　三公社五現業
1980年代まで存在した政府系8事業の総称。三公社とは、日本国有鉄道、日本専売公社、日本電信電話公社を指し、五現業とは、郵政省による郵政事業、大蔵省の造幣局と印刷局による造幣事業と印刷事業、農林水産省の外局である林野庁による国有林野事業、及び通商産業省によるアルコール専売事業を指した。
三公社五現業の用語は、これら組織の職員の労働問題が、当時の公共企業体等労働関係法（1986年国営企業労働関係法、2001年国営企業及び特定独立行政法人の労働関係に関する法律、2003年特定独立行政法人等の労働関係に関する法律と改称）によっていたことに由来する。すなわち、これらの職員には団結権と団体交渉権はあるが、争議権は認められず、そのため、春闘のたびごとに公共企業体等労働委員会をめぐって問題の一括処理が図られた。（小学館『日本大百科全書』より）

た。現業の人たちの労働組合であった全逓《ぜんてい》（全逓信労働組合。現日本郵政グループ労働組合）や、郵政、それと国労、そういう人たちが……。

岩上　つまり、一人ひとりは列車の機関士であったり、エンジニアであったり、あるいは郵便局員であったり……。

澤藤　……造幣局の方だったり、統計局の職員だったりしました。私は東京都大田区の蒲田で弁護士を始めたのですが、蒲田駅は国鉄と東急とが繋がっていて、春になると、国鉄の労働者はストライキをやるわけです。そこへ、弁護士が支援に駆けつける。

私鉄の東急もあるけど、東急はストなどしないわけです。法律の上では、国労はストライキできないんですよ。東急の方は、できるんだけどやらない。

そういう状況の中で、公共企業体等労働関係法（公労法）一七条[※1]が、ストライキ、争議権を奪っている。これが、合憲か違憲かということについて争われていた天下分け目の裁判がいっぱいあったわけですけれども、ある時期には、裁判所は違憲判断に傾いていた。

少なくとも、争議権の制約は最小限度に留めるべき、制約はできるだけ謙抑的であれという判断に傾いていた。ストライキの権利をできるだけ認める方向で、処罰の範囲などは必要最小限でなければならないと、縮める方向の判決が出た時期があった。その時期に、私たちは司法界を志望した。やりがいのありそうなところだと弁護士になったんです。

岩上　いつ頃ですか？

澤藤　これは、全逓東京中郵事件判決（全逓中郵）が一九六六年ですから、その後です。僕らは六八年の司法試験に合格し、七一年に弁護士になっています。弁護士になった途端に、そういう判例がみんなひっくり返った。一九七三年四月の全農林警職法事件最高裁判決以来のことです。

現在の世界の流れは、公務員についてもやはり争議権も認めるべきだ、となっている。その動きに歯止めをかけようというのが自民党の案なのです。

岩上　なるほど。日教組だけだとちょっと視野の狭い話になってしまう。もう少し歴史の奥行きを広げて見てみる必要があるわけですね。民間の労働者だとすぐクビになると思って萎縮してできないようなストも、公務員はそうそうクビにできないだろうと。

公務員には、我々がやらないといけない、官が頑張ることで、民がついてくるという使命感のようなものがあったわけですね。たしかに、労働条件の向上していく時代が長く続きました。だからこそ、公務員のスト権や争議権、あるいは要求などを強めようとする時代があり、それを裁判所も是認するかのような時代があった。

ところが、それがどんどん崩されてきて、いわばこの自民党憲法改正草案がとどめを刺すという話になるわけですね。

梓澤　本当は、現場でものを動かしている人たちというのは、必ず歴史の中で力を持って、労働組合をより活性化させて、そして政治にも発言権を打ち出してくる。これは、一つの歴史の流れなのです。

いまはもうかつての国労や全逓のようには労働組合が見えにくくなっちゃっているけども、そういう流れで見れば、きっとこれだけ原発を中心としてひどい政治をやられ、さらにTPPへの参加でひどいことになれば、人々は必ず団結して力を合わせる。その中心に、労働組合が据わってくるというのは、よく見えるんですよ。

また、その中心にあるのは、大動脈を動かしている人たちになるわけです。自民党案はそれを先回りして、息の根を止めようということなのではないでしょうか。

岩上　なるほど。いま、先生方のお話に出た全逓中郵の裁判というのが何であるのか、ちょっとご説明願えますか？

澤藤　全逓信労働組合、つまり、昔は逓信《ていしん》省※2というのがあった。その労働組合ですから、郵便局の現業労働者の方がつくっている大きな全国組織の組合です。

岩上　中郵というのは？

澤藤　東京駅にあった中央郵便局のことです。これは刑事事件なのですけれども、あるとき幹部が勤務時間中に職場集会をやって、三八人の従業員に職場を離脱させた。これが、郵便物不取り扱いの教唆として起訴されたという事件です。

これは、一審が無罪で、二審が破棄差戻しになりました。そして、それに上告をして、最高裁が破棄差戻し判決に対して、破棄差戻しをした。ちょっと複雑ですけども、要するに、その程度のことでは処罰に値しないということを最高裁が判断した。

岩上　つまりは無罪になったということですか？

澤藤　そういうことです。一〇・二六判決と言われていますけども、この大法廷判決は、そういう立場で判決を下しています。

澤藤　公務員というのは二面性を持っています。公権力の行使者として国や自治体と一体の側面もあれば、他方で、自分自身が国民の一人として公権力と対峙する場面も当然あるわけです。

その二面性のある人たちをどのように扱うかには、二通りの考え方があります。まず一

※1　公共企業体等労働関係法17条の条文は以下の通り。

1　職員及びその組合は、同盟罷業、怠業、その他業務の正常な運営を阻害する一切の行為をすることができない。又職員は、このような禁止された行為を共謀し、そそのかし、若しくはあおつてはならない。

2　国営企業は、作業所閉鎖をしてはならない。

※2　逓信省

郵便や通信などを管轄していた官庁で、1885年に新設された。1949年に郵政省と電気通信省に分割され、逓信省自体は解体された。

人ひとりの公務員個人を見る必要はなく、あなたは公務員全体の一部でしかないという見方があります。もう一つの考え方が、具体的に公務員個人とその職務の性質をよく見て、個別の判断が必要だというものです。

前者の考え方を明確に取った大法廷判決が、一九七四年の猿払《さるふつ》事件判決です。[※1]これは、北海道の猿払というところの郵便局員で全逓の組合員が、当時の社会党の選挙ポスターを貼ったり、あるいはビラを撒いたりといったごく単純な選挙運動をしました。

もちろん勤務時間外で、役所の敷地から離れたところです。それでも、国家公務員法違反で有罪になったのです。一審は無罪で、二審も無罪でした。札幌高裁の判決は、非常にきちんとした理屈で無罪にしたのを、最高裁が大法廷で強引にひっくり返した。

その後、三十数年間、この判決によって公務員の政治活動が一律禁止の状態に置かれてきた。けれども、つい最近（二〇一二年）、同じような国家公務員のビラ撒きの事件で、新しい最高裁判決が出ました。[※2]堀越事件と世田谷事件です。実質的に猿払事件の考え方が変更になり、一人ひとりの事情をよく考えなさいという判決になった。

その最高裁判決で、堀越さんは無罪になりました。国家公務員法は、たしかに公務員の政治活動を禁止している。しかし、何の裁量権も持たない、現場の第一線の人が職務から離れて、職務の外形なしにビラを撒いたとしても、世人（＝世間）が公務員一般に対して中立性を疑うことにはならないという判決でした。

しかし、もう一人の人は課長補佐という肩書きで、裁量権のある人。この人は、かろうじて有罪になりました。しかしここで強調されるべきは、公務員一般の中の一人という考え方ではなく、公務員一人ひとりの事情を考えなさい、という形で最高裁判例が出ているのです。公務員の労働基本権の制約も、政治活動の自由への規制も、見直しの時期にきていることが明らかなのですが、自民党案はこれを押さえ込もうとしているとしか考えられません。

在日外国人の生存権すら認めない!?

岩上　続きまして第二五条の「生存権」です。おそらく、ほとんどの日本人が一度はその中身を耳にしたことがある条項であり、澤藤弁護士がおっしゃっているように、憲法を象徴する条項です。

自民党改憲案では、二五条にはほとんど手を付けていません。では問題ないのか、と言えば実はそうではない。ほかの条項と合わせて見ることで気がつくことがある。

澤藤　生存権は、憲法が何のためにあるのかということを象徴する条項だと思います。つまり、憲法は、国民の自由を制約しないための原則というだけでなくて、国民生活の福利向上のためにも存在するのだということ。

生活に不安を持っている人には積極的な援助をする。十分に働けるような教育や、あるいは授産事業をすべきであって、一人ひとりが社会で生きがいを持って働けるだけの環境をつくる。それがどうしてもできない人には、直接支援の手を差し伸べる。

国家は国民の福祉を増進するためにある。私は、福祉国家という理想が当たり前のことだと思っていたわけですが、新自由主義的な考え方はそうではない。

岩上　そこは徹底的な対立軸になるというか、新自由主義者は福祉国家を常に激しく否定しますよね。

澤藤　さすがに、自民党案では二五条を否定することまではしていない。しかし、例えば二四条の家族、婚姻等に関する

※1　猿払事件

1967年の衆議院議員総選挙の際に、北海道宗谷郡猿払村の郵便局に勤務し、同地区の労働組合協議会事務局長も務めていたA氏が、勤務時間外に同組合の決定に従って、日本社会党候補のポスターを公営掲示場に掲示し、またそのポスターを他者に依頼して配布したことが罪に問われた事件。

国家公務員法102条では、「職員は、政治又は政治的目的のために、寄附金その他の利益を求め、若しくは受領し、又は何らかの方法を以てするを問わず、これらの行為に関与し、あるいは選挙権の行使を除く外、してはならない」と定められている。

第1審判決では、A氏が管理職ではないこと、勤務時間外に国の施設を利用することなく、職務も利用していないことから、国家公務員法には抵触するものの、これは憲法21条と31条に反するとして無罪とし、札幌高等裁判所もこれを支持した。

しかし1974年、最高裁判所は、「公務員の政治的行為を禁止することは、それが合理的で必要やむをえない限度にとどまるものである限り、憲法の許容するところである」という判断から、高裁判決を破棄し、A氏に罰金5000円の有罪判決を下した。

※2　2012年12月7日、最高裁第2小法廷は、堀越事件と世田谷事件という2つの国家公務員法弾圧事件について判決を下した。以下、2つの事件について記述する。

（参考記事：2012年12月4日「朝日新聞」
http://digital.asahi.com/articles/TKY201212030831.html）

（参考記事：2012年12月7日「産経ニュース」
http://sankei.jp.msn.com/affairs/news/121207/trl12120715230002-n1.htm）

堀越事件：2003年11月の衆議院議員総選挙に際して、東京都目黒区の社会保険事務所に勤務していた堀越明男氏（厚生労働事務官）が、日本共産党の機関紙である『しんぶん赤旗』などを民家やマンションのポストに配布したことが国公法違反として罪に問われた事件。実は、堀越氏は捜査員から徹底的に尾行されており、最も多い日で、車4台、カメラ6台で監視されていた。

1審は、罰金10万円、執行猶予2年の有罪判決。しかし、2010年3月29日の控訴審では、「本件各配布行為に対し、本件罰則規定を適用することは、国家公務員の政治活動の自由に対し、必要やむを得ない限度を超えた制約を加え、これを処罰の対象とするものといわざるを得ず、憲法21条1項及び31条に違反するものである」とし、逆転無罪を言い渡した。

その後、検察側は上告したが、2012年12月7日の最高裁は、「管理職的地位になく、職務の内容や権限も裁量の余地がないものだった」などとして、二審判決を支持、堀越氏の無罪が確定した。

世田谷事件：2005年9月10日、厚生労働省の課長補佐である宇治橋眞一氏が、休日に日本共産党を支持する目的で、東京都世田谷区にある警視庁職員住宅の集合郵便ポストに『しんぶん赤旗』号外を投函していたところ、住居侵入罪で逮捕され、その後国公法違反で起訴された事件。宇治橋氏は逮捕によって休職となり、一審の途中で定年を迎えた。2008年9月19日、東京地裁は宇治橋氏が「厚生労働省本省の筆頭課長補佐として管理職に準ずる地位にあったこと」などを理由に、「公務員の政治的中立性と強く抵触する」として、罰金10万円の実刑判決を言い渡し、10年5月の東京高裁もこの判決を踏襲した。2012年12月7日、最高裁は弁護団の上告を棄却。宇治橋氏の有罪が確定した。最高裁は、高裁の判決と同じく、「（宇治橋氏の役職は）部下の職務遂行や組織運営に、その政治的傾向に沿った影響を及ぼしかねない」ことから、「政治的中立性を損なう恐れが実質的に生じる」と判断した。

自民党改正草案
（生存権等）
第二十五条　全て国民は、健康で文化的な最低限度の生活を営む権利を有する。
2　国は、国民生活のあらゆる側面において、社会福祉、社会保障及び公衆衛生の向上及び増進に努めなければならない。
（環境保全の責務）
第二十五条の二　国は、国民と協力して、国民が良好な環境を享受することができるようにその保全に努めなければならない。
（在外国民の保護）
第二十五条の三　国は、国外において緊急事態が生じたときは、在外国民の保護に努めなければならない。
（犯罪被害者等への配慮）
第二十五条の四　国は、犯罪被害者及びその家族の人権及び処遇に配慮しなければならない。

現行憲法
第二十五条　すべて国民は、健康で文化的な最低限度の生活を営む権利を有する。
②　国は、すべての生活部面について、社会福祉、社会保障及び公衆衛生の向上及び増進に努めなければならない。
〔新設〕
〔新設〕
〔新設〕

基本原則とセットにして読んでみると、自助努力が非常に強調されているのがわかります。

二四条の自民党改憲案には、「家族は、互いに助け合わなければならない」という文言が追加されています。つまり、「家族の助け合いをまずやれ、国が出ていくのはそのあとだ」ということが露骨に出ている。

そういう意味で、二五条は非常に大切です。二五条だけを見るとあまり変わっていないようだけれども、二二条の居住、移転及び職業選択等の自由や二四条、二九条の財産権やそのほかの条項を見て、この生存権――つまり福祉国家という理想――を、本当に堅持するものなのかどうかを吟味しなければならないと考えます。

梓澤　二五条の二項についてですが、現行憲法の「国は、すべての生活部面において」となっているところが、改正案では「国は、国民生活のあらゆる側面において」と国民に限っている。これは何かというと、実は、在日朝鮮人の生存権保障の裁判というのがいくつかあるのです。

有名な裁判に塩見訴訟[※1]というのがあって、この塩見さんという方は、国民年金法[※2]が施行されたときだけ、日本国籍を持っていなかった。その前は日本国民だったのに、サンフランシスコ講和条約を締結した時点で、在日朝鮮人は一斉に国籍を奪われました。それによって、障害者年金を受けることができなかった。これはおかしいということで塩見さんは裁判を起こして、かなりいいところまで行ったのですが、最高裁で敗れました。

それを今度の自民党改憲案では、裁判を起こすまでもなく、日本の国籍を持たない外国人には、仮に日本人と同じ生活をし、同じように税金を収めていても、生存権は保障しないということを謳っているのです。この外国人の扱いについて、自民党憲法改正草案の中では、ずっと一貫した思想が貫かれている。

先ほどの二二条第二項では、「何人も、外国に移住」する自由があると言っている現行憲法を、自民党案では「全て国民は」というふうに対象を絞った。この条項に関しては、憲法判例上有名な、森川キャサリーン事件[※3]というものがあります。

この事件は、日本人と結婚したアメリカ人である森川キャサリーンという方が、当時（一九八二年）在日朝鮮人が指紋押捺を強制されることに心を痛めて、自分自身は在日朝鮮人ではなかったけれども、再入国申請をする際に、指紋押捺を

※1　塩見訴訟

原告である塩見日出氏は、在日朝鮮人の両親のもと、1934年、大阪で生まれた。日本国籍を有していたが、52年のサンフランシスコ講和条約の発効によって、在日朝鮮人と在日台湾人は日本国籍を失うことになった。

塩見氏は、麻疹が原因で2歳のときに失明しており、国民年金法が定める1級の廃疾（障がい）の状態にあった。しかし、1959年に制定された国民年金法では、その受給資格に国籍要件を課していたため、在日外国人は老齢・死亡・障がいに対する年金すべてにおいて社会保障の対象外とされた。

塩見氏は日本人男性と結婚したことで、1970年に帰化し日本国籍を取得。障害福祉年金の受給を大阪府に請求したが、廃疾認定日（＝国民年金法が成立した1959年11月1日）に日本国民でなかったことを理由に棄却され、訴えを起こした。

1989年3月2日の最高裁判決では、「限られた財源のもとで福祉的給付を行なうにあたり、自国民を在留外国人より優先的に扱うことも許されるべき」などの理由から、「国籍条項及び昭和34年11月1日より後に帰化によつて日本国籍を取得した者に対し法81条1項の障害福祉年金の支給をしないことは、憲法25条の規定に違反するものではない」とした。

※2　国民年金法

国民年金制度について定めている法律で、1959年成立。これにより、国民皆年金に移行した。

※3　森川キャサリーン事件

日本人と結婚し、日本に居住していた米国人女性森川キャサリーン・クノルド氏が指紋押捺を拒否したことから、再入国許可の申請が却下された事件。

森川氏は、日本への入国時以後、外国人登録法による指紋押捺を3度行なっていたが、この制度が人間の「品位を傷つける」という立場から、1982年9月に指紋押捺を拒否。のちに罰金1万円の判決を受けた。森川氏は、同年11月に韓国へ旅行するために再入国許可の申請を行なったが、法務大臣は、森川氏が指紋押捺を拒否したことを理由にこれを不許可とした。

このため、森川氏は不許可処分の取り消しと国家賠償を請求したが、1992年11月16日、最高裁は被告人の上告を棄却した。判決では、「我が国に在留する外国人は、憲法上、外国へ一時旅行する自由を保障されているものでない」、つまり、外国人の再入国の自由は憲法22条によっては保障されないとして、原判決を支持した。

（参考：有斐閣『別冊ジュリスト186号 憲法判例百選Ⅰ［第5版］』、2007年）

拒否したのです。

そのため、再入国許可が認められなかった。森川さんは、これは憲法違反ではないか、移住の自由に反しておかしいではないかと言って、不許可処分の取り消しを求めたのですが、最高裁に蹴られました。

こうしたことに対して、自民党改憲草案では、そんな訴訟なんか起こすことはできないと謳っている。もう在日外国人はこういう人権の範囲ではないと謳って、それがずっと貫かれている。

先日、ある著名な在日韓国人に神保町の交差点で偶然出会って、「今度の改憲草案がね」と話したら、パッと顔色を変えて、「たいへんですよ」と言っていました。だから、今度の改憲草案はいろんなところに影響を及ぼしていくと思います。


岩上　在日外国人たちには、直接的な影響が出るということですね。憲法上の権利が保障されなくなるということは、それぞれの法律上の権利も保障されなくなるでしょうから、とても大きな影響が出てくる。

いま、生活保護の問題が非常に話題になっています。生活保護の給付削減を思い切ってやった。[※1]他方で、何兆円という公共事業を積み上げていくのですけれども、生活保護の方は切り捨てる。二五条はこういうことに関係あるのかなと思っていましたが、在日外国人の方々の権利に影響を与えるわけですね。

「じゃあ、在日外国人は日本国籍を取ればいいじゃないか」と言ってくる人が必ずいます。「サンフランシスコ講和条約が発効されたときに、韓国や朝鮮を選択せずに、日本人になればよかったじゃないか」と。あるいは、今日においても、「日本国民になればいいじゃないか」「帰化したらどうだ」と言う人がいます。この点についてはどうなのでしょうか？

梓澤　人がある民族として生きる権利というのは、その人のアイデンティティですよね。自分のアイデンティティを譲りたくないというのは、人間の尊厳の中でも、とても重要なことだと思います。
例えば、「梓澤和幸」として生きてきた人が、ある日突然、「唐沢十兵衛」でいいじゃないかと言われても、それはとても納得できないですよ。それはつまり、その人が生まれてからずっと続いてきた、伝承されてきた自分を守るという、尊厳に基づく権利ですから。

岩上　なるほど。創《そう》氏《し》改名《かいめい》[※2]によって、そうしたアイデンティティに関わる自分の名前を変えざるを得なくなりました。すべて強制されたものではなかったと言う人もいますが、多くの朝鮮人が、やむを得ず生きるために、泣く泣く自分の名前を変えて日本に同化しなくてはならなかった。

そういう経緯があるわけだから、帝国が崩壊したあとの戦後日本において生活している在日コリアンなどについては、なるべくならば本人の民族的アイデンティティを維持したまま生きる権利が認められることが望ましい。しかし、自民党改憲草案では、そうした希望がほぼ否定されているに等しい。

侵略と併合の歴史的事実を認め、二度と繰り返さないという決意が、戦後の現行憲法の原点です。しかし、侵略の歴史的事実すら認めないという改憲勢力は、併合の結果、日本国民にされ、戦後は日本国籍を奪われた在日韓国・朝鮮人の境遇に対して、冷淡になるわけですね。しかし、戦前の日本への回帰を狙っているような憲法案なのに、かつて帝国の臣民だった韓国・朝鮮人他に対してずいぶん冷たいですね。狭量で、包容力も度量もない。そもそも帝国を築く器量や資格もなかった、ということでしょうか。

憲法に入れるべき条項と入れる必要のない条項

岩上　二五条の二（環境保全の責務）と三（在外国民の保護）、そして四（犯罪被害者等への配慮）について、ここはどうお考えですか？

澤藤　一見、これは国民の利益になるのではないかというような条項が、ところどころにある。しかし、それは本当に憲法に入れなければならないものであるのか。あるいは、入れてどれだけ役に立つのか、入れなければ目的を達することができないのかなど、よく考えた方がいいと思います。

「環境保全の責務」というのが、二五条の二にあります。これ自体は悪いことではありません。しかし、ここは「環境権」という権利にはなっていない。人権条項ではないのです。むしろ国民の義務とされている。あえて人権条項にしなかったと、自民党自身が「Q＆A」の中で言っています。

つまり、一人ひとりに環境権があり、その環境権に基づいた何か具体的な請求権があって、国に対して裁判を求めることができる権利としては規定されていない。

国の責務、しかも「国民と協力をして」となっている。これは、いかに自民党が環境権に及び腰であるかということを端的に物語っています。あるいは、形だけは環境権を認めざるを得ないからポーズだけは取っているけれども、財界に対

※1　安倍晋三総理は、生活保護について、3年間で計850億円削減する方針を1月24日に固めた。貧困問題に詳しい法律家や学者らでつくる「生活保護問題対策全国会議」は4月9日に記者会見を開き、「引き下げ幅の根拠とされた指数は、受給者の生活実態を反映していない」と批判した。

※2　創氏改名
日本が植民地朝鮮支配の末期、朝鮮民族古来の姓名制を廃止し、日本式の氏名制にかえさせた皇民化政策。1939（昭和14）年11月朝鮮総督府は朝鮮民事令「改正」で創氏改名の条文を公布し、翌年2月に施行した。その内容は、朝鮮の家族制度の根幹であった男系の血族を表す姓制度を全面的に否定して、日本式の家を中心とする氏制の創設を義務付け、日本式氏名を名乗る道を開く（任意的）というものであった。（小学館『日本大百科全書』より）

しては、企業活動の自由にこれだけの配慮をしていますよ、とアピールしていることなのかもしれない。

こんなものはなくても、現行憲法で私たちの権利を守ることができるし、これがあったとしても、特に利益になるようなことは、ほとんど考えられない。

岩上　なるほど。しかし他方で、公害の問題もそうですし、それ以上に、福島第一原発の事故によって被災した人たち、特に放射能の被害を被った人たちに、これから晩発性の障がいが出てきたりするかもしれない。

こういった環境を著しく傷つけた上、人にも被害を及ぼしたような事件について、国の責任が問われうるというのは、このような形で厳格にもっと認めてもらわないと困る、という声もある、ということなのではないでしょうか？

澤藤　憲法を変えなければ困ることはないと思います。たしかにそれは、あるに越したことはない。しかし、それがなくても、公害基本法やその他法案、あるいは原子力規制法以下の諸法律を活用して賠償請求も補償請求もできる。廃炉を求める裁判も行なわれています。

憲法に根拠規定があるに越したことはないけれども、なければ困るということではない。

岩上　不十分だと思っている人は多いと思います。現在の原子力損害の賠償に関する法律（原賠法）も原子力規制法も、ザルで、決して国民サイドに立っていない。

澤藤　ええ。仮にそうであっても、自民党がそうした人の側に立って、そういう人が使えるような憲法条文をつくるとはちょっと考えにくい。むしろ、現行の憲法と法体系の中で、ザルにならないような法律をどうつくるのか、という努力が求められていると思います。

いまの小選挙区制での国会の構成では、被害者の役に立つようなちゃんとした法律をつくることがなかなか難しい。改憲よりは、本当に使える法律をどうつくるのかということが大切です。

それから、裁判所をどう変えるかということ。現行の憲法と法律を、被害者の側に立って最大限使ってくれる裁判所をどうつくるのかということが、たぶん一番大切です。こういう何となく使えそうな条文があるから、この憲法改正草案も捨てたもんじゃない、いいんじゃないか、となることはとても危険だと思います。

梓澤　私も環境問題の事件をいまやっておりまして、岩上さんにもご協力いただいている築地市場移転問題[※1]などの中でも、憲法一三条の人格権を盾にして、かなり裁判所と東京都側を追い詰めるところまでいきました。

例えば、大阪空港の差し止め事件[※2]でも、人格権に基づいて、人々の健康・生命が危うくされる蓋然性《がいぜんせい》（確からしさ）

があるときは差し止めができるんだということが、裁判所の判決の中でも出ております。

　環境権という概念も、この憲法一三条の中から引き出せるのではないかという憲法学上の理論もあります。たしかに、もし憲法に「環境権　何人も環境の悪化に対して、これを差し止めする権利を有する」などと書き込めば、これは裁判上の権利として、非常に強い力になると思います。けれども、いま、環境権に惹かれて、憲法改正にのめり込んでいくことには、やはり私も反対です。

　それと、自民党案に書いてあることを読みますと、環境に対する国の配慮を言っているだけであって、人々が裁判上使えるような、裁判規範にのるような権利として謳ったものでは全然ありません。

　これが憲法に入ったところで、裁判では背景事情として言えるぐらいで、裁判上、私の権利が侵されたからこの原発を差し止めろというふうには使えません。

澤藤　二五条の二も三も四も、人権としての規定にはなっていないわけです。

岩上　人権としての規定とは、どういうことでしょう?

澤藤　権利を考えるときには、誰の誰に対するどのような権利であるかということが重要です。具体的に、裁判で使えるような請求権の根拠になっていれば、それは人権として十全の内容を持っていることになります。

　しかし、ここではそうなっていないので、国が何かを配慮しなければならないとか、せいぜいできるだけ法律をつくるとか、行政で気をつけるとかいうことはあるけれども、国民一人ひとりの権利として認めているわけではありません。

　二五条については、有名なプログラム規定説[※3]というのがあります。つまり、具体的に生活に困っている人、最低限度の文化的な生活に至っていない人が、その差額分について補償を要求するというような具体的な裁判規範としての権利にはなっていない。これが、判例の立場です。

梓澤　言い換えると、日本国憲法のもとでは、社会福祉国家

※1　現在、東京都中央区築地にある築地市場を、江東区豊洲の元東京ガス工場跡地に移転する計画で、2014年末に開場予定。土壌汚染や、液状化の問題などが指摘されており、反対運動が行なわれている。IWJでもこの問題を取材している。
※2　大阪空港公害訴訟
大阪国際空港（伊丹空港）の離着陸コース直下に居住する住民らが、航空機騒音等によって精神的被害などを受けたとして起こした訴訟。国に対して以下の3つを求めた。
1. 午後9時から翌朝7時までの空港の使用差し止め
2. 過去の損害賠償
3. 将来の損害賠償
1975年の2審判決は原告全面勝訴の画期的な判決であったが、最高裁は、上記の2を認めたものの、1と3については原告の請求を却下した。

（参考：有斐閣『別冊ジュリスト186号 憲法判例百選Ⅰ［第5版］』、2007年）
※3　プログラム規定説
憲法の特定の人権規定に関して、形式的に人権として法文においては規定されていても、実質的には国の努力目標や政策的方針を規定したにとどまり、直接個々の国民に対して具体的権利を賦与したものではないとする考え方。（「弁護士ドットコム 法律用語大辞典」http://www.bengo4.com/dictionary/7094/）

を目指すという理想がずっと描かれているわけです。それは、人々の形式的な平等だけではなくて、貧困な人も富裕者も同じように幸せに生きる権利があるという、一つの理想を描いているわけです。

憲法二五条で言うところの「すべて国民は、健康で文化的な最低限度の生活を営む権利を有する」というのが、そのまま裁判で使える規範なのかどうか。これに反したら、国は違法であると直ちに言える権利なのか、ということが問いになるわけです。

その問いに対して、「いや、それは駄目です」「裁判で使えるためには、具体的な法律がなければ駄目です」という話になる。その具体的な法律として、生活保護法があります。生活保護法の、一カ月一一万円から一四万円の給付、そういう生活保護基準が、「健康で文化的な最低限度の生活」になっているかどうか。法律が出てきて、その法律が具体的になって初めて、この憲法の精神が起き上がってくるのです。

澤藤　そこでようやく、裁判ができることになる。もし生活保護法がなくて、憲法二五条を直接根拠にしても裁判はできない。

梓澤　それを、明治時代の「五日市憲法草案」じゃないですけど、本当に人々の人権を守る、人々の幸せを守るために、憲法を書き込むという精神でやるならば、この二五条こそ具体的にするべきです。

この条文を使って、「いま、私たちは人間的な生活ができない」ということを裁判所に訴え出たら、それを変えてくれる。そういう規定にしたらどうですか？　と私は言いたい。

岩上　「五日市憲法草案」とは何でしょうか？

澤藤　自由民権運動が世の中を席巻した明治時代、民撰議院設立建白書[※1]というのが提出され、議会開設の契機となります。議会開設の前に、アジアでは初めての近代的な憲法をつくることになった。

そうすると、日本中の自由民権運動のグループが、それぞれ私的な憲法草案をつくり始めます。そうしたものが、いっぱいあるんですけれども、五日市の千葉卓三郎[※2]さんという人が中心になってつくった憲法が、色川大吉[※3]さんの調査で発見されました。

この憲法は、みんなで学習会を積み重ねて、地域の人たちがつくった憲法草案です。その中に、抵抗権が書き込んである。政府も皇帝も役に立たないときには取り替えるという精神で、自分たち国民の権利がずっと積み重ねられて、きちんと整理されて書かれている。

明治憲法はたしかに欽定《きんてい》憲法[※4]ではありますけれども、民衆運動が積み重ねられた中で、つまりそういう人たちの声もある程度聞かざるを得ない状況で、ああいうものができてきた。民衆史における憲法制定運動の成果の一面も見落とせない。「五日市憲法草案」は、その象徴として、非常に重要な資料だと言われているものです。

梓澤 自民党の改憲草案が出たこのときにあたり、私たちがもう一度、「五日市憲法草案」をぶち上げた人たちのように、憲法とは何か、人権とは何か、国と私たちの関係とは何かということについて深く深く問い、そして自分たちの生き方や、この国をどうやってつくっていくのかという一つの理想、その理想から見てこの自民党改憲草案はどうなんだということを、語っていかなければならないと私は思います。

岩上 現行憲法の意味も、ぼんやり生きていると知らないわけですから、自民党の改憲草案を読み込んで、一体これは何なのかということを、理解する必要がありますね。

学問の自由で保障される「大学の自治」

岩上 順番としては少し戻る感じになりますが、「学問の自由」の第二三条です。自民党案のほうでは、「これを」という言葉がなくなっています。そして、同じく教育に関するものとして、第二六条（一〇〇頁参照）の「教育に関する権利及び義務等」では、現行憲法と自民党案とはほとんど同じで

※1　民撰議院設立建白書
1874 年 1 月 17 日、板垣退助や後藤象二郎ら 8 名が当時の左院に提出した建白書。政府に対して初めて国会開設を要望した。政府や明六社は時期尚早だとして反対したが、これを機運に自由民権運動が盛り上がった。

※2　千葉卓三郎
1852 ～ 1883。戊辰戦争白河口の戦いに参戦し、その敗北後は様々な学問や宗教を学ぶ。1879 年ごろから教職に従事し、1880 年 4 月から東京都あきる野市五日市にある五日市勧能学校に勤務。1881 年に五日市憲法草案を起草した。（参考 HP：「あきる野市デジタルアーカイブ 千葉卓三郎の学習遍歴」http://archives.library.akiruno.tokyo.jp/about/chiba.html）

※3　色川大吉
1925 年千葉県生まれの歴史家で、東京大学文学部国史科卒業。東京経済大学の名誉教授。明治期の民衆思想史研究に関しての草分けで、旧・武蔵国多摩郡深沢村（現・あきる野市）の土蔵から五日市憲法草案を発見したことでも有名。主な著作に『明治精神史』、『ある昭和史―自分史の試み』、『明治の文化』などがある。

※4　欽定憲法
君主によって制定された憲法。制定の主体によって区別される成文憲法の一種で、民定憲法に対する。君主主権の原理に基づいて、君主の一方的意思により恩恵として国民に与えられる。1814 年のフランス憲法（ルイ 18 世）、1850 年のプロイセン憲法、1889（明治 22）年の大日本帝国憲法など、絶対君主制のもとで、民意の高揚を抑えるため、反動期に生まれた憲法がこれに属する。（小学館『日本大百科全書』より）

自民党改正草案
（学問の自由）
第二十三条　学問の自由は、保障する。

現行憲法
第二十三条　学問の自由は、これを保障する。

す。ただ、自民党案には第三項が新設されています。ここを説明していただきたいと思います。

澤藤　まず二三条ですが、中身は変わっていません。現行憲法二三条は、一〇四条ある条文のうち、ただ一つ、五・七・五でできている条文です。私たちがこの憲法を習ったときのリーディングケースは、「ポポロ事件判決」[※1]でした。ポポロ事件とは、「松川事件」[※2]を題材にした演劇を、東京大学の中教室を借りて学生らが上演したときに起きた。

岩上　二つの事件を説明していただけますか？

澤藤　松川事件というのは、一九四九年八月一七日に、東北本線松川駅の近くで貨物列車が転覆させられ、三人が亡くなった事件です。夜中の事件でしたが、翌朝には、与党と官房長官が「あれは共産党と労働組合の仕業だ」ということで、二〇人が起訴されました。そして、一審は五人の死刑を含め全員有罪でした。それが、最終的には全員無罪になった事件です。いわば、大冤罪事件ですね。

裁判批判がこれだけ国民的に大掛かりになった事件は他にありません。私も、この松川の支援運動の中で「弁護士になろう」と志しました。

この松川事件を題材にした演劇を、ポポロ劇団が東大本郷のキャンパスで上演したのですが、そこに本富士警察署の公安刑事が紛れ込んでいた。学生が彼らを見つけ、警察手帳を取り上げ、謝罪文を書かせた。

傷害ではなかったのですが、このことを、「暴力法」で、つまり、「多人数で、暴行、有形力を行使した」ということで起訴されたんです。「暴力法」は、本来は「暴力団対策立法」のはずなのですが、実際には、弾圧立法として使われていました。そういうことはいまでもあります。

憲法二三条の「学問の自由」には、「大学の自治」が含まれています。学問の自由というのは「学問を研究する自由」「学問を発表する自由」「学問を教授する自由」そして「大学の自治」まで含むというのが普通の考え方です。そして「大学の自治を侵した警察の方が悪い。その警察官に対して、そのぐらいのことをするのは正当な行為であって、違法性を阻却する」という判決が一審でも二審でも出て、無罪になりました。

しかし、最高裁は、これを逆転有罪にしました。これが「ポポロ事件」の最高裁判決です。

岩上　この判決は何年に出たのでしょうか？

梓澤　一九六三年五月二二日の最高裁大法廷判決です。

澤藤　事件発生から一一年後に最高裁判決が出たんです。事件当時、二三条の「学問の自由」とは、大学、あるいは大学構成員である教授の自由であり、大学の自治というのは、いわば教授会の自治であるという考え方が普通でした。

学生たちの自治や自由ではなく、「高等教育機関の自由」だと。つまり、新しい学問や研究、最先端の学問をする人には特別な自由が与えられなければならない。国民全体の自由ではなく、特別な地位にある人の特別な権利・自由であるという考え方が伝統的だったわけです。

梓澤　なぜ「大学の自治」が「学問の自由」として当然に保障されるものであるか。それは、学問というものは、中世の時代から、その時代の最も先端的な思想、すなわち公権力の思想を超えて、宗教が絶対的な権力を持っているときには宗教をも批判することができるものなのです。かつて、ガリレオは「それでも地球は動く[※3]」と言いました。

岩上　ガリレオが、天動説と対立する地動説を考え出したことで、教会の権威をぐらつかせました。

梓澤　そうです。権威をぶち破って新しい時代を切り開いていくことに、学問の自由があるのであり、その点で極めて大事な精神的な自由が存在する。

そして、なぜ大学の自治があるかと言えば、学問が、常に権威に抵抗して先端的な治験を切り開いていくためには、その場がいかなる権力をも排除する環境でなければならないからです。その意味で、大学の自治は必要であるし、そうした場所で学生は学ぶ。

そして、学生というのは、学ぶだけでなく、研究もします。ですから、「学生もまた、大学の構成員である」というのが、ポポロ事件の弁護側の主張だったのですが、最高裁はそれを退けました。

大学の自治については、最近の傾向を見ると、一体大学の自治はどこへ行ったのかというくらい、文科省の統制力は強まっています。

例えば、澤藤弁護士も私も、一九六〇年あたりに大学に入

※1　東大ポポロ事件
1952年2月20日、東京大学構内の法学部教室において、同大学公認の学生団体「劇団ポポロ」が松川事件を素材とした演劇を上演した。その際、本富士警察署警備係の警察官ら複数名が私服で潜入していることを学生が発見。そのうち3名が捕えられた。
学生らは、同大学厚生部長立ち会いのもとに再度学内に侵入しない旨の始末書を書かせてこれらの警察官を解放したが、逃げようとする警察官を捕まえる際に暴行を加えたとして、学生が暴力行為等処罰法違反の罪で起訴された事件。
（参考、一部引用：高橋和之、長谷部恭男、石川健治編『別冊ジュリスト186号　憲法判例百選1［第5版］』2007年2月28日発行）

※2　松川事件
1949年8月17日、福島県松川町を通過中の東北本線上り列車が突如脱線転覆し、乗務員3名が死亡した事件。
捜査当局は、当時解雇反対及び工場閉鎖反対等の闘争中であった国労福島支部幹部、及び東芝松川労組幹部ら（いずれもほとんどが共産党員）に目をつけ、それぞれから10名ずつ合計20名が逮捕・起訴された。逮捕に際しては、科学的捜査ではなく連日のきびしい取り調べ、自白強要が行なわれた。
51年の第1審福島地裁は、5人を死刑、5人を無期懲役にするなど全員有罪の判決を下した。2審の仙台高裁では、死刑4人を含む有罪が17人、3人が無罪。続く最高裁は2審判決を破棄し、仙台高裁に差し戻した。差し戻し後の高裁判決では、被告人全員に無罪が言い渡され、63年の最高裁は再上告を棄却、無罪が確定した。
（「松川資料室HP」http://www.matsukawajiken.com/）
（「狭山事件HP」http://www.asahi-net.or.jp/~mg5s-hsgw/sayama/index.html）

※3　「それでも地球は動く」
天動説が信じられていた時代に、イタリアの天文学者ガリレオ・ガリレイが、地動説を唱えたために裁判にかけられ、有罪判決を受けた際につぶやいたとされている言葉。

っていますが、その頃は大学管理法[※1]が国から持ちだされて、教授会が学生たちと一緒になり、教授会と学生自治会の共催で、全国の大学ごとに反対集会というのが開かれていました。

ああした勢いはどこに行ってしまったのかと思います。憲法がこれほどの危機にさらされている現在、どこの教授会が、あるいは、どこの憲法の研究者が声を上げているのかと思うくらい、静かな状況です。

岩上　本当ですね。私は一九七〇年代末に大学に入ったのですが。その頃は、もう全共闘の運動も終わり、残り火しかない時代でした。とはいえ、その頃改憲論議が起きていたら、少なくとも各地の大学で声が上がり、シンポジウムが開かれるということはあっただろうという気がします。

いまのこの状態と、あの時代の違いは何なのだろうと。新藤宗幸さんの著書に『司法官僚――裁判所の権力者たち』（岩波新書、二〇〇九年）という本がありますが、まさにいまは、「文科官僚」という本がなければおかしいと思います。官僚統制が、学問の府である大学の場に行き渡り過ぎていると思います。

地方公務員の争議権は認められない

澤藤　話を戻しますが、二三条の解釈は、伝統的には、いまのように、大学の自由や自治だったのですが、一九七六年に、旭川学テ大法廷判決[※2]が出ました。事件をかいつまんで話せば、当時、全国一律の学力テストに、教員たちが反対をしたのです。

いまは考えにくいのですが、非常に質の高い教員組合の運動があった時代で、法的にストライキはできませんでしたが、いろいろな形で阻止闘争を起こしました。そして、そのいくつかが刑事事件になり、旭川市立永山中学校事件というのが、最高裁まで行きました。これは、一審は無罪、二審でも無罪、そして最高裁で逆転有罪というものでした。

何が争われたのかというと「教育権」です。戦前は、教育というのは天皇が行なうもので、拳拳服膺して教育を受ける臣民の義務でしかなかったわけです。それに対して、旭川学テ事件の弁護側は、「国民にこそ教育権があるんだ」と主張しました。

つまり、大日本帝国憲法から日本国憲法に変わったときに、教育の事情も一変しました。国民の教育権というものに基づいて、国民自身、つまり学校に子どもを行かせている父母や地域、そしてその人たちから委託を受けた教員が、国民主体の教育権を行使している。

そうした中で、二三条の「学問の自由を保障する」とは、高等学術機関や大学だけではなく、小中高の教員にも、学問研究の自由や、少なくとも教育を施す自由があるはずで、それを侵害した一斉学力テストはけしからん、という論法だったのです。

これに対して、最高裁は「一定の範囲ではあるが」という留保を付けましたが、「二三条の学問の自由が保障されるのは大学だけではなく、中学校の先生にもある」ということを認めました。判決は逆転有罪だったものの、これは非常に重要なことです。

岩上　社会的な通念として、学問の自由とは、大学のことだけを指していると思われている方が多いのではないでしょうか。しかし、現行憲法、そして最高裁が、高校・中学校・小学校でも、教育をする教員にも自由があると認めたということですね。これは知らない人が多いと思います。

澤藤　補足しておくと、旭川学テ事件の大法廷判決と同じ日に、岩手の学テ事件の判決が出ています。[※3]

「国際人権規約」[※4]などでも、アカデミックフリーダム（学問の自由）というのは、高等教育機関に限られていません。ただ、先ほど梓澤弁護士から発言のあった大学の場合とは、少し違います。中学校ですから、最先端の知見を追究することについて、公権力と切り結ばなければならないなどといった局面で認められているわけではありません。

「国民が教育を受ける権利」に対応するものとして、小中高の先生も、資格を持った教育の専門家として一定の裁量を

※1　大学管理法
大学の運営に関する臨時措置法。大学紛争が生じている大学の「運営に関し緊急に講ずべき措置を定め、もつて大学における教育及び研究の正常な実施を図ることを目的」に定められた法律。2001年に廃止された。

※2　旭川学テ事件
1961年に実施された全国中学校一斉学力調査（学テ）に対し、旭川市立永山中学校で実力阻止行動を行なった労組役員4名が、建造物侵入、公務執行妨害、共同暴行罪で起訴された事件。

1審判決は、“学テは違法”であり、かつその違法がはなはだ重大であるとして公務執行妨害の成立を否定したが、建造物侵入と共同暴行罪の成立は認め、有罪判決を言い渡した。2審判決も、1審の判断を支持した。最高裁は、裁判官全員一致で、“学テを合法とみなし”公務執行妨害罪成立を認めた。

（参考、一部引用：高橋和之、長谷部恭男、石川健治編『別冊ジュリスト187号　憲法判例百選2［第5版］』2007年3月23日発行）

※3　1961年実施の全国中学校一斉学力調査に反対する、岩手県教員組合役員7名が、テストの実施を阻止するために、傘下組合員である中学校教員に、実施に際しての職務遂行を拒否するようにとの指令書などを出した。また、このうち数名は、小中学校長に口頭で強く訴えるとともに、テスト当日に立会人らの来校を阻止するために道路に立ちふさがるなどした。これらの行為が地方公務員法違反などに該当するとして起訴された事件。
1審判決は全員有罪としたが、2審判決では、争議行為に「必要かつ不可欠または通常随伴する行為」として可罰的違法性のないものと判断し、全員無罪を言い渡した。1976年5月21日の最高裁は、2審判決を破棄し、被告人を全員有罪とした。判決では、地方公務員の地位や職務は、「地方公共団体の住民全体の奉仕者」として「直接公共の利益のための活動の一環をなすという公共的性質」を有するものであり、私企業の労働者と同視して地方公務員に対し争議権を認めることは、「かえって議会における民主的な手続によってされるべき勤務条件の決定に対して不当な圧力を加え、これをゆがめるおそれがある」などとして、公務員の争議権は禁止とした。

（参考、一部引用：高橋和之、長谷部恭男、石川健治編『別冊ジュリスト187号　憲法判例百選2［第5版］』2007年3月23日発行）

※4　国際人権規約
1966年の国連で採択された人権条約で、76年発効。日本は、79年に批准した。「経済的、社会的及び文化的権利に関する国際規約（社会権規約）」と、「市民的及び政治的権利に関する国際規約（自由権規約）」、及び自由権規約に付属する2つの議定書からなる。

社会権規約の第13条は、「この規約の締約国は、教育についてのすべての者の権利を認める」としており、初等教育から高等教育まで「すべての者に対して均等に機会が与えられるものとすること」などと定めている。

（参考：「外務省HP」http://www.mofa.go.jp/mofaj/gaiko/kiyaku/index.html）

もって子どもたちと接し、教育というものを全うする自由があるということであり、最高裁もこれを認めています。

岩上　以前にお話しいただいた「思想、良心の自由」に関わるものとして、君が代斉唱を強制されるという問題があり、これを強制されたときには、「ノー」と言う自由があるのではないか、とおっしゃられていました。

しかし、昨今は、逆にそれを強化する方向にきています。※1 この「君が代の斉唱の強制に対して従わない自由」と「学問の自由」とは繋がるのでしょうか？

澤藤　はい。一九条の「思想及び良心の自由は、これを侵してはならない」と二三条、さらに教育に関する権利及び義務を謳った二六条も関わってきます。すべての人、あるいはすべての公務員についての「思想の自由」については一九条しかありませんが、教員については、二三条が関わってきます。

一九条でしか保障されない人と比べて、教員はさらに二三条で手厚い保護がされるはずだ、という理論が成り立つわけです。そして、教員の教育の自由を保障した二三条と、子どもの教育を受ける権利である二六条はセットになっています。

教育を受ける権利とは、単に授業を受けるということではなく、人格の完成を目指して、主権者たるにふさわしい、つまり、きちんと自分の頭で物事を考えることができる人間に育つ権利を、一人ひとりが持っているという考え方です。

そして、それを支え、奉仕する立場にあるのが教員です。教員は、子どもと人格的に接触し、その子どもが本来持っている能力を引き出し、その人格に影響を与え、十全の人格完成の手助けをするという立場にあります。

つまり教員は、二六条での子どもを守る立場にある者として、さらに二三条での裁量を持っている者として、公権力が子どもの教育に関して不当な介入をするときには、教員が防波堤にならなければならないという義務がある。少なくとも、唯々《いい》諾々《だくだく》と、公権力の言うままに「日の丸君が代の強制を受け入れなさい」という指導をしない権利がある。

いままでも申し上げてきましたが、人権の中には、国家からの自由、すなわち対公権力性という側面があります。これを普通は自由権といいます。それから、生存権や教育を受ける権利があり、社会権という、公権力に対して何かを要求する権利があります。

二三条は、子どもに対して十分な教育を受けさせるよう要求する権利であるとともに、それを全うするために、公権力に対して「ノー」と言う権利も、ある局面では生じてきます。社会権と自由権の両者の側面を持つ権利だと思います。

子どもに対して「日の丸や君が代に敬意を表しなさい」という指導を命じられたときに、「それはできません」と言う権利があるはずだというのが二三条であり、二六条でもあると私は考えています。

公権力は、いつも正しいことを教えるわけではありません。とりわけ、石原慎太郎さんや、あるいは橋下徹さんのような、極端な国家主義や、新自由主義の方々が、思いつきで言うことは、憲法の理念から見て間違っていることが多い。そうした思いつきが、子どもにとって取り返しのつかない影響を及ぼすこともあります。

そういうとき、少なくとも教員は「私はその職務命令に従うことはできません」「子どもを守る教員としてそれはできません」と言う権利があるはずなのです。これは、一九条の「思想及び良心の自由」でいうところの、自分の思想、あるいは教員としての職責を懸けた良心から、ということでもあります。そして、二三条の教員としての権利の行使でもある。そういう立場で、いま、私たちは裁判所を説得しようと思って一生懸命、裁判をしているところです。

岩上　なるほど。先生は具体的に裁判を抱えていらっしゃるんですね。

教育行政の「不当な支配」がまかり通る現実

澤藤　私は、現行憲法第二六条は、たいへん素晴らしいものだと考えています。かつて教育とは、国家が「忠良なる臣民」である心得を教え込むことで、臣民の義務だったのです。

岩上　「忠良なる」とは、つまり「忠実で良い」ということ、国家にとって都合がよいということですね。

澤藤　大日本帝国憲法の発布《はっぷ》勅語には、「忠良なる臣民」という言葉が出てきます。その憲法のもとでの教育とは、天皇が神であり神の子孫であって、神聖にして侵すべからずという存在だったことを徹底的に叩きこむことでした。明らかに一種の宗教ですが、そういうことが行なわれ、誰もそれに表立って異議を挟むことはできませんでした。

ところが、現行憲法はそうではなくて、教育を受けることが「国民の権利」になりました。ここで大切なのは、教育の内容を決める者は、国家ではないという大原則があることです。

国家は、明治維新から敗戦までの八七年間、間違ったことを教え続けてきました。国家神道に寄りかかり、「天皇は神様だ」ということから始まる教育を受けさせた。そして、国家に対する、あるいは、天皇に対する忠誠を教えてきました。

そうした間違いを繰り返させないために、教育の内容は、国家が決めてはならないということが大原則なわけです。では、それを誰が決めるのかと言

※1　**君が代斉唱強制問題**
2011年5月25日、橋下徹大阪府知事（当時）が代表を務める「大阪維新の会」府議団は、大阪府議会議長に対し、府内公立学校の入学式や卒業式などで君が代を斉唱する際、教職員に起立・斉唱を義務付ける条例案を提出し、同年6月3日成立した。

自民党改正草案

（教育に関する権利及び義務等）

第二十六条　全て国民は、法律の定めるところにより、その能力に応じて、等しく教育を受ける権利を有する。

2　全て国民は、法律の定めるところにより、その保護する子に普通教育を受けさせる義務を負う。義務教育は、無償とする。

3　国は、教育が国の未来を切り拓〔ひら〕く上で欠くことのできないものであることに鑑み、教育環境の整備に努めなければならない。

現行憲法

第二十六条　すべて国民は、法律の定めるところにより、その能力に応じて、ひとしく教育を受ける権利を有する。

②　すべて国民は、法律の定めるところにより、その保護する子女に普通教育を受けさせる義務を負ふ。義務教育は、これを無償とする。

〔新設〕

えば、国民自身です。国民とは、具体的には子どもたちの父母であり、地域であり、そこから委託を受けた専門家集団である教員、教師集団が決めるということです。

一方、国家や地方自治体は何をするのかと言えば、教育条件の整備をすることです。予算を組み、人を募集し、学校敷地を買い取り、制度を決める。これらを、国家や地方自治体はしなければならない。しかし、教育内容に介入してはならない。これがたいへん重要なことなんです。このことが教育基本法に明記されています。

二〇〇六年一二月、第一次安倍内閣のときに教育基本法が変わってしまい、以前は一〇条一項にありましたが、いまは一六条に移行した「教育行政」というものがあります。移行はしましたが、原則は守られています。

いろいろな分野の基本法がありますが、教育基本法は基本法の第一号です。制定当時文部大臣だった田中耕太郎[※1]は「根本法」という言葉を使いました。教育基本法は、憲法の教育に関する条項を補充するものとしてつくられ、その意味では准《じゅん》憲法なんです。そこに「手を付けられた」ということが、たいへん嘆かわしいことです。この旧教育基本法は読んでいると、涙が出るほど素晴らしい条文です。

岩上　おっしゃっていることが、中江《なかえ》兆民《ちょうみん》[※2]みたいですね。「泣いて読むルソー」[※3]のような。

澤藤　南原《なんばら》繁[※4]という東大総長は、教育基本法制定のとき、「これは永遠普遍である。なぜならば、これが真理だから」と言っています。ですから、これは変えようがない。だから、安倍ですら根本的には変えられなかった、と見るか、それですら一部は手を付けられてしまったと見るか……。

根本的ならざるところで変わってはいますが、根本的に変わっていないと言えば、変わっていないんです。

重要なのは、基本法一六条の「不当な支配」というところです。「教育は、不当な支配に服することなく」と言っています。まず、「教育と教育行政はまったく違う」ということをご理解いただきたいと思います。

教育というのは、教育の内容のことであり、何をどう教えるかということです。これに教育行政が介入してはならない。誰が不当な支配をするのかと言えば、第一は公権力、つまり行政です。行政は教育に介入してはならないし、不当な支配をしてはならない。

どこまで介入をすれば不当な支配になるのか。これが、教育法学のAでありZであると言っていいと思います。ですから、「旭川学テ」の判決は、基本的には、非常に真面目な大法廷判決なのですが、一方で、非常に玉虫色なのです。

「行政権力は教育への介入はできない」とは言っていない。教育の機会均等や、全国の教育水準の統一ということに関して、必要な限りでは、大綱的な基準において教育内容に介入することは可能であると言っています。一方でその介入は謙抑的でなければならないということも、非常に明確に言ってはいます。

最高裁は、一審、二審で無罪だったものを逆転有罪にしています。その点では、私たちは若い頃、「反動判決だ！」と言っていました。しかし、いま読み返してみると、たいへん真面目に書いてある判決であることに間違はないと思います。

ですから、「行政権力は基本的には教育内容には介入しない」ということが、一番大切なところですから、二六条をお読みになるときにはそこにご留意いただければと思います。

岩上 そして問題になるのは、自民党改憲草案の新設されたところですよね。

梓澤 その前に、細かいところなのですが、現行憲法の二六条第一項では「ひとしく」となっています。しかし、自民党の改憲草案では、漢字で、「等しく」となっています。

岩上 これは同じ意味ではないのでしょうか。

梓澤 私はこう読んでいます。文学的かもしれませんが、ひ

※1　田中耕太郎
1890～1974。鹿児島生まれの法哲学者。東大卒業後、同大学の助教授を経て、23年に教授に就任。1946年の第1次吉田内閣のときに文部大臣を務め、教育基本法制定に関わった。

※2　中江兆民
1847～1901。高知出身の思想家。長崎、江戸でフランス語を学び、その後フランスへ留学。帰国後、フランス学の私塾「仏蘭西学舎」を開校し、語学や思想史などを教えた。その中でも、ジャン＝ジャック・ルソーを日本に紹介した功績は大きく評価され、「東洋のルソー」とも呼ばれる。

※3「泣いて読むルソーの民約論（泣読盧騒民約論）」：肥後（熊本）出身の宮崎八郎（1851～1877）が詠んだ漢詩。八郎が、中江兆民が訳したルソーの「民約論」を初めて読んだとき、あまりの感動からつくったもの。本を読み終えるや、八郎はルソーに傾倒し、「これぞ自由民権のよりどころ」と叫んだといわれる。
（出典：「熊本県観光サイト なごみ紀行」http://kumanago.jp/）

※4　南原繁
1889～1974。香川県出身の政治哲学者。東京帝国大学の最後の総長であり、東京大学の初代総長。教育基本法案作成の際、中心的役割を担った。南原は、「日本における教育改革」（1977年）の中で、「今後、いかなる反動の嵐の時代が訪れようとも、何人も教育基本法の精神を根本的に書き換えることはできないであろう。なぜならば、それは真理であり、これを否定するのは歴史の流れをせき止めようとするに等しい」と述べている。

らがなの「ひとしく」は、漢字をあてるとすれば、平均の「均」です。すなわち、それは「普遍的に」という意味だと思います。「均しく」とか「あまねく」とか。
　つまり、澤藤さんがおっしゃったように、「教育を受ける権利は基本的人権である」ということ。その基本的人権を、さらに強調して、普遍的に均しく。つまり、「平等」ということと「普遍的に」という両方を含んだ、美しい言葉として読んでおきたいと思います。

岩上　なるほど。そうすると、漢字の「等しく」になると、「普遍的に」というニュアンスよりも、「平等」という意味が強調されている気がする、ということなのでしょうか？

梓澤　一応「差別のない」という意味にはなるとは思いますが、私は意味が違うのではないかと思っています。

岩上　「ひとしく教育を」というのは「平等、もしくは普遍的」という意味を含んでいる。しかし「等しく」というと、意味が変わってくる。言われなければ気がつきませんね。

澤藤　それは私も気が付きませんでした。せっかくですから、もう一つだけ。二六条についてはたくさん言いたいことがあります。戦後改革には、政治改革、経済改革、社会改革といろいろありましたが、特に、この教育改革は、非常に重要な位置を占めていたということを、もう一度よく考えるべきだと思います。おそらく、もう私ぐらいが教育勅語[※1]を言える最後の世代かもしれません。

岩上　澤藤さんは何年生まれですか？

澤藤　一九四三年生まれです。教育勅語の中には、一二の徳目があると言われています。その最後から二番目に「國憲ヲ重シ、國法ニ遵ヒ（国憲を重んじ、国法にしたがい）」とあり、最後に「一旦緩急アレハ義勇公ニ奉シ（一旦緩急あれば義勇公に奉じ）天壌《てんじょう》無《む》窮《きゅう》ノ皇運ヲ扶翼《ふよく》スヘシ（天壌無窮の皇運を扶翼すべし）」と書いてあります。「天壌無窮」というのは、「天と地とともに果てしなく永遠に続く」という意味でしょう。「扶翼」は、翼賛の「翼」と、助けるという意味の「扶」です。

岩上　助けるという意味でしょうか？

澤藤　そうですね。「爾臣民《なんじ》」と呼びかけ、「克《よ》ク忠ニ克《よ》ク孝ニ、億兆心《おくちょうこころ》ヲ一《いつ》ニシ」から始まります。要するに、天皇が臣民、家来に対して、お説教を垂れている。国家が教育の内容を決め、しかも、天皇大権として天皇が決めることに疑いの余地がありませんでした。
　これを中央が決めれば、全国にいる官選の知事から、地方長官、学校長から全訓導（現在の教諭）に同じことを伝える伝声管としての装置ができていたことについても、誰も疑問に思わなかったわけです。どこかで決めたことが、全国一億人に、瞬時にして届く体制ができていた。

そして、「忠良な臣民をつくる」ということが、教育の目的だった。これが戦前の教育でした。しかし、教育とは、そういうものではありません。それに代わるものが、一九四七年の教育基本法です。この前文を読むと胸が熱くなる。

岩上　前文を紹介します。

「われらは、さきに、日本国憲法を確定し、民主的で文化的な国家を建設して、世界の平和と人類の福祉に貢献しようとする決意を示した。この理想の実現は、根本において教育の力にまつべきものである。

われらは、個人の尊厳を重んじ、真理と平和を希求する人間の育成を期するとともに、普遍的にしてしかも個性ゆたかな文化の創造をめざす教育を普及徹底しなければならない。

ここに、日本国憲法の精神に則り、教育の目的を明示して、新しい日本の教育の基本を確立するため、この法律を制定する」

やはり、ついこのあいだまでの時代というものを徹底的に批判して、そして新たな理想的な世界を開こうという、意志、気迫みたいなものが文章にみなぎっていますね。

「第一条（教育の目的）　教育は、人格の完成をめざし、平和的な国家及び社会の形成者として、真理と正義を愛し、個人の価値をたつとび、勤労と責任を重んじ、自主的精神に充ちた心身ともに健康な国民の育成を期して行われなければならない」。

よく、自民党の議員などが教育基本法の話をするときに、「自己の権利だけを主張するエゴイストを産み育てた」と言う場合がありますが、これを読む限りそうではないと思います。この教育基本法は、権利と義務・責任のバランスが取れた内容になっていると思います。

続いて、一〇条一項では、「不当な支配」に触れています。「第一〇条（教育行政）一項　教育は、不当な支配に服することなく、国民全体に対し直接に責任を負って行われるべきものである。二項　教育行政は、この自覚のもとに、教育の目的を遂行するに必要な諸条件の整備確立を目標として行われなければならない」。

澤藤　つまり、教育行政のすることは教育条件の整備であって、内容には本来触れてはならない。それは、不当な支配にあたるということなのです。それなのに、「日の丸、君が代に敬意を表しろ」「式で日の丸に対して起立、正対して、君が代を歌え」などと言うことが、教育の一環として行なわれるわけですか

※1　**教育勅語（教育ニ関スル勅語）**
1890年、明治天皇によって発せられた、日本の教育基本方針を示した勅語。この中には、「親孝行」や「夫婦の和」、「学問に励む」、「国家の非常事態には天皇と国に命を尽くす」などの12の徳目が記されている。1948年に廃止された。

ら、私は、これは不当な支配だと信じて疑わないわけです。同様のことを言った下級審判決がなくはない[※1]のですが、最高裁はそこまで踏み切ってはくれなかった。

岩上　そうすると、自民党の改憲案、二六条第三項の新設部分は、教育基本法に則るような話だと思いますし、その根拠をあらためて示すものだと思います。しかし、どうしてこれを新設しなければならなかったのかという疑問が湧いてきます。

「教育は国の未来を切り拓く上で」ということは、国の未来のために国民があると読めます。つまり国家のために国民がある。国家の目的があり、その目的に従属する存在になっているとも感じられます。この新設の第三項は、どのような意味があるのでしょうか?

澤藤　おっしゃるとおりだと思います。「鑑み」までの第一文がおかしいと思います。そのあとの「教育環境の整備に努めなければならない」というのは、いままでは「教育条件」という言葉を使ってきたのですが、これは当たり前のことです。

そして本来なら、「国は教育内容にはかかわってはならない」あるいは「抑制的でなければいけない」と書いてあればそれなりなのですが、そうなっていない。「国の未来を切り拓く上で」という部分が引っかかります。やはり、一人ひとりの国民の権利の問題として教育を扱うというよりも、国や国家、あるいは国民集団を重視する、ナショナリズムを見て取ることができると思います。

岩上　そうですね。この憲法鼎談《ていだん》の初めの頃に、立憲主義についてお話ししていただきました。「近代立憲主義とは、国民の側が支配者である」と。そうすると、「国家が未来を切り拓いていく上で、国民に対する教育は欠くことができないもの」とするならば、これは、やはり向けているベクトルが逆になっていると感じます。

澤藤　理念としては国の未来より、国民一人ひとりの人格の開花の方が重要なのです。たしかに少しベクトルが逆です。

自民党は「家制度」を復活させようとしている

岩上　次に、二四条にうつりたいと思います。戦前は、男性と女性それぞれの合意で行なわれる結婚が、まったくなかったとは言いませんが、少なかった。強いられた結婚もありました。それを戦後は、「婚姻は個々の合意によって成立されるべきだ」、あるいは「男性も女性も同等の権利を有するんだ」ということが明記されています。

このようなことは、明治憲法には書いてありません。現行憲法には、男女の平等が明記され、婚姻は両性の合意、つまり、親の恣意によって決められるなどということはあってはならないと、はっきりと打ち出されていると思います。

明治憲法の不平等性は、国家と国民の非対称性、男女の非対称性や不平等性ということが言えます。そして、自民党の改正草案の第二四条は、一項として新しく「家族」に関することが新設されています。昨今の自民党の憲法改正の動きについて——九条だけを見て「良いことだ」と言っている人たち、特に女性に——、「本当に自民党改憲でよいのですか？」とお聞きしたくなる条文です。

話が飛ぶようで申し訳ないのですが、実は、安倍晋三総理は、国際勝共連合[※2]と深い関わりのある統一教会[※3]の集団結婚式の大会などに祝電を送ったりしています。そして、父である安倍晋太郎氏や、祖父の岸信介氏も、統一教会や国際勝共連合と深い関わりがあったと言われています。[※4]これはある程度は事実だと思います。それだけならば、「だから、彼は政治家として駄目だ」などという話でもないのですが、驚い

※1　東京都教育委員会が「日の丸・君が代」を強制する通達を出したことは違法であるとして、都立学校の教職員ら401人が、東京都と東京都教育委員会を相手に起こした裁判で、2006年9月21日、東京地裁は、原告の主張を全面的に認める判決を言い渡した。判決では、この通達が教育基本法第10条の「不当な支配」に該当し、教職員には憲法第19条の思想・良心の自由に基づいて起立・斉唱を拒否する自由がある、とした。

※2　国際勝共連合
1968年に「世界基督教統一神霊協会（統一教会）」の教祖である文鮮明氏が創設した反共産主義の政治団体。自主憲法制定運動を行っており、「国柄」や「歴史・伝統」に重きを置き、家族条項の策定や、自衛隊の軍事力保持の明示などを目的に掲げている。

※3　統一教会（世界基督教統一神霊協会）
1954年に韓国・ソウルで創立されたキリスト教系の宗教団体で、世界194カ国に教会員が存在している。創始者は文鮮明。

※4　安倍家と統一教会との関係：2006年6月13日付の『しんぶん赤旗』によると、同年5月に開催された統一協会の集団結婚を兼ねた大会に安倍晋三官房長官（当時）ら自民党幹部が祝電を送っていた。また、2013年5月16日に岩上安身がインタビューした有田芳生参院議員によると、安倍総理の祖父である岸信介は、渋谷にある日本統一教会の本部で講演したこともある。
（岩上安身による有田芳生議員インタビュー http://iwj.co.jp/wj/open/archives/79170）

自民党改正草案

（家族、婚姻等に関する基本原則）
第二十四条　家族は、社会の自然かつ基礎的な単位として、尊重される。家族は、互いに助け合わなければならない。
2　婚姻は、両性の合意に基づいて成立し、夫婦が同等の権利を有することを基本として、相互の協力により、維持されなければならない。
3　家族、扶養、後見、婚姻及び離婚、財産権、相続並びに親族に関するその他の事項に関しては、法律は、個人の尊厳と両性の本質的平等に立脚して、制定されなければならない。

現行憲法

〔新設〕
第二十四条　婚姻は、両性の合意のみに基いて成立し、夫婦が同等の権利を有することを基本として、相互の協力により、維持されなければならない。
②　配偶者の選択、財産権、相続、住居の選定、離婚並びに婚姻及び家族に関するその他の事項に関しては、法律は、個人の尊厳と両性の本質的平等に立脚して、制定されなければならない。

たのは、国際勝共連合のホームページに出ている「自主憲法制定運動」というところです。

ここに、「自主憲法制定における要点」として、いくつかポイントを挙げているのですが、これが、自民党の改憲案と実によく似ているんです。似ているだけではなく、特に目を惹いたのが、「反共」と言っている点です。

そして、「新憲法の前文は、日本の国の成り立ち、国柄や国のかたちを明示し、歴史と伝統をふまえたものとするべき」などの記述や、家族条項の部分には「家族は大事だ」などとも書かれています。

さらに、国防のことも書いてあります。国防と言いながら、「集団的自衛権の確立」とも言っています。「集団的自衛権の確立」ということになれば、日本が単独で、自分たちの軍隊の統帥権を持つということではなく、結局、米軍の都合のいい下請けになって、米軍の引き起こす戦いに自動的に巻き込まれていくという話です。ここに本質が現れていると思います。米国の表面的な影響下のもと、戦争でも米国に盲従していく国家になると思います。

勝共連合の改憲案には、教育の再生も書かれています。「教育、既婚、愛国心を植え付けろ」と。「家庭」という言葉を何度も使い、「ジェンダーフリーは制定阻止」「男女平等ということを掲げているような条例は阻止」などと主張している。

男女平等に反対なのはなぜなのか。統一教会は合同結婚式をしていますから、関連があるとは思うのですが。

なぜ、こんなに国際勝共連合と自民党の改憲案が似ているのかが、非常に気になります。統一協会の創立者・文鮮明《ぶんせんめい》氏は、一九二〇年、日本の統治下に生まれ育ち、日本に留学していたとされますから、明治憲法に大きく影響を受けていたとは思いますが。

澤藤　二四条の改正は、いろいろなことと関わっていますので注目すべきところだと思います。戦前回帰的な保守主義と非常に親和性を持った条項です。端的に言えば、「家制度[※1]の復活」と言ってよいと思います。

岩上　戦前の家制度や家父長制については、具体的にどういうものだったのでしょうか。戦後六八年経って、いまの日本人のほとんどは戦後生まれになっていますから、わからない人が多くなってきています。少し説明していただけますか？

澤藤　これは儒教からきていると言われています。儒教の『大学』[※2]という書物の中に、「修身斉家治国平天下」という言葉があります。「修身」とは、自らを修めること。「斉家」とは、家を整えること。然るのちに、「治国」、すなわち国を治め、そして天下が平らぐという意味です。

つまり、ここで言われている「家庭の秩序」ということが、国の秩序のモデルなんです。もう少し端的に言えば、国という単位での身分制度は、家庭の中の身分制度と相似形のものだという考え方です。

家長が家長として待遇を受け、俗な言葉で言えば、威張っていられるということです。家庭の中の身分秩序は、国の中での階級秩序の維持にそのまま繋がるわけです。

先ほど、教育勅語の話をしましたが、その中に、「我カ臣民克ク忠ニ克ク孝ニ（我が臣民よく忠によく孝に）」とあります。「忠」と「孝」が基本です。「孝」とは、親孝行の「孝」。「親に孝」という家庭の道徳は、押し付けというだけでなく、人間の本性に根ざしているという強みを持っています。

誰でも、親には孝行したいと思いますよね。しかし、それを道徳化しモデル化して、主君への「忠」にそのまま引き写しているわけです。ですから、「子どもは親に孝をするごとく、君主に対して忠の態度でいなさい」となります。家庭が君主制度のモデルになっているわけです。

とりわけ、家庭の中では、父子関係もあるし、夫婦関係もある。「父子に親《しん》あり、夫婦に別あり」というのが五倫※3などにあります。「親あり」とは、親しむの「親」です。夫婦は別ありなのですが。

岩上　「別あり」というのは、どう解釈したらよろしいのでしょうか？

澤藤　一緒ではない、同格ではないということです。続いて「長幼序あり」と続きます。このように、家庭という身近なところで、それぞれの立場や地位が固定化されることによって、それが忠義の形に引き写される。こういう原型の中で、女性は家制度に縛られていたわけです。戦前は、例外もありましたが、女性は民事的には「無能力者」でした。

岩上　「自分で財産を持てない」「財産の処分権もない」ということですね。

梓澤　取引主体になれないということです。もちろん選挙権もありません。

岩上　私は、戦前の家制度については、家族から聞いたことがあります。私は昭和三四年生まれですが、両親が大正ひと

※1　家制度
1898（明治31）年に制定された民法で採用された家族制度。家を戸主と家族から構成されているものとし、戸主には家の統率者として身分が与えられ、家族の入籍・婚姻に対する同意権や家族の居住指定権、あるいは家族の保証人となる権利義務などの機能を有していた。

※2　『大学』
中国、儒教の経典の一。一巻。もと「礼記」の中の一編であるが、宋代に四書の一つとされて重視された。身を修めることから天下を治めることに至る治世の根本原則を述べる。（出典：三省堂『大辞林』）

※3　五倫
儒教において、5種類に整理された人間関係、すなわち父子、君臣、夫婦、長幼、朋友。またそれぞれの関係の間でもっとも重要とされる徳、すなわち親、義、別、序、信を含めていう。古く『書経』舜典（しゅんてん）に「五教」の語があり、聖王の権威に託して道徳の普遍性を求め、これを体系化する試みがみえるが、孟子（もうし）が「（舜）契をして司徒たらしめ、教ふるに人倫を以てす。父子親有り、君臣義有り、夫婦別有り、長幼序有り、朋友信有り」と述べるに至り、「五倫の教え」として確定した。（出典：小学館『日本大百科全書』）

ケタ生まれでした。母は戦前、男女が不平等だったことにしばしば憤懣を口にしていました。そして、その兄弟である叔父や叔母たちから、「昔はこうだった」という話をたくさん聞いていました。それでも、わからないことがたくさんありました。

あるとき、先祖供養の必要があり、お墓を再建するときに、先祖の戸籍謄本を取りました。そうしたら、戸籍のところに「戸主」という欄が本当にあったんです。その欄を見たときに、「こういう制度だったのか」という驚きがあったんです。つまり、単に「あなたは家庭の中のリーダーですよ」という程度の意味で、「家長」や「戸主」という言葉があったわけではなく、制度として存在していたんですね。

私の曾祖父が引退するときに、生きているうちに家督を譲るということで、戸籍が改められ、「〇月〇日、その息子が戸主になった」と書いてありました。その他の家族が、新しい「戸主」のもと、新たな戸籍の中に入れられていくという。そういう制度なのだという驚きがあったんです。

お二人は、「そんなことに驚いているのか。無知だな」と驚かれるかもしれません。しかし、いまの五〇歳代以下の方はそういう家父長制の制度としての実態をまったく知らないと思います。

澤藤　そうですね。戦前、家族というものは、男性にとって女性を支配するために都合のよい制度であったというだけでなく、社会の単位として、家族内の身分秩序が、国、あるいは国を支える社会の秩序になっていたのです。現行の憲法秩序とはまったく違うものとして社会があり、家という制度が土台として支えていた。

その家族制度を壊すことによって、個人の人権、とりわけ女性の人権が確立してきました。それなのに、自民党の草案では、再び旧来の家族制度を「社会の自然かつ基礎的な単位」として復活させようとしています。これには、非常に大きな抵抗感を感じざるを得ません。

岩上　つまり、自民党の改正草案二四条第一項「家族は自然かつ社会の基礎的な単位として、尊重される」には、家族が社会あるいは国家のモデルになっていくということが、含まれているということですね。

しかし、二項と三項はあまり変わっていません。現行憲法にもある「男女平等」が明記されています。もしかしたら、一項と二、三項のあいだには亀裂や矛盾があるのかもしれません。あるいは、今回の改憲案ではこのままにしておき、将来的には変わっていく可能性があるのかもしれません。どう思われますか？

澤藤　これは、誰が見ても戦前の家制度を想起させる文言になっています。「自然」という言葉にもとても引っかかります。つまり、家族がある。一夫一婦制で子どもが生まれる。これが「自然だ」と書いてあるわけです。しかし、現実はそうではありません。例えば、「両性の合意」ではなく、「同性の合意」でもよいわけですよね。婚姻制度をそうしてもかまわないと思うのですが。

岩上　たしかに、現行憲法には同性愛者の権利は書かれていませんね。

澤藤　それに、男性と女性から子どもができて形成される家族を、「自然だ」と言われてしまうと、シングルマザーに育てられた子どもは、「それは自然ではない」という否定的な評価を受けざるを得ない。こうした問題を克服しようと、様々な努力がされ続けてきたのに、それをまた元に引き戻そうとする、非常に保守的な文言だと言わざるを得ません。

岩上　私はいま、一人暮らしで、シングル世帯です。離婚して娘二人を引き取り、娘たちが親離れして自立するまで、親子三人で暮らしていたシングルファーザーでした。シングルマザーやシングルファーザーは、これまでも様々な差別、社会的に不公正な扱いも受けてきました。この改憲案の「家族」とは、誰かと一緒に暮らしていなければならないというように取れます。

澤藤　おっしゃるとおりです。いま、学校の教科書にも同様の問題が起きています。家庭科の教科書の検定が厳しく、例えば、挿し絵などで、父親がいて、母親がいて、子どもが食卓を囲んでいるという姿が標準ですよ、と教科書の中で意識を植え付けられるわけです。

しかし、現実には、親がシングルの場合もありますし、離婚をしている場合もあります。死別もあります。あるいは、婚姻した夫婦でない男女から生まれる子どももたくさんいるわけです。そういうあり方は、非標準的だ、自然ではないなどと憲法で言ってはならないと思います。それは人権の思想に反することだと思います。その意味で、この草案はどうしても承服し難い。

また、「家族は、互いに助け合わなければならない」という文言は、自助・共助・公助のうち、公助をできるだけ減らして自助努力をしなさい、家族で責任を持ちなさいということに必ず使われると思います。

たしかに民法では、「生活保持義務」があります。夫婦でも対立することがありうるわけですから、そのときの裁判規範として、そういう条項が必要なわけです。民法の世界では、平等な者同士の権利関係として、「扶助義務」を使います。しかし、憲法に書くとなると、国が国民にお説教することになります。

梓澤　生活保護の制限のための理屈に使われるわけです。

岩上　そうですね。すでにそういうキャンペーンが、たいへん猖獗《しょうけつ》（悪いものがはびこって、勢いを増すこと）を極めています。

改めて、男女の平等についてですが、自民党の草案では、一見、二項と三項で保たれているように見えます。しかし、先々の九六条の改定も含めて、繰り返しの改定ということを考えますと、もしかすると「家制度の復活」のようなことが想定されているのではないでしょうか？

澤藤　例えば、夫婦の選択的別姓が一〇年ほど前からの課題になっています。法制審議会は通っていながら、法案としては成立しない状態が続いています。※1私たちは、選択的夫婦別姓は当然だと思っていますが、この自民党改憲草案は、その流れに対する大きな牽制になりますね。女性も、子どもも、それから男性も、この条項を許してはならないと思います。

岩上　話を少し戻しますが、国際勝共連合の自主憲法と、自民党の憲法草案が極めて似ていること、特に家族条項が似ているのですが、これに関してどう思われますか？

澤藤　私にとっては意外でした。私は、自民党はそんな極右団体と肩を並べていることを潔しとしない大政党だろうと思っていましたから。そして、自民党自身も「国民政党だ」と言ってきたわけです。

必ずしも右のウィングだけでなく、福祉などにも目配りをしていますよ、ということで国民の支持を得てきたはずなのです。それがいつの間にか、右ウィングだけの政党になってしまったのかという感じがします。

国際勝共連合は、「極右」と言って差し支えない組織です。とりわけ、家族制度などに関しては、そうした思考を持っているところだと理解しています。それと同じだということを、自民党は恥ずかしいと思わなければならない。少なくとも、大政党、国民政党が、国際勝共連合と同じということについては。

岩上　自民党という政党は、名前だけを見ると、「中道」「リベラル」という印象です。実際、冷戦時代には、かなり社会民主主義的な要素も取り込んで成り立っていた国民政党であり、全階級に支持者がいるような政党でした。しかし、もはやそうではなくなった。

この国際勝共連合の自主憲法には、「国防」から「家庭条項」、そして「人権の過剰を是正」などと書かれています。さらに、「集団的自衛権の確立」「スパイ防止法の制定」「教育正常化」「文化共産主義の浸透を阻止」……。

梓澤　いまの事例を聞いても、私はそれほど意外には思いません。一九八五年に「スパイ防止法の制定」※2という問題があり、国家機密法の廃止運動が盛り上がったときがありました。そのとき、国際勝共連合が、何百という地方自治体に「スパイ防止法を制定せよ」という陳情運動をして、自治体の決議をあげさせています。

今回の改憲をめぐり、まず九六条が問題になり、今後も取り上げられていけば、国民の少なからざる人々が立ち上がって批判を始めると思いますが、一方で、あのときと同様に、国際勝共連合が、自民党の手足となって、署名を集めたり、街頭で演説したりと、「国際勝共連合」の名前や看板は出さずに、「自由民主党」と名乗りながら出てくる可能性はあるだろうと見ています。

岩上　統一教会は、極めて政治性を帯びた、韓国の宗教団体です。その宗教団体が、日本国内の愛国心を鼓舞しているということは、おかしな話だと思います。「スパイ防止法」の制定を求めるのであれば、外国に本拠を置いている宗教団体が、政治団体をつくって政治に首を突っ込むことも、その防止法による監視や活動制限の対象になるのではないか、という懸念を彼らは抱かないのか、不思議に思うのです。

憲法改正草案の吟味は、これからも厳しくしていかなければならないと思います。

日本維新の会が目指す軍事国家

岩上　日本維新の会が、二〇一三年三月三〇日に綱領を発表しました。憲法改正を参院選の争点にするということで、八つある綱領の中で、第一に憲法のことを掲げています。

ほかのところは、例えば、「自立する個人、自立する地域、自立する国家を実現する」、「既得権益と闘う成長戦略により、産業構造の転換と労働市場の流動化を図る」などが掲げられています。

「労働市場の流動化」ということは、クビを切りやすくするということかもしれません。必ずしもいいことばかりではないのですが、でも筆頭には特筆した表現で、このように書かれています。

「一．日本を孤立と軽蔑の対象に貶《おとし》め、絶対平和という非現実的な共同幻想を押し付けた元凶である占領憲法を大幅に

※1　夫婦別姓の問題
日本の民法では、婚姻時に夫または妻のいずれか一方が、必ず氏を改めなければならない（民法750条）。その場合、男性の氏が選択されることが圧倒的に多いが、女性の社会進出などに伴って、改氏による社会的な不便・不利益が指摘されており、選択的夫婦別氏制度（いわゆる選択的夫婦別姓制度）の導入を求める意見がある。現在、民法750条改正の是非を争点とする論争が続いている。2013年5月29日、夫婦別姓を認めていない民法の規定を改正しないのは憲法違反として、東京、富山、京都在住の男女5人が国に計600万円の損害賠償を求めた訴訟の判決が東京地裁であり、石栗正子裁判長は「夫婦がそれぞれ婚姻前の姓を名乗る権利が憲法上保障されているとはいえない」として、原告側の請求を棄却した。
（出典：2013年5月29日「産経ニュース」
http://sankei.jp.msn.com/affairs/news/130529/trl13052911460001-n1.htm）

※2　スパイ防止法（国家秘密に係るスパイ行為等の防止に関する法律案）
1985年の中曽根政権時代に、自民党議員によって提出された議員立法。マスメディアの取材活動を制限し、また国民の「知る権利」をも侵害するとの批判を各方面から浴び、廃案となった。日弁連もこのとき、同法案に反対する決議を行なっている。

改正し、国家、民族を真の自立に導き、国家を蘇生させる」。

こういう大上段に振りかぶった表現、憲法を酷評した書き方で、これを改正するということを掲げているわけです。そして、自民党も憲法改正と、そのための九六条改正ということをやろうとしています。参院選では、憲法改正が争点になると言い、この維新の会と手を組む。みんなの党とも連携するということも発表しているわけです。

この日本維新の会の共同代表を務める石原慎太郎さんが、四月の『朝日新聞』のインタビューに答えているのですけれども、憲法を改正するだけではなく、日本を軍事国家にするということまではっきりと明言しました。※1 単なる憲法改正ではありません。

日本の防衛のために、専守防衛の必要最低限の戦力を持つ。そのための自衛隊を合憲とするというレベルに留まるのではなく、軍事国家にすると述べました。

この動きをどのように見ていらっしゃいますか。

梓澤 私は、石原さんは、極めて正直に意図を言ったのだと思います。自民党のいまの選挙戦略というのは、自分の正体をなるべく現さないようにしながら、経済でうまくいっているという幻想で人々を引っ張っていっているわけです。

だから、私たち自民党改憲草案を分析する立場としては、非常に本質を明らかにしてくれた発言だと捉えています。石原さんの言うとおり、自民党改憲草案に書いてあることはまさに軍事国家です。

軍事国家というのは、戦争を外に向かってするというだけではなくて、国内の世論を徹底的に弾圧しまくるということ。そのための武器として、憲法を用意するということです。武器としての刃を研いでいるということが明らかになったと私は考えます。

岩上 澤藤弁護士はどうでしょう？

澤藤 私は、驚愕としか言いようがない。つまり、密室の中で、気心のしれた仲間に話をするのではなくて、国民に対してこういうことが言える。そういう判断をさせている雰囲気を、恐ろしいと思います。

二〇一二年四月二七日、いま私たちが話題にしている自民党改憲草案が出たときは、まさか本気でこの案が通ると考えているわけではないだろうと思いました。まず非常に右寄りの案をつくって、どこか落としどころを探る。そういうものだと考えたわけです。

ある意味では率直に、自民党は自分たちで目指すところのものを明らかにした。野党であった自民党が、その気楽さからこういうものを出した。本音を語っている憲法草案として、これは徹底的に叩く必要がある。

そう思ったわけですけれど、もっと右からこの草案を補完して、私たちが人類普遍の原理だと考え、大事にしなければならないと考えている日本国憲法を攻撃している勢力がある。

自民党改憲草案が右から相当の本音を語ったと位置付けましたけれども、日本維新の会はもっと右から公然と日本国憲法を攻撃している。この事態に、唖然とすると同時に、本気になって憲法を守るということで、頑張らなければいけないとあらためて思っています。

岩上　先日、沖縄県の宜野湾《ぎのわん》市長だった伊波洋一さんに、沖縄でインタビューをしてきました。※2 伊波さんは、沖縄の基地問題に取り組んでいるからこそ、安全保障問題に関して非常に詳しくて、情報収集と分析を続けています。

県知事選に敗れてから、浪人中ではありますけれども、非常に勉強・研究が進んでおられて、現在の米軍と、それから日本の自衛隊がどのような作戦を、あるいは演習を行なっているかということについて、とてもよくご存知でした。

米軍は、中国軍や北朝鮮軍を相手として戦うための戦略を策定し、シミュレーションを行なっています。「統合エアシーバトル」というのですが、これによると、日本列島全域がバトルゾーンになっています。※3

日清・日露戦争も含めて、日本の近代における戦争では戦場は朝鮮半島や中国大陸が中心でした。太平洋戦争の末期に本土への空襲こそあったけれども、日本人は自国の領土・国土が本当に地上戦の戦場になるというのは、沖縄を除いては、ろくに経験をしていないわけです。

ところが「統合エアシーバトル」で想定されている戦場は、日本全域なんです。それはミサイルが打ち込まれ、空襲があり、そして地上戦が行なわれる。問題は、この作戦計画を練ったのが三・一一以降ということです。三・一一以降――どれほど原発が危険かということが明らかになったあと――、原発がずらりと並ぶような海岸線を敵の部隊が上陸してくるポイントとして、これを迎え撃つ作戦を立案し、演習を行なっているのです。

梓澤　若狭湾ですか？

岩上　若狭湾です。若狭湾の沿岸で、死闘を繰り広げる作戦計画を立てている。空からも、海からも、砲弾や爆弾が飛んできて、地上戦を戦うエリアに原

※1　2013年4月5日付の「朝日新聞デジタル」で、日本維新の会の石原慎太郎共同代表は「日本は強力な軍事国家、技術国家になるべきだ。国家の発言力をバックアップするのは軍事力であり経済力だ。経済を蘇生させるには防衛産業は一番いい。核武装を議論することもこれからの選択肢だ」と述べている。（http://www.asahi.com/shimen/articles/TKY201304040704.html より）

※2　2013年4月2日 岩上安身による伊波洋一・元宜野湾市長インタビュー
http://iwj.co.jp/wj/open/archives/72007

※3　2013年4月24日、岩上安身による元内閣官房副長官補・柳澤協二氏インタビューの中で、「統合エアシーバトル」について解説しています。記事内に、バトルゾーンの画もあります。
http://iwj.co.jp/wj/open/archives/75617

EAC Battlefield Framework

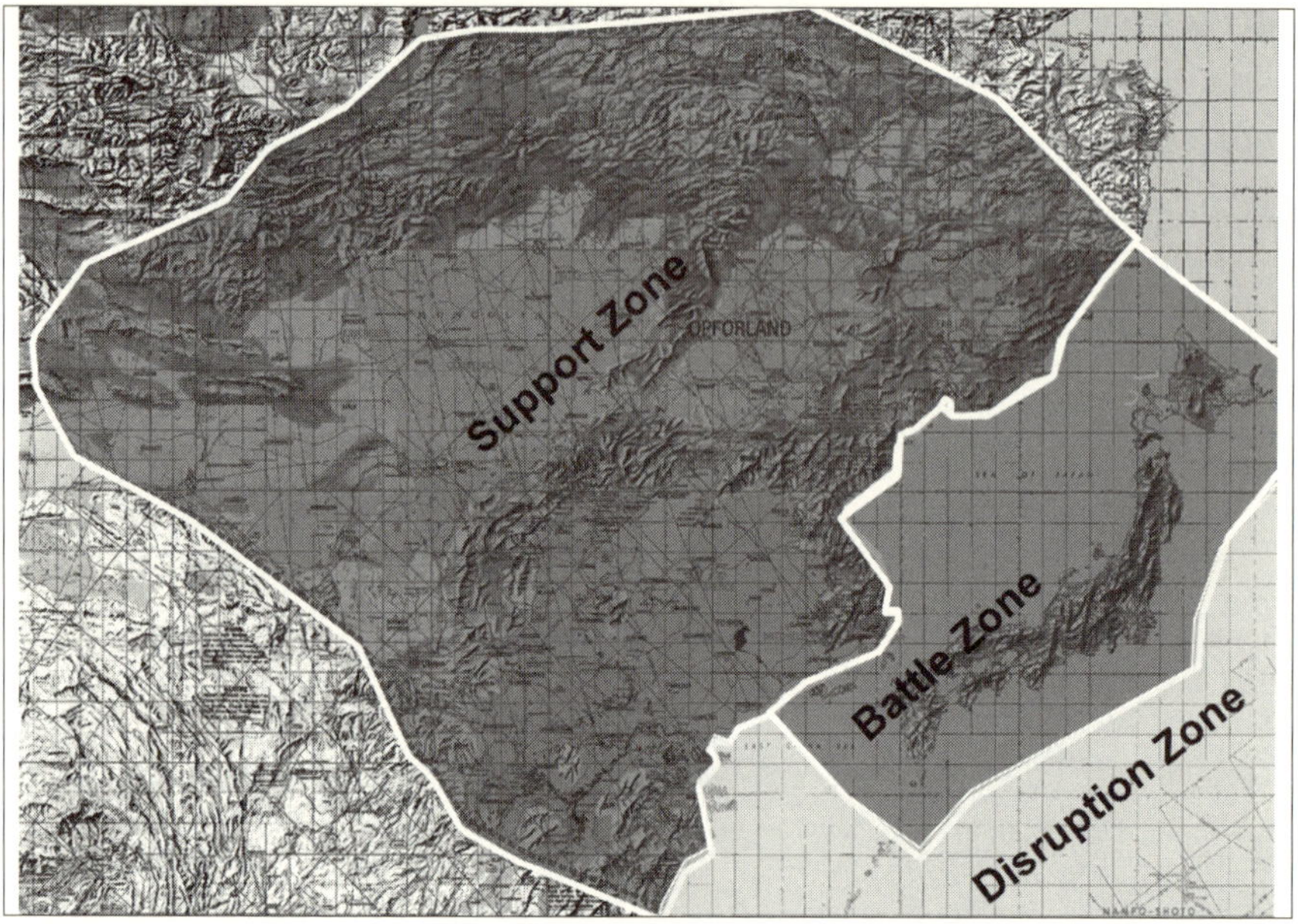

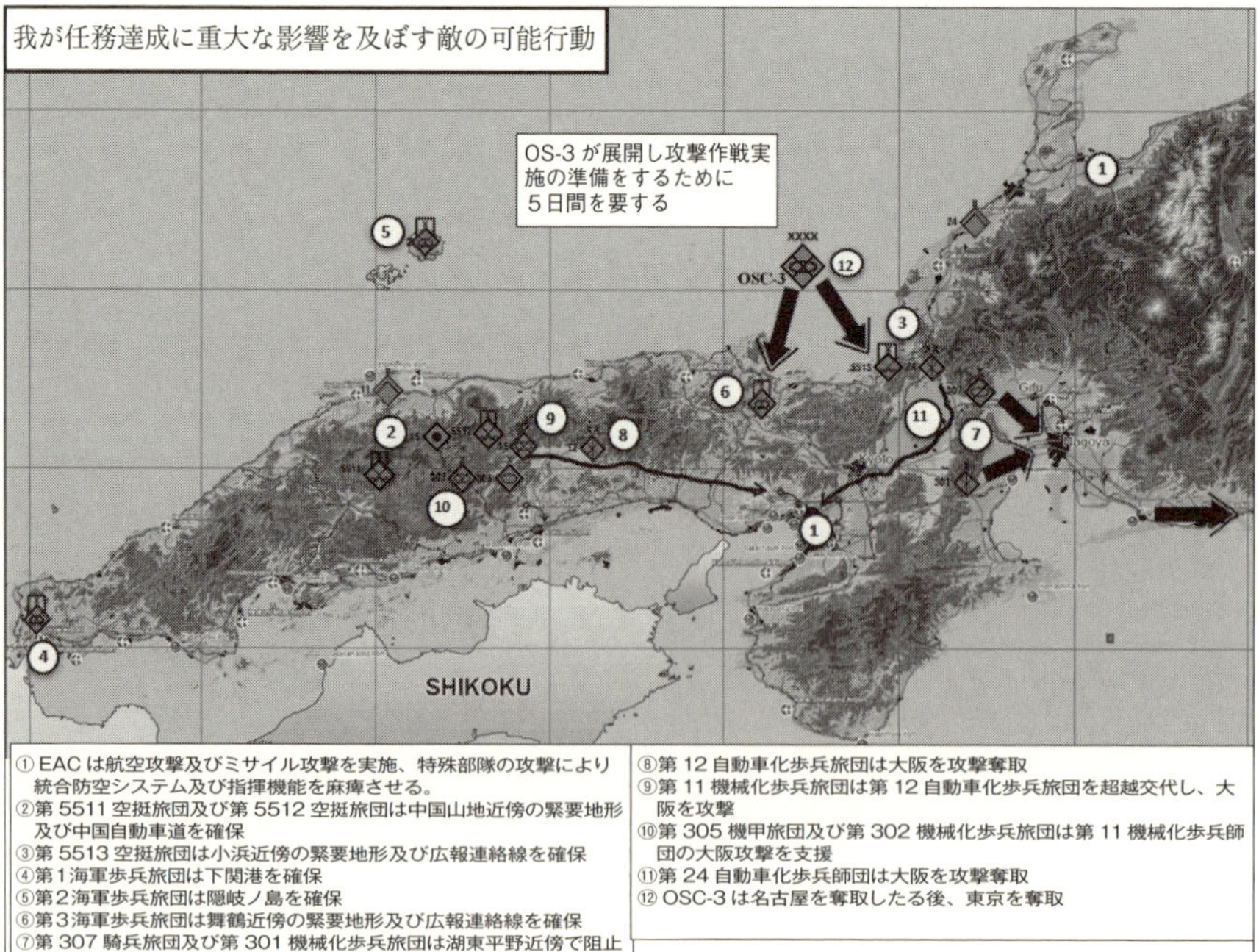

〈提供：岩上安身〉

発が林立しているわけです

多くの原発がある中で、特に西日本から中部にかけての日本海側の沿岸は、たいへんな戦場になっていく。尖閣列島をめぐって日中が全面戦争になれば、その戦闘地域は尖閣だけに限定されない。戦場は、日本列島全域になります。そもそも緒戦の段階では、沖縄、三沢基地、横田基地、横須賀基地といったところに先制攻撃をして、雨あられとミサイルが降ってくるだろうと伊波さんはおっしゃっています。

実は昨日（四月八日）まで青森にいたのですけれども、三沢基地が狙われるということは、近くには六ヶ所再処理工場があり、東通原子力発電所もある。これを空爆されても防衛する手だてはない。一体どうするのかと思うわけです。

他方、原子力規制委員会が新規制基準案を発表しました。ここで想定されているのはテロだけです。テロといっても航空機が突っ込んでくる二〇〇一年九月一一日のニューヨークでの同時多発テロのケースをイメージしているのです。

そのときに、建屋は大丈夫だろうけれども、少しでも破損があった場合のために、一〇〇メートル離れた地点に、司令室をつくるなどと言っている。でも、テロの手法など無数にあります。航空機を乗っ取り突っ込むだけがテロではない。それにテロのリスクなどというのは、戦争リスクの比ではありません。

テロと戦争における本格的な武力攻撃とを比べてみればわかる。戦力を持っている国家が全力をあげて攻撃を仕掛けるときと、弱者がゲリラ的に仕掛ける攻撃とでは全然違うわけです。それを想定しているかというと、まったく想定していないという話なのです。

関連して、「海幹校」という海上自衛隊の幹部学校の戦略研究論文を読みました。「統合エア・シー・バトル構想の背景と目的」という題です。そこでは、地上戦を含めたものすごい戦争の研究が、もう現実に、目前のこととしてなされています。ところが驚くべきことに、原発の話が一つも出てきません。日本の自衛隊の幹部学校の論文でさえです。

原発を設置・稼働する人たちは、戦争を想定していない。そして、防衛、安全保障、戦争を考える人たちは、原発のことを想定していない。戦争が起きるのであれば、原発をいますぐ撤去しなきゃ駄目でしょう。いますぐ稼働をとめて、燃料を早く冷やして出さないと。そして、どこかに隠さないとたいへんなことになってしまう。

最悪の場合、もう二度と日本という国に人が住めなくなるわけです。戦争はいつか終結するかもしれない。外交的な努力で終結の日がくるかもしれないけれども、二度と国土は回復しないということになりかねない。

そういう切迫感があるにもかかわらず、現実の政治で戦争をできる体制をつくろうとしている。政界はものすごい勢いでそちらの方向に向かいつつある。そういう中での憲法改正論議なのだということを踏まえて、我々も緊張感を持って話を進めさせていただきたいと思います。

澤藤　私の若い頃に、三矢作戦[※1]というものが国会で暴露されて、たいへん大きな問題になりました。つまり、絶対平和を謳っている恒久平和主義の憲法のもとで、自衛隊は着々と米国と一体になって、朝鮮有事から日本が現実に戦争をするプランニングをしている。これは平和指向とまったく相反するのではないかということで、非常に大きな国民的関心を呼んだ問題となりました。

　いまもう一度、戦争が起きた場合にどうなるか。かつては映画『渚にて』[※2]のようなイメージでした。これは、北半球が全部放射能汚染で住めなくなって、オーストラリアに閉じ込められている人類の話なのですけれども、もうそのレベルではないです。

「核兵器ができたときに、人類は自殺の能力を備えた」と私は思いましたけれども、三・一一では改めて、戦争が起こらなくても、人類は別の形で自殺の能力を備えたと思っていました。

　戦争と原発と両方を同時に考えなければいけないという、いまのご指摘ですけど、たしかに「平和利用だから原子力発電ＯＫ」ということでは、もうない。とりわけ、戦争政策と一体になった場合の原子力平和利用の怖さです。これがもう現実化している。改めて、平和主義と国民の人権をどう守るかについて考えた上で、憲法の大切さというのをもう一度噛み締めなければならないんじゃないかと思います。

岩上　三矢研究が明らかになったのは一九六五年。まだ日本国中に原発が林立する前の時代です。いまは危険です。本日（四月九日）、習志野と防衛省にＰＡＣ３が配備されました。また、先月から米韓は合同演習をやっていますが、これが、たいへん挑発的な合同演習でもあります[※3]。

　それで、北朝鮮がこれに対して非常に過激な反応を示して、「朝鮮戦争の休戦は終わった、もう休戦状態ではない」などと発表しました。戦時だという表現を使い、ミサイルを動かしているという情報もあります。

　さらに、北朝鮮は、ミサイル一発を原発に撃ち込めば、日本を地上から消し去ることができると言ったこともあります。原発一基を破壊すれば、広島型原爆の三八〇倍の爆発が起こるという想定です。この爆発が本当に起こるかどうかは別として、大量の放射性物質が飛散することはまず間違いないので、事実だと思います。これは、取り返しのつかないことになります。

　六ヶ所の再処理工場が被弾したらどうなるのか。似たような再処理施設で事故が起きかけたことがありました。フランスのシェルブールでかつて起きた事故です。そのときはぎりぎりのところで食い止めることができたのですが、実際に事故が起きていたら、一万平方キロメートルにわたって大被害が出ただろうと言われています。これは元スイス大使の村田光平氏が、私のインタビューで語った話です。

事実上、北半球が全部駄目になってしまうということなのです。とりわけ我が国は、そんな原発や核施設を自分の領土の海岸線にずらりと無防備に並べておきながら、戦争突入も辞さない、そのために憲法も改正するという動きを見せています。狂気の沙汰としか思えません。

平和であるという前提以外に、原発は稼働してはならない。新設も増設も、してはならないという平和条項を、原子力規制委員会の規制基準に入れるべきではないか。原発を続けながら、なお戦争を可能にしよう、しかも、外交的な手段で妥協を図るということを後回しにして、防衛大臣自ら「敵地攻撃論」を掲げ、攻撃的な姿勢に出るというのは、本当にもってのほかではないかと思うのです。

梓澤　あれを思い出しますね。「尖閣を東京都が買い取るんだ」と石原さんが発言してから、尖閣諸島への危機感が急激に高まった。今回の日本を軍事国家にするといういわば挑発的な行動と、もしそのコースに従った場合の戦争を招き寄せる危機というものを踏まえた上で、我々国民の世論としては、「そんなもの許さない」ということを出すことによって、

※1　三矢作戦（三矢研究）
1963年2月から6月末にわたって行なわれた自衛隊の大規模な図上演習。研究は、統合幕僚会議事務局長を統裁官として、当時新たに確定された米国新戦略の下で、朝鮮半島に武力紛争が生起した場合を例題に「自衛隊としてとるべき措置」「とらるべき国家施策の骨子」を検討するために実施された。制服からは「集めうる最高のスタッフ」が参加、当時の防衛庁内局、在日米軍司令部からも少人数が参加した。場所は主として市ケ谷が使われたが、秘密保持は厳重を極め、参加者全員が腕章をつけ、他の者の立ち入りは禁止された。研究中作成された資料は、5分冊1419ページの文書（秘密区分「極秘」）にまとめられた。この一部が1965（昭和40）年に衆議院議員岡田春夫らによって暴露され国民を驚かした（小学館『日本大百科全書』）。

※2　『渚にて』（原題：『On the Beach』）
ネヴィル・シュートの原作に基づき、『手錠のままの脱獄』のスタンリー・クレイマーが製作・監督・脚本した人類の未来の物語。脚色はジョン・パクストン。撮影担当は、ジュゼッペ・ロトゥンノ。音楽はアーネスト・ゴールド。出演するのは『勝利なき戦い』のグレゴリー・ペック、フレッド・アステアなど。1960年日本公開。
1964年。第三次世界大戦の原水爆による戦闘のため、地球上の北半分は絶滅し、死の灰は南半球にも迫っていた。タワーズ艦長（グレゴリー・ペック）指揮の米原子力潜水艦ソーフィッシュ号は、難を逃れてオーストラリアのメルボルンに入港。オーストラリアの若い海軍士官ピーター（アンソニー・パーキンス）は、妻と赤ん坊を故国に残し、ソーフィッシュ号に同乗して北半球偵察に行くことを命じられた。
ソーフィッシュ号は出航し、到着したサンフランシスコは死の町と化していた。艦はメルボルンに帰港したが、オーストラリアの諸都市も次々と死滅していった。いよいよ、メルボルンにも最後の時が近づいてきた。街では自殺用の薬が配給された。（「Movie Walker」http://movie.walkerplus.com/mv6569/）

※3　2013年4月7日、韓国の金章洙国家安保室長が「今月10日前後にミサイル発射のような（北朝鮮の）挑発行為が起きる可能性がある」と指摘。同日、小野寺五典防衛大臣は、自衛隊に破壊措置命令を発令。9日には、東京・市ケ谷にある防衛省や、埼玉県朝霞と千葉県習志野にある自衛隊施設にPAC3を配備した。この日本によるミサイル迎撃体制は、翌月7日に北朝鮮がミサイルを撤去するまで維持された。なお、岩上安身は、PAC3が防衛省に配備された翌10日に元内閣官房副長官補の柳澤協二氏にインタビューを行ない、当時の状況を分析している。（http://iwj.co.jp/wj/open/archives/73357）

そういう攻撃に対して回避していく。そういうことが必要だと思います。

岩上　そうですね。そのためには、こういう「原発×戦争」というリスクと正面から向き合わないといけません。火遊びのようなことをしていると、偶発的な衝突も含めて戦争になりかねない。お互い全部コントロールできるわけじゃないですから。片方はあくまで挑発だと思っているのに、片方はそれを取り違えて、いきりたち、あるいは絶望的になって、ミサイルを撃ち込むしかないと思うかもしれませんし、そうしたことが起き得ないとは限らないわけです。

だから、誰もが完全にこの事態をコントロールできるとはいえないわけですから、なんとしても、このばらばらにある情報――原発、安全保障、ＴＰＰ、改憲――を合わせて考えなければならない。さらに加えてもう一つ、新大久保などで行なわれている排外差別デモの動きです。

在特会を警備する警察

岩上　先日、お二人は、在特会（在日特権を許さない市民の会）らの行なっている非常に煽動的なデモに対して、法律家として抗議をして、警視庁に申し入れをなさいました。※1

梓澤　はい、やりました。警視庁に行ってきました。

岩上　我々はこのことについてずっと取材をしていますが、今年（二〇一三年）に入ってのエスカレーションはひどいです。例えば、「朝鮮人は汚い」とか「ゴキブリ」だとか、これもひどい蔑視ですけれど、その段階を超えて、「皆殺しにしろ」「虐殺しろ」などということを叫ぶのです。

大阪府鶴橋のデモは撮れなかったのですけれど、鶴橋では、中学生の女の子がトラメガ（トランジスターメガホン）を持って「鶴橋、虐殺をやります」などと叫ぶ。「鶴橋の朝鮮人を全部虐殺します」と言うのです。

これに当局が歯止めをかけようとしないのがいまの状態です。安倍政権の成立とともに、何かきな臭い方向に突入している世間の空気、大人社会の空気と、こういった若者たちの群集心理――集団であるならば、どんな暴力的な言辞を吐いても構わないということ――とは響き合っていると私は思います。

「大阪の皆さん、朝鮮人を見たら、石を投げて、誰でもレイプしてもいいんですよ。やりましょう」と、そういう呼びかけを公道上で繰り返しているのです。これをなぜ警察は取り締まらないのか。正気の沙汰とは思えません。お二方が行動を起こしていただいたことは、大変勇気付けられる思いですけれども、この事態をどのようにご覧になっていますか？

澤藤　戦争をするためには、人は狂気にならなければならない。戦争する相手に親近感を持っていては、戦争はできない。差別、排外主義、こういう事前の周到な準備がなければ、戦争はできない。

ですから、戦争を準備する勢力はまず教育から変える。「戦争は教場、教室から始まった」という有名な言葉があるとおりです。排外主義的な空気というのは、人を熱狂させる危険も持っていますし、現実に国交を悪くし、もしかしたら戦争にまで行くかもしれない。

そういう意味での不気味さ、危機感を感じざるを得ません。これまでもお話ししてきたとおり、人権というのは国境がない。人種や民族の差別もない。人権というのは、誰もが万人みな平等だという、こういう考え方です。

それに対して、いま、自民党の改憲草案の「Q＆A」が強調しているのは、〈天賦人権論〉の否定です。それぞれの国に固有の歴史や民族性やそれぞれの事情によった、それぞれの人権論があるんだという対置の仕方です。

はっきり言えば、天皇のもとに臣民として国が統一されていた我が国のその時代の権利状況が、固有の歴史や文化を踏まえた人権論ということになる。そこが、基本的に危険なところだと思うのです。

ですから、いま、鶴橋や新大久保で一部の人が、排外的な言辞を弄することを許す社会的な雰囲気、これが非常に恐ろしい。これは芽のうちに摘まなければならない。

一二人の弁護士が同じ思いで行動を起こしました。中心になったのは梓澤さんですから、梓澤さんから続けてください。

岩上　梓澤先生には、取材でお話をうかがいました。そのとき、在特会のヘイトスピーチは脅迫罪における害悪の告知（脅迫罪の成立の構成要件の一つ）にあたるとおっしゃいました。

彼らは「殺せ」と明確に言っているわけです。そして、「死ね」「毒を飲め」「首を吊れ」などと虐殺や自殺の強要を意味するような言葉も多々掲げているのです。プラカードにして、シュプレヒコールをして、そして、特定の街の特定の人々に繰り返し、繰り返し、それを告知し続ける。これで、強迫にならないほうがおかしいと思うのです。

※1　梓澤弁護士や澤藤弁護士、宇都宮健児弁護士など12人の弁護士が、3月29日、新大久保で居住営業している外国人の身の安全を確保するため、適切な警察の対応を求める申し入れを、警視総監と東京都公安委員会へ行なった。
IWJでは、4月6日に排外デモの特番を放送。これまでの経緯やデモの問題点について議論を行なった。（http://iwj.co.jp/wj/open/archives/72800）
その後の大きな動きとしては、5月7日に開かれた参院予算委員会で、安倍首相が「他国を誹謗中傷することで我々が優れているという認識を持つのは間違っている。日本の国旗が焼かれても、その国の国旗を焼くべきではない」などとヘイトスピーチに対して反対の意向を示し、12日には、自身のフェイスブックでも同様のメッセージを投稿した。
しかし排外デモは収束の兆しを見せず、6月16日には、新大久保で行なわれたデモの最中に、デモ参加者が沿道の市民に対して、倒す・蹴るなどの暴行を加える事件が発生。同24日に、152人の弁護士が名を連ね、告訴代理人として新宿警察署に刑事告訴した。

梓澤　この外国人排外デモの中で、こういうプラカードを写真で見ました。「良い朝鮮人も、悪い朝鮮人も殺せ」と。問題は一般的に空に向かって言うのではなくて、特定の朝鮮人に向けていることです。あそこに朝鮮人や韓国人が住んで、営業をしているわけですから、その人たちに向けて「良い朝鮮人も、悪い朝鮮人も殺せ」と言ったら、これは受け取る側からすれば、あなた方の命はないぞと言われているのと同じです。

それをもって私は、害悪の告知だと考えました。特定の人々に対する害悪の告知であると。よって、それを繰り返しやり、まったく変えないのであれば、脅迫罪になるという警告をし、三月三〇日に警視庁への申し入れを行ない、その声明の中にも取り入れました。

排外差別デモをめぐる動きの中で、ネットでは、そういう言葉はやめようという意見も出てきました。こうした人たちは、社会が反応してもまったく反応しないような人たちではなくて、ちゃんと言えばわかるのです。つまり、許さないという雰囲気をつくればわかる。これが一つ。

二つ目に、これを放置したことによって、統一後の旧東ドイツでは一九九二年に、メルンで三人。九三年にはゾーリンゲンで四人。合計七人の放火によるトルコ人の移民の死者が出ているのです。[※1]そういうことにならないためにも、私は警察の責任というのは極めて重大だと思います。

よって、警察はまさに市民の安全と公共の秩序を守るという行政警察活動上の任務を負っているわけですから、然るべき任務を取れ、守れということを申し入れしたわけです。

岩上　いまだに「殺せ」ということを掲げている在特会らの集団がいる一方で、それに対してカウンター抗議を行なう一般市民の人たちが現れてきました。彼らは、「差別はやめろ」と言いながら、「仲良くしようぜ」というプラカードを掲げて、集まってきます。

警察はどうしたか。この排外デモを行なっている人間がどれほど激しいアジテーションをしても、それやめさせずに、ずっとやらせている。そして、在特会らをガードして動くのです。「仲良くしようぜ」と呼びかけた市民は、最初二、三〇人程度でした。

当初は人数も少なく、在特会側からものすごい暴言を浴びせられて、怖かっただろうと思うのですけれど、いまは、排外デモ側よりもカウンター抗議の方が人数が多くなった。ところが、彼らは排外デモをずっと取り囲んでいくのですけれど、警察は排外デモのほうを守る。あろうことか、警察は「殺せ」とか「死ね」とか言っている人間をやめさせないで、「仲良くしようぜ」と言っているプラカードを降ろさせて、「やめろ、挑発するな」などと言うのです。

そもそも人が商売をして暮らしている商店街にきて、「死ね」「殺せ」「帰れ」「焼き払え」と言っているほうが挑発であり、暴力の告知であり、強迫そのものですよね。ところが警察は、そちらは取り締まらない。

逆に「それをやめなさい」と言った人間に対して、「だまれ、お前がやめろ」と何度も何度も制止が入る。この警察の異常な警備の仕方については、法律家としてどのように異常だと指摘することが可能なのでしょうか？

梓澤　警察の一番の主流というのは、窃盗、強盗、殺人、詐欺の被疑者を逮捕し、証拠を収集する刑事警察ではなく、公安警察、つまり政治警察です。現行の政治秩序に抵抗してくる者を押さえつける。ビラを撒くとそれを弾圧する。デモがくれば、それを捕まえる。

そういう、いわゆる政治警察の本質がそこには出ていると思うのです。しかし、もちろん法律に従わなくていいということはない。警察の任務は何かというと、警察法の第一条に書いてあります。[※2]

それは、市民の生命、身体の安全を守り、公共の秩序を維持するということです。公共の秩序を維持するというのは、政治警察が言っているような現在の体制を守るというその本質にあるのではなくて、市民の安全と身体の自由、基本的人権を守るということです。その規範に従って、警察は行動すべきだと私は思います。

岩上　先ほど澤藤弁護士がおっしゃったように、狂気にならなければ、そして戦う相手をものすごく憎まなければ、排外的な感情に支配されなければ、戦争はできない。この戦争を遂行しようという政治の体制と、街で起こっていることは、無関係ではなさそうに感じます。

排外デモに対する警備の姿勢は、排外的な空気を助長する方向に関しては邪魔をしない。反対に、このデモを制止しようとしたり、友好的な空気をつくり出そうとする者をことごとく制止しようとする。

この排外的な空気の醸成のアシストをするかのような警察の動きというのは、戦争を遂行しようという政治的な上部の動きと連動し合っての話だとお考えでしょうか。

澤藤　私は、そのとおりだと思っております。

いまのまま手をこまねいていたのでは、警察が憲法に則った行動をするということにはならない。つまり、人権を守る立場で動くことにはならない。

かつてロシアと紛争が起こっているときには、

※1　92年11月にメルンで、93年5月にはゾーリンゲンで右翼グループによるトルコ人家屋放火事件が起こった。
『外国人襲撃と統一ドイツ』(岩波ブックレット (No.324)) 山本知佳子 著
http://germany-singapore.com/detail.php?cate=3&scate=9&sscate=2&seq=63

※2　警察法第1条「この法律は、個人の権利と自由を保護し、公共の安全と秩序を維持するため、民主的理念を基調とする警察の管理と運営を保障し、且つ、能率的にその任務を遂行するに足る警察の組織を定めることを目的とする」

ロシア人を軽蔑するような言葉を流行らせた。[※1]朝鮮を植民地とし、中国と戦ったときには、またそれなりの蔑称があった。[※2]米国と戦うと、以前は米国に対しては、おそらく劣等感を持っていたような日本国民が突然、鬼畜英米などと言い出す。

つまり、誰かが煽って排外感情をつくり出す。そうしなければならない。そういう手段として、教育もあり、警察権力もあり、あるいはマスコミもあるのではないでしょうか。

そういう中で、きちんとした、動かない、当然あるべき規範としての憲法——人権を擁護する、そして国際協調をきちんと謳っている憲法——を中心に据えて、これを守れという声を上げる。そして、それだけではなく、大きくはみ出した警察や、その他の動きに対しては、法的な手段を講ずることが、いまならできる。そのような立場で頑張らなければいけないと思います。

岩上　そうですね。憲法が改正されたりすると、いま言っている理屈が通らなくなる可能性もあるわけですね?

梓澤　そうです。つまり、公共の秩序を害する目的の「表現の自由」、並びに「集会の自由」「結社の自由」は許されないというのが自民党改憲草案の二一条二項に書いてあるわけです。そういう秩序が、大秩序ができてしまうわけです。

岩上　その強権の行使というのが、本来であったら、「殺せ」と言っているほうに向かって、それを解散させる方向に向かうかと思いきや、そうではなくて、「そういうことはやめようよ」「もっと仲良くしようよ」と言うほうを追い散らす。

梓澤　そこは注意しないといけない。つまり、あるメッセージが、それが人に害悪をもたらすからといって、直ちにそれを弾圧しろと我々は言っているのではないんです。それが犯罪行為になるとき、例えば強迫罪、それから実際に、住居侵入をしたり、威力業務妨害で営業を妨害したり、そういう犯罪行為になったときは、それは刑事的な規制を受けなければなりません。

それ以前に、それが人の人権を侵害しそうだと明白なときは、行政警察活動(公共の安全や秩序の維持を目的とする政府機関の活動)ができる。制止するということでできる。そういうことです。

在特会の主張も、思想・表現の自由なのか

岩上　なるほど。オウムのときと非常に似ているような気もするのです。排外差別デモのほとんどの参加者は、本を読むわけでもない、違う情報に接するわけでもない、どちらかと言えば、孤独な若者や中年層が、ネットで流れている在特会のメッセージを繰り返し、繰り返し聞くのです。

自分で繰り返し聞いて、在日朝鮮人は、あるいは在日韓国人は特権を持っているとか、そこでかなりのデマの情報に触れる。在特会は、特権だと繰り返すけれども、その特権だと言われているものが、かなりの程度嘘だったわけです。

在特会は、朝鮮進駐軍は戦後直後にできて、そして何千人も日本人を殺したと言っている。そこで使われている写真を見ると、たしかに軍人のような武装警察官の姿が写っている。建物の前に写っている、その人たちが、朝鮮進駐軍だと言うんです。

ところが、その写真に写っている警察官は日本の警察官だったんです。そして、朝鮮総連の前身組織、朝連を取り締まりにというか、捜索に入るときの姿なんです。

つまり、まったく逆のデタラメで言い掛かりをつけている。ところが、ネットの掲示板で繰り返し繰り返し書かれて、コピペにコピペを重ねて、事実がわからなくなっている。

事実がなんだかわからなくなったものを、ただ受け入れて、真実だと思い込んでいる人たちもいっぱいいるのです。これは、たいへん危ない状況です。全員が統制された組織じゃないので、何度も何度も刷り込まれて、何度もトラメガで騒いで「殺せ」と言っても、それを制止するものがないと知ったときに、自分は正しいことをすると信じ込んで、本当に朝鮮人の人を殺害するとか、暴行を加えるとかいう事態に陥らないとも限らない。

先ほど、ドイツの例がありましたけれども。ドイツは、ネオナチの騒ぎが全土でありました。中には暴行、殺害、放火があったわけです。こういうことがもし日本で起きたときに、現在このような挑発行為、煽動を行なっている在特会のリーダー桜井誠[※3]をはじめとする人たちは、罪に問われるんでしょうか？

梓澤　事件が起きて、その人がその計画を事前に練ったということが証明されると罪になります。

岩上　煽動と、それからその煽動を受けた人間の、具体的な

※1　露助：ロシア人に対する蔑称である。露はロシアを漢字表記した露西亜の頭文字、助はある言葉に添えて人名化する言葉（飲み助など）である。ただし、露助は「ロシアの」「ロシア人の」といった意味のロシア語「ルースキイ（ルースキイェ）」からきたものである。当初、特に深い意味はなく、単にロシア人という意味で使われた露助だが、日露戦争や近年では北方領土問題など、こうした問題が起こる中で差別的意味を含んで使われる言葉となった。（「日本語俗語辞書」http://zokugo-dict.com/43ro/rosuke.htm より）

※2　チョン：日本において江戸時代から使用された言葉で、取るに足らない者、あるいは含意として間抜け、頭が悪いこと、愚かなことなどを意味する。その誤用で、朝鮮人を表す蔑称「チョンコ」「チョン公」などと同一視されて使用された。

チャンコロ：中国人（主に漢民族）を意味するもので、差別意識を伴っての使用が多い言葉である。チャンコロは清国奴の台湾読みしたもので、日本が台湾を統治していたときに普及したとされる。（http://zokugo-dict.com/17ti/chankoro.htm）

※3　6月16日、桜井誠は、東京・新宿で、対立団体と小競り合いになり対立団体のメンバーにメガネを奪われたため被害届を新宿署に提出に行ったところ、相手側が桜井のつばがかかった相被疑であると主張して、共に現行犯逮捕されたが、勾留延長はされず48時間以内に釈放され不起訴となった。

殺害や暴行といった事件が起こったときには、煽動者は罪に問われることはあるのでしょうか？

澤藤　幹部が特定のデモ参加者に働きかけて、具体的な殺人・傷害・暴行・威力業務妨害などが行なわれれば、当然に、その幹部は教唆犯となります。問題は、差別的な言動をした者や、それを煽った者の責任を問うことができるかということ。

いま、ヘイトクライム法[※1]というヨーロッパにある法律と同じようなものをつくろうという意見があります。それは、そういう立法事実（法律制定の必要性や合理性を根拠付ける事実）や、社会的な要請があるからそれをつくらなければいけないという有力な意見になっています。

しかし、私たちの民主主義憲法は非常に寛容にできていますから、憲法秩序に反対する言論行為も、言論に留まる限りは自由にできる。その建前を大切にしなければいけないという意見も、法律家の中に有力にあります。

ですから、立法事実がもっと高まって、ヘイトクライム法をつくらなければ、たいへんなことになるという合意が形成されなければ、なかなかそこまではいかない。ヘイトクライム法ができれば、煽り行為、つまり幹部が第一線の部下を煽動して、何らかの行為をさせる。ヘイトクライムと言われる行為をさせる。自分は実行しなくても、煽ったことによる刑事上の責任を取らせることになる。そういう立法は提唱されてはいますけれども、いま、直ちに実現されようとしているわけではない。

ただ、先ほどからのお話があったように、実際、在特会も京都の事件[※2]、あるいは徳島の事件[※3]などでは、威力業務妨害とか、侮辱罪では有罪判決を受けているわけです。ただ、名誉毀損まではいかなかった。

岩上　名誉毀損と侮辱罪の違いを教えていただけますか？

澤藤　公然事実を摘示し、人の名誉を傷つけた者は名誉毀損。これは重い。最高刑は懲役三年です。つまりそこで侵害されている法益というのは、人の名誉、つまりは客観的な社会的評価というものなのですけれども、それと侮辱罪は別で、こちらは名誉感情が侵害された場合。侮辱罪の方が刑は軽い。選択刑として懲役はない。「勾留または科料」だけ。

岩上　似ているような気もしますが……。

梓澤　一番の違いは、具体的な事実を挙げて、人の社会的評価を低下させるという点です。妻以外の女性とまったく交際していない政治家に対して、「あの政治家は不倫をしている」などということを、具体的な事実――何月何日にこういう性的関係を持った――などを挙げて言ったら、それは人の社会的評価を下げます。嘘だったら。

そういうふうに、具体的な事実を言うかどうかです。例えば、タクシーの運転手さんに向かって、「河童」と言ったとか、そういうのは、具体的事実を指摘していなくて、相手の名誉感情を害する。

岩上　じゃあ僕にあてはめて「岩上、ハゲ」って言ったら、これは具体的な公然たる事実を指摘して、名誉毀損したことになるのか、それとも侮辱なのか、どちらですか？

梓澤　侮辱です。

澤藤　その言動の内容が、客観的にその人の名誉や信用を低下させるに足りる、そういう事実の摘示があるかどうかです。私もハゲていますけれども。

岩上　いえいえ、澤藤さんはまだ（笑）。

澤藤　そのことを指摘されるときに悪意を持って言われると、たしかに名誉感情は傷つけられますけれども、別にハゲているからということで、客観的な意味で、社会的な自分の名誉や信用が、低下させられるということにはならないはずだという考え方です。

梓澤　排外デモに関係してそのことを語りますと、例えばある朝鮮人や韓国人に向かって「お前は、税金を去年三億円脱税した」と言うとします。脱税の事実がないのに脱税したと言えば、それは公然事実の摘示ということになります。「お前は劣った民族だ」と。

岩上　「臭い」とか、「汚い」とか、「ゴキブリ」とか、ひどい言葉で罵っています。

梓澤　澤藤弁護士が言われましたが、侮辱とは、内心の名誉感情を害する罪（刑法二三一条）です。たしかに、特定の人に向かって公然と「ハゲ」とか言ったりすると、侮辱罪に問われます。

岩上　じゃあ、侮辱の連打じゃないですか。

梓澤　侮辱の連打。そのとおりです。

岩上　誰かが訴え出れば、それを取り締まることが可能なんですか？

梓澤　侮辱は親告罪なので、被害者が告訴しなければ起訴できないのですね。他の犯罪、例えば威力業務妨害罪とか脅迫罪などの犯罪が成立していれば、被害者じゃなくても刑事告

※1　ヘイトクライム（Hate crime、憎悪犯罪）
人種、宗教、性に対する偏見や差別などが原因で起こる犯罪。ヘイトクライム関連法（規制法、禁止法）はヘイトクライムを行った加害者に対して、通常の犯罪の刑罰より、厳しい反則を適用する法律。
http://dictionary.goo.ne.jp/leaf/jn2/198380/m0u/

※2　京都朝鮮学校事件
2009年4月14日、在特会メンバーら約10人が、京都朝鮮第一初級学校（京都市南区）の前で「朝鮮学校を日本からたたき出せ」などとヘイトスピーチを行ない、デモ参加者4人が威力業務妨害罪などで問われた事件。2001年4月、京都地裁で有罪判決が下され、その後、全員の有罪が確定した。
2013年10月7日、学校法人京都朝鮮学園が在特会を相手どった民事裁判の訴訟判決が出た。その判決で、京都地裁（橋詰均裁判長）は、学校の半径200メートルでの街宣活動の禁止と約1200万円の賠償を在特会に命じた。

※3　徳島県教組事件
2010年4月14日、在特会メンバーら約20人が、徳島県教職員組合の事務所に侵入し、拡声器を使って「売国奴」「腹切れ、国賊」などと怒鳴り、うち6人が威力業務妨害と建造物侵入の罪に問われた事件。6人のうち3人は、京都朝鮮学校の事件でも起訴されていた。2010年12月の徳島地裁、2011年4月の京都地裁の判決によって、6人全員の有罪判決が確定した。

発ができます。それから、被害者は刑事告訴ができる。もし、警察がそれを取り上げて、検察までいって不起訴になったとすれば、検察審査会にかけることができる。

岩上　なるほど。そうしたら、市民の誰であっても、業務妨害の事実があれば、刑事告発が可能だということですね。

梓澤　録音に録ったり、写真に撮ったりすれば証拠になります。

岩上　録音も何も、彼ら自身でビデオを撮り、ユーストリームで流し、ユーチューブに山のように上げており、そうした情報を彼ら自身が発信し続けています。それに対して、市民社会側が鈍かったということもあります。結果的に増長させてしまった。

澤藤　とは言え、彼らのやっていることが言論に留まる限りは、やはりそれは表現の自由の中に入る。彼らの言論の内容が排外主義だから犯罪になるわけではない。

思想、良心は自由。その表現行為も原則は自由。しかし、もちろん他人の人権を傷つけてはならない。では、どこまでが限界かというのは、常に微妙で常に争われるわけです。我々は、国家権力はできるだけその発動は抑制的であるべきだという立場を一般的には取ってきました。どうしても見過ごせないときに、「国家権力、いまこそ出番ではないか。これをきちんと取り締まらないで、市民があなた方に与えた権限行使をするときはない。あなた方の勤めとしてきちんと取り締まりをしろ」などと言うのは例外的な場合です。今回の排外デモは、そういう例外的な場合にあたるというのが、私たちの考え方だったわけです。

岩上　今回は、現状言われている言葉が許容できないものだと思っていらっしゃるということでしょうか？

澤藤　と言いますか、これから先に、とても大きな人権侵害事例に発展する可能性があると考えたわけです。現状で、強制捜査に踏み切れ、というところまで一二人の意見が一致しているわけではありません。

韓国国旗を燃やし、水平社から逃げ回る在特会

岩上　なるほど。ただ、在日の人たちはいま、じっと耐え忍んでいる状態にあるんです。例えば新大久保。ある方の証言では、営業の売上が六割ダウンしたと言われています。これは明らかに営業妨害ではありませんか？

それから、韓国の国旗が焼かれて、店の中に投げ込まれるとか、店の看板を蹴倒されるとか、あるいは小突かれた、殴られたという事例が報告されていますけれども、いまだにそれが問題視されていない。そんな事態が続いています。

こういう被害を被ったお店の店主は警察に訴え出ました。

そうしたら、警察は取り合ってくれなかった。警察は、「気をつけるようにね」って言う。被害者側がもっと気をつけろと。もっと自重しろと。もっと小さくなっていろということなんです。これは間違っているのではないかと思うのですけれど、いかがでしょう？

澤藤　当然に間違っていると思います。問題視されなければなりません。ただ、小突かれた、殴られたということが、どの程度のことかわかりません。普通、小突かれた、殴られた、そのたびに警察が出てくるかといえば、必ずしもそうではないし、社会全体に、少しでも殴られた、小突かれたことがあれば、警察が出てきて、きちんと取り締まらなければならないという合意があるわけでもない。

警察権の行使というのは、それなりのときに出てきて、犯罪構成要件にあたるときにきちんと犯罪として捜査し、検察が起訴し、有罪判決をして処罰をする。こういう厳重な手続きがある。その厳重な手続きに踏み切るべき行為があったか否かです。

ただし、いまおっしゃられた中で、営業妨害というのは、これは威力業務妨害ということになります。このデモが正当な権利の行使であるのかどうかということと関わってきますが、威力業務妨害になる可能性は高いと思います。

それから、韓国の国旗を焼いたというのは、初めて聞きました。日本の国民が日の丸を焼いても、これを処罰する法律はありません。もちろん、他人の日の丸を焼けば、器物損壊罪です。器物損壊は、親告罪と言いますけれども、被害者自身が、処罰をしてくれという明確な意思表示がなければ、強制捜査はできませんし、処罰もされないわけです。

しかし、一般的に、例えば自分の所有物である日の丸を面前で焼く、あるいは踏みつける行為をする。これを処罰する法律はない。私からすれば、当たり前なのですけれども、外国国章損壊等罪[※1]というのはあるわけです。

岩上　あるのですね？

澤藤　あります。外国の国旗については、これは尊重しなければならない。これを焼けば刑法犯になります。もちろん親告罪ではありませんから、場合によっては、誰でも通報をし、処罰を求め、正式な起訴の手続きまでやってくれということはできます。

ただ、それはすべてがデモの過程の中で起こったとしますと、表現の自由との絡みの問題が出てきます。つまり対抗価値として、人から見ればつまらな

※1　外国国章損壊等罪
外国に対して侮辱を加える目的で、その国の国旗や国章などを損壊・除去・汚損する罪。ただし、相手国政府の求めがなければ起訴されない。刑法第92条が禁じ、2年以下の懲役または20万円以下の罰金に処せられる。
行為対象の外国旗・外国章が自分の所有物であっても罪となる。外国公館や競技場などでの掲揚旗や他人の所有する外国旗などの場合は、併せて器物損壊罪などに問われる。ただし、日本の国旗（日章旗）については、自分の所有物である場合、同様の行為を処罰する法はない。（『大辞泉』より）

い、へんちくりんな内容ではあっても、本人が大真面目で、自分の表現行為をしているという場合に、本当にどこまでこれを取り締まっていいのかという問題は常に残ります。

「排外差別デモだから一網打尽にしてしまえ」ということは、我々の立場としては言えない。だから、思想表現の自由の域を超えて、他人の平穏な市民生活の領域を侵害している明らかな要件——営業の権利に対する侵害、特定の人の個人的な名誉や名誉感情に対する侵害、国旗を焼いたなど——の具体的なそれぞれのケースで、犯罪構成要件に該当しているということが明確にならなければ、簡単には警察権の発動を求めるということにはなりません。

ともかくいまは、言論には言論で対抗すべき。これ以上たいへんな事態にならないように、警察は取り締まりをしろということ。「処罰をしろ」というところまで意見が一致しているわけではない。

梓澤 いまの事実関係の中で大事なのは、国旗を焼いて店に投げ込んだということです。その証明として、きちんと被害者の陳述書が取れて、そこの写真なんかが撮れているのがいいのだけれども、これは非常に危ない行為ですから、威力業務妨害罪です。

それから、例えばデモの過程で韓国の国旗を焼いたとします。それは韓国の人たちにとっては、自分の心を痛める行為だと思いますけれども、ベトナム戦争のときに、米国内で米国の国旗を焼いて、ベトナム戦争に抗議するという行動があった。[※1]

それが、国旗損壊罪[※2]という罪に問われるのかどうかが問題になりました。しかし、なぜ国旗を焼いたかというと、それがベトナム戦争をやっている米国に対するプロテストの意思表示だったのです。よって、これは神聖なる表現の自由の行使であるということで、無罪になったのです。

そういうことを考えますと、先ほど澤藤弁護士が言ったように、韓国に対する自分の反韓の意思表示をするのは、それは表現の自由という枠に入っているのだから、それをもってやめなさいと言っているわけではない。

しかし、店の中に燃やした国旗を放り込んで営業を妨害するというようなことになれば、それは威力業務妨害になるぞ、という分水嶺をはっきりさせて発言しなければならない。

岩上 集団でデモをするときには、デモの届け出をしています。ところが、デモを散会したあと、「お散歩」と称して、徒党を組んで街を徘徊する。これはもう届け出たデモではないのです。政治的な主張があるわけでもない。

その上で、個々の商店、それからそこにいる人々に対して、威圧行為をやっていく。例えば、在日の人が経営しているお店に行き、そこで働いている店員に「竹島がどっちの領土か言ってみろ、おら！」と言って、何人かで詰問する。そうして、あちこちの店に顔を突っ込んで嫌がらせをしていた。「お散歩」と称して、通りやお店で暴言を吐き続ける。こういう行動は、表現の自由なのでしょうか？

澤藤　具体的に何をやっているのかということを、きちんと把握しないと軽々には言えませんけれども、いま、私たちが得ている情報では、犯罪行為になる可能性は極めて高いと思います。

いままでは、地域の方が我慢をしてきたから何もないけれども、やはり一線を越えれば集団で告訴をする。それに法律家もきちんと呼応をして、大きな勢力として、こういうことがあってはならないと声を上げねばならない。

思想、良心の自由というのを大切にしつつも、そういう問題ではなく、現在の法体系の中で法秩序に明らかに違反すること――一人ひとりの具体的な法益を侵害し、構成要件に該当しているということ――を明らかにして、それが大量に、組織的に行なわれていることに対してきちんと取り組む必要があると思います。

これは、やはりある段階ではしなければならない。そのときに、我々が表現の自由や憲法上の別の原則を忘れているわけではない。しかし、犯罪にあたる具体的な行為は許されない。それを積み上げる作業が必要だと思うのです。もっとたくさんの法律家が集まって、きちんとやらなければいけないという話を始めているところです。

ですから、デモが沈静化されればそれで良いけれども、そうではなく、この被害が続くようであれば、具体的な行動を起こさなければならないと思います。そういうときのための弁護士です。

岩上　すぐに法的な手段に訴えることは、ときには必要だと思います。というのは、この在特会は、基本的には在日外国人に攻撃の対象を向けていたのですけれども、一度だけ、この幹部が、被差別部落民に対して攻撃の矛先を向けたことがあります。

※1　ベトナム戦争への反戦運動において国旗焼却が続発し、2州を除く各州において国旗焼却を禁止する州法が制定された。いくつかの連邦最高裁判決が国論を二分する論争を引きおこした。著名な事件としてあげられるものは、ストリート事件（1969年）、ジョンソン事件（1989年）、そしてアイクマン事件（同年）。いずれも被告人の名をとった刑事事件であって、どれもが無罪になっている。なお、いずれも国旗焼却が起訴事実であるが、ストリート事件はニューヨーク州法違反、ジョンソン事件はテキサス州法違反、そしてアイクマン事件だけが連邦法（「国旗保護法」）違反である。連邦法は、68年「国旗冒瀆処罰」法では足りないとして、89年「国旗保護」法では、アメリカ国旗を「毀損し、汚損し、冒瀆し、焼却し、床や地面におき、踏みつける」行為までを構成要件に取り入れた。しかし、アイクマンはこの立法を知りつつ、敢えて、国会議事堂前の階段で星条旗に火を付けた。そして、無罪の判決を得た。（「澤藤統一郎の憲法日記」http://www.jdla.jp/cgi-bin04/column/sawafuji/index.cgi?date=20130118 より）

※2　合衆国は1968年に国旗を「切断、毀棄、汚損、踏みにじる行為」を処罰対象とする国旗冒瀆処罰法を制定した。（「澤藤統一郎の憲法日記」「国旗の焼却は犯罪となるか」より）

奈良県御所市に、部落解放同盟の前身である水平社[※1]の出発点となった、記念館のようなものがあります。ここに在特会の幹部が押し入って、メガホンを持って、差別語でののしり続けました。何かを要求しているのではなくて、ただ差別語を連発したのです。

もちろん、中にいる職員が抗議したのですけれどやめない。警察に言ったら、「彼らは挑発するだけだから、そういう挑発に乗らないように」と言われたそうです。職員らは耐え忍んだのですが、その後、すぐに告発を行ない、裁判になっています。[※2]

一〇〇〇万円の損害賠償請求をしていて、裁判は続いているのですけれども、金銭要求も含めた行動を起こされた在特会は、個人がやったことで会は知らないと言って、逃げたんです。その後、こうした部落解放同盟等々に対する排撃は止まっている。ですから、法的な手段に訴えることで、鎮静化やさらなる攻撃の抑制に繋がることがあり得るのだと思うのです。

それからやはり、部落差別のようなものに向かうと、公権力もそれなりに対応するけれども、在日に対しては、こんなに見逃し続けているというところを見ると、現在の国際状況を反映して、手綱の緩め方というのが恣意的に現れているような気がします。

梓澤　なるほど。いま言われた刑事の手続きだけではなく、民事的な手続きというのもあるわけです。提訴ですね。損害賠償の提訴をする。場合によれば、きちんと公権力が取り締まりをしなかった不作為を問うて、国家賠償も合わせての損害賠償請求もありうることだと思います。

あらゆる手段を尽くすと声明でも言い、記者会見をしてきました。ですから、いざというときにはやらなければならないと、皆腹を括っています。

義務ばかりを書き込んでしまう、自民党案

岩上　続いて第三〇条、納税の義務。これは仮名遣いを直しただけで、ほとんど変わらないように見えますが、何かありますか?

澤藤　そうなんです。変わらないように見えるのだけれども、実は違うということを申し上げたいのです。

前々から言ってまいりましたけれども、憲法の基本的な性格は、主権者国民が権力に向けた命令です。つまり、国家権力に対する国民の権利の体系として憲法の基本ができている。では、国民の義務とはなんであるか。義務というのは本来、なくてもいいのです。

だから、GHQ草案のときには、憲法上の義務というのは

まったく何もなかった。そのあと、内閣が改憲草案を提出したときには、教育の義務——子女に義務教育を受けさせる義務だけはあった。衆議院の過程の中でさらに二つ加わりました。それは、二七条の勤労の義務、それからこの納税の義務が付け加わった。これで三つです。

私も中学校で習いましたけれども、「国民の三大義務」というものです。しかし、これは本質的な規定ではない。こんなものはなくてもいい。憶える必要もない。

本来、権利の体系としてできているこの憲法では、国民の権利こそが大事なので、その権利と矛盾するような義務条項として読むべきものではない。こんなものは、二の次、三の次、四の次の条項だというふうに読まなければならない。これが、現行憲法理論の普通の考え方です。

もう少し言えば、例えば、教育の義務というのは、旧憲法と現行憲法でその内容が全然違います。これは常識的にわかることだと思います。旧憲法時代は、国民の二大義務でした。兵役の義務と納税の義務です。

それに教育は勅令主義で、憲法ではない教育の義務が加わって、これによって、戦前も国民の三大義務といわれていた。いまもこの国民の義務がほしい人たちがいるわけです。とりわけ、兵役の義務がなくなったことについて、これでいいのかと言っている人がいる。なんとか、国民の義務規定がほしい。それが、二七条の勤労の義務になったように印象を受けています。

ボランティアの義務とか、国民の道徳的な義務を語りたい人がいるわけです。そういう人にとっては、兵役の義務に代わるものとして、制憲議会（憲法を制定するための議会）の衆議院審議の段階で、労働の義務が書き込まれたということで納得すべき憲法になったようです。

納税の義務というのは、昔もあったし

自民党改正草案
（納税の義務）
第三十条　国民は、法律の定めるところにより、納税の義務を負う。

現行憲法
第三十条　国民は、法律の定めるところにより、納税の義務を負ふ。

※1　水平社
「全国水平社」の略称。部落差別の撤廃とすべての人間の解放を求めて、被差別部落民が自主的に結成した運動組織。1922（大正11）年京都で創立大会を開き、全国各地に広がった。42（昭和17）年戦時体制のもとで解散を余儀なくされたが、戦後、部落解放全国委員会として再発足し、55年部落解放同盟に改称、現在に至っている。（『大辞泉』より）

※2　水平社博物館前差別街宣事件
2011年1月22日、日本の市民団体「在日特権を許さない市民の会」（在特会）で副会長を務めていた活動家の男性が、水平社博物館の歴史認識に抗議するとして同館前で部落差別的な内容を含んだ街宣を行ない、不法行為責任を問われた事件。

いまもあります。旧憲法時代と現行憲法で納税の義務が同じように規定されているわけですけれども、意味合いは違います。欽定《きんてい》憲法で、国家が――あるいは君主、具体的には天皇が――、当時の臣民に対して、「お前の義務だ」と命じてあったものが、旧憲法時代の二一条、「納税の義務」です。

いまの「納税の義務」条項はむしろ、納税の「義務」よりは「法律の定めるところ」に力点を置いて、法律の定めがなければ、しかも適切な合理的な法律の内容と手続きによらない限りは、「納税の義務は負わない」と読みます。

これは、権利規定として読むことができます。少なくとも、国家による国民への命令ということは、憲法上あり得ないわけですから、この第三〇条をどう読むかといえば、「国民相互の間で納税は大切だという取り決めをした」規定として、読まざるを得ないわけです。

それが、自民党案では体系が変わるのです。現行憲法にはない、自民党の憲法改正草案一〇二条には「全て国民は、この憲法を尊重しなければならない」と書かれています。国民の憲法尊重、あるいは擁護義務ということになります。

岩上　現行憲法であれば、国会議員など権力者の側が憲法尊重義務を負っているのですが、自民党案では、それがまったくの逆になってしまうということですね。現行憲法の九九条にはこうあります。「天皇又は摂政及び国務大臣、国会議員、裁判官その他の公務員は、この憲法を尊重し擁護する義務を負ふ」。

澤藤　正確に言えば、憲法擁護義務は自民党案にもありますけれども、自民党は、いま言われた現行憲法の「天皇又は摂政及び国務大臣、国会議員、裁判官その他の公務員」という文言から、「天皇」を抜いているんです。結局、憲法の大きな形が変わるということです。「納税の義務」にしても、自民党案では国家が国民に対しての命令になる。

現行の憲法が、「納税は大切だから、自発的に、みんなで分担し合いましょう」などという性格だったのに対し、今度は国家が国民に対して命じるものになる。国民に対して、「お前は国家に対して納税する義務があるのだ」と、「国民に対して、上から義務を設定する条項」として読まざるを得なくなります。

岩上　条文の字面だけ見ていたらそっくりですけれども、憲法全体の構成が変わってしまうと、条文の解釈が変わってしまうということなんですね。

梓澤　いまの澤藤さんのような考え方によりますと、現行憲法の「国民は、法律の定めるところにより、納税の義務を負ふ」というのは、逆に読むと、「法律が定めなければ、義務を負わないのだ」ということなのです。これを、租税法律主義[※1]と言います。

つまり、議会が決めたときに限定して義務を負い、それ以外で国が課税をしてきたときには、それに対して法的に闘えるのだということです。

しかし、例えば自民党案の第三条には、「国旗及び国歌を尊重しなければならない」という国旗国歌尊重義務というものが入り、憲法擁護義務を国民に負わせたわけです。すなわち、国民を縛るものとしての憲法であり、その中の「納税義務」として受け取るということです。

澤藤　だから、現行憲法で国民の義務が出てくるところは無視してもよいのですが、自民党案では無視できなくなります。本質的な義務になってくる。特に、いま言われた国旗国歌の尊重義務を憲法に書き込むというのは、私にとっては驚愕のことです。

そうなれば、憲法に従って法律が書き換えられ、国旗や国歌を尊重する義務が国民にあるのだということになる。本当にナショナリズムで国民を統合していこうとしている。

戦争を好きでやる人は本当に少ないと思いますけれども、ナショナリズムの昂揚は、最終的には、戦争という選択肢を外さないで外交、経済、政治をやっていく、そういう国家をつくろうということに繋がります。

以前からのキャッチフレーズですけれども、「国権太れば民権やせる」ですから、国家を強くする、あるいは国家の権限や権力を強大にしていく、という思考の中で、国民の義務条項というのを読まなければならない。

国民の義務は現行憲法では無視してもいいけれども、自民党案では到底無視ができないものになってしまう。それだけは、申し上げておきたいです。

自民党改憲がつくり出す、「非公開裁判」

澤藤　次は、三一条から四〇条までひと括りのものです。

岩上　ここは、刑事手続や裁判などに関わる条文です。第三一条は「適正手続の保障」ということなのですが、現行憲法と自民党案とを見ても、ほとんど変わっていないのですが、ここはどう見たらよろしいのでしょうか？

澤藤　変わっていないというか、変えられないところだと思います。

繰り返しになりますけれども、立憲主義というのは、国民

※1　租税法律主義
租税の賦課・徴収は、必ず国民を代表する議会の決めた法律によらなければならない、という近代税制の基本原則(地方税については租税条例主義)。近代前の国家では、封建領主や国王が、国民の自由や財産に対して勝手に干渉することが多かった。近代市民革命は、国王などが人民から一方的に税金を取り立てるという封建体制を変え、税制を議会のコントロールのもとに置くことが出発点だった。「代表なければ課税なし」と表現されるように、国民は法律の定めによってのみ税金を納めることが原則。日本国憲法は30条と84条で租税法律主義を規定しており、これが税法の解釈・適用の指針となっている。課税に疑いのある場合には法的根拠を確かめることが重要。(『大辞泉』より)

自民党改正草案

（適正手続の保障）

第三十一条　何人も、法律の定める適正な手続によらなければ、その生命若しくは自由を奪われ、又はその他の刑罰を科せられない。

（裁判を受ける権利）

第三十二条　何人も、裁判所において裁判を受ける権利を有する。

現行憲法

第三十一条　何人も、法律の定める手続によらなければ、その生命若しくは自由を奪はれ、又はその他の刑罰を科せられない。

第三十二条　何人も、裁判所において裁判を受ける権利を奪はれない。

の人権を守るために、国家権力に対して制約をかけ、国家権力の恣意的発動を許さない枷としてつくったものです。では、どこで国家権力と個人の人権との接点があるかといえば、その最重要の場は、刑事的に権力が発動するときです。

本来なら、刑事訴訟法や、場合によっては刑法に書き込むことを、憲法に一〇カ条（第三一条〜第四〇条）も書かざるを得なかった。これだけ詳細にしている憲法は珍しいと言われていますけれども、書かざるを得なかった理由が、日本の戦前史にはあるのです。

自民党議員の皆さんも、ここはさすがに手をつけられない。

岩上　文言が変わっているところを見てみたいと思います。

自民党案の第三二条では、現行憲法の「奪はれない」から「有する」に変わっています。

梓澤　「奪はれない」というのは、奪われたときに、それを排除する力を持つ文言です。対する自民党案の「有する」というのは、静止的な表現です。私は、ここと自民党案第九条の「国防軍審判所」[※1]とを関係させて読んでいます。

審判所というのは、ちょっと比喩的な表現ですが、非公開の裁判です。

現行憲法第三二条の「何人も、裁判所において裁判を受ける権利を奪はれない」というのは、公開裁判とセットにされています。裁判というのは、時には死刑まで宣告する究極の権力行使です。だからこそ、公開のもとに置かれていなければいけないのに、自民党案の九条の二の五項では、非公開の審判所になっている。

岩上　審判所が非公開か公開かについて、条文では特定していませんが、非公開になる可能性があるのですか？

梓澤　いまでも、審判には、家事審判[※2]や非訟手続[※3]など、非公開の手続きはあるんです。裁判というのは、「対審」です。つまり、原告がいて被告がいる。検察と被告弁護側がいて、対立し合いながら議論を戦わせて、裁判所が公平な裁判をする。これが、公平・公開の裁判です。

　ところが、審判と言った途端に、裁判所がそこにいる被告人を裁くという構造になっていて、それが非公開になることが予測されるわけです。そうすると、例えば、自衛隊法やＮＳＡ（米国家安全保障局）などに関する裁判、具体的には、軍事機密を暴露したなどというようなとき、こうした非公開の裁判に持っていかれるわけです。自民党の憲法起草委員会のメンバーでもある石破茂幹事長は、二〇一三年四月二一日に、ＢＳ―ＴＢＳで「国防軍審判所は非公開」と述べています。

ＴＰＰで、国家は企業にひざまずく

岩上　関連でお聞きしたいのですが、ＴＰＰが司法権の空洞化を招くのではないかという懸念があります。今日の状態であれば、例えば、ある企業が公害を起こしていて住民が健康被害にあっているような場合であれば、その国の裁判所で争われます。

　ところがＴＰＰに入ると、多国籍企業と進出先の国家との対立は、ＩＳＤ条項[※4]によって提訴されると、世界銀行のもとにある「国際投資紛争仲裁センター」という機関に持っていかれて、まさにいまおっしゃった審判所と同じように非公開で争われます。当然、情報は出てきません。

　さらに、近代の裁判の原則として、公開であるとともに三審制という制度があると思うのですが、それがない。一審で終わってしまい、中身の議論がまったくわからないまま答えだけが出される。こういうことが、ＴＰＰの先行モデルであるＮＡＦＴＡ（北米自由貿易協定）などですでに行なわれているわけです。

　そして結果だけを見れば、米国の企業・資本がメキシコやカナダで揉め事を起こしたときに、米国の企業側に有利な判決が圧倒的に出ているわけです。

　こういうことがＴＰＰに持ち込まれてくると、日本の法律

※1　自民党改憲草案第九条の二　五項　国防軍に属する軍人その他の公務員がその職務の実施に伴う罪又は国防軍の機密に関する罪を犯した場合の裁判を行うため、法律の定めるところにより、国防軍に審判所を置く。この場合においては、被告人が裁判所へ上訴する権利は、保障されなければならない。

※2　家事審判法
家庭内の紛争や、身分法（親族・相続法）上の問題に関する審判・調停について定めている法律。1948年施行。2011年、家事事件手続法の施行に伴い廃止。（『大辞泉』より）

※3　非訟事件
民事の法律関係に関する事項について、裁判所が通常の訴訟手続によらず、簡易な手続で処理をし公権的な判断をする事件類型のことをいう。（『大辞泉』より）

※4　ISD条項
投資家対国家の紛争解決条項。企業にとって「不平等で不公正」とされる国の規制やシステムによって、外国企業や投資家が損害を被った場合、その国を相手取り訴えを起こすことができる権利。その基準が曖昧であることや、国の裁判所で裁かれないこと、上告ができない一審制であること、非公開の場で審議が行なわれることなど多くの問題が指摘されている。

が届かない恐れがある。外国企業側が日本の規制に対して不満な場合、国外の審判所に持って行ってしまう。そして、そこで出た命令を国内の裁判所より優位の命令として、我々が受け入れなければならない。これはたいへんなことだと思うのですけれども、その点はいかがですか？

梓澤　いまの話で非常に大事なのは、「それは大企業家同士の争いでしょう」などと言って、自分には関係ないと考えがちなのです。ところが、そうではない。例えば、遺伝子組み換え食品というものがあります。これによって健康被害があるということで、海外のある企業に取材が入ったことがあるのです。

これに対して、米国で裁判が起こり、それは名誉毀損であるということで、大きな賠償額が出ました。そして日本でも、その取材をした記者が、誰から取材をしたのかということが争われました。これは、取材源の秘密に関する裁判の事例ですが、米国の高額賠償が、このようにして日本にやってくる。

例えば日本で、ある記者が、この食品が危険だと書いたとします。すると、米国から、「名誉が傷つけられた。高額賠償だ」などと言って、日本にやってくるのです。

現在では、日本の損害賠償の基準とは違う外国における判決が入ってきたとき、日本国内でそれを強制執行するには、「執行判決」という特別の手続きをしなければ国内法上の効力は生じません。つまり、堤防があるわけです。

ところが、先ほどの世界銀行の審判機関による裁判ということになれば、米国の秩序が日本の秩序の中に侵入してくる。つまり、堤防が決壊してしまうわけです。これはたいへんだと思います。

澤藤　現行憲法では、国民の裁判を受ける権利、とりわけ刑事訴訟においては、公開の法廷で裁判を受ける権利が保障されています。いまの話は、そこを直接に侵害するということではない。

けれども、TPPについては、これまで考えてこなかった大きな問題が起こりつつあります。

大きな問題であることは確かなのですが、憲法問題として、どこまで日本の司法権を侵食しているといえるのか。私たちも司法改革のときに、ADRをどうするかという問題に直面して……。

岩上　ADRとは何でしょうか？

澤藤　「Alternative Dispute Resolution」の略で、「裁判外紛争解決手続」と言います。要するに、裁判は非常に重厚長大な手続きなので、もっと簡易迅速かつ安価に紛争解決する手段としてADRがあります。

それから、仲裁制度も、訴訟手続の整備と並んで整備をしましょうという雰囲気で、司法改革も進んできました。けれども、いま言われたように、実際には世界銀行が事務を取り扱っています。しかし、それは仲裁裁判所とは言わない。仲裁廷というのは、それぞれの紛争国から推薦された人間と中立的な人間とで構成されたものです。

裁判に出してきても、裁判官が国際的な紛争に関する基礎知識を飲み込むまでに、たいへんな時間も労力もかかるから、適切なところでやればいい。そういう議論で、いままでは、私たちの目には弊害があまり見えてこなかった。それが、ＩＳＤ条項がＴＰＰとセットになっているので、大きな問題になった。

岩上　民主党の議員が中心になって「ＴＰＰを慎重に考える会」が開かれてきましたが、この会は、非常に鋭い問題提起をされる外部識者を呼んでくることで知られています。

ＩＷＪは、この会を最初から中継しているのですが、二月に弁護士の岩月浩二[※1]氏がこられた回があります。この中で、岩月弁護士は、ＩＳＤ条項は憲法違反であるとおっしゃっています。

最終的には、ＴＰＰを採るのか、それとも現行憲法を採るのかという壁に、突きあたらざるを得ません。ところが、その議論がまるでおざなりのまま話が進んでいっている。法務省は、外務省、経産省などと一体となって、ＴＰＰを推進させる方向に動いています。

もともと、ＮＡＦＴＡが先進国同士の自由貿易協定で初めてＩＳＤ条項を含めたのですが、二つだけ、ＮＡＦＴＡの係争事例を紹介しておきたいと思います。

まず、エシル（Ethyl）事件です。これは、カナダ政府が人体有害性の指摘があるガソリン添加剤ＭＭＴの輸入を禁止したときに、同製品の生産企業である米国のエシル社が提訴した。

このように、ある国が、ある製品が自国民にとって危険だと判断したときに規制を加えようと思ったら、企業側がそんなことはさせないとＩＳＤで訴える。つまり、投資の邪魔になるということです。結局、仲裁判定以前にカナダ政府が一三〇〇万ドルを支払って和解しました。なんと、米国の企業が訴えたことに対して、恐れをなして賠償金まで払ったのです。

もう一つは、メタルクラッド（Metalclad）事件です。これはより深刻だと思います。

メタルクラッド社が、メキシコ政府から廃棄物処理施設の設計許可を受けて投資をし

※1　岩月浩二
1980年に東京大学卒業後、名古屋市に守山法律事務所を設立。市民目線に立った、日常生活で起こる問題を専門に弁護士活動を行なってきている。TPPの危険性について早くから警鐘を鳴らしており、2013年2月20日には「第44回TPPを慎重に考える会」の講師に招かれ、また「TPPを考える国民会議」の世話人も務めている。岩上安身は4月11日にインタビューを行なっている。（http://iwj.co.jp/wj/open/archives/73528）

たのですが、有毒物質によって近隣の村の飲用水が汚染され、さらに癌患者が発生しました。そのため、この施設の危険性が指摘され、地方自治体が同敷地を生態区域に指定しました。施設設立の不許可処分をしたのですが、「間接収用」[※1]などで提訴されました。

その結果、仲裁判定は「間接収用」及び「最小待遇」[※2]の違反を根拠に、一七〇〇万ドルの賠償を認定しました。環境汚染をして癌などの健康被害が出て、これを操業不許可とするとなったら、逆にメキシコ政府が一七〇〇万ドルもの賠償金を取られたのです。

澤藤　たいへんなことですし、けしからんことです。TPPがそういう事態を招くことは目に見えているわけですから、絶対TPPには反対です。しかし、じゃあ具体的に、憲法のどこに違反をしているのかを判断するのは、そう簡単ではありません。

「ハーモナイゼーション（国際協調主義）」という美しい言葉があります。外国と協調しながら相互主義的な条約を結び、その条約に基づいて、こちら側も向こう側も訴えることができる。

そういう取り決めの中で、自分が決定した選択に縛られるのであれば、それはやむを得ない。それは、政策の当不当の問題で、国民が選んだ内閣が、国民が選んだ議会の承認のもとに行動をし、TPPを選択したのなら、それは仕様がない。これは特に憲法違反というまでのことではないという考え方も、十分できると思うのです。

しかし、どう見てもこれは私たちが想定してきた基本的人権のあり方とか、国際協力のあり方とか、あるいは企業経営から、消費者の権利や、国民の生命・身体の安全を守らなければならないという大原則に大きな支障をもたらす。もう少し事態をきちんと見て、精査をしてみたいと思います。

マスコミを包囲するTPPというタブー

岩上　個々の住民にとっては、地元で公害が起こって自分が健康被害にあっているとき、「それを救済してくれ」と訴えるのは国内の裁判所のはずです。ところがそうではなくて、遥か遠くのニューヨークに持っていかれ、そこで、「仲裁判決が出ました。この企業の操業をストップさせたのは許せません。国がお金を支払いなさい」となる。そこで癌になった人たちは、どうやって救済されるのでしょうか。こういうことが、人権軽視・人権侵害の最たるものではないかと思うのですけれども、TPPの問題が提起されて二年以上経つというのに、なぜ放置されてきたのか、本当に驚くべきことです。

澤藤　その被害を受けている住民が、具体的なアクション、例えば提訴の権利が阻害されるということはない。しかし、どこかの投資家と日本が、海外のどこかで仲裁、あるいは和解をしたとします。すると、それに対して自分はまったく発言権がないまま、その裁判の影響を受けてしまう。

福島原発事故では、国策で建設された危険な施設が、家の近くにあった。東京電力のずさんな管理で事故を起こし、そこにはもう住めなくなってしまった。そのあと補償を要求することができるにしても、自分に無関係なところで進められた国策の被害を受けてしまう。この構造は同じだと思うんです。

それを、事後的な救済でやむなしとするのか、あるいはそうではなく、そういう仕組み自体を許さないとすべきなのか、そこを吟味したいと思います。

岩上　先ほど、三二条のところで梓澤さんが、自民党案の「権利を有する」というのは少し弱いとおっしゃった。現行憲法の「奪われない」というのは、奪われたときに排除する力を持つともおっしゃいました。ＴＰＰのことが頭にあるので、ここが非常に気になったのですけれど、ひと言だけお願いします。

梓澤　岩上さんが、なぜＴＰＰの問題が放置されてしまっているのかとおっしゃった。それは、情報流通がきちんとしていないからだと思います。つまり、ＴＰＰがどんなものかを明らかにし、それを伝えるというマスメディアの役割が果たされず、私たちもまだまだその情報に接し切れていなかった。そこが根幹だと思います。

岩上　はっきり申し上げますけれども、いわゆるメディアのタブーと言われているものの中で、ここ数年で最大のタブーは、原発でもありませんし、改憲でもありません。「ＴＰＰ」です。

私は、一二年間レギュラーを務めていたフジテレビの『とくダネ！』という番組内で、二〇一一年二月に、ＴＰＰは問題であるとコメントしました。すると、その日のうちに、プロデューサーから「重大な話があります」と言われて、降板を告げられました。

その後、いきなり三月で辞めてくれというのはあんまりだからということで、結果的に六月末まで降板が延びました。この六月までの間には原発事故も起きています。私は原発についても、厳しいコメントを口にしました。ですが、ストップがかかったのは原発ではなくＴＰＰです。『とくダネ！』の名誉のために付け加えておけば、発言規制されたことは

※1　**間接収用**
「収用」とは、国家機関による財産権の剝奪または管理及び支配権の永久的な転移を指すもので、原則として、外国人財産に対する収用は国際的な違法行為である。「間接収用」とは、実際に財産権が剝奪されたわけではないものの、相手国の法制度や慣習などによって企業活動が制限されること。

※2　**最小待遇**（待遇の最小基準）
ある国に進出した企業が、その国の企業、あるいは国民と同じ待遇を受けることができるようにする制度。

それまでほとんどありません。

ＴＰＰについて、メディアは怠惰ゆえに論じないのではありません。はっきりと自己規制しています。ＴＰＰに関して、菅政権が打ち出した当初から、継続的に追い続けたメディアは、『日本農業新聞』とＩＷＪくらいしかありません。『しんぶん赤旗』も入るかもしれませんが、『赤旗』は政党の機関紙ですから、ちょっと毛色が違うかもしれません。記者クラブメディアに関しては、はっきりとした規制がありますす。だから、これは甘く見ないほうがいいですね。

逮捕されたら、すぐに弁護士を！

岩上　自民党案三四条は、一項と二項に分かれています。さっと読んだときに、刑事司法ということに詳しくない、一般の人にはよくわからない。たしかに文章は変えられてますが、これはどこがどう変わり、どういう影響が出るんでしょう？

梓澤　これは、私は影響が出るという見方よりも、表現が変わっているところがありますが、概略変わってないと思いますね。その変わってないというところが非常に重要で、つまり、現在、改憲発議要件を三分の二から二分の一にすることが議論になっていますけれども、なぜそうなのかということを非常にわかりやすく語っているわけですね。二分の一によって政権を取ると、警察、自衛隊など武装力を持った組織の人事権、指揮権を握る。その二分の一多数派が、自分の都合がいいように、警察、検察や裁判官の動きを縛る条項があってはならない。だから三分の二によって公権力の暴走にブレーキをかけておかなければならないのです。

例えば、公権力がある人を逮捕したり、身柄を拘束するときに、その身柄を拘束された人は仮にその人がその前日まですごい権力者であり、政治家であっても、仮に企業の社長であり、従業員をいじめていた人であっても、公権力との関係では直ちに弱者に転化するわけですね。

その弱者に対しては、ここに書いてあるように、裁判官の令状がなければ、身柄が拘束できない。それから、誰であっても、その逮捕される理由を告げられなければならない。それから、弁護士を依頼する権利を保障されなければならない。それも直ちに。

弁護士を頼める権利なしでは逮捕されないんですね。逮捕された途端に弁護士を依頼できると。こうなるわけです。

ある事件のことを思い出すんですが、あるイスラエル人女性が泊まっている民宿に、警察官が宅配業者を装って、「宅急便です」とやってきたんです。「はい、受け取って」と言われて、パッと受け取ったら、その中に、警察がすり替えた、いわゆる大麻が入っていた。それで現行犯逮捕された。

その女性としては、まったく身に覚えがない。

岩上　それは日本国内の話ですか？

梓澤　日本国内です。

岩上　警察官がすり替えたんですか？

梓澤　警察官がすり替えることはあるんですね。いわゆるコントロール・デリバリーというやり方があって、入管に大麻や覚せい剤が入ってきたときに、それをそのまんまで送る場合と、中身をすり替えて、偽造のもので送る場合とがあるんですが、この場合は偽造のものを入れて送ってきた。それで、受け取った途端に、パカッとやられたんですよ。

その人は全然、覚えがないからもうびっくりして、それで私がすぐに東京地方検察庁に会いに行ったんですね。逮捕の翌日ですが、会いに行ったときに、幅、高さともに三メートルぐらいのガラスの、いわゆる接見室を区切る窓があって、そこのガラスに、その女性が「うわーっ！」と叫びながら、のたうち回るように張り付いてきたんです。その光景は忘れることができません。

そのときに、「あなた、落ち着きなさい。やってんのか？　やってないのか？」「全然私は覚えがない」「やってないんだったら、私が絶対に助けるから！　毎日くるから！」と言ったんですよ。

それで、事務所に帰ってきたら、その外国人宿に泊まっていた、同じ同宿者から電話がありました。「私は重大なアリバイを握ってる。別な女性が外から電話をかけてきて、『私

自民党改正草案

（逮捕に関する手続の保障）

第三十三条　何人も、現行犯として逮捕される場合を除いては、裁判官が発し、かつ、理由となっている犯罪を明示する令状によらなければ、逮捕されない。

（抑留及び拘禁に関する手続の保障）

第三十四条　何人も、正当な理由がなく、若しくは理由を直ちに告げられることなく、又は直ちに弁護人に依頼する権利を与えられることなく、抑留され、又は拘禁されない。

現行憲法

第三十三条　何人も、現行犯として逮捕される場合を除いては、権限を有する司法官憲が発し、且つ理由となつてゐる犯罪を明示する令状によらなければ、逮捕されない。

第三十四条　何人も、理由を直ちに告げられ、且つ、直ちに弁護人に依頼する権利を与へられなければ、抑留又は拘禁されない。又、何人も、正当な理由がなければ、拘禁されず、要求があれば、その理由は、直ちに本人及びその弁護人の出席する公開の法廷で示されなければならない。

の荷物がもうすぐ行くから受け取っておいてくれ』と言っていた」ということを私に通告してきたんですよ。
かたや捕まっている人には、私と他の弁護士が毎日くるから「やってないんだったら絶対自白するな」と伝えました。
急ぎ、かつ慎重に、やっぱり同じイスラエル人の男性の証言から供述録取書（被告人・被疑者・参考人などの供述を聞き取って作成した書面。一定の条件のもとに証拠能力が認められる。供述調書）をつくって、それを担当検察官に出しました。通常、検察官は、逮捕のあとに勾留と言って、三日間プラス一〇日間勾留するための勾留請求を裁判所に出すのですが、結局検察官は勾留請求をしなかった。直ちに釈放。
これは何を言ってるかというと、要するに、さっき言ったように、捕まった途端に弱者になるわけだから、弁護士は必ず付けなきゃいけませんよと三四条に書いてあるんですよ。これ――直ちに弁護士に会わせるということ――を実現するために、日本弁護士連合会は、三〇年間戦ってきた。いま、判例でどうなっているかというと、初回の接見についてはいっさい邪魔しちゃダメですとなっています。直ちに弁護士に会わせなさいと。こういう判例になっている。
岩上　実際には、いままで私は、数々の事件の取材をしてきましたが、任意で連れて行かれて、いきなり逮捕ということもあります。任意だと思って、警察署に行ったら、いきなり逮捕ということになり、そして「弁護士と会わせてくれ、外部と連絡を取らせてくれ」と言ったら、携帯を取り上げて、連絡を取らせないで、ずっと勾留し続ける。そして、帰してやるからとにかくこれにサインしろということで、強引に最初の調書を取られてしまう。その後もずっと、その調書が尾を引く。こういうケース、僕は一度ならず聞いてますよ。
梓澤　多いですよ。
岩上　これは、とんでもない話なんですね。
梓澤　日本人の普通の人の知恵として根付いていない。別な外国人の女性を助けたときに、「あなたはなんでそうやって弁護士、弁護士って主張し続けたですか？」と尋ねたんです。そうしたら彼女は、「中学一年のときの英語の先生が、アメリカ留学から帰ってきて、『いいか、捕まったときは弁護士だぞ』と教えられたんです」と言ったんです。それが常識になってますって言うんですよ。つまり、「捕まったときは、とにかく弁護士」というのが憲法上の権利だし、弁護士が会いに行ったら会わせるということが妨害できない。
澤藤　そうなんですよね。自分はそういう境遇にはならないだろうというふうに、思っていらっしゃると大間違い。世の中、犯罪をする特別な人や犯罪者集団、あるいは人種があって、それとは別に、普通の暮らしをしている人がいて、自分は普通の暮らしのほうで、犯罪に関わるとか逮捕されることはない、と思っていたら、それは大間違い。

　捕まる人と、捕まらない人のあいだの垣根というのは何にもないんですよ。ある日、突然、何かで捕まる可能性は誰にでもある。それはもう、ケンカをしたってそうだし、濡れ衣を着せられることもあるし。

梓澤　電車の中で痴漢冤罪もあるし。

岩上　そうですね。

澤藤　それはもういっぱいあります。交通事故も痴漢も博打《ばくち》もある。ふらふらと街の中を歩いていたら、お前、自転車泥棒なんだろとか、ここは入っちゃいけない場所だから住居侵入だとか、警察官ともめたら公務執行妨害だとか。まあいろいろあるわけですね。捕まったときにどうするかというと、弁護士を呼ぶんですが、ただ弁護士というのではなく、もうちょっと特定をする知恵をつくっておいたほうがいいですよ。

　例えば、「梓澤弁護士を呼んでくれ」と言うと、梓澤くんと連絡を取らなきゃいけないんですよ。ところが、梓澤くんが不在の場合は、それでおしまいにされる。だから、特定の名前を出せれば一番いいけれども、梓澤くんがダメなら、梓澤くんと同じ千代田法律事務所の弁護士。あるいはもっといいのは、住んでいる地域の弁護士会の名を挙げて、当番弁護士をすぐに呼んでもらうことです。

岩上　当番弁護士とは何でしょうか？

梓澤　当番弁護士とは、あらかじめ弁護士たちが、「私が呼ばれればすぐその日のうちに行きます」という名簿をつくって、弁護士会に備えておくんですね。東京は三つの弁護士会がありますが、その三つの弁護士会それぞれ、当番弁護士の名簿を持っています。そこに当番弁護士を呼んでくれということが警察官に伝えられると、警察官、または勾留当番にある裁判官は、それを聞いた途端に、その弁護士会に通知をして、弁護士を派遣してくれというふうに言わなければならない。

岩上　言わなきゃいけない。

梓澤　もうそういうふうに義務付けになってるんです。

岩上　これは、法律があるんですか？

梓澤　法律ではなくて、取り決めですね。

岩上　取り決め。

梓澤　いままではさらに進んで、いま法律で、被疑者の国選弁護制度[※1]というのがありますから、被疑者国選を呼ぶことがで

※1　国選弁護制度
刑事訴訟において裁判所または裁判長が被告人のために弁護人を付し、その弁護にあたらせる制度。すべての被告人・被疑者は、自ら弁護人を選任する権利を有する（憲法37条3項，刑事訴訟法30条1項――この場合を〈私選弁護〉という）が、それだけでは被告人の保護のために不十分なので，この制度が採用されたのである。　現行法上国選弁護が認められるのは、以下の場合である。第一に、被告人が貧困その他の事由でみずから弁護人を選任することができない場合であり、この場合に被告人から請求があったときは、裁判所は弁護人を付さなければならない（憲法37条3項，刑事訴訟法36条）。（『kotobank』より）

きる。ただ、一番大事なのは捕まった日ですからね。

澤藤　当番弁護士は、最初は無料です。どんなに裕福な方でも無料ということになっていますから。

岩上　ここはぜひ覚えておきたいところですね。全部無料。そして、「当番弁護士」という言葉を覚えておく。これは都道府県も関係ないわけですね。

澤藤　単位弁護士会[※1]が始めた制度ですから、最初はばらつきがあったんですけど、いまは全都道府県にあります。

岩上　最初はどこの弁護士会が？

梓澤　大分県の弁護士会が始めたんですよね。

岩上　大分県ですか。

澤藤　すぐに全国化しました。

岩上　こういう制度について、例えば刑事物のドラマかなんかで刷り込みがあれば、多くの人が知ってるんですけど、なかなか描かれないですからね。

梓澤　「当番弁護士」ってことはあんまり出てこないですね。

岩上　だいたい刑事のほうが正しくて、それで追い込んでしゃべらせる、というところしか描かないですから。マスコミもそうですよね。

たとえ犯罪を犯した自覚があっても、すぐに弁護士を！

梓澤　それで、これが憲法のところとどういうふうに繋がるかという話なんですが、憲法というのは、いま話してきたような手続きを動かすことができないように、硬く硬くつくってあるわけです。つまり、公権力というのは、公権力になった途端に、多数派になった途端に、警察をその掌握下に置く。国家公安委員長の人事権を通じて、警察庁長官の任命に影響を与えることができるわけです。自衛隊の最高指揮権も掌握しているわけですね。すなわち、何かと人の身柄を拘束できる、実力で拘束できる権限を握ってるわけですね。

　そういう多数派権力から、弱者である被疑者を守るように、詳しくこういう手続を決めてある。そうすると、さっき言ったように、弁護士はすぐ呼ばなければいけないし、行ったら会わせなければいけない。これが第一です。

　二番目に、裁判官がこの逮捕は正しいかどうか、相当かどうかを審査する権限がある。さらに一回捕まっても、その次に、今度は三日以内に、勾留と言ってもう一回令状を裁判官が審査する。そのときに、刑事弁護人は裁判官に働きかけて、この人は拘束してはいけない、もう一回一〇日間も閉じ込め続けてはいけないという理由を、上申書や勾留への不服申立手続の中で書くわけですよ。そうすると、裁判官はそれを見て、その勾留申請を却下するということもありますし、それから、途中で勾留を取り消すということもあるわけです。

警察だけが相手だったらできないところを、第三者——裁判所も権力ですけども——、権力同士でお互いに規制する、そういう仕組みが三三条、三四条に書いてあるわけですね。

あまりにも警察が窮屈すぎるから、一日目につけるんじゃなくて一週間目に弁護人をつけるようにしたっていいじゃないかみたいに、二分の一で変えられちゃったら困るでしょう。だから、改憲発議要件は、三分の二をしっかりと守らなくてはなりません。

岩上　憲法改正の発議について、衆参の三分の二以上が賛成しなければ発議ができないというのが現行憲法。そして、それを二分の一にしてしまって、もっと発議をしやすくしようというのが、自民党の九六条の改正であるということですよね。

梓澤　そういうことですね。そうすると、自民党改憲草案でさえ、現在の提案では、刑事手続のところを大きくはいじれないわけですよ。漢字の活字を平仮名に変えたりとか、表現を変える程度です。

岩上　これはちょっとドキドキする話ですね。さっき、初日でなければダメですよと言ったのはどういうことなんですか？

澤藤　初日でなければダメですよというのは大きな意味があります。何と言っても、取り調べが始まる前に方針を決めなければならない。自白するのかしないのか、黙秘をするのかそうでないのか。

最初に面会した弁護士が、「ああ一時間遅かった」ということも、ないわけではない。自白をしたその内容が、真実だなんて保証はまったくない。取り調べの可視化を徹底して、なるほど、この人の自白は本当だと、あとで検証できるような体制をきちんと組んでいればともかく、そうでないのは、だいたいそれは取調官の作文でしかないわけですからね。

「お前、こうだろ、こうだろ、こうだろ」と言われ、「はい」と言えば、自白調書ができあがるわけです。それが一旦できると、それはたいへんなわけですね。だから、初動が大切。それは警察、検察にとってもそうだし、弁護側にとっても同じです。

ぜひ、逮捕されたら、何をおいても弁護士に面会、ということを常識にしてもらいたいですね。

岩上　少なくとも、弁護士を呼んで、弁護士が到着するまでは余計なことは言わないということは、

※1　**単位弁護士会**
都道府県単位の弁護士会。資格を得て弁護士となるには、その活動の本拠となる住所地の弁護士会に入会し（弁護士法第9条）、それぞれの弁護士会を通じて日本弁護士連合会（略・日弁連）に備えられた弁護士名簿に登録（弁護士法第8条）しなければ弁護士を標榜することも報酬を得て弁護士業務を行なうこともできない。

一つあるわけですよね。ご本人が間違いなく犯罪をやってるんだったら、自白していただいてもいいのかもしれませんけれども。

澤藤　それもおすすめはしません。

岩上　おすすめはしない？　これも駄目ですか？

澤藤　はい。

岩上　そうですか。どうしてでしょう？

梓澤　仮に肉親を殺《あや》めてしまったとします。殺めてしまったとしても、本当に加害者的に殺めてしまった場合と、日常的にすごいドメスティック・バイオレンスにさらされていて、もう精神能力がふらふらになって、やむなくやっちゃったという場合とでは、全然違いますよね。

それは、「おまえ、そんなこと言ったってやったんだろ」という物語とは全然違う物語になります。

岩上　なるほど。正当防衛であるのか、それとも自分の方から進んで人を攻撃して、暴行し、傷つけたとか、これでまったく違ってきますね。

澤藤　例えば、たしかに自分が殴って、被害者は亡くなった。その場合、殺意を持って殴れば、殺人罪。これは最高で死刑ですね。最低でも懲役五年。しかし、殺意はなかったんだけれども、思わず殴ってしまったら、打ちどころが悪くて亡くなってしまった。これは傷害致死ですから、死刑も無期もない、最高懲役三年。全然違うわけですね。どっちになるか。まず、どういう犯罪なのかというところから違ってくる。

あるいはケンカだから、正当防衛が成立しないのかと言えば、ケンカでも具体的状況の中では、正当防衛が成立することもある。それは、状況次第。それを取調官が、「いや、こいつは悪いやつだ。間違いなく殺人。しかも正当防衛などあるはずがない」という思い込みで調書をつくれば、そういう調書ができますし、適切な弁護ができれば、そうでない真実を明らかにすることができる。

岩上　なるほど。私もうかつでした。犯罪を自分はやってしまったなという自覚があっても、まずは弁護士を呼ぶ。拘禁状況下で、しかも何か事件なり事故が起こったあとに、冷静に事件や自分の状況をしゃべれるわけではないから、自分の立場に立って、弁護してくださる弁護士の到着をまず待つ。これをまず設定したほうがいいということですね。

人間の尊厳を守る「黙秘権」

岩上　ここに関してぜひともお聞きしたいことがあります。これは非常にタイムリーな話でもあり、多くの人が聞きたいと思ってるんですけど、いまお話の出た黙秘の話。黙秘権の話です。

四月一五日にアメリカのボストン・マラソンでのテロ事件がありました。これは大事件になって、アメリカではこの報道量はたいへんなものになりました。犯人ではないかと思われる若者と警察、ＦＢＩが銃撃戦をやり、そして一人は死亡。もう一人は重症を負いました。

その取り調べに関して、黙秘権の告知を行なわなかった。黙秘権の告知を含めた四つのルール、ミランダ・ルール[※1]というのがあります。これを行なわなかったということが伝えられたんですけれども、日本において、大きく三つくらいのメディアが、大きな誤報をしました。

「黙秘権についての告知をしないで取り調べをした」と書くべきところを、「黙秘を認めなかった」とはっきりそう書いたんです。黙秘を認めなかったというのはたいへんなことです。黙秘を認めないということは、黙秘をしたいと言っている人間にそれをさせないんですから、拷問でもしたみたいな話になりますよね。

そもそも、黙秘をさせないというのはどういうことなのでしょう。黙秘権がどうしてそんなに大事なのか、さらに、黙秘権を告知するということが、手続き上、どうして重要なのかと。このように、はっきり分けないといけないですね。

それにもかかわらず、日本の大メディアが、「黙秘を認めない」とはっきりそう書いたんです。ただの誤報で済まないのは、見出しでそう書いてあって、記事本文では「黙秘権の告知を行わなかった」と書いてあるんです。たぶんこれは理解した上で、あえて見出しをそう打ってるんですね。[※2]

別のメディアでは、記事にも見出しにも、どちらにも「黙

※1　ミランダ警告（Miranda warning）
アメリカ合衆国において、アメリカ合衆国憲法修正第５条の自己負罪拒否権に基づいて米国連邦最高裁が確立した法手続きの一つで、４項目の告知が被疑者に対してされていない状態での供述は、公判で証拠として用いることができないとする原則。日本語ではミランダ・ルール、などと訳される。
アリゾナ州でのメキシコ移民アーネスト・ミランダによるとされた誘拐・婦女暴行事件について、1966年に連邦最高裁が示した判決（執筆者はアール・ウォーレン）に基づくもので、被告人の名に因む。この事件では州裁判所にて有罪判決が下ったが、のちに上告審において訴訟手続に問題があったとして無罪判決が出た。
この判決が確定して以後、法執行官は、拘束下にある被疑者に対して取調べを行なう際には、ミランダ警告の４項目を通告することが必要となったため、携帯型カードもある。ただ、逮捕時に警告をすることは必要とされておらず、警察の取調室において初めて警告がなされることも多い。これがなされていない場合の供述は、当該事件に関する公判上の証拠として用いることができない。
1　You have the right to remain silent.（あなたには黙秘権がある。）
2　Anything you say can and will be used against you in a court of law.（供述は、法廷であなたに不利な証拠として用いられることがある。）
3　You have the right to have an attorney present during questioning.（あなたは弁護士の立ち会いを求める権利がある。）
4　If you cannot afford an attorney, one will be provided for you.（もし自分で弁護士に依頼する経済力がなければ、公選弁護人をつけてもらう権利がある。）
上記の４警告に定まった様式はなく、各自治体警察機関によって読み上げられる内容はまちまちである。

※2　ミランダ・ルールをめぐる誤報
2013年４月21日付の『読売新聞』は「米当局、共犯者捜査に全力…黙秘権認めない方針」と題する記事を、同日付『毎日新聞』は「ボストン・マラソンテロ：米当局、逮捕の容疑者に黙秘権認めず」と題する記事を書いた。また、NHKは同日、「ボストン爆破テロ　回復待ち取り調べへ」と題する記事の中で、「FBIは、ジョハール容疑者は、爆発物を隠し持つなど公共の安全を損ないかねない特別な容疑者だとして、通常の刑事事件の容疑者に認める黙秘権などの権利を認めない意向」だと報じた。

秘を認めなかった」って書いてある。このような完全な間違いもあったんです。このことを私が出ているMXテレビの『ニッポンダンディー』という番組で取り上げる際に、テレビ局のスタッフも出演者も理解せず、たいへん議論になった。

　ミランダ・ルールがあって、我々が調べる限り、それの告知を行わなかった。だから日本のメディアは誤報をしているんだということを言ったんです。そんな権威ある大メディアが誤報してるって、ちょっと受け入れ難いじゃないですか。

　さらにその議論のなかで、誰だとは言いませんけれども、黙秘権について――黙秘権の告知じゃないですよ――、黙秘権そのものについて、異論があると。黙秘権を認めるべきじゃないと言い出す人までいました。例えば、「麻原彰晃[※1]のようなケースを考えると、そういう人間に黙秘権を認めることは許せない。そのような思いを持っている人間はたくさんいる」と言い出したんです。「それは拷問を認めるということですよ」と私はそこで言いました。本番ではその話は出ませんでしたが、本番でもそう発言しかねないほどの様子でした。

　つまり、黙秘権なんていうものは、一部の偏った人権派の、色がついた人間だけが言ってることじゃないのかとか、重大な犯罪を犯している凶悪な人間の黙秘権まで認めるのは、けしからん、認めるべきではないといった認識を持つ人まで出てきてしまっている。この現状もあるので、黙秘権そのものと、黙秘権の告知について、分けてお話し願えたらありがたいです。


澤藤　どんな悪人であっても、本当の犯罪者であっても、生身の個人。国家権力と対峙する局面では弱者なんですね。その個人の人間としての尊厳が守られなければならないという制度、それが黙秘権です。

　先ほどのように、こんな悪い奴の人権を守る必要があるのかと言い出すと、そもそも裁判なんて制度の存在が生ぬるいということになります。リンチしたほうが早いわけです。弁護人をつける、あるいは税金で国選弁護人をつけて刑事弁護を行なうなんて、そんなことはやるべきでないという議論にもなりかねないわけです。

　けれども私は、どんな人でも、人間である限り、基本的人権があって、人間の尊厳が守られなければならないと考えます。とりわけ、強大な国家権力と対峙する局面においては、もっとも根底的なところで、人間の尊厳を守らなければいけない。それが黙秘権だと私は思うんです。

　つまり、自分の意に反してしゃべる必要がないということを保障する。屈辱的に、自分がやったことを、全部自白しなければならないというところに追い込まない。その人のやったことは、捜査機関がいろんな証拠に基づいて、きちんと立証して適切な刑罰を課す。それが当然です。それが社会の役割として当然としても、被疑者・被告人の尊厳は守る。場合によると、死刑よりも、意に反してしゃべらされるということのほうが、屈辱なこともあるのではないか。そのようなことはしてはならない。

岩上　自白の強要による冤罪があとを絶ちません。追い込んで、本人の意に反してしゃべらせる、それは拷問を認めるということと同じですし、その結果、冤罪を招くのは何重もの悲劇であり、不正義です。

澤藤　そうです。まったくそのとおり。いま私が申し上げたのは、非常に理念的なことですよね。

　しかし、実際にこの憲法ができる前、日本国憲法ができる前の刑事手続がどうであったか。はっきり言えば、天皇制政府が特高警察を使って、政治犯をどういうふうに痛めつけ、いたぶり、あるいは宗教者をどういうふうに弾圧してきたか。自白を強要し、拷問までやり、場合によると、本当にリンチで殺したわけですね。

　こういうことの反省。一つは、人類の英知が到達した個人の尊厳を守るという、この原則を大事にするということ。それから戦前までの天皇制政府の野蛮な刑事警察権の行使のあり方の反省、この反省が現行憲法にはあるのです。刑事被告人の権利を保障するための刑事手続きが一〇カ条にわたって書かれています。[※2]

　そして公務員による拷問は絶対にこれを禁ずるというのが三六条になったわけです。

　ところが「絶対にこれを禁ずる」だったものから、自民党案は「絶対に」を取ったんです。わざわざ。

岩上　わざわざ。

澤藤　わざわざ。つまり、これは場合——社会的な重大犯罪、あるいは刑事被告人が非常な凶悪な性格を持っている場合——によっては、拷問の可能性を残すとしか読めないですね。

岩上　麻原彰晃を一例として出したけれども、これはあながちピント外れな例ではなくて、彼は凶悪犯であり、かつ、同時にテロリストという扱いを受けました。

※1　麻原彰晃
本名 松本智津夫。1994年に松本サリン事件、1995年に地下鉄サリン事件などを起こしたオウム真理教の教祖で事件の首謀者とされる。1995年5月16日に山梨県西八代郡上九一色村の教団施設で逮捕された。2004年2月27日、東京地裁は死刑判決を言い渡し、2006年9月15日、最高裁判所は特別抗告を棄却し死刑判決が確定した。（ウィキペディアより）

※2　憲法の人権規定は30カ条あり、そのうち10カ条は刑事手続に関する人権規定である。刑事訴訟法は憲法の手続法と呼ばれ、その原理の多くは憲法に由来している。それは、刑罰権の実現という国家の活動が極めて権力的な活動であるために、同時に個人の人権を侵害する危険性もまた高いからである。国民の権利を擁護することを目的とする国家が、国民の権利を保障しながら、いかに刑罰権を実現してゆくか。こうした問題は、個人の基本的人権と国家権力との関係という法学の基本的課題を私たちに突きつける。（「高内寿夫HP 刑事訴訟法 http://homepage2.nifty.com/takauchi/kougi/keiso.htm より」）

自民党改正草案
（拷問及び残虐な刑罰の禁止）
第三十六条　公務員による拷問及び残虐な刑罰は、禁止する。
（刑事事件における自白等）
第三十八条　何人も、自己に不利益な供述を強要されない。
2　拷問、脅迫その他の強制による自白又は不当に長く抑留され、若しくは拘禁された後の自白は、証拠とすることができない。
3　何人も、自己に不利益な唯一の証拠が本人の自白である場合には、有罪とされない。

現行憲法
第三十六条　公務員による拷問及び残虐な刑罰は、絶対にこれを禁ずる。
第三十八条　何人も、自己に不利益な供述を強要されない。
②　強制、拷問若しくは脅迫による自白又は不当に長く抑留若しくは拘禁された後の自白は、これを証拠とすることができない。
③　何人も、自己に不利益な唯一の証拠が本人の自白である場合には、有罪とされ、又は刑罰を科せられない。

アメリカは、グァンタナモ湾収容キャンプ[※1]の問題が指摘されてます。テロ容疑者であるという烙印が押されると、令状なし、証拠なしで、身柄を拘束して、ずっと勾留ができるという状態です。これは、いまだに続いてるわけですよね。

澤藤　これは文明社会では絶対にあってはならないことだと思います。むしろこういうテロ容疑者に対して、私たちは文明国として手厚い刑事手続の原則を守っていますよとアピールする、絶好のチャンスだったと思うんです。

新聞記事を見て、アメリカの司法文化というのは、そんな程度のものかと思いました。やっぱりこういうことで、例外を設けてはいけない。人間に例外はない。人権主体としての〈自然人〉に例外を認めてはならない。刑事手続における原則というのは、誰も同じように適用しなければならないと思います。

自民党案でこの、「絶対に」というのを取っちゃってるのは……。

梓澤　ちょっと恐ろしい話ですね。

岩上　たいへんな項目ですね。いきなりクライマックスにきたみたいな話ですね。

澤藤　第三八条も関連してきます。

岩上　自白の問題がここにあったんですね。

小林多喜二の悲劇を繰り返すのか

岩上　現行憲法と自民党案を比べてみても、一見、そう変わらないような印象です。逆を言うと、これは憲法違反が常態化しているということであり、わざわざ憲法の規定を変える必要がない、ということですね。代用監獄（警察の留置所）問題もここに出てくるわけですね。

梓澤　そういうことですね。先ほどの黙秘権の告知と、黙秘権を認めるかどうかの実態の問題なんですが、捕まった被疑者には、自分を守るための二つの大きな権限があります。

一つは黙秘権。もう一つは弁護人依頼権。この二つによってだけ、被疑者は自分を守ることができるわけですね。弁護人依頼権については、先ほど言いましたけれども、じゃあ黙秘権というのは何かというと、憲法三八条に書いてあるように、「自己に不利益な供述を強要されない」ということです。それは刑事訴訟法では、取調官は、黙秘権を告知しなければ、被疑者の取り調べに入ることはできない。つまり、あなたがこれから言うことは証拠にもなるが、しかし言わないこともあなたの基本的人権なんだよということを、わかるように伝えなければいけないわけですね。わかるように、というのは非常に大事なわけです。するするっと言って「黙ってもいいんだよ、だけどお前しゃべれ」と言うんじゃダメなんです。これはつまり、この被疑者が公権力に対峙する一つの主体的な存在として、自分を守る権利なわけですね。

アメリカには愛国者法[※2]というのがあります。これによれば、テロに関連すると見られる外国人は、司法手続きを経ずに七日間は拘束されます。

凄惨な取り調べが行なわれ、もしかすると、拷問をやるのかもしれない。それでしゃべらせる。そういうことが、テロリスト容疑者というのを被せた途端に、許されてしまうということになる。

また国民の側が、「それは俺たちを守るためだからしょうがない」みたいな雰囲気で、それを受け入れてしまう。そこを踏み留まらなくちゃいけない。それは、さっき澤藤くんが、戦前のひどい歴史に基づいて、三八条とか、三六条の「拷問は絶対にこれを禁ずる」という条文があるということ

※1　グァンタナモ収容所
キューバのグァンタナモ湾に位置する米海軍の基地。正式には「グァンタナモ湾米海軍基地」と訳されるが、米同時多発テロ以降、ブッシュ政権下で拘束された外国人のテロ容疑者などが収容されており、「グァンタナモ収容所」と呼ばれることが多い。
同収容所では、電気ショックや水責めなどの拷問・虐待が行なわれており、中には無実の人間もいたとされる。オバマ大統領は、2009年中に同収容所を閉鎖するという公約を掲げていたが、共和党議員のあいだには収容者の移送に対して反対意見も多く、2013年9月現在も閉鎖はされていない。

※2　愛国者法
2011年9月11日に発生した米同時多発テロを契機として、法執行機関に通信傍受のより効果的な手段を与えることや、テロに対する罰則強化などを盛り込んだ法案。2011年10月26日に成立した。この法案によって、米国民の個人情報を政府が一元管理することになり、“言論や報道の自由を侵害する”などと問題視された。同法案はもともと時限立法であったが、オバマ大統領が恒久化した。
主な条項としては、「通信傍受の規制対象の拡大」「法執行機関が入手した外国諜報情報を、諜報機関等に開示することができる（第203条）」「捜査官は、令状の執行を通知することなく家宅等を捜索できる（第213条）」「テロリストの支援者を強制退去の対象とする（第411条）」「司法長官はテロリストと認定した外国人を7日間までは無条件に拘束できる権限を持つ（412条）」などがある。

を言ったんですが、私は小林多喜二《たきじ》[※1]のよく知られた例を、ここで引用したいと思います。

岩上　それはなんという本ですか？

梓澤　ノーマ・フィールド[※2]というアメリカ人の学者の『小林多喜二――二一世紀にどう読むか』（岩波書店、二〇〇九年）という本です。シカゴ大学の教授をやっていたんですが、その人が小樽に一年間住み込んで、多喜二を知る人を訪ねて歩いて、それで書いた評伝なんですね。僕は何回も読んで思ったんですが、多喜二という人は、ヒーローとして祭り上げてはいけない。彼は、普通の青年だったということでいろんな逸話が出てくるんですけれども、彼が殺される六カ月前に、地下生活から出てきて、いわゆる追われていましたから。

官憲に捕まれば、すぐにでも拷問に遭うという立場でしたから、出てきて、お母さんとお姉さんと会って、それから、三吾さんという弟のバイオリニストとも会って、日比谷公会堂で、ヨゼフ・シゲティ（ハンガリー出身のバイオリニスト）という、バイオリニストの演奏会を聴く。聴いて、その演奏のあとに、目に涙を浮かばせて、生きる喜びを感じたと言ったことを、肉親が書き残してるんですよ。「兄は、涙を浮かべて、我々と別れて去っていった」と。その六カ月後に加えられた拷問というのは何かというと、築地警察なんですよ。いまも残る築地警察。その築地警察で、名前もこの伝記の中に挙がってるんですが、警視庁特高ナップ係の中川成夫という実名も出ています。彼と部下によって行なわれた。

「寒中、裸にされた多喜二に加えられた暴力は、彼が書いた小説である『一九二八年三月一五日』に書かれたものにも増して残忍であったと。三時間の末に、瀕死の状態で病院に運ばれて、まもなく絶命」。

ここで、彼女はこういう文章で言ってるんですね。「三時間の拷問とは何を意味するのか。情報を吐き出させるのが主眼ではない。中川たちが殺意に満ちていたことは言うまでもないが、手早く殺してしまっても、目的は果たせない。多喜二の苦しみを味わう時間を彼らは必要としていたとしか、理解のしようがない。特に、むごたらしいディテールのうちに数えられないかもしれないが、彼は、右手の人差指を手の甲に届くまで折った。もう、原稿に向かうことはありえないのに。わざわざである」。

このあまりにも酷《むご》い拷問の姿に、友人たちが目を背けたわけですね。遺体が帰ってきて。そこで、江口渙という人が「たたかいの作家同盟記」というところに書いてるんですが、こういうことを言ってます。

「母セキさんは、友人たちが遺体から目を背けると、凄みをもって無残になった息子の姿の襟を開いた。集まった人々に『傷跡を見よ』と言ったという。そして、涙で頬を濡らしながら、遺体を抱きかかえこう言った。『これ。あんちゃん。もう一度立てえ。みなさんの見ている前でもう一度立てえ。立ってみせろ』と全身の力をふりしぼるような声でさけんだ」と江口渙さんが書き残してるんですね。

憲法三六条の「絶対に」という文言の削除はそういうことだと思う。つまり、もう加害者の側が、もう人間が人間でなくなる。屈辱そのものの中で人の命を奪っていく。なぜ「絶対に」を抜くんですか！　この自民党改憲草案は！　許せないですね、僕は！　これを書いた人たちが！

岩上　ものすごく重い一言だったわけですね。小林多喜二は有名人です。作家でもあります。特別な人だと思われています。でも、ヒーローではない。普通の青年だったという話がある。多くの人が、多喜二のようにこんなに後々まで記憶・記録に残らない形で、拷問が加えられ、罪に陥れられ、あるいは、ときに殺され、ということがいままでいっぱいあったわけですよね。

梓澤　治安維持法では、七万人を超える人たちが、警察から検察官のところに送られています。一五〇人を超える人たちが獄中死しています。その中には拷問で殺された人もいると思います。その歴史から見たら、このような形で「絶対に」を取るということは、僕は倫理において許せないですね。

弁護人を付ける権利もない残念な国

岩上　先ほどミランダ・ルールということを言いましたけれども、日本においても、黙秘権があり、そして弁護人を依頼する権利があるんだということは確認しました。では、この権利をどのような形で告知するルールというのがあるんですか？　その告知については、日本においてはどのような形でルール化されているんですか？

梓澤　刑事訴訟法で、捜査官は取り調べをする際、黙秘権の告知をしなければならないと書いてありますね。それで、たしかに実務上、この人を被疑者として扱う場合には、黙秘権の告知をするということが、もう供述調書の印刷された書き

※1　小林多喜二
秋田県の農家に生まれ、北海道小樽で育つ。1928年3月、三・一五事件を題材に『一九二八年三月十五日』を発表。翌1929年『蟹工船』を発表し、日本のプロレタリア文学運動を代表する作家となった。だが同時に、作品中の特別高等警察による拷問の描写などにより、警察（特に当時の特別高等警察）からも要注意人物としてマークされるようになった。
1931年10月、非合法の日本共産党に入党し、1932年春の危険思想取締りを機に、地下活動に入る。
1933年2月20日、地下活動中に逮捕され、東京・築地署で拷問により殺された。警察当局は心臓麻痺による死と発表したが、遺族に返された多喜二の遺体は、全身が拷問によって異常に腫れ上がっていた。しかし、どこの病院も特高警察を恐れて遺体の解剖を断った。
※2　ノーマ・フィールド
Norma M. Field。1947年生まれ。
第二次世界大戦後の東京生まれ。1974年、インディアナ大学で東アジア言語文学の修士号を取得。1980年に来日し研究。1983年、プリンストン大学で同博士号取得。シカゴ大学に奉職し、現在同大学東アジア学科教授。

出しの書式に書いてあるんです。

澤藤　もうプリントされてるわけですね。

岩上　弁護人については、法律化されていなくて、まだ取り決めの段階なんですか？　先ほど、弁護人の依頼ということに関して、告知を行なうということ。それから、あるいは必ずつけるということですね。

澤藤　被疑者が望んでも、一定の重罪の場合に限られ、経済的に困窮しているという資格の要件もあります。望まなければ、必ずつけるということにはなっていません。国選は被疑者自身がもちろん起訴されれば、これは強制的に国選弁護人でもつけることになります。弁護人なしの刑事法廷というのは、ないことになっています。だけど、繰り返しになりますが、大事なのは被疑者の段階。とりわけ捕まってすぐの最初が大事。そのときに、必ず弁護人を付けなければならないということにはなっていません。

岩上　付ける権利があるという告知も、ルール化されてないわけですね。アメリカは愛国者法があって、公式化された例外をつくってしまったために、少しも文明的とは言えなくなったけれども、少なくともミランダ・ルールというのが確立されていて、黙秘権とともに、「あなたには弁護人を付ける権利がありますよ」と言ってから取り調べにのぞむ。

梓澤　しかも、弁護士が同席することがなければ、「私はしゃべらない」と言うことをいうことができる。

岩上　そうしたことがルール化されているアメリカよりも、日本は劣った状況にあったし、いまもまだそうであることを考えると、非常に残念な国ですね。

澤藤　そうですね。

岩上　当番弁護士も、弁護士会の人々の努力によって、大分県からスタートしたということですから、下からのボトムアップで形成されてきたものですよね。

梓澤　大分県から福岡県。それで全国化していった。

岩上　なるほど。

澤藤　そうですね。実際に、例えばミランダ・ルールというのも判例がつくり出したルールなのですね。日本の刑事裁判がどのぐらい厳格かということがたいへん問題になるわけです。

裁判官の表現の自由を認めない日本の裁判所

澤藤　僕は、日本の刑事裁判を全否定をするというような立場にありません。それなりに良心的な裁判官も、あるいは戦う弁護士もいて、ある程度の水準には行ってると思うんです。けれども、本当に憲法が想定しているような刑事裁判の制度や運用になっているかというと、なかなかそうではない。一つ、印象的で、広く知られている事件をご紹介したいと思います。

一九九七年の話です。寺西和史[※1]さんという裁判官がおられた。その当時、旭川地裁の特例判事補でした。盗聴法（通信傍受法。犯罪捜査のために、警察機関による通信の傍受を認めた法律。「組織的犯罪三法」として、一九九九年に公布、翌二〇〇〇年に施行された）をつくるということが問題になっていたときに、寺西さんが『朝日新聞』に投稿したんです。

当時、盗聴法推進側の勢力は、これは令状で裁判所がチェックするんだから、人権侵害のおそれはない、大丈夫だという論陣を張っていた。それに対して、実際に令状事務に携わっている寺西さんが「いや、いまの令状事務の実情は、推進側が言っているような厳格なものにはなっていません」ということを言ったんですね。これが大問題になった。

彼は、憲法や刑事訴訟法のとおりに物事をやらねばならんという使命感を持って仕事をする人です。

例えば、令状事務の厳しいチェックをする。そして、さっきちょっと出ましたけれども、代用監獄には原則としてやらない。留置場所は、ちゃんと拘置所にすべきだという、法律の原則どおりのことを彼は実践していた。

ところが、彼の取り組みは準抗告[※2]が出て敗れるんですね。だから、だんだんとそれを絞らざるを得なくなった。そんなことも書いて、令状事務というのは、そんなに厳格に法律のとおりにはなっていませんよということを投書した。それで所長から注意されたわけですね。

彼はそのすぐあとに、仙台の地裁に移るわけですけれども、盗聴法に反対する集会があって、そこに招かれたわけですね。彼は、当然自分の経験を話そうとして引き受けた。裁判官にだって、表現の自由がある、発言の権利があるということで行くつもりだったのです。ところが、所長から、「行くな。行けば、懲戒になる」と言われたんです。

岩上　所長というのは、裁判所長ですか？

澤藤　地方裁判所の所長です。

岩上　寺西さんというのは、裁判官？

※1　寺西和史
日本の裁判官。京都大学法学部卒業。1990年、司法試験に合格。1993年、判事補に任官。
被疑者を代用監獄（現・代用刑事施設）に送るべきではないという考えから、令状審査では拘置所に送る決定を常に下していたが、検察官の準抗告によってほとんどの決定を覆されていた。
1997年に令状によって盗聴を可能とする組織的犯罪対策法案に反対し、「信頼できない盗聴令状審査」と題する批判を朝日新聞の読者欄に投稿、旭川地裁所長から厳重注意処分。
1998年、組織犯罪対策法案反対派主催の集会でパネリストとして出席を依頼されたが、裁判所からは出席辞退を求められ『法案に反対することは禁止されていないと思う』と発言。戒告処分を受け、最高裁の判断を仰いだが処分妥当と判断された。
10年の任期を迎えた2003年3月に再任され、判事となった。
（ウィキペディアより）

※2　準抗告
訴訟手続における不服申立ての一種。その働きは抗告に似るが、上級裁判所への救済申立てでない点で、これと異なる。
（『kotobank』より）

澤藤　裁判官ですが、判事補というまだ一人前でない地位。彼はどうしたか。行くか行かないか迷った末に、一応行くだけは行った。そして、パネルディスカッションのパネラーになるはずだったのを、自分は登壇はできませんというふうに言った。そして、登壇ができない理由を述べたわけですね。「所長から注意をされました。このまま、パネルディスカッションに参加すると懲戒されるということですから、私は参加できません」と言った。

その理由を述べたことが、裁判官として、積極的な政治行為をしたという認定で、分限裁判（判官分限法に基づき、裁判官の免官及び懲戒に関して行われる裁判）を起こされた。裁判官を懲戒するには分限裁判という手続きを踏まなければいけない。これは高等裁判所でやるんですよ。

訴追側は、地裁所長がやる。そして、仙台高裁は、これは裁判官の積極的な政治活動にあたるとしました。それはないだろというんで最高裁まで行った。最高裁大法廷で一〇対五でした。弁護士出身者はみんな、このぐらいのことはやっていいだろうと。職業裁判官を含めて、官僚上がりの裁判官たちは、やっぱりダメだと言う。

彼は、戒告ですけれども、処分をされたという経歴が残った。

岩上　身分剥奪とかそういうことにはならなかったんですね？

澤藤　身分剥奪のためには、弾劾裁判※1というのを国会でやらなければならないわけですけれども、そこまではならない。しかし、これは、あんたはやっちゃいけないことをやったということになったわけですね。彼は納得できないけれども、それ以上争う方法がない。

つまり、現職の裁判官が、自ら、「令状事務というのはちゃんとしたチェック機能を果たしていませんよ」と言うのは、まことにもっともで、我々の実務感覚にピッタリ合ってるわけですね。実情を知るものにとっては、それが常識になっていると思います。ところが裁判官には真実を語る権利がない。

このように、現行の刑事訴訟について、憲法に書いてあることが、そのまま理想通りに運用されているのではないということは、是非ご理解をいただきたい。それをさらに改悪したら、それはもうたいへんなことになるということ、これもご承知いただきたいと思います。

残虐な刑罰を禁ずる国に残る死刑制度

澤藤　もう一つは、「拷問は禁ずる」というのと、「残虐な刑罰も禁ずる」というのがありますね。この残虐な刑罰の中に死刑が入るかどうかということは、いま、世界ではたいへん大きな問題になっています。いわゆる、死刑廃止問題が出ているわけです。

岩上　ここですね。自民党案ですら、「公務員による拷問及び残虐な刑罰は、禁止する」となっています。この残虐な刑罰の中に死刑が……。

澤藤　入るかどうか、ですね。多くの文明諸国と言われているところでは、圧倒的に、死刑は廃止になっているわけですから[※2]、憲法の理念というのも新しい進歩の趨勢というのがあるわけで、その進歩の趨勢の中で新しく捉え直すとすれば、これは死刑廃止を盛り込んでいいわけですけれども、そこまではしていない。

しかも「絶対に」を除いたことで、数歩、逆に退歩してしまっているということがまずは残念ですね。

岩上　僕は、第三六条と第三八条に入るときに申し上げましたが、読んでも、どこに差があるとはわからないんです。素人の僕らが読んで、よくわからないけれども、実は奥行きが深いんですね。非常に深いたいへんな内容があるんだということがわかりました。

第一三条の改悪と一体となって、私生活にも権力が

岩上　第三五条ですが、自民党案では細かな文章が変えられていますが、読んでみると、たいして変わっていないように思います。

三六条が先ほど出ました。「公務員による拷問及び残虐な刑罰は、絶対にこれを禁ずる」が、三六条「公務員による拷問及び残虐な刑罰は、禁止する」となっています。この「絶対に」を、もし梓澤先生の怒りと涙のこもったお話をうかがわなければ、この三文字にどれだけの重さが込められているのか、たぶん理解できなかったんじゃないかなと、本当に思います。

第三七条もあまり変わらないような感じがします。あまり大きく変わっているようには見えません。どうでしょうか？

澤藤　そうですね。だから、三六条の「絶対に」のところが、いま言ったような。

岩上　非常に大きな変更――。

梓澤　たしかに三五条はほぼ変わっていません。ただこれも、先ほどのように、公権力の行使を制限する条項として、変えられてはいけないがゆえに、改正の発議要件を三分

※1　弾劾裁判
日本国憲法において裁判官の独立を保障する観点からその身分は手厚く保障されており、罷免される場合は以下の3点に限定されている。
1　心身の故障のために職務を行うことができないと決定されたとき（裁判官分限裁判）
2　公の弾劾によるとき(64条)
3　国民審査において、投票者の多数が罷免を可とするとき（最高裁判所裁判官のみ）
裁判官弾劾裁判所は、14人の裁判員によって構成される。裁判員は衆議院及び参議院の各議院からそれぞれ7人の国会議員が選任される。裁判長は、裁判員が互選する。

※2　2012年12月現在、あらゆる犯罪に対する死刑を廃止しているのは97カ国。対して、過去10年の間に死刑の執行を行ったことのあるのは42カ国。

自民党改正草案

（住居等の不可侵）

第三十五条　何人も、正当な理由に基づいて発せられ、かつ、捜索する場所及び押収する物を明示する令状によらなければ、住居その他の場所、書類及び所持品について、侵入、捜索又は押収を受けない。ただし、第三十三条の規定により逮捕される場合は、この限りでない。

2　前項本文の規定による捜索又は押収は、裁判官が発する各別の令状によって行う。

（刑事被告人の権利）

第三十七条　全て刑事事件においては、被告人は、公平な裁判所の迅速な公開裁判を受ける権利を有する。

2　被告人は、全ての証人に対して審問する機会を十分に与えられる権利及び公費で自己のために強制的手続により証人を求める権利を有する。

3　被告人は、いかなる場合にも、資格を有する弁護人を依頼することができる。被告人が自らこれを依頼することができないときは、国でこれを付する。

現行憲法

第三十五条　何人も、その住居、書類及び所持品について、侵入、捜索及び押収を受けることのない権利は、第三十三条の場合を除いては、正当な理由に基いて発せられ、且つ捜索する場所及び押収する物を明示する令状がなければ、侵されない。

②　捜索又は押収は、権限を有する司法官憲が発する各別の令状により、これを行ふ。

第三十七条　すべて刑事事件においては、被告人は、公平な裁判所の迅速な公開裁判を受ける権利を有する。

②　刑事被告人は、すべての証人に対して審問する機会を充分に与へられ、又、公費で自己のために強制的手続により証人を求める権利を有する。

③　刑事被告人は、いかなる場合にも、資格を有する弁護人を依頼することができる。被告人が自らこれを依頼することができないときは、国でこれを附する。

の二以上とした硬い憲法であるという意味があります。

岩上　硬性《こうせい》憲法（その改正にあたり通常の法律の立法手続よりも厳格な手続を必要とする成文憲法）であると。

第三五条は、家宅捜索について書いているんだろうと、我々は読むわけですね。家宅捜索については令状が必要なんですよ、ということは、わざわざ憲法に明記するほど大事なことなんでしょうか？

梓澤　ある実例を申し上げましょう。警察官が、この家が怪しいと言って、建物の横に隠しマイクを付けました。隠しマイクを付けて、中の様子がわかるようにした。これは、令状なしでやったんですね。

岩上　実話なんですね。

梓澤　裁判例の実話なんですね。ところが、本当は、それをやるには、検証令状というのが必要なんです。

ここ三五条の言ってることは、ひと言で言うと、「私生活というものは、公権力が基本的に入ってはいけないんだ」ということです。憲法一三条で、プライバシーの権利が保障されています。

岩上　憲法第一三条（三七頁参照）。「幸福追求権」としてよく知られる、たいへん有名な条文です。自民党案では、現行憲法の「個人」から「人」へ。そして「公共の福祉」から「公益及び公の秩序」と、こういうふうに変わっているわけです。

梓澤　いま、多くの憲法学の学説では、この第一三条の中に、人の私生活における、私生活領域確保の自由——すなわちプライバシーの人権——が、この憲法上の人権として、人格的生存に関わる権利として、保障されるというふうに読み込んでいます。

さて、先ほど挙げた実例のようなことで、令状なしに人の私生活に入り込んだのに、「やむを得ない」というような裁判例になっていまして、少しゆるゆるになっているんですね。

岩上　違法捜査であったとして、指弾されるということがなく、証拠として採用されてしまった？

梓澤　されてしまった事例があります。そして、さらにもう一つ、先ほど、澤藤弁護士が紹介したように、盗聴法というのは、現在の法律上の言葉としては、通信傍受法という形で、特定の麻薬犯罪などに関しては、それが組織犯罪になるという要件をそなえ、他に捜査の手段がないという補充性があれば、通信傍受令状というのが出てきて、その通信——電話連絡やメール——に入り込めるという立法がすでになされています。

そのときに大事なことは、そのような法律の運用がどこで歯止めが効くのかと言えば、現在の憲法第一三条で、一般的に人格権が守られ、プライバシーが守られている。ただ、現行憲法は、それは「公共の福祉」のときだけ制限されるのに対して、自民党案では「公益及び公の秩序に反しない限り」となるのですから、捜査という全体利益がある場合には、容易に入ってきてしまう。憲法三五条は変わっていなくても、憲法一三条の改悪と一体になってくると、このゆるゆるが、もっとゆるゆるになって、私的領域に権力がばんばん入ってきます。

〈公益及び公の秩序〉で全体主義国家へ

梓澤　僕が一番恐ろしいのは、電話ですね。電話を盗聴されない権利は、通信の秘密と言って、現行憲法第二一条の第二項（六三頁参照）で保障されています。

岩上　検閲の話ですね。

検閲というのは一般的に、パブリックに表現をするようなものに対するものですよね。一方、通信の秘密というのは個人間、二者間で行なう通信です。だから手紙、電話、ファックス、メールとか、こうしたものの秘密は守られる。勝手にそれを盗み見たり、これを侵してはいけないということになってるわけですよね。

一方、自民党案ですが、第二項が新設され、「前項の規定にかかわらず、公益及び公の秩序を害することを目的とした活動を行い、並びにそれを目的として結社をすることは、認められない」と明言されている。通信の秘密にはかかってませんね。二者間ということにはかかってなくて、「集会、結社及び言論、出版その他」つまり、不特定多数の人に向かって、何か情報を発信するという行為に関しては「公益及び公の秩序を害することを目的とした活動を行」ってはならないとなっています。

問題は、「公益及び公の秩序を害することを目的とした活動」の判断ですよね。

梓澤　こういうことなんです。現行憲法二一条二項は、通信、すなわち個人的な会話、個人的な行き来を絶対的に保障しています。自分の腹の中で何を考えてもいいのと同じように、親しい者との間で、何を話そうが自由でしょ。

この私的生活の自由に入り込んでくるのが、今度の自民党改憲草案の第一三条です。「いまの政府秩序に反するなんか活動をやろうとしてるな、じゃあ、監視のもとに置こうじゃないか」となりかねません。これは公、公共の秩序に反するんだからと。そういう、つまり一三条の改正とこの二一条の二項の通信の自由とを一体として読み込まないと、わかりにくいんですね。

岩上　なるほど。これはもう、全体主義国家の基盤ですよね。私は、戦前のファシズムは、当然のことですが、体験してないですけど、ソ連には、崩壊前に取材に行ったりしました。当時は、ペレストロイカの時代ですから、ゆるくなっていましたが、かつてはどうだったかという話を散々聞きました。スターリン時代[※1]、あるいはブレジネフ時代[※2]もそうですけれども、家庭内で話した話が、翌日漏れて、秘密警察に連行される。もう、家族間、夫婦間、親子間、兄弟間でも、本当に気を許せない。スターリン批判をしたようなことがあれば、翌日には気づかれる。

さらに恐ろしいことに、それが正確ではないんです。つまり、本当に家の中でスターリン批判やブレジネフ批判をしていなくても、連行されることもあったようです。理由はまったくわからないという人たちもいました。その後、行方がどうなったか、いまだにわからない人たちが山ほどいる。

私的空間での私的な会話とか、通信、コミュニケーションの自由に、公権力が入れるということになったらば、果てしなくそこに侵入していって、しかも、時には乱用さえされる。

　恐ろしいなと、本当に思います。

梓澤　一九九〇年に、韓国に初めて訪問したんですね。韓国では一九八六年に、民主化大抗争が起こり、一九八七年に軍政から民政に変わってまもなくですね[※3]。

岩上　そうですね。そして八八年にオリンピックが行なわれた。

梓澤　ですね。まだ三年ですよ。民政になってから。当時は盧泰愚《ノ・テウ》大統領[※4]だった。そのときに、韓国に長いこと、一人は獄中一九年、一人は一七年入った徐兄弟。徐勝《ソ・スン》、徐京植《ソ・キョンシク》という二人の兄弟[※5]がいて、その人たちを訪ねようと思って電話こっちからをかけたんですが、いやに素っ気ないんです。「何時、どこ行く？」と尋ねても、「へえ、そうですか。へえ」なんて言う返事しかない。もうあの人、出迎えにこないなと思ったら、きてるんですよ。あとで、彼との会話は全部盗聴されていると教えてくれました。

　もちろん尾行もつきます。保安観察法により、いったん政治囚で入った者が出てきた場合、仮釈放になってもずっと観察下に置かれる。

　このあいだ、ＣＳＴＢＳのある番組に出たときに聞かされたんだけど、アメリカでもユタ州にすべての私人の会話を全部録音できるような、巨大体育館みたいなものを建設中だそ

※1　スターリン（Iosif Vissarionovich Stalin）
1879 ～ 1953。ソ連の政治家。グルジアの出身。ロシア革命ではレーニンを助けて活躍。その死後、一国社会主義論を唱えてトロツキーら反対派を追放。1936 年新憲法を制定し、反対派・批判派の粛清を行った。第二次大戦では英国・米国などと共同戦線を結成し、対ドイツ戦を勝利に導き、戦後は東欧諸国の社会主義化を推進。死後、フルシチョフらから個人崇拝や専制的傾向を批判された。
（『kotobank』より）

※2　ブレジネフ（Leonid Il'ich Brezhnev）
1906 ～ 1982。ソ連邦の政治家。ウクライナのカメンスコエ（現・ドニエプロジェルジンスク）で金属労働者の家に生まれた。1931 年共産党に入党。第二次世界大戦中は南部戦線で軍の政治委員を務めた。52 年党中央委員会幹部会員候補、党中央委員会書記となったが、翌年スターリン死後の機構改革で解任され、軍総政治部副部長に一時格下げされた。54 ～ 56 年カザフ共和国党中央委員会第二書記、次いで第一書記となり、カザフスタンの大規模な開拓事業を指導した。
（『kotobank』より）

※3　大統領の直接選挙制を中心とした民主化を要求するデモを中心とした運動（6 月民主抗争）を経て、大統領直接選挙制の受け入れと、反体制政治家・金大中の赦免・復権などの一連の民主化措置を骨子とした「6・29 宣言」を全斗煥政権から引き出すことに成功した。http://ja.wikipedia.org/wiki/ 民主化宣言

※4　盧泰愚
1932 ～。韓国の軍人、政治家。第 13 代大統領。慶尚北道出身。1955 年陸軍士官学校を卒業。80 年全斗煥の後を受け軍保安司令官に就任し、翌年には政界入りした。88 年から第 13 代大統領を務める。ソウルオリンピックを成功させ、当時のソ連・中国と国交を樹立。退任後、全前大統領と実行したクーデターの罪を問われた。
（『kotobank』より）

※5　徐勝（ソ・スン、1945 年～）は、京都府生まれ。1968 年東京教育大学卒。韓国国立ソウル大学校大学院に留学中の 1971 年、スパイとして国家保安法違反容疑で KCIA に逮捕された。公判では、いわゆる北朝鮮の「工作船」に乗り込み、非合法な形で金日成と朝鮮労働党支配下にある北朝鮮に渡ったことを認めている。以降、19 年間を獄中で過ごす。1990 年釈放。米国・カリフォルニア大学バークレー校客員研究員などを経て、1998 年から立命館大学コリア研究センター長、法学部教授を歴任し、2011 年 3 月をもって定年、4 月より特任教授。専門は、比較人権法、東アジアの法と人権、現代大韓民国の法と政治。当時、共に逮捕された人権運動家の徐俊植、作家で東京経済大学教授の徐京植は実弟。

うです。※1

岩上　盗聴した記録のデータベースができるんですね。

梓澤　だから、そういうふうにして、テロ防止の名目で、すべての国民の私生活を監視のもとに置くという、いわゆる国家構想ですね。

その一端が、この憲法第一三条の自民党改憲草案の「公益及び公の秩序に反しない限り」人権が保障されるという、そういうところに僕は反映してると思います。

岩上　本当に恐ろしい話ですね。

国防軍は、何を守ろうとしているのか

澤藤　「公共の福祉」が、「公益及び公の秩序」に変えられようとしてますけれども、公共の福祉という用語も、最初から一義的なものではなかった。公共の福祉というのは、何であるかということを長年かかって、憲法学者も実務家も、その内実をだんだんと固めてきたわけですね。

それは現在のところ、基本的人権が衝突するときの、〈調整の原理〉というふうに読もうという約束となっています。この考え方の根底には、憲法の価値としてあるのは、人権のみという考え方ですね。

岩上　人権こそ至高だと。

澤藤　人権だけが、根源的に大事なもの。その人権を実現するために、例えば国家があったり、地方自治体があったり、その他の国家機関があったり、その運営方法や権限の定めがあったり……。しかし、究極的に価値のあるものは、これは人権のみ。個人の尊厳、あるいはそれを具体化した人権のカタログ。これだけが重要なもので、これが衝突する限りにおいて、その〈調整の原理〉が必要となります。

私の表現の自由と、その表現の中に出てくる他人のプライバシーの権利とが衝突するときに、どう調整するかの原理が必要です。それを公共の福祉という言葉に置き換えて、人権対人権の〈調整の原理〉として考えようという、こういう約束になってきたわけです。

それを明確に、そうではないと言っているのが、衆議院の憲法審査会での自民党の説明です。

岩上　具体的には誰ですか？

澤藤　まず、平沢勝栄さんが「『公共の福祉』は意味が曖昧である。これを『公益及び公の秩序』と改めることにより、憲法によって保障される基本的人権の制約は、人権相互の衝突の場合に限られるものではないことを明確にした」（第三回憲法審査会、二〇一三年三月二一日）とおっしゃいました。

ここまでは、「Q＆A」に書いてあることなんです。

同じ日に、船田元さんが、えらく張り切って、「『公共の福

祉』の文言は曖昧であり、概念を整理して議論する必要がある。これは二つの柱から成り立っている。一つは人権相互の調整原理であり、もう一つは社会的、かつ、社会的価値の実現である」と、こういうふうに言っているんですね。それを明らかにするため、『公共の福祉』は『公益及び公の秩序』と改められるべきである」（第三回憲法審査会）と続けました。

つまり、先ほど私が述べたように、いまの普通の考え方は、憲法価値として大事なものは、人権だけで、人権と人権が衝突するときには〈調整の原理〉が必要だとなっています。

ところが、こういう考えではなくて、人権以外に、人権を超越する価値がありうるというのが、彼らの考え方です。船田さんは「社会的価値」と言ってますけれども、はっきり言えば、「国家的価値」なわけです。あるいは政治的な価値なわけですね。それが何であるかということは、むしろより曖昧になってしまっている。

しかし、人権相互の〈調整の原理〉ではない、人権を凌駕する価値を認めれば、こんな便利なものはないわけですね。うるさいことを言わせないで押さえ付けることができる。先ほどの、まさに旧ソ連のような全体主義国家。国家的な利益に反すると言えば、言論を封ずることもできる。宗教的な自由を封ずることもできる。これは、人権を抑制する原理になっていますから、たいへん危険です。

それから、いま問題になっている刑事手続にも、適正な刑事司法作用という国家的な価値、あるいは社会的な価値を貫徹するためには、人権には遠慮してもらうということは、これは自民党案ではできることになるわけですから、こういう改正をさせてはいけませんね。

岩上　元統幕議長だった栗栖《くりす》弘臣[※2]さんが、二〇〇〇年に『日本国防軍を創設せよ』（小学館）という本を出版して、話題になりました。

※1　ユタ州に巨大監視センターを建設する米国国家安全保障局（NSA）

国家安全保障局（NSA）がユタ州の山間の町ブラフデールに巨大な情報監視センターを密かに建設中であることが、長年NSAの動きを追い続けてきたジェイムズ・バンフォード記者のスクープで判明した。http://democracynow.jp/video/20120321-1（Democracy Now!）

2013年6月、元CIA技術者であるエドワード・スノーデン氏によって、NSAが数百万人にも及ぶ市民の通話記録やインターネット上の情報を収集していたことが明らかになった。スノーデン氏によると、2007年にNSAは「PRISM（プリズム）」というプログラムを開発し、米国のインターネット企業から随時個人データーを集めていた。さらに、NSAは世界中の通話記録を集めており、日本の駐米大使館も盗聴されていたことが判明している。

※2　栗栖 弘臣

1920～2004。日本の内務官僚、海軍軍人及び陸上自衛官。第12代陸上幕僚長、第10代統合幕僚会議議長。この本の中で栗栖氏は「今でも自衛隊は国民の生命、財産を守るものだと誤解している人が多い。政治家やマスコミも往々この言葉を使う。しかし国民の生命、身体、財産を守るのは警察の使命（警察法）であって、武装集団たる自衛隊の任務ではない。自衛隊は「国の独立と平和を守る」（自衛隊法）のである。この場合の「国」とは、わが国の歴史、伝統に基づく固有の文化、長い年月の間に醸成された国柄、天皇制を中心とする一体感を享有する民族、家族意識である。決して個々の国民を意味しない」（78ページ）

自民党が創設しようとしている軍隊の名称も「国防軍」ですよね。だから、何かしらの影響を、この本は与えたんだと思うんですけれども、この中で、「国防軍は国民を守らない」とはっきり書いてあるんですね。いわゆる戦時において国民を守るのは、それはせいぜい警察がやることであって、国防軍が守るものは国体、国柄である。そして、万世一系の天皇制を守るんだと、はっきり言っているんです。

　つまり「社会的価値」というと、まだ少し曖昧模糊としてるけど、政治的価値、国家的な価値であり、もっと言えば、こういう極端な右派としてみれば、結局のところ、天皇制という価値なのかもしれません。万世一系の天皇制というその理念――非常に曖昧なものですけれども――を守るんであって、国民を守るための国防軍ではないとまで、この本で明記してるんですね。まさにそれと通底する話じゃないかなというふうに思いました。

たとえ公開裁判を保障しても、非公開の軍事裁判所とセットでは……

梓澤　三七条ですか、今度は。

岩上　はい、三七条です。これは、ほとんど変わりがないですが、こっちもなんかあるんでしょうね。

澤藤　いやいや、変わりがないんです。

梓澤　ただし……。

岩上　ありますか？

澤藤　この条文には、被告人の権利しか言及してないんですよね。つまり、いまや被疑者の権利というのが非常に重要なわけです。法律レベルでは、被疑者に国選弁護人選択の制度ができていますから……。

岩上　ああ、なるほど。「被告人」と言ったときにはもう起訴されたあとなんですね。

澤藤　そうですね。起訴の前が実はたいへん重要なわけですが、被疑者の権利に触れていません。

岩上　現行憲法でも書かれていない。十分でないんですね。

梓澤　現行憲法も自民党案も、第三七条第一項はほとんど同じです。ところで、改憲草案の九条の二の五項をちょっと見ていただけますか？

岩上　九条の二の五項。「国防軍に属する軍人その他の公務員がその職務の実施に伴う罪又は国防軍の機密に関する罪を犯した場合の裁判を行うため、法律の定めるところにより、国防軍に審判所を置く。この場合においては、被告人が裁判所へ上訴する権利は、保障されなければならない」とあります。

　これは審判所を置くというのは、たいへん問題であるという話でした（二六頁参照）。

梓澤　この審判所に関わるんですが、石破茂さんは四月二二日の週刊『BS―TBS報道部』のインタビュー番組において、キャスターから、「この審判所は非公開ですか？」といわれて、「非公開です」と明言いたしました。

これは僕は、解釈上、いままで非公開だなと思っていたんですが、起草に加わった石破さんが非公開と言ったことで、非常に問題がはっきりしました。

さて、三七条一項は、自民党改憲草案でも「被告人は、公平な裁判所の迅速な公開裁判を受ける権利を有する」となっていますが、この被告人に保障された公開裁判を受ける権利はここで奪われるわけです。

同じ番組で、石破さんはこういう主旨のことも言っています。「上官の出動命令に従わない兵士に対しては、死刑、無期または懲役三〇〇年と言ったような、その国の最高の刑が考えられなければならない。それが国防軍だ」。

そういう脅しがあったとしても、兵士が、「人を殺す不合理なものには参加できない」と言ったときには、この非公開の審判所で裁かれる。

たしかに、「上訴をする権利は、保障される」と書いてありますが、ほとんどこういうものは一審で決まります。しかも石破さんは「戦前の軍法会議の歴史を調べなければならない」と言った。

調べてみると、二〇一二年八月一四日のNHKスペシャルで、『戦場の軍法会議――処刑された日本兵』という番組がありました。この取材班による『戦場の軍法会議――日本兵はなぜ処刑されたのか』（NHK出版、二〇一三年）もあります。飢えで倒れ、従軍できなかった兵士が、脱走の罪で冤罪で死刑にされた事例も伝えられています。

この三七条で、公開裁判を保障しているはずのところが、国防軍審判所という非公開の軍事法廷でされると、このような悲劇が繰り返される。

ＴＰＰ参加で、非公開の仲裁も付いてくる

岩上　裁判が公開で行なわれることは、すごく重要なことだと思うんですね。近代の司法には公開であるということと、それから弁護人を付ける権利、弁論の権利があるとか、いくつか重要なことがあると思うんです。

刑事被告人の権利だけでなく、民事、あるいは法人間の紛争、それから行政を相手の訴訟等々も含めて、裁判の公開性というものが失われるというのは、たいへん重要な問題ではないかと思うんです。

というのは、ＴＰＰにおいて、ＩＳＤ条項がある。そのＩＳＤ条項によると、他国に進出していった資本が、その国の

法律、規制、その他によって、自分たちの期待した利益を得られないということであれば、訴えることができる（一三五頁参照）。

ただし、その国の裁判所ではない。世界銀行の下の国際紛争仲裁センターというところに持っていかれるわけですね。これには、その国の司法主権が空洞化してしまうという問題と、それからそこの場所で行なわれる仲裁が非公開であるために、中身がわからないという問題があります。

そしてルールがあらかじめ定められていない。これは調停だから、毎回違う。そして判例の積み重ねも明らかにならない。公正な審判が下されるという保障がない。かつ、一審しか認められない。

その国の主権のもとの裁判所ではないということ。これは重大な司法の主権の空洞化を生み出すばかりか、憲法の定めた裁判の原則に、反するものではないかと思うんです。どうなるんでしょう？

澤藤　裁判ではないわけですよね。それはね。

岩上　しかし、これに従わなければいけないわけですね。

澤藤　裁判ではなくて、それは仲裁手続ということになるわけですね。国際仲裁。これは、たしかに非常に問題があるんだけれども、非常に問題があることを知りながら、ＩＳＤ条項を含む条約を締結すれば、条約を遵守する義務というのは憲法上、生ずることになるわけです。

私は消費者問題をずっとやってきました。消費者運動を積み重ねてきて、日本の消費者行政はそれなりに優れたものになり、行政規制もかなり厳しい。安心して消費生活を送れるように、そういう社会をつくってきたはずなのに、ハーモナイゼーションというような言葉で、その安全基準が引き下げられる。

あるいは、外国企業がＩＳＤ条項を盾にして、仲裁申し立てをして、金をふんだくっていく。本当に腹立たしいことです。でも、そういう政府をつくって、その政府がそういうことを知りつつ条約を結び、その条約を国会が承認をして批准をする。つまりは、国民がそういう行動をとって、そういう方向を望んだということになると、そのこと自体の違法や無効を事後的に争うことはなかなか難しい。

岩上　事後的には争えない。

澤藤　非常に難しい。

岩上　ＴＰＰはいま、政府は猛烈な勢いで進めてるわけですね。ここの場は憲法を中心に話す場ですから、九六条の改正の問題などを、まず一番ホットなトピックとして話していますけども、自民党と政府がいま全力を挙げているのは、まさにＴＰＰなんであって、猛烈な勢いで前のめりになってます。

交渉参加を表明し、その直後には、今度、日米間の事前協議についても明らかになりました。[※1] そこでは盛んに、国益を守るだけの交渉力があるんだということをアピールしていました。

そして、国益を守るという中に、非関税障壁の問題もあるんですけども、関税だけに限って言っても、五つの重要品目（米、麦、牛肉・豚肉、乳製品、サトウキビ〔甘味資源作物〕）は守るということは言ってたわけですね。にもかかわらず、現実にはほとんど対米交渉で押しきられている。

それどころか、アメリカの要求してきた牛肉の問題。BSE発生後規制してきたのが取っ払われた。そして、自動車関税に至っては、日本市場への米国車の輸入に関しては、すでに関税はゼロなのに米韓FTA[※2]でさえも関税撤廃までの期間が五年なのに、これが日本車にかける関税だと一〇年、あるいはそれ以上となります。つまり、米韓FTA以上の不平等な話で、かつスナップバック条項[※3]が入っていて、アメリカの都合で撤廃した関税はいつでも元へ戻せるようになっています。日本にはスナップバックは認められず、逆に関税を撤廃したら後戻りできないラチェット条項がかかるとみられています。さらには、どうあっても米国車の輸入量を二倍にしろと。これはもう、自由競争じゃないですよね。数量を決めて、お前は買え、という押し売りですよね。

こんな無茶を言う米国に押し切られて、こんなにも交渉力がなくて、「我々は交渉力がある。守るべきは守り、攻めるべきは攻める」と言っているのが、いまの自民党であり政府です。

一方で、自民党の改憲案を見てると、超国家主義的で愛国主義的な言葉が並び、国権で国益を貪欲に追求する政府、あるいはそういう法体制が見えてきます。

澤藤　まったくそうですね。

岩上　一方で、米国の言いなりになって国富を差し出し、他

※1　TPP交渉への参加表明と日米事前協議
安倍総理は3月15日、首相官邸で記者会見を開き、TPP交渉への参加を正式に表明した。その後、交渉会合への参加に先立ち、日米2国間での事前協議が行なわれた。4月12日に発表された合意文書では、米国内で日本車にかけられる関税の撤廃期間が最大限に後ろ倒しされ、かつ「保険」や「貿易手続き」「知的財産権」「規格・基準」など9つの分野でも非関税措置についての協議が進められると記されている。
保険分野に関して、米国政府が発表した文書では、「日本郵政の保険が適切な経営の下で運営されていると確認されるまでは、いかなる新規のがん保険および単独の医療保険を許可しない、と日本政府が一方的に通告してきた」などと書かれている。
これは、4月12日に行なわれた閣議後記者会見で、麻生太郎金融担当大臣が、かんぽ生命が申請していたがん保険などの新商品の許可を見送ると発表したことを指すと考えられるが、この一文は日本政府が発表した合意文書には書かれていない。

※2　米韓FTA
米国と韓国との間で結ばれた自由貿易協定。2006年から交渉がスタートし、2012年3月に発効した。TPPのモデルとも言われている。米韓FTAには、ISD条項や、一度決まった条項を元に戻すことができないラチェット条項など、韓国側にとって不利な条項が数多く存在しており、TPPの議論をするときにたびたび問題視される。

※3　スナップバック条項
米韓FTAで導入された、自動車分野における紛争の救済措置。協定違反や利益の無効化などによって深刻な貿易摩擦が発生した場合、申立国が被申立国の乗用車の関税率を引き上げることができるという決まり。

方で非常に国粋主義的な憲法改正案を掲げている。掲げていることと現実の恐るべき落差。

世界に跋扈する、ISDという怪物

岩上　現行憲法の第九八条（三〇六頁参照）に、「最高法規」というのがあります。

ここを見ると、日本国憲法よりも、日米安保条約や日米地位協定などの国際条約――特に日米条約――の方が、上位にきてしまう仕組みになっているのではないでしょうか。

自民党案を見ても、この条項はまったく同じです。自民党、あるいは自民党の支持者や、詳しいことはわかっていないけれども維新の会等を含めた保守勢力に感情的になびいている人は、数多くいます。その人たちの多くは、日本は独立した国家で、そして国益を考えなきゃいけないんだということに共感しているのだと思います。その全員が、自民党がいま考えているものを詳しく知って理解して、その表裏までわかった上で共感しているわけではなくて、多くの場合は、日本の国益をちゃんと追求できる国家になるんじゃないかと思ってたりするんですね。

ところが実際は、巧妙なやり方でアメリカに従属し、アメリカの帝国主義的な国際戦略と、より肥大化した軍産複合体や巨大な米国のグローバル資本の利益に貢献するような社会体制になりつつある。

澤藤　おっしゃるとおり。

岩上　これは、右翼や保守の側の人間ほど理解し、警戒しなきゃいけないことじゃないかと思うんですけど。

澤藤　いま、岩上さんが巧妙にというふうにおっしゃられましたけども、巧妙でも何でもなくて、誰が見たって売国的な――私はそういう言葉は好きではないんですけれども、右翼の方に言わせれば――政策をやってることに間違いないと思います。決して、巧妙に隠されてはいないんじゃないですか？

岩上　でも、メディアを見てください。メディアの取り扱い方でも、ほとんど全紙が、TPP交渉参加表明を歓迎するという論調です。これは異常ですよ。

澤藤　現行憲法第九八条一項の「最高法規」を読んでいただければおわかりのとおり、これ「条約」が抜けてるんですね。

第九八条第二項には「条約」の遵守義務が書かれていて、憲法によって生まれた政権、国家が「条約」を受け入れると言えば、それは「条約」のほうが憲法よりも上位になりうるという学説もあるわけですけれども、しかし普通はそう考えません。

第一項で「条約」が抜けているのは、「条約」まで入れてしまうと、相手国のほうでも、日本の国の司法が、相手国の条約の効力までも、消滅させることができるように読めてしまう。それでは困るから抜いてるだけなんだという考え方のほうが普通です。

だから、九八条一項には「条約」は入ってないけれども、「条約」の国内効力に関しては、違憲審査権は及ぶんだというのが、普通の考え方。

しかし、二項で「国際法規は、これを誠実に遵守する」とあるのをどういうふうに調整して考えるか。これはTPPと非常に密接な例を挙げるなら、一九五九年の砂川大法廷判決ですね（二九頁参照）。日米行政協定の実施に伴ってできた刑事特別法が、憲法第九条に反して無効だから、「被告人七人、全員無罪」というのが一審の伊達判決なわけですね。それに、アメリカが日本政府に跳躍上告をすすめて、結果的には、「一見明白に違憲性が明らかでない限りは、内閣が締結をし、そして国会が承認をした条約は、これを誠実に遵守する。それに対して、司法権の判断は抑制的でなければならない」となりました。

だから、原則と言いますか、形式的には司法審査は条約にも及ぶ。及ぶけれども、一見明白でない限りは、違憲とは言わない。一応これが判例です。

TPPについては、法的に争う手段があるかどうかということが、まず難しい問題となる。

岩上 争うというのはTPPが締結され、例えばISD条項が発動されて、多国籍企業に有利な仲裁が下されて、それが著しく国民の利益を踏みにじるというような状態になったときに争えるかということですか？

澤藤 つまり、憲法の理念に違反をしているとか、憲法から見て望ましくないということは言える。けれども、違憲と言えるかどうか、裁判規範が働く余地があるかどうかは別に考えなければならない。違憲だとして、そういうときに、ふさわしい裁判ができるかどうかという問題があるわけです。

例えば、国家が仲裁廷で和解金として一〇〇〇万ドルを出したとしますね。国民がそれを争う方法というのは、ちょっと考えつかない。自治体なら監査請求を経て、住民訴訟というのがある。違憲の金銭支出に責任を取れということはありうるんで、そういう方法は考えられなくはない。

岩上 USTR（アメリカ合衆国通商代表部）は、NAFTAや米韓FTAは、TPPのモデルだと、はっきり言っています。参加国を見ても、TPPあるいは米韓FTAを締結したあと、その国内法、条例などは、その条約に合わせた形で、ことごとく書き換えられていっている。

例えば、二〇一三年三月現在で、韓国では六三もの法律や施行令などが書き換えられていっている。[※1] 政治的な萎縮というのも起きていて、国内政策でもFTAに抵触するようなこと、特にISDの発動の可能性があると考えられるものは、消極的になっていきます。要するに韓国の国内の国民益よりも、ISDを気にしながら多国籍企業の利益に配慮していくという方向になっていっているわけですよね。

梓澤　さっきの岩上さんのISDの捉え方は、裁判の公開ということに端を発してきたんですが、現行の日本国憲法の第八二条（二五一頁参照）に、裁判の公開についての規定があります。

ここの関係でTPPを論ずると、ニューヨークで行なわれる仲裁裁判は、この裁判にあたらないというふうに読み込むわけですよ。

岩上　これは憲法に抵触するんじゃなくて、裁判にあたらないと。

梓澤　よって、裁判ではないから、公開しない。さっき言ったような公開の危惧ですが、公開とはなんぞやと言えば、裁判というのは非常に強力な国民の権利義務を規制する権力作用なんですね。その権力作用は公開の監視にさらされなければならないとする考え、これが公開の哲学なんですね。

ところが、それは裁判についてはそうであるけれども、仲裁についてはそうではないんだと考え、かつ、条約は憲法に上位するものであるから、この公開裁判の規範は及ばないというふうに考えて、ISDという怪物が、動き回るわけですよね。

その怪物が、仲裁決定という名のもとに、政府は和解金を払えとか、あるいはその政府は、関係した消費者運動をやった国民に損害賠償させろとかいうように振る舞うわけです。

やっぱり、TPPが国民の利益――まさに国益ですね――に重大な影響を持つものであるということのリアリティが知られてないのが問題です。

岩上　知られてないですね。

梓澤　改憲問題以上に知られていない。そこを何とか知らせていく努力をしなければ、こういうことになると思いますね。

岩上　是非お二人にも、この問題についてもっとご発言願えたらありがたいなと思っています。

第九六条改憲案に戸惑う世論

岩上　五月五日に安倍総理が、国民栄誉賞の受賞式を初めて野球場で行ないました。アンパイアの格好をして、背中には「九六」という数字が見えました。あれは、自民党がいま進めている第九六条の改憲を意味してるという声もありました。

ご本人に聞くと「ふふふ」と笑いながら、「私は九六代の総理大臣だから」というようなことを言ってるわけですね。こういうふうにいろんな場所でアピールしながら、次第次第に、改憲は必要だよということを刷り込んでいるのかな、というふうに思います。

自民党はイケイケなわけですけれども、ここへきて、公明党のジレンマが、だんだん強くなってきた。公明党は、憲法九条を守りたいと、少なくともそのように主張してきた平和主義の政党のはずです。ところが、与党自民党にどこまでもくっついていく「下駄の雪」のようなところがある。その反面、やっぱり九条の尊重、平和主義という党是はそうそう簡単に変えられないとも思っている。

そこで出てきたことは、改憲ではなく、加憲という言葉。憲法に加えるという言葉ですね。例えば、九条の戦争放棄などの根幹部分は残しつつ、時代の変化に応じた環境権などを新設する考えです。

今回の自民党草案のほうにも環境権は入ってますけれども、わざわざ環境権を明記するために改憲を行なうべきでない、というご意見をお二人からいただいたと思います（八九頁参照）。そうした聞こえの良いのは足すけれども、根幹部分は変えないでくれというのが、公明党の姿勢のようです。

第九六条の改憲について、非常に歓迎しているのは、自民党、みんなの党、そして日本維新の会の三党です。その他の政党は、中身の議論を優先するべきだとしていて、慎重な立場です。

そんな状況ですが、五月三日の憲法記念日に、改めて世論調査が行なわれました。以下にちょっとまとめてみますと、憲法全体の改正について、NHKが四月の終わりに調査したものですと、「憲法改正する必要がある」四二%、「改正する必要はない」一六%、「どちらとも言えない」三九%です。『日経新聞』・テレビ東京合同調査（五月二日）では、「改正すべき」五六%、「現在のままでいい」二八%です。『産経新聞』・FNN合同調査（四月二二日）では、「改正案に賛成」六一%（もっとも多いですね）、「反対」二六・四%です。『読売新聞』（四月一九日）では、「憲法を改正するほうがよい」五一%、「しないほうがいい」三一%です。『朝日新聞』（五月二日）では、「変える必要がある」五四%、「変える必要がない」三七%です。『毎日新聞』（五月三日）では、「憲法改正するべきだと思う」六〇%、「思わない」三二%です。

こうして見ると、『読売』、『産経』が改正すべきであるという人

※1　宋基昊（ソン・ギホ）弁護士はFTAの発効に合わせて韓国ではすでに63もの法律や施行令、公示などが改正されたという。舟山康江氏ブログ記事『韓米FTAのその後。韓国を他山の石に』http://blogos.com/article/58129/
岩上は2012年、宋基昊弁護士にインタビューを行ない、米韓FTAについて話を聞いている。（http://iwj.co.jp/wj/open/archives/6207）

が高いかと思いきや、『朝日』、『毎日』も高いですね。『朝日新聞』なんか、六〇%です。

第九六条改正のほうを申し上げますと、NHKでは、「賛成」二六%、「反対」二四%、「どちらとも言えない」が、まだまだ多くいます。「どちらとも言えない」四七%です。『毎日新聞』では、「賛成」四二%、「反対」四六%です。『朝日新聞』では、「賛成」三八%、「反対」五四%、「その他」八%です。

第九条改正については、NHKでは、「必要ある」三三%、「必要ない」三〇%、「どちらとも言えない」三二%です。拮抗してます。『毎日新聞』では、「賛成」四六%、「反対」三七%です。そして『朝日新聞』では、「賛成」三九%、「反対」五二%でした。

『朝日』と『毎日』は、調査がかなりずれていますね。こんなところが、いまの動きだろうと思います。

それともう一つ。東京MXテレビ『ニッポン・ダンディ』というテレビに出演しているんですけれども、一番最初に、「ダンディジャッジ」というのをやるんです。話題のテーマに、「イエスですか？　ノーですか？」と視聴者に問う形式です。つい先日のテーマが、「一八歳からの投票」でした。憲法の話は全然なくて、ただ単に一八歳から大人扱いというのは、みなさん賛成ですか？　反対ですか？　という話だったのですが、これはもう、明らかに憲法関連で出ている動きであろうと思います。

つまり、憲法改正のために必要な手続きとして、国民投票法の改正をしてきました。投票できる年齢を一八歳以上にするというようなことがあるわけですね。

国民投票三つの課題として、一八歳の選挙権、公務員の国事行為と、国民投票の対象拡大があります。これとは別に、公職選挙法の投票年齢、民法の成人年齢も一八歳以上に改正したいという動きもあります。

これにネット選挙の動きも絡めると、例えばアジア諸国を侮蔑したような書き込みなどに接した若者が、知らず知らずのうちに、嫌韓反中感情を抱き、右傾化していく。そしてネット選挙のほうが気が楽ということで、他の情報に触れることもなく投票先を決める。実は改憲勢力には有利な流れが、いま少しずつつくられているのかなというふうに思います。

澤藤　憲法記念日を挟んでの報道で、第九六条の改憲というのが焦眉の急（危険が迫っていること）の問題として、非常に大きく浮かび上がってきた。誰もが話題にするテーマになってきたことを感じます。

これは、一つは改憲勢力から意識的に持ち出された問題。九六条改憲については、何となくいまの憲法が古くなって、どこか変えなきゃならないんじゃないというムードがある一方で、どこをどう改憲するかということについての意見はまとまらない。

安倍首相の目論見としては、全体が何となく改憲ムードにあることを利用して、とりあえず、第九六条にある改憲の発議要件に手を付けたい。憲法改正の硬さのハードルを下げて、柔らかくする。そのさらに先には、国民の権利義務や平和の問題などの本丸の改憲をするということだったと思うんですね。

憲法九条改正というと、国民の非常に強い抵抗を覚悟しなければならないけれども、九六条手続の改憲なら、わりとすんなり行くんじゃないかという思惑だった。しかし、実際はそうなっていないんですね。

岩上　そうなっていないと感じる？

澤藤　まず手続き問題の改正というのは筋違いで、本末転倒だということ。それから、本当に彼らの狙いを見極めた場合に、改憲手続きを緩めると、その先に一体何がくるのか。そういうことについて、慎重に検討しようという論調が、私はこの連休中にかなり大きくなっているという印象を受けています。

岩上　どういうところで、そういう主張を目にしました？

澤藤　「九六条改憲は反対だ」というタイトルを打って、『毎日新聞』がまず社説を書きました。それが非常に典型ですけれども、その他の、朝日の世論調査などでも、九六条改憲には慎重なんです。過半数が慎重。

改憲問題について、灰色の世論がいっぱいある。改憲をしてもいいんじゃないか。いや、改憲は危ないんじゃないか。その中間層。そのグラデーションの中の、どこまでを九六条改正賛成に取り込めるかという思惑が、少し違ってきているのではないか。

世論調査や各紙の社説を見ても、「九六条改憲は慎重にしようよ」という声が大きくなっているように感じて、心強い印象を持っています。

岩上　なるほど。『朝日新聞』の社説でも、九条の改憲をやってはいけないということと、九六条のほうも慎重にするべきだというような意見が出されております。

澤藤　『朝日新聞』の五月三日のトップが、「九六条改正を突破口　視線の先には九条」という見出しを打ちました。これは、かなり多くの国民の気分を反映しているし、問題提起として、マスコミ界を代表する一つの見解なんだろうなというふうに思っています。

岩上　この改憲に関しては、慎重だという社説は多いんですけれども、他方で、世論調査では、「変える」という意見が軒並み高い。世論調査を使って世論を誘導するようなことは、新聞社がこれまでよくやってきたことなので気になります。

梓澤　ちょっといいですか？　変えるか変えないかということでは、変えるほうが高い。しかし、九六条の三分の二から二分の一でいいのか？　という問いには、それはおかしいと言っている。この状態は非常に注目すべきだと思いますね。

四月二四日に、東京都国分寺市で憲法学習会、「国防軍だけじゃない、自民党改憲草案の危険」という勉強会をやりましたところ、一五〇人の会場に二〇〇名もきて、立ち見でものすごい熱気ムンムンの勉強会になりました。国分寺以外からも半分以上、ご参加いただいたんですね。ＴＢＳの『ニュース23』、それからＮＨＫの『ニュース９』などの番組にも取り上げられました。一つの地域集会なんだけど、熱気が全国に飛んでいった感じです。

僕はこの三月以降、マスメディアの心ある人たちに、自民党改憲草案の問題点について機会を見つけては、問いかけてきました。それは、一つの動きとしては小さいかもしれないけれども、彼らにも跳ね返っていく危機感というのがあったと思うんですね。

岩上　ＩＷＪではその学習会をアーカイブで確認できますので、ぜひそれはご覧になっていただきたいと思います。[※1]

梓澤　だから僕は思ったのは、メディアの取り上げ方や反応によっては、九六条問題というのは、もうちょっと厳しいかなと思ったんですね。

岩上　厳しいというのは？

梓澤　改憲発議要件を三分の二から二分の一に変えてもいいんじゃないかという意見が、多くなるかなと思っていたんです。意外に伯仲以上に反対があるというのは、ＩＷＪなどの努力もあり、浸透したんだと思います。

岩上　この中継で、梓澤先生が吠えるように語り、ときには胸を打つような慟哭をし、訴えているからだろうと思います。そして、澤藤先生の冷静な分析もあっての話だと思います。

澤藤　私はブログで「憲法日記」というのを毎日書いています（http://article9.jp/wordpress/）。

岩上　そうですね。この頃頻度多いですね。

澤藤　第九六条改憲批判で一〇回ぐらい書くつもりですが、自分で九六条改憲問題の本質みたいなものをだんだんと考えるようになってきました。

いままでは、九六条改憲は外堀、内堀を埋めて本丸攻城のためとか、それから、一時の激情に駆られて改正するのではなく、冷静な熟慮が必要というようなことを主に言ってきたんです。だけど、もう少し原理的に、憲法の硬性（硬性憲法）の本質みたいなものが、憲法の憲法たるゆえんだというふうに思うようになってきています。

この第九六条は、立憲主義（国家権力を制約して人権を擁護するために憲法を制定するという考え方）と非常に深く結びついて在るんです。その立憲主義を弱める方向で、自民党改憲草案が総体としてできている。九六条改憲はまさにその象徴だろうというふうに、だんだんと考えるようになってきました。

そもそも改正要件を定めたのは、誰なのか？

岩上　先ほど、公明党の加憲についての動きもちょっと触れましたけれども、いろんな動きがある中、ちょっと興味深いのは、憲法改正の限界を議論しようという声が挙がっていることです。つまり、時代に合わせてよりよい憲法に変えていく、先生の言葉を借りると、「進化する憲法」ということがあってもいいだろうという考えです。

しかし、必ず変えてはいけない原則がある。立憲主義であったり、平和主義であったり、基本的人権などに関しては、そう簡単に変えてはいけない。

あの自民党以上に、ゴリゴリ右派だと言われている、日本維新の会は、党の憲法調査会を開いていて、平沼赳夫さんがトップを務めています。意外なことに、平和主義、国民主権、基本的人権の尊重など、現行憲法の原則について、憲法改正の限界も話し合うべきだとして、これらを憲法改正の対象外にすべきかどうかを、今後議論することにしたと報じられました（『産経新聞』五月八日）。

前に、この鼎談の中でも、この硬性憲法ということを語るに際して、そう簡単に変えられないところは、そう簡単なことではない。手続きも変える。しかし、こういう修正を加えてもいいのではないか、というものについては、もっと改正のハードルを低くすると（八九頁参照）。こういう考え方が、右派の中からも出てきたということは、歓迎すべきことなのかな、というふうに思ったりもしますけど、いかがですか？

梓澤　憲法というのは、誰が決めるのか、そもそもの憲法とは何かという問いがあるわけです。憲法学では、憲法制定権者（憲法をつくる権力を、憲法によってつくられた諸権限と区別して呼ぶときの言葉）という言葉を使うんですけどもね。もともと、それぞれのものには内在的に持っている性質というのがあるわけですね。

憲法にも憲法という性質がある。「主権者である国民が決めて、権力を縛る」という、そういう憲法の持っている性質があるわけですね。その性質そのものを変えたら、それは憲法ではなくなる。だから、憲法ではなくなるような、そういう改正は許されない。それが、改正の限界なんですね。

憲法改正手続きを、両議員の三分の二で発議し、国民投票の二分の一でやるというのは、そも

※1　IWJによる憲法改正特集
IWJウエブページの特集ページ内。（http://iwj.co.jp/feature/index.html）

そも現行憲法を制定した国民が、そういうものとして憲法の中に埋め込んだんです。だから、そこは手を付けちゃいけないというのは、かなり有力な憲法学の常識になっているわけですね。

だから、そこに対して挑戦することに対しては、九条を変えてもいいんじゃないかという人でさえ反対しています。例えば、慶応大学教授の小林節さんがそうですし[※1]、漫画家の小林よしのりさんも『朝日新聞』の大阪版で「わしも、九六条改憲には反対だ」と明言しています（『朝日新聞』大阪版、二〇一三年五月五日）。

岩上　第九六条の先行改憲は、卑劣だという話ですよね。

梓澤　そうです。そういうことを言ってますね。

澤藤　いま、梓澤さんが言われたとおり、憲法が憲法でなくなるということになると、これは憲法改正の限界を超えているということになる。じゃあ、憲法が憲法であるためのものというのは何かというと、これは普通に言われている憲法の三本の柱である「国民主権」と「基本的人権」と「平和主義」です。これはもう動かせない。

それからもう一つあって、憲法改正手続きもこれに準ずるものだという考え方、これはもうごく普通の考え方なんですね。じゃあ、その改憲発議要件を変えることができるのか、できないのか。憲法的な意味で、これが憲法改正の限界の外にあるものだとすれば、これは憲法改正を出すことそのものが批判されなければならない。

じゃあ、どうなのかというと、芦部信喜《あしべのぶよし》さんなどの憲法学の研究者によれば、国民投票手続きを抜いた改憲手続きに変えてしまえば、これは、違憲は明らかだとなっています。つまり、そういう九六条改正は憲法改正の限界を超えていて、できない。これはみんなそういうふうに心得ているんですけれども、発議要件を三分の二から二分の一にすることはどうか。これは、通説とか多数説がみんなこぞって、そんなことしたら、それは改正の限界を超えるものだというふうに、そこまでは言っていない。学者がどう言ってるかというのはもちろん大切ですけれども、本当に自分に腑に落ちた議論ができるかどうかということが、より重要だと思うんですよ。

やっぱり憲法が硬性である、つまり変えにくくしているということは、これは立憲主義を支える大きな土台なんですね。先ほど「憲法制定権力」という言葉が出ましたが、どう自分の権力を行使して、この憲法をつくったか。それは、やはり尊重に値します。三分の二の賛成がなければ、国会の発議もできない、そのぐらい大事な原則として、この憲法をつくったんです。

そこまできちんと憲法制定権力が意思を明示した以上は、やっぱりこれを尊重すべきです。上脇博之さんの『自民改憲案VS日本国憲法 緊迫！ 九条と九六条の危機』（日本機関紙出版センター）を読みますと、この硬性憲法を緩める方向の改正は、やっぱり憲法改正の限界を超えるものだというふうにおっしゃっている。私は、それが腑に落ちるんです。

　憲法制定権力という主権者国民が、この憲法を制定するにあたって、なにを考え、どういうふうにこの憲法を設計したのか。それを考えれば、ここにはやっぱり手を付けてはいけないというふうに、私は思うんですね。ただ、議論のあるところではありますので、是非、そういう面にも着目した議論を起こしていただきたいと思っています。

梓澤　上脇さんは神戸学院大学の教授で、憲法の専門家です。

澤藤　政治資金規正法問題でたいへんいい発言をして話題になっておられる方です。

ヘイトスピーチも表現の自由か

岩上　話は変わりますが、前もお話しした在特会のデモ（一一八頁参照）。これをずっと安倍さんはスルーしてきました。ところが、国会でも問題になるに至って、安倍さんは自分のフェイスブックで、差別になるようなことは書かないようにということを言い出したんですね。

　これによって、安倍さんと彼を支えてきた保守層――在特会のような差別排外主義者も含めて――の関係も少しねじれていくんではないかなという気がします。

梓澤　私と澤藤弁護士と、それから宇都宮健児さん（前日弁連会長）などが中心になって、警視庁にその問題で、適正な行政警察権を行使せよという申し入れをしました。※2 申し入れをしたあとに、安倍首相の「あまりにひどい言動は慎もうね」的な発言もあり、さらに進んで、国会で民主党の議員の質問に対して、「このまま、このような発言が進んでいくことについては、遺憾の意を表する」と答弁した（五月七日）。自分もフェイスブックでそのことを書いていきたいということを、国会で安倍首相が言明したんですよね。

　そこで思うに、警視総監は、国家公安委員会という内閣行政の統治下にいるんだから、警視総監の指揮のもとに、現場の警察官は、おかしい言動に対して、特に、それが住民の、あるいはお店をやっている人たちの人権を侵害する危ない言動に出たときは、それを制止するべきです。そういうことをやってもらいたいと、僕は改めて警視総監のところに行きたいと思ってます。

岩上　ただ一点、別の懸念も出てきたんですよ。このヘイトスピーチが非常

※1　2013年6月8日に行なわれた小林節教授による講演会。（http://iwj.co.jp/wj/open/archives/83815）

※2　2013年3月29日、新大久保ヘイトスピーチデモに関し、警視庁への申し入れと人権救済申立ての記者会見 http://iwj.co.jp/wj/open/archives/71202

に横行するようになって、カウンターの抗議をかける人たちから、言論の自由は制約できるか否か、という議論が生じている。

言論の自由は守るべきというのは、そこは私の考えと同じなんです。左であろうが右であろうが——竹島を返せ、尖閣は守れ、北方領土も返せという主張も、当然、政治的主張の範囲内ですけど、マイノリティの集団にしつこく、「殺すぞ」「皆殺しにするぞ」「韓国に帰れ」「お前ら、ウジ虫だ」「レイプしてやる」などという無茶苦茶な暴言を繰り返し吐き掛けるのは、もはや言論の自由の範囲を超えた強迫です。

梓澤さんにお聞きしたら、これは「加害の告知」をしているわけだから、脅迫罪に相当するとおっしゃいました。取り締まるべきであると。ここまでは当然なんですけど、これまでこの人たちが安倍さんを支えていて、安倍さんはこの人たちを頼りにしていた。そういう関係にありながら、安倍さんが「ヘイトスピーチをやめろ」と言うことは、この際、言論を統制、制限する法律も出てくることになりやしないか。こういう懸念が、気の早い一部から出ているんですね。

つまり在特会みたいな存在は公共の秩序を乱しているわけだから規制をしてもかまわないとなると、「言論の自由って、こんな無制限に許していいわけないよね」と、一定の節度を持とうよという話に収斂していかないかと懸念しています。

梓澤　そうそう。やっぱり憲法第二一条に言う表現の自由は基本的に、それは国民の〈自然権〉として、生まれながらにして持っている権利だということをまず確認する。これが非常に大事だと思うんです。

それが、他の人の生命や身体の自由や、営業の自由に侵入して、それを破壊しようとするときには、それを制止する。それが公権力の任務でもあるという限界線を敷くべきであって、表現の自由そのものについては、僕はやっぱり干渉すべきじゃないと思います。

自由主義の基本としての「遡及処罰の禁止」

岩上　続けて第三九条です。現行憲法と自民党案を比べてみても、ほとんど変わっていないように思います。

澤藤　そうですね。ちょっと変えようがないと思いますね。権力からの国民の自由という意味での自由主義が、最重要な憲法原則の一つになっています。自由というのは、主体は国民個人です。そして、何からの自由かと言えば、それは国家権力、あるいは国家権力から派生する公権力の行使一般からの自由です。公権力が個人の自由と最も鋭くぶつかるのが、刑事手続ですね。

逮捕し、勾留し、起訴し、場合によったら有罪判決で死刑の執行までできる。この場面で権力の恣意的な逸脱を禁じて刑事手続の公正さを担保するのが、まさしくその自由主義。この三九条は、自由主義の表れです。国民は行動の自由を持っている、何をしてもいいというのが、まず大原則。公権力が犯罪として個人の自由を制約するには、三九条のハードルを越えなければならない。

犯罪として刑罰を科するには、これは犯罪ですよというふうに、あらかじめ明確に決められたもの——いい加減な決め方では困ります——、そういう定型にあてはまる行為があった場合に限られます。

しかも、後出しで、行為のあったそのときは、別に禁止の法律はなかったけれども、このたびあの行為を犯罪にしたから、遡って逮捕して、刑罰を科するということは、絶対にあってはならない。これを「遡及処罰の禁止」と言います。これはもう自由主義の極地というか、自由主義を象徴する規定だと思いますね。ここは、やっぱり変えることはできない。

岩上　なるほど。法によってあらかじめ罪がちゃんと定められているからこそ、処罰ができる。罪刑法定主義[※1]というのはここに原則があるわけですね。

こういう話が出ると、連合国軍は、事後法[※2]によって、東京裁判において、戦犯を裁いたではないかと言い出す人もいます。事後法による東京裁判の裁きというのは無効であって、戦後的なものはみんなけしからん、だから九条を含んだ日本国憲法のことも嫌いだという話にしばしば繋がっていくのですが、あの東京裁判の事後法のあり方は、どういうふうに考

自民党改正草案
（遡及処罰等の禁止）
第三十九条　何人も、実行の時に違法ではなかった行為又は既に無罪とされた行為については、刑事上の責任を問われない。同一の犯罪については、重ねて刑事上の責任を問われない。

現行憲法
第三十九条　何人も、実行の時に適法であつた行為又は既に無罪とされた行為については、刑事上の責任を問はれない。又、同一の犯罪について、重ねて刑事上の責任を問はれない。

※1　罪刑法定主義
いかなる行為が犯罪を構成し、それに対していかなる刑罰が科されるかは、事前に法律で定められていなければならない、という原則をいう。この原則の起源は、イギリスのマグナ・カルタ (1215) にまで遡るとされ、のちにアメリカに伝わり、合衆国憲法に採り入れられた。そこでは、事後法の禁止と〈法の適正な手続(デュー・プロセス・オブ・ロー)〉の条項が規定されている。ヨーロッパでは、フランスの人権宣言 (1789) がアメリカの影響を受けて罪刑法定主義を規定し、フランス刑法典 (1810) の規定を経由して、他の国々にも伝わっていったとされている。(『kotobank』より)

※2　事後法
実行のときには適法であった行為に対して、のちになって刑事責任を問うことを定める法令。日本国憲法第 39 条はこれを禁止している。(『kotobank』より)

えたらいいんですか？

澤藤　事後法だから、それを認めないという厳格な考え方は、一つの見識だろうと思うんです。しかし東京裁判においては、人道についての罪とか、平和についての罪については、それぞれいろんな条約や、いろんな国際的な慣習のなかで、もうすでに処罰のための犯罪類型は存在していたという建前を取ったわけですね。

いま遡及処罰の禁止ということの他に、罪刑法定主義というのが出てきました。これが刑法・刑事訴訟法の大原則とされています。遡及処罰の禁止だけでなくて、それを担保するための、例えば慣習法による処罰の禁止、類推解釈の禁止であるとか、曖昧な犯罪規定は許されない、あるいは形式的に刑罰と犯罪が決められていると言いながら、刑罰がいい加減に絶対的な不定期刑（刑期を特定せずに言い渡される自由刑の一種）というようなものは、それは決めたことにならないだろうという、細かいいくつかのことを内容としています。

そういう国内法に適用されている非常に厳格なルールから見れば、やっぱり東京裁判も、あるいはニュルンベルク裁判[※1]も、それはそれなりの問題点は指摘できると思います。その点を批判する人は、むしろ厳格に日本の法の適用のあり方についても、憲法原則も、この第三九条を含めて、大切にしようというふうに言っていただきたいと思います。

岩上　なるほど。その点を言うんだったらば、ということですね。主として右の方におっしゃっているメッセージのように聞こえました。

アメリカにこそ問うべき、戦争責任

梓澤　例えば、広島と長崎に落とされた原爆ですよね。原爆や東京大空襲などが[※2]、まさに人道に対する罪を構成するわけです。国家賠償請求も起こっていますし、そういうことに理解をきちっと示していただきたいと思いますね。

岩上　この東京大空襲や、それから原爆の投下について、日本の政府に向かって、損失を被った方々が損害賠償請求を起こすということはこれまでも見られたと思いますが、落としたのはアメリカですよね。例えば、原爆投下命令の執行者、そして実際に投下した人間。こういう戦争犯罪を問うような訴訟は、なぜ起きないんですかね？

梓澤　これは、サンフランシスコ条約[※3]で、対米賠償請求権を放棄したというふうに解釈されているためです。これまでも、アメリカ政府に直接に賠償請求できないかというのを受けてきた経験を持っている法律家もいますが、実際に訴訟を起こすことになれば、なかなかその壁を突破できないだろうなということで、現実の訴訟形態にはなっていない。

岩上　以前、中部大学教授の三浦陽一さんにお話をうかがったことがあるのです。[※4] 三浦さんの話によれば、アメリカとしては、自分たちが人道犯罪や戦争犯罪を訴求されるのが嫌で、だから、日本の民主化も途中でやめてしまい、かつて戦犯というレベルで、日本の侵略戦争を遂行するにあたって大きな力を持っていたような人物を、今度は公職に戻してきた。

そしてその中途半端な日本が、ソ連とか他の国々も入った全面講和ではなくて、事実上、アメリカとのと言っていいと思うんですけれども、単独の講和に踏み切った。

それは日米ともお互いにやましいものがある。お互いに許し合って、なあなあにした体制のまま冷戦を戦って、冷戦を遂行してきた。とりわけ朝鮮戦争以降、常にこの関係は続いてきたのではないかというお話だったんですね。

澤藤　おっしゃるとおりだと思いますね。ただ、いま岩上さんが言われた問題ですけれども、つまり、国家と国家は平和条約を結んで、お互いに賠償問題について何らかの協定にして、これで解決だとしますね。

かつては、それは当然に国家は国民個人をも代表して、個人の請求権も全部これで片付けてきました。請求権を放棄したというときには、国民個人の相手国に対する請求権まで、その全部を放棄したというのが常識になっていました。

けれども、いまはそうではない。国家というものは、それは非常に相対化されてきたわけですね。

例えば、中国の日本軍の戦争犯罪の被害者の方とか、韓国の慰安婦にされた方とか、こういう方が日本で裁判を起こす。これは、かつては請求権放棄条項で、これで一発解決だというふうに言われたのを、ずいぶん頑張って、裁判をしたわけですね。

中には、政府の言い分を認めない下級審の判決もあったわけですけれども、残念ながら、これは最高裁では大きな壁に突きあたって、後の裁判が続かない状態になっています。

それでも、日本の、例えば空襲被害者が、どうして国は私たちの被害を顧みず、米国に対する請求権を放棄してしまったのか。しかも、空襲被害者に対しては、軍人恩給（戦争に

※1　ニュルンベルク裁判
第二次世界大戦後のドイツで行なわれた、ナチスドイツの指導者たちを裁くための裁判。主要戦犯として24名が起訴され刑に処されたが、最高指導者であったアドルフ・ヒトラーは既に自殺していたため起訴が不可能だった。

※2　空襲の被害者131人が国を相手に起こした。原告側は、国が空襲被害の実態調査も行わず、追悼施設などもつくらないなど一般被災者を放置してきたと主張し、謝罪と、総額14億4100万円(1人当たり1100万円)の損害賠償を求めている。大阪地裁でも同様の集団訴訟が係争中。(『kotobank』より)
東京大空襲訴訟HP　http://www.geocities.jp/jisedainitakusu/sub-sosyo.html
日本被団協HP 原爆裁判の歴史
http://www.ne.jp/asahi/hidankyo/nihon/rn_page/menu_page/side_menu_page/saiban_sosyou/lawsuit.htm

※3　サンフランシスコ条約
第二次大戦を終結させるため、日本と連合国との間で結ばれた条約。1951年9月サンフランシスコで、ソ連・ポーランド・チェコスロバキアの3カ国を除く連合国48カ国と日本とにより調印。米国による信託統治、海外領土の放棄などを規定。(『kotobank』より)

※4　2013年4月23日、『自由意志による従属』としての日米関係 ～中部大学・三浦陽一教授インタビュー
http://iwj.co.jp/wj/open/archives/75646

出兵した人や遺族に対して支払われる恩給）の受給者と差別して、どうしてまったく何の補償もしないのかという裁判をしています。少なくとも、国会がこの被害救済の法律をつくるべきであった。その立法の不作為が違法だという立て方で裁判をやる。この立法不作為というのは、時効もクリアすることができるわけですね。

そういうことで一生懸命裁判をやっていますけれども、国会というものの裁量の幅は非常に大きいので、そういうふうな救済法をつくらなかったからと言って、必ずしも国家賠償を認める要件としての違法性があるとまでは言えない、という判決がいま続いてるところですね。

梓澤　私たちの司法修習二三期の同期の、中山武敏くんがその弁護団の代表をやっています。狭山事件[※1]の弁護団の団長でもある人ですけども、自ら、被差別部落の出身であるということを名乗って、本当に困った人たちのために頑張っている弁護士です。

澤藤　残念ながら、一審は負けて、二審も負けて、いま最高裁ですね。

岩上　なるほど。しかし同時に、これはアメリカに問いたいですけどね。飛び越えて問うというのはできないんですか？

澤藤　いままでいくつかそういうことをやろうという提案はありました。特に、日本に、日本国際民主法律家協会[※2]というのがあります。そこの議論の中で、やっぱりアメリカに対する提訴をしようということでかなり詰めた議論が行なわれて、志を同じくするアメリカの人権派の弁護士に依頼して、アメリカで提訴しようとしたんですが、なかなか難しい。

現在、ちょっと立ち消えになっていますね。刑事的な訴追は時効その他でほとんど不可能。民事の請求が可能かどうかということですね。可能性としてなくはないが、現実にやるということになると、いろんなことを考えなければならない。勝訴の見込みのないものを、相当の費用をかけてやらなければならない。さて、どうするかということになって立ち消えたんですね。

いまこの瞬間にも、冤罪に苦しむ人がいることを忘れてはいけない

岩上　続いて第四〇条「刑事補償を求める権利」です。現行憲法と自民党案で、それほど変わりませんが、これは冤罪のことですよね。

澤藤　典型的にはそうですね。冤罪に限らず、例えば正当防衛であるとか、心神喪失、その他の責任能力の欠如といった場合でも、無罪判決の場合は、被告人とされた者に相当額の補償をせよということです。具体的な補償額については幅があるわけですね。一日いくらからいくらまでのあいだで、そ

の金額は裁判所が決めます。冤罪の場合は、ほぼその最高限になります。やったことは間違いないんだけれども、心神喪失というような場合には、最低になったりするわけです。

さらに、例えば布川事件[※3]などの冤罪事件では、国家が間違ったことをやったんだから、国家賠償するんだということで、これにとらわれず国家賠償裁判を起こせます。

その場合、警察や検察、あるいは裁判所に落ち度があったかどうか——違法と過失が要件になりますけれども——が、厳しく争われるわけです。現実には、なかなか簡単ではありません。

梓澤　ここはちょっと誤解のないように。第四〇条で言っている「補償」というのは、捜査官憲、それから裁判官の過失の有無を問わず、無罪となったら結果責任としてこの補償額を国は払わなければならないということです。

いま澤藤さんが言った布川事件は身柄拘束四〇年。それからゴビンダ・プラサド・マイナリというネパール人被告が最近、無罪になりましたね。いわゆる電力会社女性社員殺人事件[※4]です。これはいずれも再審で有罪の確定判決が出たのに、その後、再審が起こって無罪判決を受けました。

この二つの事件が、最近非常に印象的ですが、これは私から言えば、裁判官も間違って有罪判決をしてしまった。確定判決で、一審、二審、上告審まで行って、それで有罪判決を受けて長く閉じ込められてしまったんです。

これは、たいへんなことですね。ネパール人の被告が収監されてすぐ直後に、僕の友人の、神田安積《あさか》という弁護士が会いに行ったんです。彼から聞いた、こういう言葉が僕は印象に残っています。

「神田先生、私は本当に辛いのは、まったく自分はやってないのに、やった人たちと一緒に灰色の服を着て、日々を暮

※1　狭山事件
部落差別に基づく冤罪であるとして無罪を求める運動が続けられている事件。1963年5月1日、埼玉県狭山市で帰宅途中の女子高校生が行方不明となり、4日に死体で発見された。その間の2日夜には、脅迫状を送って身代金を受け取りに来た犯人を、張込み中の警官隊が取り逃がした。警察は予断と偏見に基づいて被差別部落の見込み捜査を行い、23日部落出身の青年石川一雄を別件逮捕して〈犯行〉を〈自供〉させた。被疑者が強盗強姦・強盗殺人・死体遺棄・恐喝未遂・窃盗などの〈容疑〉で起訴されると、浦和地方裁判所はもっぱら〈自白〉に基づいて審理を進め、64年3月11日、石川被告に〈死刑〉を宣告した。（『kotobank』より）

※2　日本国際民主法律家協会
人権、民主主義、平和、環境などを基本的価値として、法律家の国際的な連帯を求める活動を行なっている団体。
http://homepage3.nifty.com/jalisa/kikanshi/k_150/k_150_001.html

※3　布川事件
1967年8月、茨城県北相馬郡利根町布川で大工の玉村象天さんが自宅で絞殺され、現金が奪われた強盗殺人事件。近くに住んでいた桜井昌司さんと杉山卓男さんが強盗殺人罪で起訴された。78年に無期懲役が確定。96年に仮釈放された。2001年の2度目の再審請求を受け、05年に再審開始を決定。東京高裁、最高裁も決定を支持し、再審公判が10年7月から始まり、2011年5月24日、水戸地方裁判所土浦支部にて無罪判決が下された。（『kotobank』より）
2011/05/24「布川事件」再審判決 ／記者会見
http://iwj.co.jp/wj/open/archives/7888

※4　電力会社女性社員殺人事件
1997年3月に東京電力の従業員だった女性が東京都渋谷区円山町にあるアパートで殺害された事件。当初有罪とされたネパール人ゴビンダ・プラサド・マイナリ（当時30歳）は、のちに無関係として再審無罪判決が確定した。

自民党改正草案

（刑事補償を求める権利）
第四十条　何人も、抑留され、又は拘禁された後、裁判の結果無罪となったときは、法律の定めるところにより、国にその補償を求めることができる。

現行憲法

第四十条　何人も、抑留又は拘禁された後、無罪の裁判を受けたときは、法律の定めるところにより、国にその補償を求めることができる。

らさなければいけない。もう神様に本当に祈りたい。私はやってない」。法廷でも最後に「神様、私はやってない！」と叫んだと報道されてます。

これはものすごく悲惨な被害です。いまも袴田事件[※1]、それから名張毒ぶどう酒事件[※2]で再審を請求しています。いずれも非常に疑問があるということが、裁判の中からも、裁判官をやった経験者からも発言として出てきているわけです。

毒ぶどう酒事件に至っては、無罪判決も一回出てるし、再審を経たのに、また戻された。そういう冤罪について、いま一度、この四〇条を読むときに、もう一度みなさんに想起していただきたい。しかもいま、この瞬間にも冤罪に苦しんで獄中にある人がいるということをぜひ忘れないでいただきたいですね。

岩上　本当ですよね。本当に重要ですね、冤罪の問題は。死刑の判決というものが許されるのか。死刑制度が許されるのかということも、冤罪というものがある限りは、これは死刑の執行というものは非常に慎重にならなくてはいけないのではないかというふうに思います。

梓澤　ここまでは人権のところだったんですが、これから先、統治の機構というところに入ります。

澤藤　憲法というものは、普通は人権宣言部分と、それから統治機構部分というふうに二つに分かれています。近代的な意味での憲法というのは、何を至高の価値にしているかというと、それはすべからく国民個人の尊重です。人間としての尊厳と言い換えることもできます。それがいくつかの側面から基本的人権というふうに捉えられているわけですね。

その基本的人権を守るために憲法ができている。その基本的人権の人権宣言部分として、日本国憲法であれば、第三章があるわけですね。それからその先に、統治の機構があるわけですけれども、統治の機構は、三権分立というふうになっています。

フランス革命直後[※3]の「フランス人権宣言」が、「権利の保障が確保されず、権力の分立が定められていない社会は、憲法をもつものではない」というふうに言ったとおり、人権擁護を直接に宣言する部分があり、そして人権を守るために、権力抑制の統治機構が三権分立という大原則でつくられている。その統治機構の一番最初に、最も民主主義的な機構として国会、議会がある。これからその議会に入るということになります。

岩上　人権宣言と統治機構が本当に重要で、これがなくては、近代民主主義国家とはもう呼べない。

澤藤　統治機構の自由主義的な側面。つまり、三権分立ですね。権力を集中したら、人権が侵される。だから、統治機構は権力分立でなければならない。要するに、国家であろうと、国家の中の一つひとつの立法権、行政権、司法権であろうと、すべては人権を顕現するため、人権を侵害させないためにあるんだという大原則ですね。これをひと言で言えば立憲主義。

岩上　立憲主義ということは、また国民主権でもあるということになってくるわけですね。

※1　袴田事件
袴田巖死刑囚が冤罪を訴え再審を請求している事件。1966年、静岡市清水区（旧清水市）でみそ会社「こがね味噌橋本藤作商店」専務の一家4人が殺害、放火され、従業員だった袴田巖死刑囚が強盗殺人、放火などの容疑で逮捕、起訴された。犯行時の着衣の証拠は公判途中までパジャマだったが、事件発生から約1年2カ月後、大量の血液の付いた「5点の衣類」が見つかり、検察側は、これを着衣とした。一審・静岡地裁は、死刑を言い渡し判決が確定した。（『kotobank』より）
※2　名張毒ブドウ酒事件
1961年3月28日夜、三重県名張市で開かれた地域の懇親会でブドウ酒を飲んだ女性17人が中毒症状を起こし、5人が死亡した。奥西勝死刑囚が、有機リン系農薬「ニッカリンT」をブドウ酒に混ぜたと自白。その後、逮捕された。妻と愛人の三角関係の清算が動機とされた。奥西死刑囚は起訴直前から犯行を否認、64年に津地裁で無罪判決を受けた。しかし、名古屋高裁は69年に死刑判決を言い渡し、72年に最高裁で確定した。（『kotobank』より）
※3　フランス革命
1789年に始まったフランス全土を巻き込む市民革命。これにより長く続いた絶対王政は崩れ、新たに共和制政治が始まった。以後、財産や納税額によらず全男子に選挙権が与えられ、選挙によって議員が選ばれるようになった。

日本国憲法　第四章　国会

民意を即座に反映しないからこそ必要な参議院

岩上　この「第四章 国会」を見ましょう。まず第四一条ですが、これは字の表現を変えただけで、何も変わってないですね。
梓澤　変わってないですね。
岩上　続いて、第四二条、第四三条は、「これを」を抜いただけです。
梓澤　そうですね。
澤藤　この中で大事なのは、二院制の問題ですね。
岩上　二院制ですか。なるほど。
澤藤　勇ましく、参議院を廃止しろという議論はけっこうあるわけですけれども、さて、どうなのかという問題ですね。自民党の「Q&A」でも、二院制をどうするかという議論はしたけれども、まとまらなかったから、とりあえずは現行憲法のとおりにしたということになってます。
かつては、二院制というものに左派というか、急進派は反対だったわけですね。つまり、下院（衆議院）というのが民主的に国民の意見を代表するところで、上院（貴族院）はそれに対して、制約をするところと見られていました。
日本でもかつては貴衆両院というふうに言ったわけですね。貴族院と衆議院と。「貴」のほうが先にあるわけですね。天皇が言葉を述べるための、天皇席をつくっているのは、貴族院のほうだったわけですね。
いまはそこが参議院になっている。フランス革命のときには、「上院は下院と同じ意見であるなら、無駄であり、下院と反対するのであれば、有害である」と言われました。だから、そんなものは要らないというふうに言われたわけです。

しかし、いまの参議院というのはどうなのか。このあいだのいわゆるねじれ国会ですが（二〇一三年七月の参議院議員選挙により解消した）、これは、選挙のたびに政権政党が交代をするような状況で、一つの政党がある持期に、多数という力で進めていくことがよいのかという問題を、かなり明瞭に提起したんではないかと思います。

やっぱり、衆議院と参議院と、それぞれ違う構成原理ででてきている。それぞれが国民のそれなりの意思の形成の仕方で、構成されている。そういう両院があるということは、落ち着いた政治をやる上で、たいへん有効な構造ではないのかと思います。

一時の激情に駆られて過《あやま》つということの危険を少なくしていると思うんです。ねじれ国会について、優柔不断な政治のあり方を批判するという風潮はあるわけですけれども、この批判は一面、危険を含むものなので、やはり二院制は、大事なんじゃないかとに思っています。少なくとも、権力を分立するという立場からは、評価できることになります。

改憲せずとも実現できることはたくさんある

岩上　続いて、第四四条「議員及び選挙人の資格」なんですが、ここも一箇所「障害の有無」ということを書き込んだ。第一四条もそうでしたが、これは良い話に聞こえるんですよ（三七頁参照）。

以前、加憲について話しましたが（一七一頁参照）、これもそのうちの一つということになるのかもしれません。

自民党改正草案

（国会と立法権）
第四十一条　国会は、国権の最高機関であって、国の唯一の立法機関である。

（両議院）
第四十二条　国会は、衆議院及び参議院の両議院で構成する。

（両議院の組織）
第四十三条　両議院は、全国民を代表する選挙された議員で組織する。
2　両議院の議員の定数は、法律で定める。

現行憲法

第四十一条　国会は、国権の最高機関であって、国の唯一の立法機関である。

第四十二条　国会は、衆議院及び参議院の両議院でこれを構成する。

第四十三条　両議院は、全国民を代表する選挙された議員でこれを組織する。
②　両議院の議員の定数は、法律でこれを定める。

自民党改正草案
（議員及び選挙人の資格）
第四十四条　両議院の議員及びその選挙人の資格は、法律で定める。この場合においては、人種、信条、性別、障害の有無、社会的身分、門地、教育、財産又は収入によって差別してはならない。

現行憲法
第四十四条　両議院の議員及びその選挙人の資格は、法律でこれを定める。但し、人種、信条、性別、社会的身分、門地、教育、財産又は収入によつて差別してはならない。

梓澤　障がいのある方、それからそのご家族の方にとって、この条項が入ったほうがいいなというお気持ちは、僕は十分に忖度《そんたく》しなければならないというふうに思います。
　しかしながら、その障がいのある人たちにとっても、なお、全体の自民党の改憲草案によって、人権もまた、公益又は公共の秩序という制約を受けるということがあり……。
岩上　自民党案では、それが強く謳われてますよね。
梓澤　さらに、全体を見るに、軍というものがど真ん中に座った全体の体系ですから。軍というものを海外で、それこそ鉄砲を撃たせ、国内では、軍に対する批判も許さない。あるいは軍の秩序、軍隊に入れる健常者こそがうんぬんということになっていけば、結局のところ障がいのある人のところにもしわ寄せがくる。自民党案の全体像を、ぜひ見ていただきたいと思います。
岩上　なるほど。澤藤先生は？
澤藤　なるほど、と言うしかないですね。おっしゃるとおり。
岩上　障がいの有無で差別されてはならない。八代英太[※1]さんがそうでしたけれども、障がいのある方が、立候補して、当選して、議員となり、そして、差別されることなく、自分の意見を言い、国政に携わるということができるんだったらいいなと思うんですよね。
　だから、僕はこれには反対しないです。それに反対しないけど、部分的な直しに関しては、もっとやりやすくして、しかし憲法の根幹部分は――これは自民党案では、あらゆる根幹部分が反動的なものになっているわけですけれども――、そういうものは、現行憲法に則って行なう。そういうふうに分けることはできないんでしょうかね？
澤藤　第三章で議論をした、憲法制定権者の、いわば、この憲法に込めた硬性度を保とうという意思を、どこまで尊重するかという問題だと思います。私は、やっぱりハードルを低くしてはならないと思います。いま言われたご意見ですが、何が根幹で何が部分的な直しか、それを分類をするのは非常に難しいことですよね。
　むしろ、この「障害の有無」というのは、立法と行政で十分に手厚く保護すべきことで、現行憲法で十分手当ができる。何かここに加えなければ、不都合があるか。憲法一四条の精神。あるいは、一三条の精神。国民一人ひとりを大切にしなければならないというところから言えば、障がい者差別なんかあってはならないということは当然で、これは立法、そして司法において、最大限、尊重すべきであり、そうすることは現行憲法でできると思います。

これを書き加えるために、憲法改正が必要だということにはならないと思います。

自分たちでつくる、それぞれの改憲草案

梓澤　岩上さんがおっしゃられたことで、興味深いこの問題の論点があるんです。五月五日の『朝日新聞』の関西版に、東浩紀さんが出て発言してるんです。

岩上　東さんは自分で憲法案を出してます。

梓澤　ええ。自分で憲法案を出してるんですね。この人を囲んだネット上の議論にすごい数のアクセスがあります。それは、つまり憲法を元から考えて、自分ならばこう考えるという若者の発想があるということです。そういう人も含んで、一体憲法とは何ぞやという若い議論が起こることは、僕は望ましいことだと思うんです。

だから、憲法とは何ぞやという議論をしながら、自分ならば、こういう憲法をつくるという発想が出てくるのは、これは、僕は、それはそれで良いことだと思います。例えば、明治時代に、五日市の市民が憲法の草案をつくったというように（九二頁参照）、憲法が公権力を縛るものだという発想に立ちながら、いまの、そしてこれからの日本をどうやってつくっていくかを議論することは、僕はいいことじゃないかなと思うんです。

これは、いま各政党が言っているような、加憲とか論憲とかいう中に秘められている思惑とは違うものだというふうに考えております。

岩上　なるほど。憲法を民間から考えて、そして試案を出そうという動きは、自由民権運動の頃はたいへん盛んだったわけですよね。

この民権運動をやっぱりもう一回再開するべきじゃないか。そんな気もしますよね。だから、自分たちで考える。当然一人ひとりの考え方で違ってくるんですけれども、そういう議論もしたいですよね。

お二人も腹の中に秘めてる憲法草案というのはありますか？　お二人

※1　八代英太
山梨県出身の政治家。元々は民放のアナウンサーや司会業などマスメディア関係の仕事に就いていたが、1977年の参議院選挙に無所属で出馬。84万票を獲得して当選を果たす。1999年には小渕内閣で郵政大臣に就任している。
http://www.e-yashiro.net/

それぞれの改憲草案。

澤藤　それはまず、天皇制廃止です。私は、日本の民主主義というのは、天皇制と闘いながら生まれてきた。いま、対峙して成長している途中です。日本の民主主義が勝つというのは、天皇制をなくしたときだというふうに思っています。ただ、私は現行の憲法というものはたいへん大切なものだと思っていますので、現行憲法が存在する限り、象徴として存在する天皇を否定することはしない。

　憲法を正しく読めば、天皇とは人畜無害である限りにおいて、国民が認めたものです。フィクションですけれども、国民の総意において象徴天皇というものを認めた。それは、憲法上の制度として、私は尊重します。けれども、自分で案を書けと言われれば、当然に、憲法から天皇制は抹消します。天皇が復位、復権できないように憲法の中にどう書き込むか。ここは、考えどころだと思いますね。

　私は、国民主権の現在において、国民と主権の地位を争うライバルというのは天皇しかいないと思っています。だから、そのライバルに対して、国民がどういうスタンスを取るか。天皇制をなくすることによって、天皇制に縛られた臣民の根性を捨てて、ようやく本当に自立した主権者としての国民になると思います。

岩上　なるほど。共和制[※1]ということですか？

澤藤　そうですね。それはいまの時代に当たり前のことだと思います。

梓澤　僕は、抵抗権（不当な国家権力の行使に対して抵抗しうる国民の権利）ですね。

岩上　抵抗権を書き込めということですか？

梓澤　そう。「人権宣言集」に「人及び市民の権利の宣言」というのがあります。「フランス人権宣言」と呼ばれる、その第二条に「あらゆる政治的団結の目的は、人の消滅することのない自然権を保全することである。これらの権利は、自由、所有権、安全及び圧制への抵抗である」と、こう書いてある。

　こういう例を思い出すんですよ。秩父困民党事件[※2]というのが明治年代にありました。これはつまり、秩父の人たちが税金の苦しさに耐えかねて、立ち上がって武装蜂起したわけです。そのときに、すごい言葉が出たんですが、「我々の権利を保全するため、恐れながら明治天朝（明治政府）に対して、対し奉る」という宣言を出したんですよ。ここに馳せ参じた長野県の北相木村の闘士がいたんですね。井出為吉《いでためきち》[※3]と言いまして、長野県から黒い馬に乗って秩父まで二〇〇キロを飛ばして馳せ参じて、会計参謀になったらしいんですよ。彼の家が保全されているんですが、その家の蔵には、「フランス人権宣言」のフランス語の研究書がいっぱいあったらしいんですよ。

つまり、そもそも近代政府というのは、人々の人権を守るためにつくった。にもかかわらず、人権を踏み潰す、そういう政府ならば、それを打倒する権利を人間は持っているんだと。そういうものは、日本国憲法にはないけれども、しかし、本当は、それは読み込まれていいはずであって、「バージニア権利章典」[※4]とか、「フランス人権宣言」には、すでにそういうものは明文化されてるわけですね。

この自民党憲法草案に戻るに、公共の秩序または公益に反するものは人権を認めないというのは、それ自体が自己矛盾であって、人権を認めるんだったら、自分たちが人権を認めない権力になったら、それは人民に打ち倒されて当然なんだと。

そういうふうに、私どもは政府をもし預かったときには運営しますよと。それが、公権力を握る者の公的な責任だと思うんですよね。

その人たちがこういう改憲草案をつくってるようじゃ、僕は志は低いなと思いますね。

岩上 なるほど。抵抗権はいいですね。実は、僕はずっと「明るいレジスタンス」って標語にしてるんですよ。あまりにもひどいと思うことがあって、「明るいレジスタンス」というスローガンを掲げています。憲法には抵抗権が書かれてないな、なんてちょっと思っていたんですね。でも抵抗って、本当は重要なことですよね。米国のように抵抗権[※5]が明記されていることが望ましいと思います。

澤藤 第一二条の「自由を保持するための国民の不断の努力義務」中には、それは入ってるんだと思いますけれどもね。

※1　共和制
本来、ある政治社会が、ある特定の個人ないし階層の私物ではなく、構成員全体のものであり、全構成員の共同の利益のために存在しているとみなされる体制をいう。古代ギリシアのポリスの観念は、このようなものであり、それを支えるのが、市民の政治的・人倫的卓越性(徳)であるとされた。ローマが帝政期に入り、帝国が皇帝の私物とみなされるようになると、共和制の観念は、批判的・理念的価値をもつようになる。(『kotobank』より)

※2　困民党
自由民権運動の激化期に借金返済をめぐって結成された農民組織。1881年、松方財政の紙幣整理による不況のもと、関東・中部地方など養蚕・製糸業地帯の貧農が中心となり、負債利子の減免、元金の年賦償却などを要求して運動を起こした。群馬事件・秩父事件は自由党員の指導下にこれらの農民が蜂起したもの。

※3　井出為吉
1859～1905。明治時代の自由民権運動家。
安政6年生まれ。生家は信濃(長野県)北相木村の富農。上京して漢学、国学を学び、フランス革命史などにも関心をもつ。明治15年自由党に入党、17年秩父困民党に軍用金方として参加し逮捕され、22年大赦で出獄。のち治雄と改名し群馬県利根郡書記などを務めた。(『kotobank』より)

※4　バージニア権利章典
1776年6月12日に採択された世界最初の人権宣言。万人が生まれながらにしてひとしく自由かつ独立しており、一定の生得の権利を有するとされ、そのような権利として財産の所有とともに、幸福追求の手段を伴う生命、自由の享受があげられている。バージニア権利章には、その3条で、政府がその目的に反するか不十分であると認められた場合に、〈社会の多数の者がその政府を改良し、改変し、あるいは廃止する権利〉が〈疑う余地のない、人に譲ることのできない、また破棄し得ない〉ものとして宣言されている。(『kotobank』より)

※5　抵抗権
国家権力の不当な行使に対して抵抗する国民の権利。英国の哲学者ジョン・ロックによって提唱された。この考え方は、1776年に起草されたバージニア権利章典やアメリカ独立宣言、フランス人権宣言などに組み込まれた。

天皇制　抵抗権　フランス人権宣言　バージニア権利章典

岩上　そういう解釈も成り立たなくはない？

澤藤　もう一つ言いたいのは、憲法の章立ての仕方です。やっぱりこれは基本的人権、すなわち人権宣言部分から始まるべきであって、天皇から始まるなんていうのはまったくおかしな話です。

そして、人権総論のところで、人権制約の原理についてはは厳格にする。他の人の人権と衝突をする場で調整される以外に、人権の制約はあり得ないということをきちんと書き込む。そういう憲法であったらいいなとは思います。

岩上　なるほど。よりいま以上に、公権力というのは調整機能であって、上位に立って何かを押し付けるようなものではないということを、より強調したほうがいいということですね。

澤藤　そうですね。そういうことを明確にする憲法であったら、とてもいいなと思ってます。

岩上　自民党案を批判するだけじゃなくて、考えてみるのも楽しいかもしれないですね。

澤藤　ええ。楽しい話なんですね。しかし、政治的には、だから変えようよ、ということにはならない。いい代替案があったとしても、しかしその相当な部分は、現行憲法でまかなえるという結論になるはずです。

現行憲法は相当にフレキシブルですし、これを変えなければ、どうしても民主主義が成り立たないとか、人権擁護が非常に浅薄なものに終わるとか、そういうことにはならない。だから、こうあってもいいなという方向も、現行憲法の解釈に十分収斂されると思います。

先ほど障がいのある人を差別してはならない問題が話に出ましたが、たしかにそのとおり。だけど、何でも憲法に書き込めばいいということではなくて、現行憲法の中で、本当に輝くものをきちんと確認をして、もっと良い書き方もあるけれども、少なくともこれを改悪させるようなことは絶対やめようね、という結論に至るんだろうと思います。そのために、自分で考えるということはたいへん大事だと思いますね。

時の権力者の顔色をうかがう裁判所

岩上　大事ですね。続いてまいりましょう。

第四五条と第四六条ですが、ここはまったく変わっていません。続いて第四七条ですが、三月二五日、二六日と連続して、各地の高裁で「昨年一二月の衆院選は憲法違反である」「一部は無効である」という判決が出ました。[※1]　そして「一部は無効である」という判決が出ました。これは、日本国憲法一四条の「法の下の平等」と一五条の「公務員の選定及び罷免に関する権利等」に関わる話だと思いますが、この第四七条「選挙に関する事項」にもたいへん関わりがあります。現行憲法には、選挙に関する事項は法律で定めるものだと書いてあります。これに対して、自民党案は少し変更を加えており、このまま読むと、人口比例選挙を認めているかのようにも見えます。

　この一連の判決は憲法に関わる話でもあり、非常に重要な判決だったと思います。先生方は、この判決をどのようにお聞きになりましたか？

梓澤　各地の裁判所及び最高裁判所は、いままで「違憲状態」と言いながらも、「選挙無効」は出してきませんでした。こうした状況の中で、「憲法に違反する以上、それは無効だ」という判断を下した勇気と、判断のあり方について非常に関心を持ちました。

　裁判所には、「そのように影響の大きい判決はしない」という伝統が牢固《ろうこ》としてあります。今回の判決は、この伝統をつくり出してきた司法官僚体制に風穴を開けたという評価をすべきだと思います。

　千葉大学名誉教授で評論家でもある新藤宗幸さんが、著書『司法官僚――裁判所の権力者たち』の中で、いまの司法官僚の制度の問題点を書かれています。

　例えば、司法は原発を一度も止めたことがありませんし、それればかりか、止めた判決をひっくり返しています。

　そのせいで、現在の福島の塗炭《とたん》の苦しみがつくられてきているとも言えます。

　ですから、私は裁判所や裁判官の良心は一体どこにあるんだ、と思っていました。

　その意味で、各地の裁判官は、今回の選挙違反にかかわる判決を「以て瞑《めい》すべし（それで安心して死ぬことができる）」だと思います。

　裁判の判決においては、この判決が政治的にどのように転がっていくのかを考えてはいけないとされています。つまり、判断に直面したときに、その結果がどうなるかを考えて判断をしてはいけないということです。

　例えば、これまで表現の自由を守って、ビラを撒いた人を保護した最高裁判決は一度も出ていません。自衛隊の官舎にビラを入れた人が逮捕され、勾留された事件がありましたが、このような表現の自由を守る判決は、一度も出ていないのです。

岩上　一度もですか？

梓澤　はい。また、靖国の公式参拝について、これを「違憲」とする最高裁判決も一度

※1　「一票の格差」が是正されないまま行なわれた2012年12月の衆院選は「憲法違反」として、2つの弁護士グループが選挙無効を求めて全国14の高裁・支部に、計16の訴訟を起こしていた。2013年3月25日、広島高裁は、広島1区と2区で行われた選挙に対して、「違憲」かつ「選挙無効」の判決を言い渡した。「選挙無効」の判決は戦後初。翌26日、広島高裁岡山支部でも「違憲、選挙無効」の判決が下り、最終的には16の訴訟において、2件が「違憲、選挙無効」、12件が「違憲」、残る2件は「違憲状態」という判決が出た。

自民党改正草案

（衆議院議員の任期）
第四十五条　衆議院議員の任期は、四年とする。ただし、衆議院が解散された場合には、その期間満了前に終了する。

（参議院議員の任期）
第四十六条　参議院議員の任期は、六年とし、三年ごとに議員の半数を改選する。

（選挙に関する事項）
第四十七条　選挙区、投票の方法その他両議院の議員の選挙に関する事項は、法律で定める。この場合においては、各選挙区は、人口を基本とし、行政区画、地勢等を総合的に勘案して定めなければならない。

現行憲法

第四十五条　衆議院議員の任期は、四年とする。但し、衆議院解散の場合には、その期間満了前に終了する。

第四十六条　参議院議員の任期は、六年とし、三年ごとに議員の半数を改選する。

第四十七条　選挙区、投票の方法その他両議院の議員の選挙に関する事項は、法律でこれを定める。

も出ていません。[※1] しかし本来なら、憲法という規範に基づいて裁判官が判決を出すときに、「こういう判決を出したら私の将来はどうなるのか？」と考えてはいけないんです。

岩上　それはつまり、もし違憲という判決を出すと、自分の出世がおぼつかなくなるかも、ということでしょうか？

梓澤　そういうことです。本庁を歩めず、県庁所在地にある裁判所にも行けず、支部にやられるということです。

岩上　左遷されるということですね。「裁判官は独立して判決を下すべき」、「法律に則って公正な判断を下すべき」という意識で仕事をしているのではなく、実際には、組織の中での自分の出世や処世術にとらわれて判決を出すことが多いということでしょうか？

梓澤　はい。弁護士人生を振り返ると、残念ながらそう考えざるを得ない。

「〇増五減」では一人一票にならない

澤藤　いまの梓澤弁護士の発言は、いままでは司法消極主義が過ぎた、ということだと思います。本来の裁判所の役割は、立法や行政に憲法違反があるときに、躊躇なく是正をしなければならない、というものです。しかし実際は、そうしたことについて裁判官らが非常に臆病になっている。このような状態が、司法消極主義です。

最高裁判所は、一票の格差をめぐる問題について、これまで長い年月にわたって、違憲判断を躊躇してきました。違憲判断に踏み切った後も、「違憲状態」と言ってきました。事情判決[※2]の法理を使って、無効にはしませんでしたが、「裁判所から見て見過ごすことはできない」と言ってきました。

それにもかかわらず、立法がきちんとした対応をしてこなかった。裁判所としては、「面子を潰されて放置できない」ということで、この判決を出したという側面もあると思います。司法消極主義に風穴を開ける判決だったことについては評価したいと思います。

しかし、先ほど梓澤弁護士が言われたように、例えば、二〇条や二一条、あるいは一九条の問題でこのような判決が出たのなら私は飛び上がって喜ぶのですが、そういうことではありません。「めでたさも中ぐらいなり」という感じです。

二〇条は、政教分離を含む信教の自由の問題、二一条は表現の自由の問題、そして一九条は思想・良心の自由です。

私は、立法府の議席配分というのは、可能な限り、鏡のように民意を正確に反映したものではなければいけないと思っていますし、選挙区制度を考える際には、それ以外の考慮要素はないと思っています。

最高裁の大法廷判決などを見ると、「それは一つの重要なファクターである」と言う一方で、「民意の集約も考慮してもよいのだ」ということも言っています。私に言わせれば、「民意の集約」とは、「民意の反映」の反対語です。強い政党に下駄を履かせ、弱い政党は切り捨てる。これを「民意の集約」と言っているわけです。つまり、これで政権の安定が保たれる。だから、これも一つの考え方なんだと言っているわけです。

そういう意味で、私は現行の小選挙区制度は、憲法の精神からするとまことにおかしな制度だと思っています。たくさんの人の民意を切り捨てる「死に票」を、たくさんつくる制

〇増五減　司法消極主義　立法府の議席配分　小選挙区制度

※1　これまで、首相の靖国神社参拝をめぐって起きた訴訟において、公式参拝を違憲とする明確な判断を示した下級審判決として「岩手靖国訴訟」の1991年1月仙台高裁判決がある。また、1985年の中曽根康弘首相（当時）による公式参拝と、2005年の小泉純一郎首相（当時）による参拝にも、違憲を主張した訴訟が提起されている。
このうち、中曽根首相の参拝に対しては、損害賠償を求めて3件の訴訟が起こされたが、いずれも請求は退けられた。しかし、92年2月の福岡高裁判決では、参拝をこのまま継続すると違憲になる、と指摘。同年7月の大阪高裁判決は、「憲法に違反する疑いがある」と述べている。
小泉首相の参拝では、計7件の訴訟が起こされた。2004年4月の福岡地裁は、小泉首相の参拝を「職務の執行」であり、「憲法に禁止されている宗教的活動にあたる」として違憲とする判決を下した。さらに、2005年9月の大阪高裁も、小泉首相の参拝は職務としてなされたと見るのが妥当で、「憲法20条3項が禁止する宗教的活動にあたる」として違憲判決を下した。しかし、賠償請求は退けられ、原告敗訴となった。

※2　事情判決
行政事件訴訟で、行政上の処分・裁決などが違法であることを確認しながら、それを取り消すことが公共の福祉に適合しない場合に、裁判所が取り消し請求を棄却する判決を下すこと（三省堂『大辞林』）。

度だと思っています。今回の判決がそこまで切り込んだ判決であれば「素晴らしい判決だ」と思うのですが、そこまでは切り込んでいません。○増五減[※1]で問題はクリアできるとも言っています。

岩上　そうですね。それはおかしいですよね。

澤藤　ええ。本来なら、民意を正確に反映すべき選挙制度をつくらなければならないのに、そこに切り込んでいないので非常に不満です。一票の格差をめぐる一連の訴訟は、国民一人ひとりの投票の権利に居住地による格差があることについて「おかしい」と言ったわけです。

しかし、小選挙区制の問題とは、例えば、共産党や社民党などの少数党に投票した人たちが、自分たちが推薦した人を国会に送り込むことができないということです。

自民党に投票した人は、有権者一〇万人で一人、一〇万人が集まれば、その人たちが推薦した一人を国会に送り込むことができる。しかし、小選挙区制度では、共産党の支持者や社民党の支持者が何十万人、何百万人集まっても、小選挙区からは一人の議員を送り込むことができない。

この差別を問題にした訴訟で、最高裁は、国会でどういう選挙制度をつくるかという裁量の範囲の問題だということであっさり切り捨てています。こういう裁判所が、現在の地域の格差を助長していると思います。

岩上　それはどの判決のことでしょうか？

澤藤　一五年ぐらい前の裁判で、大法廷判決でそういうふうになっています[※2]。これは、上告人側がいろいろなことを言った中に、小選挙区制の違憲・無効も入っていたのですが、それはあっさり蹴られています。

憲法四一条は、「国会は、国権の最高機関であつて、国の唯一の立法機関である」としており、四七条では、「選挙区、投票の方法その他両議院の議員の選挙に関する事項は、法律でこれを定める」となっています。

つまり、国会とは、国権の最高機関であり、民意によって選ばれている立法府ですから、国会に裁量権は当然ありません。しかも、ルールをつくるための裁量はかなり広い。選挙制度という基本ルールをつくるためのルールは、形式的な平等が保たれている限り、よほどおかしなルールでなければ違憲にはならないというわけで、判決ではこのことが強調されています。

格差をめぐる一連の判決では、「二・四三倍になると裁量の範囲を逸脱して違憲だ」と言っています。このことについて、もちろん評価はするのですが、小選挙区制の問題にまでは切り込んでいない。立法府のつくり方の根源にまで最高裁が踏み込んでこなかったことについては、やはり批判せざるを得ないと思います。

ですから、重要なのは今回の判決の射程距離がどこまでなのか、ということだと思います。〇増五減で糊塗され、これで問題がないということになれば、私はさほど評価すべきところはないと思います。

司法消極主義を払拭した側面は評価しますが、それに留まるものだということになると思います。本当の意味で、民主的な立法府をつくるところに踏み込んだもの、と言えるかどうかについては、評価を留保せざるを得ません。

岩上　今回の一連の訴訟のリーダーである山口邦明弁護士に、インタビューをしたことがあります。[※3] 山口弁護士は四〇年間、この一票の格差問題に取り組み続けており、東京の比例区などの提訴を担当されています。

山口弁護士が主張されているのは、「人口比例」です。二〇一二年末、〇増五減で三党合意をしましたが、[※4] これではまったく人口比例になりません。その理由の一つは、三党合意では一人別枠方式[※5]という、都道府県すべてに一人あてがうということを止めないと人口比例はできない、ということについては切り込んでいないからです。

また、かつて民主党が「二一増二一減案」を出していました。この案なら、全体をシャッフルして、人口比例、格差是正ということが可能でしたが、民主党は参議院で少数だったために、ねじれ国会になり、結果的に、自民党に次々と妥協や譲歩をせざるを得なくなり、自民党の「〇増五減案」を呑んでしまいました。

そしていま、新聞では「〇増五減にすればよい」という意見がほとんどを占めています。しかし、これでは人口比例にはならず、違憲の状態は解消されません。この点が気になります。

「一人別枠方式」の廃止は地方の切り捨てというジレンマ

岩上　せっかくですから、この部分も、自民党の改憲案に触

※1　0増5減
「1票の格差」を是正するために、小選挙区の議席数を全国で計5つ減らし、それに対する定数の増加を行わないという選挙区制改正制度。2012年11月16日に参院本会議で可決、成立した。

※2　1997年10月20日に行われた衆院総選挙の東京第5区を巡る選挙無効請求事件で、最高裁大法廷は「小選挙区制は、選挙を通じて国民の総意を議席に反映させる一つの合理的方法ということができ、これによって選出された議員が全国民の代表であるという性格と矛盾抵触するものではないと考えられるから、小選挙区制を採用したことが国会の裁量の限界を超えるということはできず、所論の憲法の要請や各規定に違反するとは認められない」と述べている。（引用：「裁判所HP」http://www.courts.go.jp/search/jhsp0030?hanreiid=52269&hanreiKbn=02）

※3　2013年3月26日、岩上安身による山口邦明弁護士インタビュー
http://iwj.co.jp/wj/open/archives/70028

※4　2012年11月16日、自民・民主・公明3党が、国会対策委員長会談に臨み、自民党が第180通常国会に提出していた衆院小選挙区「0増5減」法案を衆院解散前に成立させることで合意した。合意書では、「衆議院議員の定数削減については、選挙制度の抜本的な見直しについて検討を行い、次期通常国会終了までに結論を得た上で必要な法改正を行う」としている。

※5　一人別枠方式
衆議院の小選挙区300議席のうち、まず47都道府県それぞれに1議席ずつを「別枠」として割り当て、残り253議席を人口に比例して配分する方式。

れたいと思います。改憲案の四七条には、「この場合においては、各選挙区は、人口を基本とし、行政区画、地勢等を総合的に勘案して定めなければならない」と書かれています。これをどのように解釈すべきでしょうか。

澤藤　「人口を基本とし」というのは当然のこと、注目に値しない。「行政区画、地勢等を総合的に勘案して」というところがミソです。

岩上　つまり、純粋な人口比例を実現しなくてはならない、一人一票に近づけなくてはならないという意味ではないということなのでしょうか？

澤藤　はい。一人別枠方式の問題がありました。二〇〇九年八月の衆議院議員総選挙に対する選挙無効訴訟で、二〇一一年三月に最高裁判所大法廷判決が出ました。そこでは、定数配分は違憲状態にあるとして、一人別枠方式の見直しを求めています。

　こうした判決が出ているにもかかわらず、自民党案は、「判決尊重」という姿勢に欠ける。つまり、「最高裁判例を変えてしまえ」、あるいは「最高裁判例に従うより、憲法を変えてしまった方が早い」とも読めます。

　もっとも、「行政区画、地勢等」については、まったく馬鹿げたことを言っているわけではないと思います。つまり、「行政区画、地勢」とは「地方のコミュニティから立法府に議員を送り込むことがあってもよいだろう」ということで、そこを単位にして、それなりの区割りをして選挙制度をつくるということです。

岩上　小さなコミュニティからも議員を出すべきだと。

澤藤　例えば、いままでは、島根県や鳥取県などの小さな県から、一人別枠方式で一人を出すことが確保できた。しかし、必ずしもそれは憲法に適合しない、そういう考慮は正しくない、などと言われた場合、それならば参議院から一人とか、参議院の選挙区をもう少し広くして山口県まで含めて二、三人にとか、行政区割を壊した形で選挙区割をつくらなければならなくなる。いままでは、「それは無理だよね」ということで通っていたわけです。

　私は岩手出身なのですが、そうした地方から「自分たちの代表を出したい」と思っていても、純粋な人口比例にしてしまうと、「都会が圧倒的に強くなり、中央の意見が通り、地方はますます過疎化してしまう」という危機感があるわけです。

　それに対して、やはり地方にもそれなりの厚い議席の配慮をするということが、「一人別枠方式」だったのです。しかし、それはダメだ、と言われる時代になってきたということです。

　大雑把に言えば、野党も与党も「地方は切り捨ててもいいんだ」という風潮があり、最高裁もそれに乗って、「人口比が正しい」と言うようになった。そういう風潮の中で、このような判決が出てきたんだと考えています。

とはいえ、私は、この四七条はやはりおかしいと言いたい。繰り返しますが、民意を鏡のように反映する選挙制度、民意と相似形の立法府をつくること以外に、選挙制度に関する理念はない、と私は昔から信じています。しかし、それは小選挙区ではできません。けれど、全国一区の比例代表制にすれば純粋にできます。

岩上　全国一区にして、その後、議員の選出をブロック別にするということでしょうか？　そうでなく、全国一律の比例ということになりますと、それこそ本当に、地方ごとに代表を出すことができなくなる恐れもあるのではないですか？

澤藤　ですから、立法府の裁量で、全国を「八つのブロックに分ける」「九つのブロックに分ける」「一一のブロックに分ける」などということぐらいは許されるのではないか、と考えています。

少なくとも、小選挙区のような形では、人口が同じように推移するわけではありませんから、区割りを毎回しなければなりません。「正確な人口比による議員の選出」というものに最も馴染まない制度が小選挙区制だと思っています。

岩上　いま、澤藤弁護士がおっしゃった「比例代表制で全国一区にして、それを地方ブロック別に配分する」という案は、みんなの党の案に一番近いと思います。[※1]　この案はご存知でしょうか？

澤藤　いえ、それについては詳しくは知りません。理念的なこととして自分の考えを話しています。現行制度だと、少数の政党に不利になり、多数政党に有利になる。今回も、自民党は四割以下の得票しかありませんでした。二〇〇九年の選挙と今回の選挙を比べても、自民党の得票数は増えていません。[※2]

それにもかかわらず、二九四議席も取れたというのは、完全に小選挙区制のマジックです。つまり、大政党に下駄を履かせるという現象が起こった。小選挙区制ならば、第一党と第二党にしか票が行かないんです。第一党に票が行くのは当

※1　みんなの党案
「一人一票比例代表制（ブロック単位）」：定数を300とする新たな比例代表制度。政党名か、現行衆議院地域ブロックごとに政党が示す非拘束名簿記載の候補者名のいずれかを投票する枠組み。
政党票・候補者票を政党得票として、全国で合算集計した得票に基づき、政党ごとの議席配分を確定し、各政党内でブロック投票に応じ、各ブロックへ議席配分。各政党内の各ブロック内で候補者票が多い順に議席を確定する。無所属も1人政党などとして立候補可能になる。「一人一票」で真の民主主義国家を実現する。
（「みんなの党HP」より引用　http://www.your-party.jp/file/press/111021-01a.pdf）
※2　2012年の衆院選で、自民党が獲得した比例区の絶対得票率は、16.4%。有効投票に占める得票率も27.7%に過ぎなかった。ちなみに、2009年の衆院選では、それぞれ18.51%と26.7%。

然ですが、第一党の批判票はすべて第二党に流れる。これも、「小選挙区効果」ですね。

「自分の支持政党は、どうせ投票しても当選しそうもない。それなら、少しはましな第二党に賭けてみよう」ということになり、そういうことが繰り返されていれば、第三党以下の政党は、何回選挙しても「どうせ駄目だ」ということになる。その積み重ねが、まさに、近年の自民党と民主党の保守二大政党制であると思います。

岩上　民主党はもう崩壊しかけていますから、すでに二大政党制ではなくなっていると思います。はっきり言いますと、第二党が内部からの分裂と外部からの圧力によって解体され、第一党の圧勝になっています。

ここで、選挙無効の話に戻したいと思います。全国で提訴をしたグループは二つあります。先ほどの広島高裁での無効判決は、山口邦明弁護士のグループ。そして、広島高裁岡山支部での無効判決を出させたグループのリーダーは、升永英俊弁護士という方です。

升永弁護士にも、インタビューをしました。[※1]「人口比例原理主義者」と言うと叱られてしまうかもしれませんが、升永弁護士にはかなりそういった要素が感じられました。「とにかく一人一票を実現すればよい」、「そういう区割りをすればよい」とおっしゃっています。

さらに、「まずはそういう国会をつくる」とも言われています。そうでないと違憲ですから。違憲状態の議員が法律をつくるのはよくないことなので、人口比例選挙をして、その後、区割りや制度――例えば、小選挙区制にするのか、中選挙区制にするのか、全国一括の比例代表制にしてブロック別に配分するなど――については、何十年かけても議論すればよいということです。とにかく、一人一票という法の下の平等を実現するべきだと。この点についてはどう思われますか?

澤藤　非常に筋が通っています。

選挙制度というルールをつくる場合、皆に同じように適用されるものですから、ルールのつくり方について、国会にはある程度の裁量が与えられます。その裁量の中に、例えば、地方に対する配慮をして一人別枠方式でもいいじゃないかというものがある。

それはそれなりに、過疎地、あるいはコミュニティからまず一人は議員を出すというやり方を、合憲や違憲という問題を超えた国会の裁量としてそれを認め、特に違憲ではないということで、いままでずっと認められてきたのです。

しかし、二〇一一年三月に「一人別枠は駄目だ」という判決が出た。そういうことをしている限り違憲である。それでは一票の格差の是正はできないのだと、はっきり言われたわけです。

いま、それに切り込まざるを得ないところまで来ているわけです。しかし、そこに切り込めば、地方を切り捨てることにもなる。そうでなくても、地方の過疎化が進んでいるときに、地方の発言力がまた落ちていく。

しかし、最高裁が、「それが憲法の要請しているところだ」と言ったということは、いまはそういうところまできたのだと私は理解しています。

岩上　これは難しいですね。「一人一票を実現するべきだ」という考え方は、現在の憲法の理念を守れば、当然出てくる結論だと思います。しかし一方で、地方と都市の格差が広がることにもなるわけですね。

澤藤　日本国憲法の理念から考えると、人口割で、それぞれの人が平等な一票を持っていますから、地方も都市もないんです。この原則を通せば　必然的に、いままでよりは都会に厚く、それから地方に薄くなる。しかし、これは仕方がないと思います。もともとそういうものだという割り切りをせざるを得ない。そこで二〇一一年の最高裁の判断となった。けれど、それに従ってきちんと国会が区割りの是正をしなかったために、今回の一連の判決になったということだと思います。

憲法の問題として言うならば、立法・行政・司法というサイクルの最初にあるのが選挙ですから、選挙制度をどうするのかということは、非常に重要な問題です。私は、どういう立法府をつくるのかという理念を考えるとき、民意を正確に反映すること以外にはないと考えていますから、小選挙区制はまことにふさわしからぬ制度だと思っています。

もう一つ、「国会の裁量権はどこまであるのか」ということです。特に、現行憲法第四一条は「国会は、国権の最高機関であって、国の唯一の立法機関である」と定めています。同じく、第四七条には「選挙区、投票の方法その他両議院の議員の選挙に関する事項は、法律でこれを定める」と書いてある。この「法律でこれを定める」というのは、四一条だけではなく、もう少し広範な裁量権を国会に与えたということなのか。つまり、憲法がそういう知恵を与えたと読むのかどうか。以上の二点が憲法上の問題であることを指摘しておきたいと思います。

梓澤　いま、澤藤弁護士が言われた「本当に根本的な選挙制度のあり方」を考えないまま、弥縫《びほう》策として選挙制度をいじっただけの状態で、衆議院と参議院の同時選挙を仮にするならば、特に現行憲法を非常に大事なものだと考え、基本的人権を大事なものだと考え、平和主義を大事なものだと考える少数勢力が、一挙に少数に追い込まれる可能性があ

※1　2012年12月21日に岩上安身が行なった升永英俊弁護士インタビューのテキスト記事。（http://iwj.co.jp/wj/open/archives/64648）

ると思います。ですから、私はその点について喜ばしいとは思わず、むしろ危機感を持っています。

なぜかと言いますと、これで衆議院の改憲勢力が三分の二をはるかに超え、あるいは、参議院選挙のほうもそうなると、一挙に改憲発議に雪崩れ込みかねないからです。そうなった場合、そのことについて危機感を持って「いまの自民党改憲草案がどのような性格を持っているのか」ということをきちんと研究して、これを聞いてくれている方々が発信者にならなければいけないと思います。

岩上 そうですね。その可能性も出てきました。だからこそ、我々も急いで憲法の勉強をして、それを発信していきたいと思っています。また、視聴者の方々がご自身で考え、発信していくことがとても重要になってくるということですね。

議員の歳費とあるべき議員像

岩上 四八条から五一条までは変化なしです。五二条で「通常国会の会期は、法律で定める」という言葉が付け足されました。ここまでで、お気づきになった点とか、ありますでしょうか?

澤藤 特にないですけども。

梓澤 四九条で「議員の歳費」を「法律の定めるところで決めるとなっています。これはこれでいいと思いますが、議員の歳費がいまのままでいいのでしょうか。かなり高額の歳費を受け、調査費用も出ています。

弁護士会でスウェーデンなどに調査に行ったり、ドイツで話を聞いたりしたときに、自転車で議員が議会に通う、自転車議員というのが非常に印象的でした。これは地方議会の例だったんですけど、国会議員とか地方議会の議員が、先生と呼ばれて――僕は弁護士を先生と呼ぶのも反対なんですけども――、なんか特別の偉い人みたいなのは、良くないと思うんですよね。

やはり議員というのは、こまめに自分の選挙区を歩いて、人々の意見を聞いて、まさに民の声を国政に反映させることが大切な仕事だと思います。つまりパブリックサーバント。

岩上 公僕ですね。

梓澤 ただの言葉ではなく、本当にそうでなきゃいけない。戦前、「山宣」と親しまれた、山本宣治《やまもとせんじ》※1という人が、議会で非常に厳しく反軍演説なども行なって、最後に右翼団体の構成員に刺されて亡くなったんですけど、この人の伝記なんか読むと、本当に日々が庶民です。そうでなければいけない。議員としての調査費とか、十分な活動費とか、スタッフを抱える費用、それは必要だと思います。だけど、自分の日々というのは、いわゆる通常の平均賃金よりちょっと低いくらいの生活を保っていかないといけないと思う。

岩上　なるほどね。わかりました。

澤藤　五二条に新設された「通常国会の会期は、法律で定める」というのは、いわゆる通年国会制に絡む問題がありますから、それはもしかしたら、そういう思惑でやってるのかなというふうに思います。

岩上　一つだけ質問したいんですが、五〇条と五一条にある議員の「不逮捕特権」、「免責特権」というもの、これはどうして設けられたのでしょうか。自民党案のほうも変わってないくらいですから、変えようもなく、尊重すべき条項だろうということだと思いますが……。

澤藤　三権分立というものの考え方によるんだと思います。つまり立法権と行政権との関係では、行政権というのは圧倒的に強いわけですね。とりわけ行政権の中で、警察権力、あるいは検察も実力を持っている。

　これは、人を逮捕し、勾留し、起訴し、刑罰を科することができる。そうすると、行政権が立法権に介入する手段として、でっちあげをしたり、たいしたことないことで、特定の人を狙い撃ちにして、逮捕することがあり得る。

　逮捕され勾留されているあいだは、その人が国会活動ができないわけですから、それは結局のところは、警察権力の思惑通り、あるいは検察権力を使った行政権力の思惑で国会活動に影響を与えることができる。

　あるいは特定の人を狙い撃ちにすること、特定の政策を持っている集団を狙い撃ちにすることによって、その集団を萎縮させたり、あるいは別の集団を狙い撃ちにすることによって、国民世論に影響を与えたり、いろんなやり方で、行政権力が立法権に介入することは可能になるわけですね。少なくとも、国会の会期中は、そういうことはさせないという、たいへん大事な原則をここで定められたというふうに考えています。

岩上　行政権がたいへん強いので、そこに対して、国会議員、立法府の権威とか権限とかが損なわれないように、不逮捕特権がある。よくわかりました。

※1　山本宣治

1889～1929。大正昭和初期の社会運動家、労働農民党代議士。京都市に生まれる。神戸中学中退後、独学で社会主義文献に触れる。1907年から11年までカナダに渡り、様々な労働に従事しながら苦学。帰国後、1920年に東京帝大理学部を卒業。同志社、京大の講師を勤めた。性科学の普及運動を推進し、労働運動などを通じて産児制限運動の指導者として、同時に学生運動、日本農民組合、政治研究会などの活動に関与するようになる。1927年労働農民党京都府連合会委員長。28年の第1回普通選挙に労働農民党公認で京都から当選。同党が解散してからは政治的自由獲得労農同盟に属し、唯一の共産党系代議士として活動していたが、29年3月の56議会会期中に右翼団体七生義団の黒田保久二に刺殺された。(『kotobank』より)

自民党改正草案

（両議院議員兼職の禁止）

第四十八条　何人も、同時に両議院の議員となることはできない。

（議員の歳費）

第四十九条　両議院の議員は、法律の定めるところにより、国庫から相当額の歳費を受ける。

（議員の不逮捕特権）

第五十条　両議院の議員は、法律の定める場合を除いては、国会の会期中逮捕されず、会期前に逮捕された議員は、その議院の要求があるときは、会期中釈放しなければならない。

（議員の免責特権）

第五十一条　両議院の議員は、議院で行った演説、討論又は表決について、院外で責任を問われない。

（通常国会）

第五十二条　通常国会は、毎年一回召集される。

2　通常国会の会期は、法律で定める。

現行憲法

第四十八条　何人も、同時に両議院の議員たることはできない。

第四十九条　両議院の議員は、法律の定めるところにより、国庫から相当額の歳費を受ける。

第五十条　両議院の議員は、法律の定める場合を除いては、国会の会期中逮捕されず、会期前に逮捕された議員は、その議院の要求があれば、会期中これを釈放しなければならない。

第五十一条　両議院の議員は、議院で行つた演説、討論又は表決について、院外で責任を問はれない。

第五十二条　国会の常会は、毎年一回これを召集する。

〔新設〕

どこか曖昧な内閣の権限

岩上　続きまして、「臨時国会」について書かれた五三条です。

自民党案では「二十日以内」というところをはっきり区切ったということですが、これはどのようになると思います？

澤藤　これは、合理的なんじゃないかと思います。いままできちんと定められてなかったものですね。一つ、緊急事態に対応するという思惑があってのことかもしれませんけれども、たしかに臨時国会の召集というのが必要になる事態が考えられるわけですから、そのとき、要求が「二十日以内」というのは、私は合理的だと思います。

岩上　自民党のみなさん、それから自民党支持者のみなさん、澤藤先生のお話を聞いたでしょうか？　自民党の憲法改正案を見て、初めて褒めました（笑）。

澤藤　いや、別に褒めたわけじゃないですけれど（笑）。法律で決めたって良いわけですから。

岩上　続いて五四条ですが、最初に「衆議院の解散は、内閣総理大臣が決定する」という一文が新設されて入ってます。これはどういうことでしょう？

澤藤　ごく簡単に申し上げますが、いままで衆議院の解散権は、内閣総理大臣にあるという根拠条文はどこだというので、七条説と六九条説があったわけですね。

岩上　七条説と六九条説ですか。

澤藤　現行憲法七条というのは「天皇は、内閣の助言と承認により、国民のために、左の国事に関する行為を行ふ」となっていまして、その三号に「衆議院を解散すること」となっています。つまり、内閣の助言と承認によって天皇が解散をする。そうすると、その助言と承認の主体としての内閣が、実質的な解散権を持っているんだという解釈になるわけです。

岩上　六九条説というのは？

澤藤　それが「衆議院で内閣不信任決議が可決されたときには衆議院の解散ができる」というふう書いてあるところです。でも、六九条説では不信任決議成立以外の理由では、解散ができないことになる。

岩上　なるほど。

梓澤　解釈でいままでやってきたんです。

澤藤　それを自民党案の五四条は「内閣総理大臣が決定する」というふうに明記することによって、解散の決定という実質的な行為は内閣総理大臣がするんだということを、はっきりさせたということですね。いままでそういうふうに理解されて運用されてきましたから、それを追認したということです。

岩上　なるほど。大きく変わることがあるわけではないだろうと思いますね。

裁判官の身分保障と三権分立のチェック機能

岩上　五五条から六二条までは、変わってるところはほとんどないんですね。

六三条（二一〇頁参照）は、現行憲法では一項だけだったのですが、自民党案では二項となりました。内容的には変わらないように見えるのですが、「ただし、職務の遂行上特に必要がある場合は、この限りでない」という一文が加わりました。これはどういうことでしょう？

澤藤　あまり現場のことを知りませんので、よくわかりませんが、この条文を読む限りは、どうも国会の権限を弱めて、そ

自民党改正草案

（臨時国会）

第五十三条　内閣は、臨時国会の召集を決定することができる。いずれかの議院の総議員の四分の一以上の要求があったときは、要求があった日から二十日以内に臨時国会が召集されなければならない。

（衆議院の解散と衆議院議員の総選挙、特別国会及び参議院の緊急集会）

第五十四条　衆議院の解散は、内閣総理大臣が決定する。

2　衆議院が解散されたときは、解散の日から四十日以内に、衆議院議員の総選挙を行い、その選挙の日から三十日以内に、特別国会が召集されなければならない。

3　衆議院が解散されたときは、参議院は、同時に閉会となる。ただし、内閣は、国に緊急の必要があるときは、参議院の緊急集会を求めることができる。

4　前項ただし書の緊急集会において採られた措置は、臨時のものであって、次の国会開会の後十日以内に、衆議院の同意がない場合には、その効力を失う。

現行憲法

第五十三条　内閣は、国会の臨時会の召集を決定することができる。いづれかの議院の総議員の四分の一以上の要求があれば、内閣は、その召集を決定しなければならない。

〔新設〕

第五十四条　衆議院が解散されたときは、解散の日から四十日以内に、衆議院議員の総選挙を行ひ、その選挙の日から三十日以内に、国会を召集しなければならない。

②　衆議院が解散されたときは、参議院は、同時に閉会となる。但し、内閣は、国に緊急の必要があるときは、参議院の緊急集会を求めることができる。

③　前項但書の緊急集会において採られた措置は、臨時のものであつて、次の国会開会の後十日以内に、衆議院の同意がない場合には、その効力を失ふ。

して「内閣総理大臣その他の国務大臣」つまり行政側の都合に配慮しているように思えます。本当は立法権のほうを強くして、行政権を抑えるほうが本筋だと思いますけれども、明らかにそれに反する。

国会をやや軽視している条項かなという印象を持ちます。

岩上　なるほど。梓澤さんはどうですか？

梓澤　いや、どうですか。この六三条一項は、内閣総理大臣及び国務大臣の出席権を決めた。改憲草案の二項は、出席義務を定めたわけです。つまり、求められたときは、行かなきゃいけないと。

しかし、職務の遂行上、特に必要がある場合には、求められても行かなくてもいいよとなっているわけだから、義務を定めたという点では、国会の優位を言ってるんじゃないですか？

澤藤　現行のほうは、それは当然入っているんですね。その例外規定をつくったわけ。

梓澤　そうか、そうか。
岩上　出席義務に例外があってもいいよということですね。
六四条「弾劾裁判所」です。自民党案では、六四条の二として「政党」という項目が新設されていますが、まずは弾劾裁判所について、何かありますか？
澤藤　弾劾裁判所の問題は、これは国会と行政ではなくて、国会と司法の問題なんですね。
裁判官の身分保障というのはたいへん重要なもので、これを軽々に取り扱ってはならない。罷免をする場合は、国会でしかできないんですね。上司が、つまり裁判所の司法行政上

自民党改正草案

（議員の資格審査）
第五十五条　両議院は、各々その議員の資格に関し争いがあるときは、これについて審査し、議決する。ただし、議員の議席を失わせるには、出席議員の三分の二以上の多数による議決を必要とする。

（表決及び定足数）
第五十六条　両議院の議事は、この憲法に特別の定めのある場合を除いては、出席議員の過半数で決し、可否同数のときは、議長の決するところによる。
2　両議院の議決は、各々その総議員の三分の一以上の出席がなければすることができない。

（会議及び会議録の公開等）
第五十七条　両議院の会議は、公開しなければならない。ただし、出席議員の三分の二以上の多数で議決したときは、秘密会を開くことができる。
2　両議院は、各々その会議の記録を保存し、秘密会の記録の中で特に秘密を要すると認められるものを除き、これを公表し、かつ、一般に頒布しなければならない。
3　出席議員の五分の一以上の要求があるときは、各議員の表決を会議録に記載しなければならない。

現行憲法

第五十五条　両議院は、各々その議員の資格に関する争訟を裁判する。但し、議員の議席を失はせるには、出席議員の三分の二以上の多数による議決を必要とする。

第五十六条　両議院は、各々その総議員の三分の一以上の出席がなければ、議事を開き議決することができない。
②　両議院の議事は、この憲法に特別の定のある場合を除いては、出席議員の過半数でこれを決し、可否同数のときは、議長の決するところによる。

第五十七条　両議院の会議は、公開とする。但し、出席議員の三分の二以上の多数で議決したときは、秘密会を開くことができる。
②　両議院は、各々その会議の記録を保存し、秘密会の記録の中で特に秘密を要すると認められるもの以外は、これを公表し、且つ一般に頒布しなければならない。
③　出席議員の五分の一以上の要求があれば、各議員の表決は、これを会議録に記載しなければならない。

自民党改正草案

（役員の選任並びに議院規則及び懲罰）

第五十八条　両議院は、各々その議長その他の役員を選任する。

2　両議院は、各々その会議その他の手続及び内部の規律に関する規則を定め、並びに院内の秩序を乱した議員を懲罰することができる。ただし、議員を除名するには、出席議員の三分の二以上の多数による議決を必要とする。

（法律案の議決及び衆議院の優越）

第五十九条　法律案は、この憲法に特別の定めのある場合を除いては、両議院で可決したとき法律となる。

2　衆議院で可決し、参議院でこれと異なった議決をした法律案は、衆議院で出席議員の三分の二以上の多数で再び可決したときは、法律となる。

3　前項の規定は、法律の定めるところにより、衆議院が両議院の協議会を開くことを求めることを妨げない。

4　参議院が、衆議院の可決した法律案を受け取った後、国会休会中の期間を除いて六十日以内に、議決しないときは、衆議院は、参議院がその法律案を否決したものとみなすことができる。

（予算案の議決等に関する衆議院の優越）

第六十条　予算案は、先に衆議院に提出しなければならない。

2　予算案について、参議院で衆議院と異なった議決をした場合において、法律の定めるところにより、両議院の協議会を開いても意見が一致しないとき、又は参議院が、衆議院の可決した予算案を受け取った後、国会休会中の期間を除いて三十日以内に、議決しないときは、衆議院の議決を国会の議決とする。

（条約の承認に関する衆議院の優越）

第六十一条　条約の締結に必要な国会の承認については、前条第二項の規定を準用する。

現行憲法

第五十八条　両議院は、各々その議長その他の役員を選任する。

②　両議院は、各々その会議その他の手続及び内部の規律に関する規則を定め、又、院内の秩序をみだした議員を懲罰することができる。但し、議員を除名するには、出席議員の三分の二以上の多数による議決を必要とする。

第五十九条　法律案は、この憲法に特別の定のある場合を除いては、両議院で可決したとき法律となる。

②　衆議院で可決し、参議院でこれと異なつた議決をした法律案は、衆議院で出席議員の三分の二以上の多数で再び可決したときは、法律となる。

③　前項の規定は、法律の定めるところにより、衆議院が、両議院の協議会を開くことを求めることを妨げない。

④　参議院が、衆議院の可決した法律案を受け取つた後、国会休会中の期間を除いて六十日以内に、議決しないときは、衆議院は、参議院がその法律案を否決したものとみなすことができる。

第六十条　予算は、さきに衆議院に提出しなければならない。

②　予算について、参議院で衆議院と異なつた議決をした場合に、法律の定めるところにより、両議院の協議会を開いても意見が一致しないとき、又は参議院が、衆議院の可決した予算を受け取つた後、国会休会中の期間を除いて三十日以内に、議決しないときは、衆議院の議決を国会の議決とする。

第六十一条　条約の締結に必要な国会の承認については、前条第二項の規定を準用する。

の上司に当たるものが罷免をするというようなことは許されない。

裁判官が下級裁判所の裁判官であろうと、ペーペーの一年生の裁判官であろうと、これを罷免するときには、国会両院につくられた弾劾裁判所で、国会議員が裁判官となって、きちんとした手続を踏んでなければできないという、厳重なシステムになっているわけです。

以前に、寺西事件（一五五頁参照）の話をしましたが、分限処分をするときにも――それは戒告しかないわけですけれども――、高裁が一審になって最高裁まで行くという手続きです。

裁判官を辞めさせるときには、国会でやる。そういう手続になっています。三権分立のチェック・アンド・バランスの一つが出ているところです。現在までのところは、国会が不当に弾劾裁判権を行使したということはないように思います。

しかし、弾劾裁判所にかけるように求める請求は、日々すごくたくさんあるんですよ。あの裁判官はけしからんから罷免をしろという訴追申立ては、毎年一〇〇件近くになっている。

岩上 システムはあるけど、使われてないシステムということですか？

澤藤 やっぱり非行があったときには、弾劾裁判をちゃんとされてます。

梓澤 最近もあったね。弾劾裁判。

澤藤 車内での盗撮事件ですね。使われてないということはない。

岩上 それは国民が何か訴えるということで、その弾劾裁判所が始まるんですか？

澤藤 国民の申し立てがあって、それを裁判官訴追委員会[※1]がセレクトして、弾劾裁判所に訴追する、これ全部国会議員が行なうというシステムになっています。統計では、これまで裁判官に対する罷免訴追は九件あって、うち七件で罷免の判決となっている。

岩上 じゃあ、司法関係者がそのメンバーにいないと難しいですね。

澤藤 私たちの同期の弁護士の木島日出夫くんが衆議院議員になって、彼も弾劾裁判所の裁判官に一時なってましたね。まあ、必ずしも司法関係者でなければできないということではありません。良識があればよいということですね。

※1　裁判官訴追委員会
裁判官について罷免の訴追を行う機関。裁判官弾劾法、国会法に基づき、各10名の衆参両院議員によって組織され、裁判官について職務上の義務違反や職務怠慢あるいは裁判官としての威信失墜の事由があったときに、調査して3年以内に訴追を行なう。（『kotobank』より）

自民党改正草案

（議院の国政調査権）
第六十二条　両議院は、各々国政に関する調査を行い、これに関して、証人の出頭及び証言並びに記録の提出を要求することができる。

（内閣総理大臣等の議院出席の権利及び義務）
第六十三条　内閣総理大臣及びその他の国務大臣は、議案について発言するため両議院に出席することができる。
2　内閣総理大臣及びその他の国務大臣は、答弁又は説明のため議院から出席を求められたときは、出席しなければならない。ただし、職務の遂行上特に必要がある場合は、この限りでない。

（弾劾裁判所）
第六十四条　国会は、罷免の訴追を受けた裁判官を裁判するため、両議院の議員で組織する弾劾裁判所を設ける。
2　弾劾に関する事項は、法律で定める。

（政党）
第六十四条の二　国は、政党が議会制民主主義に不可欠の存在であることに鑑み、その活動の公正の確保及びその健全な発展に努めなければならない。
2　政党の政治活動の自由は、保障する。
3　前二項に定めるもののほか、政党に関する事項は、法律で定める。

現行憲法

第六十二条　両議院は、各々国政に関する調査を行ひ、これに関して、証人の出頭及び証言並びに記録の提出を要求することができる。

第六十三条　内閣総理大臣その他の国務大臣は、両議院の一に議席を有すると有しないとにかかはらず、何時でも議案について発言するため議院に出席することができる。又、答弁又は説明のため出席を求められたときは、出席しなければならない。

第六十四条　国会は、罷免の訴追を受けた裁判官を裁判するため、両議院の議員で組織する弾劾裁判所を設ける。
②　弾劾に関する事項は、法律でこれを定める。

〔新設〕

特定政党を解散に追い込む

岩上　自民党案では、六四条にわざわざ二項として「政党」という項目が新設されたわけですけれども、これはどんなふうに読み取ったらよろしいんでしょうか？

澤藤　これも梓澤くんの得意分野ですから、きちんとあとでフォローしていただきますけれども、いままで政党法[※1]というものをつくりたいという政権与党の働きかけは、何度もありました。

岩上　政党法とはどういうものなんでしょう？

澤藤　はっきり言えば、政党の要件を定めて、権力的な規制と誘導ができるということです。

政党というのはとても大切なわけですね。間接民主制の中で、国民が、自分の意見を政党に集約をし、政党が国民を代表して国会で討議して、法律ができる。改廃することもできる。その国民世論の集約の要になるものが政党です。

ところが、うるさいことを言う政党は、できるだけトゲもキバも抜いておきたいという、政権与党の願いは常にあるわけですね。それはおそらく、この世の中の支配的な勢力の普遍的な思いです。

もう少し言えば、この世の中で、甘い汁を吸ってる人としては、現状をできるだけ維持したい。文句を言うような政党は、できるだけ国会の場に出てこないように意見を抑えたい。「活動の公正の確保及び健全な発展」とありますが、おそらくこれがキーワードだと思うんですね。

岩上　この文面だけ見ると、悪い言葉が書いてないように見えるんですけど、何かここにちょっと陥穽が潜んでいるわけですか？

澤藤　潜んでるどころではなくて……。

岩上　潜んでるどころではない。

澤藤　つまり、ここに書かれているのは、政権与党である多数派の人たちが認める「公正」であり、その人たちが認める「健全」なわけですね。

これに楯突くような政党は、これは「健全」ではない政党になる。現行憲法の二一条「集会、結社及び言論、出版その他一切の表現の自由は、これを保障する」や、一九条「思想及び良心の自由は、これを侵してはならない」を見る限り、どういう目的のもとに、どういう組織原則、どういう人たちを集めて、どういう活動をするか、これは完全な自由でなければいけない。とりわけ、政治的な行動の自由というのは、一般の「表現の自由」とは区別されて、最も大切なものとされています。

政治的な言論の自由というのは、憲法上格別に重大なものとされ、そして政党の結社の自由もその中に含まれるのです。

いままで政党法の試みはことごとく潰れているわけです。それを、憲法改正のどさくさに紛れてうまくできれば

※1　政党法
政党の資格要件を明確にし、政党に法人格を与えて、国家が政党の認知を行なうための法律。憲法に政党の規定がないため自民党単独政権時代に法制化が検討されたが、〈結社の自由〉（集会結社の自由）との関連で反対論が強く、制定が見送られてきた。（『kotobank』より）

いいなというのが出てきている。一般論としてはそういうことです。

岩上　多数派が、特に既得利権者が、政党法をつくりたいということなんですけど、政党法がない現状というのは、政党の定義とか、政党についての規制というものはどの程度のものになってるんですか？

澤藤　概略を先に申し上げておきたいと思いますけれども、一つは政治資金規正法[※1]というものがあります。それから、政党助成法[※2]というものがある。それから政党の法人格付与に関する法律[※3]というものがある。それからあとは、公職選挙法[※4]があります。

　このあたりが、政党の要件と、それから政党になった場合の利害得失に関する法律です。しかしこれらは、基本的に、政党を統制するものではなく、公職選挙法では政党をこういうふうに言い、政治資金規正法ではこう言い、政党助成法ではこう言いますと、それぞれ別の定義付けをしています。

　問題はいくつかありますが、一番問題なのは政党助成法だと思います。政党助成法というのは、政党要件をつくるわけですね。国会議員が五人以上、あるいは国会議員一人でもいいけれども、直近の国政選挙で得票率二％以上、かつ法人格を取得している、こういう政党には、「公正」、そして「健全」な育成のために税金から交付金が出されます。金額は国民一人二五〇円ずつ。そうすると、総額でだいたい年間三二〇億円になるわけです。

　この三二〇億円を配分をするわけですよ。これはやっぱりおかしいと思う。できたときからおかしいと思っていて、一生懸命考えてきて、これはやっぱり憲法違反だと、いまは確信をしています。

岩上　なるほど。憲法のどこに違反してるんですか？

澤藤　これはまず憲法一九条ですね。私はいま日の丸君が代の裁判をやって、朝から晩まで日の丸君が代のことばっかり考えて、結局、日の丸君が代強制がなぜ憲法違反かということについては、いくつもの論点をつくってきたわけですけれども、メインは憲法一九条です。

岩上　「思想及び良心の自由は、これを侵してはならない」。

澤藤　そうです。日の丸君が代を大好きな人もいるんです。また、日の丸君が代なんかどうでもいい人もいるんです。一方で、日の丸君が代にこだわって、どうしてもこれを受け入れ難いという人もいる。そういう人に強制をするということは、これはつまり自分の思想良心に反する行為を強制することになる。

　早い話が踏み絵を踏ませるのと同じなんですよ。踏み絵の違憲性についてはいろんな説明の仕方がありますけど、基本は、自分の信仰と異なる行為を強制するのが、踏み絵です。

それとまったく同じことが、日の丸君が代でもあります。日の丸君が代への姿勢は、単なるものの好き嫌いではない。まさに、自分が歴史をどう理解をするか。それから自分と国家の関係をどう理解するかという、言わば思想の根幹に関わる問題です。特に、公権力と個人との関係というのは、憲法が最も関心を持つテーマです。このテーマにおいて、自分の思想良心と異なる行為を強制するということは、これは憲法一九条違反だということで――たくさんある論点の一つですけれど――、絶対に間違いないというふうに思っているわけです。

それと同じことがここに起こっている。つまり、国民一人二五〇円ずつ取られるんですよ。そのお金がどこに行くかって、自分がまったく支持をしていない政党に配分されるんです。

例えば、日本共産党を支持している人がいるとして、日本共産党はこれを受け取らないと言ってる。[※5] そうすると、その人が出した二五〇円分はどこに行くか、自民党やら維新やら、そんなとこに行くわけですよ。それはつまり、自分の政治的な思想と違う選択が強制されるという意味で、これは憲法一九条に違反をするんだということを、いま確信をしています。

※1　政治資金規正法
政治団体の届け出、政治資金の収支の公開及び授受の規正などを定めることによって、政党その他の政治団体や公職の候補者の政治活動の公明と公正を確保することを目的とする法律。1948年施行。企業・団体は、政党本部・政党支部に献金できるが、政治家個人の政治団体への献金は2000年から禁じられている。政党本部・支部を通じて特定の政治家に献金するひも付き献金や、政治資金収支報告書に氏名が記載されない20万円以下の政治資金パーティー券の購入者による献金などの抜け道があるとされる。（kotobankより）

※2　政党助成法
国が、要件を満たす政党に対して、政党交付金による助成を行うために制定された法律。1995年施行。政治改革を実現するため、企業・団体献金以外の政治資金を確保する目的があり、衆議院における小選挙区比例代表並立制の導入や、政治資金規正法の改正等が併せて行われた。（kotobankより）

※3　政党交付金は、「政党交付金の交付を受ける政党等に対する法人格の付与に関する法律」（以下、「法人格付与法」）の規定に基づく法人である政党に対して交付することとされる。そのため、政党交付金の交付の対象となる政党であっても、法人格を取得するまでは交付金を受け取ることができない。法人格付与法に定める政党要件
(1) 所属国会議員が5人以上
(2) 所属国会議員が1人以上、かつ、次のいずれかの選挙における全国を通じた得票率が2%以上のもの
○ 前回の衆議院議員総選挙（小選挙区選挙又は比例代表選挙）
○ 前回の参議院議員通常選挙（比例代表選挙又は選挙区選挙）
○ 前々回の参議院議員通常選挙（比例代表選挙又は選挙区選挙）を満たす政党は、中央選挙管理会に所定の届出を行い、その確認を受け、主たる事務所の所在地で登記することにより、法人となることができる。
（「総務省HPより）

※4　公職選挙法
1950年に、衆議院議員選挙法(1925年公布)、参議院議員選挙法(1947年公布)を一本化し、さらに地方公共団体の長及び議員に関する選挙法を統合して制定された法律(〈公選法〉と略称)。公選法の目的は、日本国憲法にのっとり、衆議院議員、参議院議員ならびに地方公共団体の長および議員を公選する選挙制度を確立し、その選挙が選挙人の自由に表明せる意思によって公明かつ適正に行われることを確保し、もって民主政治の健全な発達を期することにある(1条)。（kotobankより）

※5　〈問い〉日本共産党の政党助成金にたいする態度を教えてください。党として助成金廃止の法案を出したと聞いていますが…（山口・一読者）
〈答え〉　政党助成制度は、細川内閣の時に、「政治改革」と称して小選挙区制とセットで持ち出され、導入されました(九四年)。日本共産党は、当初から政党助成制度に反対。助成法の成立以後は、助成金の受け取りを拒否し、九六年の特別国会以来、助成法廃止を提案しています。
（日本共産党HP政党助成金への態度は？『http://www.jcp.or.jp/faq_box/001/2000604_seito_jyoseikin.html』より）

これは判例が認めているんですよ。たいへん著名な判例ですけれども、南九州税理士事件というのを、聞いたことあります？

岩上　いや。

澤藤　税理士会が政治献金のための五千円の臨時会費の徴収をしたんです。

そのお金は、税理士政治連盟[※1]というところを通じて自民党に行くわけです。そして、自民党に対するロビー活動に使われる金になる。

原告の税理士は、自民党に献金をするための臨時会費に応ずる義務はないと考え、納入しなかったんです。

そうしたら、それを理由に、税理士会の役員の選挙権を剝奪されたんですね。そこで裁判をやった。裁判は、一体税理士会がそんなことを、つまり自民党献金のための臨時会費を徴収することができるかという形で争われた。

一審は原告の税理士が勝ち、二審は負けました。二審は、多数決でそれはできるということだった。最高裁は、これを覆し、「できない」と言った。これは、私どもが引用できる数少ない立派な判例なんです。

岩上　数少ないんですね。

澤藤　残念ながら。しかし、これはたいへん立派な判例で、税理士会は、いろんなことを決める権限はあるけれども、自民党献金のための特別会費徴収をする権限はないと言ったんですよ。

これは、いまの政党助成金とまったく同じ構造なんです。国が税理士会で、国民が税理士一人ひとりにあたります。似た事例で八幡製鉄の政治献金事件[※2]というのがあります。これは、最高裁は政治献金してもいいとなりました。株主の政治的思想信条をないがしろにしているということを認めませんでした。

どこが違うかというと、株主は、嫌ならいつでも辞めればいいんですが、税理士会というのは、辞めたら税理士としての業務ができないような強制加入団体なんです。

私たちは、日本人であることを辞めることはできません。辞める自由がなければ、そういう思想良心を侵害するような法律を制定することはできない。だから政党助成金制度は違憲だ、ということです。

岩上　なるほど。

政党を規制することによって、自民党改憲草案を不変なものにする

梓澤　この政党に関する規定を憲法に持ってきたということは、悪い意味で、意味のあることだと思うんですね。

それは何かというと、議院内閣制では、国会で多数の議席

を持った政党の代表が自衛隊、警察という武装力を握る。すなわち、権力の中枢を握り、それから国家公務員全体に対する指揮命令権を握るわけですね。それから裁判官の任命権も持つわけですね。[※3]そのような公権力を持つことを第一に目指す政党について、それはたしかに政党の勝手を防ぐ装置というのは必要なのかもしれないけれども、それを法律に委ねるということは、法律で政党への干渉もできるという道をも開くことになるわけですね。

佐藤幸治さんの『憲法第三版』（青林書院、一九九五年）という本があります。この最後にぎょっとする指摘があって、ドイツの憲法は、ナチスがワイマール憲法[※4]のもとで権力を握ったという歴史に鑑みて、ドイツの現在の民主主義的な体制を否定する政党の自由について、そのような政党については解散もありうるということを、道を開く規定を設けているとあります。[※5]

岩上　政党を解散させる。つまりナチスのようなものが今日現れたら、それを解散させることもありうると。

梓澤　はい。今度の自民党改憲草案の一番のよく言われてい

※1　東京税理士政治連盟
「税理士の果たすべき社会的役割を踏まえ、納税者のための民主的な税理士制度並びに租税制度を確立するため必要な政治活動を行う」ことを目的としています（連盟規約第3条）。税理士会は法律によって設立された強制加入の団体ですが、同時にその活動・事業には一定の制約があります。したがって、任意団体である税政連の活動が重要となってくるのです。（東京税理士政治連盟 HP「http://t-zeisei.jp/」より）

※2　八幡製鉄政治献金事件
株式会社が政治献金をすることは株主の利益に反するとして、株主から取締役を被告とする代表訴訟が提起された。1970年に最高裁大法廷は株主の請求を棄却。寄付等会社のなす無償供与をどこまで株主に開示すべきかは、企業秘密の問題とも絡んで、商法改正の際に問題となっている。（kotobank より）

※3　裁判官任命
内閣は、最高裁判所の長官を指名し、長官以外の裁判官を任命する。また下級裁判所の裁判官については、最高裁判所の指名名簿に基づいて任命する。人事権上、内閣が裁判所に対して持つ影響力は大きく、このことが違憲審査のあり方に影を落としてはいないかと問題視されることがある。（kotobank より）

※4　ワイマール憲法
第一次大戦後に起こったドイツ革命によってドイツ帝政が崩壊したあとに制定されたドイツ共和国憲法。1919年に公布された。国民主権に立脚し、20歳以上の男女による普通選挙の実施や生存権を認めるなど、20世紀に制定された民主主義憲法の典型といわれる。しかし1933年のヒトラー政権下で制定された全権委任法によって事実上形骸化された。
自民党の麻生太郎副総理大臣は、2013年7月29日、憲法改正について、このワイマール憲法に触れながら以下のように発言し、大きな問題となった。
「(ドイツの) 憲法は、ワイマール憲法が変わって、ナチス憲法に変わっていったんですよ。誰も気づかないで変わった。あの手口、学んだらどうかね」

※5　ドイツ連邦共和国基本法
第9条 (1)　すべてのドイツ人は、社団および団体を結成する権利を有する。
(2)　団体のうちで、その目的もしくはその活動が刑事法律に違反するもの、または、憲法的秩序もしくは諸国民のあいだの協調［＝相互理解］の思想に反するものは、禁止される。
第21条
(1)　政党は国民の政治的意思形成に協力する。政党の結成は自由である。政党の内部秩序は、民主制の原則に合致していなければならない。政党は、その資金の出所および使途について、ならびにその財産について、公的に報告しなければならない。
(2)　政党のうちで、その目的またはその支持者の行動からして、自由で民主的な基本秩序を侵害もしくは除去し、またはドイツ連邦共和国の存立を危うくすることを目指すものは、違憲である。その違憲の問題については、連邦憲法裁判所がこれを決定する。
(3)　詳細は、連邦法律でこれを規律する。
（シリーズ憲法の論点 11「政党」- 国立国会図書館より）

る規定の一つに、「全て国民は憲法を尊重しなければならない」という一〇二条がありますよね。

岩上　「憲法尊重擁護義務」ですね。憲法は本来だったらば、国民が権力者に宛てて書くものだけれども、これが逆になっちゃってるという話ですよね。

梓澤　はい。この自民党改憲草案で予定している「天皇を上に戴き」国防軍に最高の価値を置き、そういう公益公共の秩序に反する表現の自由は、これを制約するというふうに二一条二項で謳うわけですから、そういう体制へと全体を変革するということになります。

すなわち、自民党改憲草案が実現してしまった場合、この憲法を改正して、もとの日本国憲法に戻そうじゃないかというようなことを標榜する政党が現れたとしますね。それは現在の憲法秩序に対する反対、憲法秩序の根本を否定しているということになります。

この政党法は、憲法から授権を受けた法律が、表現の自由の極地とでも言える政党を規制していくことになったら、そしてゆくゆくは解散もありうるということになれば、それはたいへんな民主主義の危機になるんじゃないでしょうか。その立法例がすでにあり、行政の実施例があるので、ちょっと紹介したいんですけど。

破壊活動防止法※1というのがそれです。

岩上　はい。いわゆる破防法ですね。

梓澤　破防法と言われていますね。この破壊活動防止法は、暴力主義的破壊活動を行なった団体に対する適正措置というふうに立法目的が書いてあって、この破壊活動防止法の中で、公安調査庁※2というのが設けられているんですね。

公安調査庁は、現在の日本共産党に対する調査活動をやってることを否定しようとしないんですね。それから、警察白書、これはインターネットにも出てますが、二〇〇七年度の警察白書には、共産党が警察のいわゆる公安警察の対象になっているということを否定しないで、ばっちりページを取ってあるわけですよ。

すなわち破防法を利用して、現在の共産党を、暴力主義的破壊活動をやる可能性があると規定して、こういう調査の対象にしている。

となれば、自民党案の六四条の二のように、政党に関する法律によって定められるという中に、先ほどのドイツの例のようなものが入ってくる可能性もあります。

佐藤幸治さんは、日本国憲法では、政党の解散に至るようなことはできないとはっきり断じています。なぜならば、現在、日本国憲法には政党に関する規定はなく、原則――表現の自由と政治活動の自由はこれを保障する――に戻って考えるべきだからだとおっしゃっています。

再び共産党の弾圧が始まる!?

梓澤　じゃあこの自民党改憲草案ですが、これで、政党に関する規定を設けたら一体どうなるのかということになりますね。

もう一つの立法例があります。

それは、出入国管理及び難民認定法（入国管理法）というのがあるんですが、これは外国人の出入国を規制している法律ですね。

そこの二四条で「日本国憲法又はその下に成立した政府を暴力で破壊することを企て、若しくは主張し、又はこれを企て若しくは主張する政党その他の団体を結成し、若しくはこれに加入している者」は退去強制の対象になると言ってるんですよ。

もともと、出入国管理法というのは米軍がまだ日本を占領していた時代の出入国管理令からきています。

その当時、朝鮮人が非常に活発に独立運動や日本国内での政治活動、それから共産党との共闘しての平和運動もやったんですね。

憲法尊重擁護義務　破壊活動防止法　公安調査庁　共産党

メーデー事件※3の被告の中には、朝鮮人の被告もたくさんいるわけですね。

岩上　血のメーデーですか？

梓澤　はい。そもそもがそういうことが想定されていて、すなわち朝鮮人が当時の日本共産党に加入したら、退去強制の対象になるという規定なんです。現行の法律はその規定の伝承なんですよ。

ということは、何かというと、もはや現在の立法の中にも、共産党というものを想定して、これをどうするというのが入ってるわけだから、この六四条の二の政党というところでも当然共産党を想定していると思います。

共産党とは何かといえば、いわゆる民主主義革命から社会

※1　破壊活動防止法
〈破防法〉と略称される。占領中の治安法制に代わるものとして、1952年に公布された法律。団体活動として暴力主義的破壊活動を行なった団体に対する規制措置と、暴力主義的破壊活動に関する刑罰規定を補整し、公共の安全の確保に寄与することを目的としている(1条)。第二次大戦後の日本の治安は、当初連合国最高司令官の発する指令により、そのあとはこれを発展させた〈団体等規正令〉(1949公布)や〈占領目的阻害行為処罰令〉(1950公布)などにより維持されてきた。(kotobankより)

※2　公安調査庁
法務省の外局で、サンフランシスコ講和条約後における日本の治安行政体制整備の一環として、1952年8月、破壊活動防止法(破防法)の施行に対応して設置された。その前身は法務府特別審査局(1950年8月設置)である。公安調査庁の任務は、〈公共の安全の確保に寄与することを目的とし、破壊活動防止法の規定による破壊的団体の規制に関する調査及び処分の請求等に関する国の行政事務を一体的に遂行する〉こととされている。(kotobankより)

※3　メーデー事件
1952年5月1日、サンフランシスコ講和条約発効直後のメーデーで、デモ隊の一部と警官隊が皇居前広場で衝突、死者2名と多数の負傷者を出した事件。血のメーデー。(kotobankより)

主義革命という段階的連続的革命論[※1]を取っていて、現在の秩序を変革するということを綱領に謳っているわけですよね。

そういう政党に対して、これは現在の秩序を、まさに公共の秩序を破壊しようと企てるものだから、これどうなんだということになりかねない。僕は六四条の二というのは、すごい規定なんじゃないかなと思っているんですね。

岩上　言葉だけで聞くと、「公正」という言葉も「健全」とか「発展」とか、綺麗な言葉がただ並んでいるように見えるんですよね。でもそうじゃない。

梓澤　ドイツで、マルティン・ニーメラー[※2]という牧師が、「はじめ共産主義者が弾圧されたとき、それは我がこととは思わなかった。そのうち自由主義者や私たちキリスト教徒もやられるようになった。だから、あなたとは最も遠い人の人権が侵害されたときは気をつけなさい」という、有名な言葉を残してるんですね。

岩上　私は共産党を支持してるわけではないんですよ。そのことを言明して、読者にも理解してもらいたいんですけど、いまの話は大事な話だったと思いますね。

私は共産主義者じゃないし、共産主義のイデオロギーをそのままに承服できるわけではない。ないけれども、共産党の言ってることのいくつかは肯定できるし、ちょっとそこは意見が違うよというところもある。

しかし、共産主義者というのは、現体制の転覆を図る危険な存在であるから、公共の秩序に反するので、弾圧しても、拷問にかけても、言論の自由を奪っても、政治的な自由を奪っても構わないと考えることはあってはならないと思うんですね。

イデオロギーの左右を問わず、その幅はかなり広く取り、それらの言論の自由を保障する。政治的な活動の自由を保障する。その上で、暴力的な、即そのまま暴力を誘発するような言動――例えばヘイトスピーチのようなこと――は、やってはならないと思いますけれども、それ以外では、自分と違う意見を持った異論に対して、寛容であるべきだと思いますね。

澤藤　おっしゃるとおりですね。マルティン・ニーメラーというのはかなりナチスに抵抗して強制収容所に送られた牧師さんですよね。彼は牧師として、最後に教会が弾圧されたときに、それは自分のことだから、立ち上がった。が、しかし時はすでに遅かった、と教訓を残している。

岩上　牧師という立場から見ると、ユダヤ人というのは、つまりユダヤ教徒だから、異教徒と思っていたわけだ。そして、共産主義者というのは、これは無神論者で、これも我々とは違うというふうに見ていた。それを看過していたら、自分たちもということだったということなわけですね。

梓澤　気がついたときには、時すでに遅しと。

澤藤　遅かったという。これは本当に警句として、きちんと腹に落とさなければいけないと思うんですが、先ほど、梓澤くんから破防法で共産党を、という話がありましたけれども、実は、たしかに破防法で公安調査庁ができており、公安調査庁の主要な調査対象というのは、かつては日本共産党だったんですけど、あんまり武力的なことをやってないんですよ、彼らは。

そうすると、暇になっちゃうわけですね。公安調査庁は、一五〇〇人ほど職員がいる大きな組織ですが、公安調査庁なんか要らないって、リストラ対象になる。

彼らは、オウムで食いつないだというふうに私は考えてます。実際、そういうふうにも言われた。

岩上　それ以前だと、新左翼だったわけですね。その過激派もほとんど退場してしまったあとは、どうしたらいいんだと言ったときにオウムが出てきたんですね。

澤藤　オウムが一段落ついた。そうすると、次どうなるか。これ市民団体なんです。実際にそうなんです。例えば、主婦連[※3]や、青年法律家協会[※4]や、アムネスティ[※5]など多くの市民団体が対象になってきます。

そういうところを監視しているというのが、いろんなことで文書で明らかになった。僕は日本民主法律家協会の事務局長として何度も公安調査庁に抗議に出かけました。

つまり、組織維持の原則が優先して、何かをやってないと

※1　二段階革命論
社会主義社会の実現は、第一段階でブルジョア民主主義革命により封建制を一掃し、第二段階で社会主義革命として資本主義を打倒して成り立つという理論。（kotobank より）
日本共産党綱領には、以下の記述もある。
五、社会主義・共産主義の社会をめざして
（一五）日本の社会発展の次の段階では、資本主義を乗り越え、社会主義・共産主義の社会への前進をはかる社会主義的変革が、課題となる。これまでの世界では、資本主義時代の高度な経済的・社会的な達成を踏まえて、社会主義的変革に本格的に取り組んだ経験はなかった。発達した資本主義の国での社会主義・共産主義への前進をめざす取り組みは、二一世紀の新しい世界史的な課題である。（日本共産党 HP より）

※2　フリードリヒ・グスタフ・エミール・マルティン・ニーメラー
（Friedrich Gustav Emil Martin Niemöller、1892 年 1 月 14 日 ～ 1984 年 3 月 6 日）は、ドイツの神学者、ルター派牧師。ナチスに反対し読み上げた詩「彼らが最初共産主義者を攻撃したとき (ドイツ語 : Als die Nazis die Kommunisten holten)」で知られる。（ウィキペディアより）

※3　主婦連
〈主婦連合会〉の略称。1948 年、奥むめおらを中心に結成された日本最大の婦人団体の連合体。消費者の声を反映させ、身近な家庭生活の面から社会問題、政治問題、経済問題に取り組み、物価値上げ反対、科学的品質検査に基づく不良商品追放などの運動を展開している。（kotobank より）

※4　青年法律家協会
憲法を擁護し平和と民主主義及び基本的人権を守ることを目的に、若手の法律研究者や弁護士等によって設立された団体です。多くの会員が、戦後補償問題や薬害エイズ（ＨＩＶ）訴訟など、幅広い人権救済の活動に取り組んでいます。（青年法律家協会 HP より）

※5　アムネスティ・インターナショナル
Amnesty International（「アムネスティ」は大赦の意）投獄された政治犯・思想犯の釈放、待遇改善、死刑廃止などを目的とする国際的な人権擁護組織。1961 年設立。本部はロンドン。1977 年、ノーベル平和賞受賞。（kotobank より）

いけないんですね。自衛隊もそうですよね。自衛隊の情報保全隊[※1]というのは、共産党だけじゃなく、イラク派兵に反対する市民団体の情報を、一生懸命集めている。それは公安警察もそうだし、公安調査庁もそうです。こういう人たちが現実に市民運動を監視し続けているんですよ。

それは、やっぱり忘れてはならない。

自民党の「Q&A」を見ますと、「党内民主主義の確立、収支の公開などが焦点になるものと考えられます」って、ちゃんと書いてある。

政党がどういう組織運営をするかなんていうことには、権力は本来、くちばしを入れてはならないはずなのに、政党法をつくれば、目的や綱領、あるいは活動方針や、執行部の選出方法にまで口出しをしてくる。そういうことをしようという意図が見え見えです。

自民党改憲で、政治への市民参加はますます遠のく

澤藤　先ほど、いくつか政党に関係するような法律を挙げましたが（二一三頁参照）、そこで触れているのは、ただ規模だけで、得票率とか議員の数だけでやっている。

これも、非常に大きな問題ではあると思うんですよ。例えば、市民グループが政党になって、参議院の比例区代表として候補者を出したいと思う。

すでに政党要件をクリアしていれば、一人でも立候補できるけれども、現在の公職選挙法ですと、なんと比例・選挙区合わせて一〇人候補者を揃えないと、新しい政党は比例区に立候補できないんですよ。参議院の比例候補は、六〇〇万円の供託金がかかります。選挙区選挙では参議院で三〇〇万円です。

つまり、新しい政党が参議院選挙に挑戦するならば、最低でも三三〇〇万円（三〇〇万円×九＋六〇〇万円）、一〇人比

世界の供託金

ドイツ イタリア フランス アメリカ合衆国 北欧諸国	0円
ニュージーランド オーストラリア カナダ イギリス	2万円〜9万円
日本	選挙区 300万円 比例区 600万円

多くの先進国が供託金を低く設定しているいっぽう、日本では高額。加えて、新規参入する政党には厳しい要件が設けられている。

例区で出そうとすると六〇〇〇万円の供託金が必要になります。これ不合理だと思います。

岩上　なるほど。まず自民党案には、「前二項に定めるもののほか、政党に関する事項は、法律で定める」とあるわけですから、その要件というのはもっと細目、細かく定められていいいと。そして、この憲法に定められているんだから、この法律を守れよという形になって、がんじがらめになっていくわけですよね。

もう一点は、現行の法律では新規参入が非常にしにくくなっている。つまり、市民が新しく政党をつくり、参加していくのには大きな壁があるということですね。

澤藤　おっしゃるとおりです。

岩上　指摘されていなかったら、あんまり注目されるところではないところかもしれませんけれど、注意しなければいけないところですね。

※1　情報保全隊
2000年の海上自衛隊幹部による秘密漏出事件を機に、防衛庁は情報保全体制の強化に乗り出し、03年3月、陸海空の各自衛隊の「調査隊」を改編して発足させた。任務内容について、02年4月の衆院安全保障委で中谷長官が、「自衛隊に対して不当に秘密を探知しようとする行動、基地、施設などに対する襲撃、自衛隊の業務に対する妨害などの外部からの働きかけから部隊の秘密、規律、施設などを保護するのに必要な資料や情報の収集など」と答弁している。定員は陸自668人▽海自103人▽空自156人の計927人(06年度末)。(kotobankより)

日本国憲法　第五章　内閣

元軍人の入閣で、軍事国家への歩みが始まる

岩上　次、行きたいと思います。第六五条です。自民党案に加えられた「特別の定めのある場合」とは何ぞや。そして、その場合は、なぜ内閣に属さないで、行政権は別のところに属することになるのか。ちょっとこれもまた、ご解説いただかないと意味がわからないんですが、どういうことでしょう？

澤藤　行政権とは何かというのは、非常に定義が難しいですね。普通は、控除説で、つまり国家の権力全部の中で、立法権と司法権を除いたものを行政権とする、こういう定義の仕方をするわけですけれども、その行政権は原則として、一元的に内閣が管轄することになっています。自民党案は、内閣に属さない行政権がありうるということですね。

例えば、人事院[※1]ですとか、会計検査院[※2]などの行政委員会[※3]、あるいは弁護士会[※4]というようなものは、程度の差こそあれ、内閣から独立をしている。そういうものが、「特別の場合を除く」ということになるんだと思います。それ以外のことは、ちょっとよくわからないですね。自民党案は、「この憲法に特別の定めのある場合を除き」となっているので、何か定めがあるかと思って見ても、現行憲法以上のものが特にあるわけではない。

岩上　何かが属さないということになるんですかね。何かというのは、一応は少なくとも形式上は国民が選んだ代表、その議員から構成される内閣ですよね。だから、民主主義の原理が貫徹され、国民の影響を受ける。その影響を受けない、国民からのコントロールを受けない行政組織というのがありうるというふうなことなんでしょうか？

澤藤　いままでは、それは建前としてはなかったわけです

ね。だけど、そういうものをつくろうということなのか……、ちょっと私はこれはわからないですね。

岩上　現時点で、ちょっと判然としない。

読みようによっては怖くもあり、読みようによっては、例えば、独立した権限を持つ委員会のようなものを持とうというようなことなのかもしれません。

次へ行きましょう。

六六条ですが、僕はこれを読んだとき、じゃあ、田母神《たもがみ》俊雄さんは「内閣総理大臣及びその他の国務大臣」になってもいいんだなと思いました。つまり、退官した元自衛官とかであれば、なりうるんだなと。田母神総理とか、ありうるんだということになるんですが、いかがですか？

澤藤　現在の憲法では、憲法九条があり、とりわけ九条二項がありますから、そもそも退役軍人の存在を想定していない。

※1　人事院
内閣所轄の中央人事行政機関。国家公務員の給与その他勤務条件の改善及び人事行政についての勧告、試験及び任免、職員の利益保護など人事に関する行政事務を担当する。1948年に設置。（kotobankより）

※2　会計検査院
国の収入支出の決算を検査することを任務とする機関。憲法に基づいて設置され、内閣に対し独立の地位を持つ。三名の検査官で構成される検査官会議と事務総局より成る。（kotobankより）

※3　行政委員会
行政官庁の一種。合議制で、権限行使につき一般行政権に対して独立性を保つ。行政権限の他に、準立法的・準司法的権限を有する。公正取引委員会・労働委員会・選挙管理委員会・教育委員会など。（kotobankより）

※4　弁護士会
弁護士の指導・連絡・監督に関する事務を行う法人。地方裁判所の管轄区域ごとに設立される。全国の弁護士会は日本弁護士連合会を組織する。（kotobankより）

自民党改正草案

（内閣と行政権）
第六十五条　行政権は、この憲法に特別の定めのある場合を除き、内閣に属する。

（内閣の構成及び国会に対する責任）
第六十六条　内閣は、法律の定めるところにより、その首長である内閣総理大臣及びその他の国務大臣で構成する。
2　内閣総理大臣及び全ての国務大臣は、現役の軍人であってはならない。
3　内閣は、行政権の行使について、国会に対し連帯して責任を負う。

現行憲法

第六十五条　行政権は、内閣に属する。

第六十六条　内閣は、法律の定めるところにより、その首長たる内閣総理大臣及びその他の国務大臣でこれを組織する。
②　内閣総理大臣その他の国務大臣は、文民でなければならない。
③　内閣は、行政権の行使について、国会に対し連帯して責任を負ふ。

国務大臣は文民でなければならないという現行憲法の規定は、旧軍人ではないということだろうというふうに言われていたわけですけれども、自民党案は、国防軍の軍人が、辞めて入閣をするということは、当然想定しているということになるわけですね。

岩上　田母神さんのような、現役を退いてからずいぶん経っている人がなるというようなイメージではなく、現役バリバリの将軍クラス――将軍という言葉は一応、いまの自衛隊では使わないんでしょうけれども、国防軍だったら、それも使うでしょう――が、内閣に入るために、そこで一応辞めようみたいなことでも入閣できる。

だから、かなり軍に影響力のある人間が、総理大臣も国務大臣も務めうるということなんでしょうね。

澤藤　それを許容するということですね。

岩上　これは、そうしますと石原さんが二〇一三年四月に言われた、軍事国家というのもあながち的外れではない（一一二頁参照）。それは軍が非常に大きな影響を持つ社会であり、国家であるというだけではなく、文字通り軍人がこの国を統治するような国家ということも規定されているのかもしれません。呼応しあっているわけですね。あの方は維新の会で、自民党の人ではないですけれども、非常に連携し、共感し合っていますから、そんなことも視野に入ってくるんでしょうかね。

梓澤　ですね。戦前の歴史では、軍隊が陸軍大臣を送らないと、組閣ができなかったんですね。[※1] そのことの故に、何回も組閣が失敗してる例があるんですね。[※2] そのこと自体は、そういう規定はないんですけどね。それを思い出させる。この間まで軍人だった人が入ってくればいいということを許容してるわけですから、軍人が実際の政治に口を出すということに道を開く恐ろしい規定だと思いますね。

岩上　そういう意味では、この改憲草案が通るようなことがあれば、日本は軍事国家に近づいていってしまう。このままだと、そういうことになると思います。

議決なしに、総理大臣を選出!?

岩上　次の六七条ですが、このあたりのくだりは特に変わらないように見えますが。

澤藤　そうですね。自民党の党内議論が、二院制に落ち着いたということで、この条項はしばらくは現行のままで、ということだと思います。

梓澤　ちょっとよろしいですか？　現行憲法は、「内閣総理大臣は、国会議員の中から国会の議決で、これを指名する」とあるのに対し、自民党改憲草案は国会の「議決」が抜けていますね。

　これは何かというと、国会法で、議決によらない国会の指名ということを用意するんじゃないかと思うんですよ。

　すなわち、例えば、委員会指名とか、緊急事態で特別の場合には、国会の議決によらずに、内閣総理大臣を出すというような、つまり、国会法に譲ってると思います。「議決」じゃなくて、内閣総理大臣が出てくる道を考えていると、それ以外、ちょっと考えにくい。

岩上　国会が指名はするけれども、国会の「議決」によらない指名の仕方ですか。

梓澤　それがありうるということに道を開いてますね。

岩上　民主党政権時代、見てると、いろいろなプロジェクトチーム（PT）があるんですよ。例えばTPPの問題でもPTがあって、TPP反対派が多数を占めてるのに議決をしな

※1　軍部大臣現役武官制
陸・海軍大臣を現役の大・中将に限って任命する制度。政党の力が軍部に及ぶことを防止するために1900年第二次山県有朋内閣のときに実施。二・二六事件以後軍部はこれを倒閣・軍部専制の武器とした。（kotobankより）

※2　例えば、第二次西園寺内閣では、 陸軍側は現在の交代派遣の朝鮮守備隊は、交代に多大の費用を要し、平時の教育練成に不利で動員を渋滞させ、戦時の用兵に欠陥を生み出すと主張。その費用は、陸軍部内の行政整理によって捻出した270万円をあてた。
これに対して内閣側は、各省とも予算の8%〜15%に及ぶ整理を断行しているのに、陸軍の整理額は3%であり、それを増師にまわすのでは財政に寄与せず内閣の方針に反すると増師案の撤回を求めた。西園寺は上原に増師案が否決されたことを正式に伝え、上原は翌日、首相を経ずに直接天皇に辞表を提出した。内閣 は1912年12月5日総辞職した。（第二次西園寺内閣―古屋哲夫の足跡『http://www.furuyatetuo.com/bunken/b/52_naikakushi02/b.html#07』より）
そのほか、宇垣内閣、米内内閣などもある。

自民党改正草案
（内閣総理大臣の指名及び衆議院の優越）
第六十七条　内閣総理大臣は、国会議員の中から国会が指名する。
2　国会は、他の全ての案件に先立って、内閣総理大臣の指名を行わなければならない。
3　衆議院と参議院とが異なった指名をした場合において、法律の定めるところにより、両議院の協議会を開いても意見が一致しないとき、又は衆議院が指名をした後、国会休会中の期間を除いて十日以内に、参議院が指名をしないときは、衆議院の指名を国会の指名とする。

現行憲法
第六十七条　内閣総理大臣は、国会議員の中から国会の議決で、これを指名する。この指名は、他のすべての案件に先だつて、これを行ふ。
②　衆議院と参議院とが異なつた指名の議決をした場合に、法律の定めるところにより、両議院の協議会を開いても意見が一致しないとき、又は衆議院が指名の議決をした後、国会休会中の期間を除いて十日以内に、参議院が、指名の議決をしないときは、衆議院の議決を国会の議決とする。

いんです。

そして、議論が出尽くすと、議決をせずに執行部に一任ということを突然言い出し、一任すると、前原さんみたいな人がパッと多数ではないほうに結論を持っていくということがあったんですね。ちょっとそれを思い出しました。

国会が決めるんだけれども、議決を取らず、むしろ国会の中では少数の意見が採択されてしまうこともありうるかもしれませんね。この「議決」というのをわざわざ抜いてるんですからね。

梓澤　抜いてるんですね。

岩上　そこはすごい。気づかなかった。

澤藤　気づかなかったね。本当に。

岩上　さすが。

梓澤　はい。

岩上　わかりました。

国防軍創設を想定して内閣の役割を整える

岩上　今度は、第六八条です。微妙に文言を変えてるんですけども、なんか意図があるんでしょうか？

梓澤　わからない。

澤藤　わからないね。

岩上　微妙にわざわざ変えてますよね。「但し」を「この場合に於いては」にして、「選ばれなければならない」が「任命しなければならない」にしています。

梓澤　わかんないな。

岩上　ちょっと意図がわかりませんね。

澤藤　日本語として「この場合においては」というのはおかしいですね。それ以外の場合があるわけではないんですから。総理大臣が国務大臣を任命するのは、当たり前なんですが、この変更の意図はよくわからないですね。

岩上　続いて「内閣の不信任と総辞職」という六九条。これは単に、助詞を直したかったということだけなんでしょうか？

澤藤　そうですね。内閣、あるいは内閣総理大臣に解散権があるということの根拠は、七条三号説と、それからこの六九条説だったわけです（一九頁参照）。

岩上　五四条は、自民党案で、新たに「衆議院の解散は、内閣総理大臣が決定する」と加えられました。いままでそういうことは明記されてなかったから、すでに確立された慣行だけれども、それを明文化したということですよね。

岩上　そうしますと、次が第七〇条です。これは「国務大臣が、臨時に、その職務を行う」ということが、第二項として新設されました。これはどのような意味を持ちうるんでしょう？

澤藤　いまの副総理というのは俗称で、内閣法九条にある「内閣総理大臣の臨時代理」を指すものです。自民党案は、この内閣法の規定を、そっくり憲法に格上げしたものですね。

岩上　アメリカの大統領なんかの場合は、例えば大統領が倒れた場合、副大統領がその執務をするということがたしかはっきりしてるんじゃないかと思うんですけれども、そうしたものがなかったから、こういうものをつくったということなんでしょうか？　あるいは、例えば緊急時や非常時をイメージして、総辞職をして、また新たな内閣をつくるということは、非常時、緊急時にはなかなかやれませんから、これまた非常時をイメージをした規定なのかなという気もしますけれども、いかがでしょう？

澤藤　おそらく緊急時を想定したのでしょうね。

岩上　次に第七一条ですが、これは変わりませんね。七二条

自民党改正草案

（国務大臣の任免）

第六十八条　内閣総理大臣は、国務大臣を任命する。この場合においては、その過半数は、国会議員の中から任命しなければならない。

2　内閣総理大臣は、任意に国務大臣を罷免することができる。

（内閣の不信任と総辞職）

第六十九条　内閣は、衆議院が不信任の決議案を可決し、又は信任の決議案を否決したときは、十日以内に衆議院が解散されない限り、総辞職をしなければならない。

（内閣総理大臣が欠けたとき等の内閣の総辞職等）

第七十条　内閣総理大臣が欠けたとき、又は衆議院議員の総選挙の後に初めて国会の召集があったときは、内閣は、総辞職をしなければならない。

2　内閣総理大臣が欠けたとき、その他これに準ずる場合として法律で定めるときは、内閣総理大臣があらかじめ指定した国務大臣が、臨時に、その職務を行う。

現行憲法

第六十八条　内閣総理大臣は、国務大臣を任命する。但し、その過半数は、国会議員の中から選ばれなければならない。

②　内閣総理大臣は、任意に国務大臣を罷免することができる。

第六十九条　内閣は、衆議院で不信任の決議案を可決し、又は信任の決議案を否決したときは、十日以内に衆議院が解散されない限り、総辞職をしなければならない。

第七十条　内閣総理大臣が欠けたとき、又は衆議院議員総選挙の後に初めて国会の召集があつたときは、内閣は、総辞職をしなければならない。

〔新設〕

自民党改正草案

（総辞職後の内閣）

第七十一条　前二条の場合には、内閣は、新たに内閣総理大臣が任命されるまでの間は、引き続き、その職務を行う。

（内閣総理大臣の職務）

第七十二条　内閣総理大臣は、行政各部を指揮監督し、その総合調整を行う。

2　内閣総理大臣は、内閣を代表して、議案を国会に提出し、並びに一般国務及び外交関係について国会に報告する。

3　内閣総理大臣は、最高指揮官として、国防軍を統括する。

（内閣の職務）

第七十三条　内閣は、他の一般行政事務のほか、次に掲げる事務を行う。

一　法律を誠実に執行し、国務を総理すること。

二　外交関係を処理すること。

三　条約を締結すること。ただし、事前に、やむを得ない場合は事後に、国会の承認を経ることを必要とする。

四　法律の定める基準に従い、国の公務員に関する事務をつかさどること。

五　予算案及び法律案を作成して国会に提出すること。

六　法律の規定に基づき、政令を制定すること。ただし、政令には、特にその法律の委任がある場合を除いては、義務を課し、又は権利を制限する規定を設けることができない。

七　大赦、特赦、減刑、刑の執行の免除及び復権を決定すること。

現行憲法

第七十一条　前二条の場合には、内閣は、あらたに内閣総理大臣が任命されるまで引き続きその職務を行ふ。

第七十二条　内閣総理大臣は、内閣を代表して議案を国会に提出し、一般国務及び外交関係について国会に報告し、並びに行政各部を指揮監督する。

〔新設〕

〔新設〕

第七十三条　内閣は、他の一般行政事務の外、左の事務を行ふ。

一　法律を誠実に執行し、国務を総理すること。

二　外交関係を処理すること。

三　条約を締結すること。但し、事前に、時宜によつては事後に、国会の承認を経ることを必要とする。

四　法律の定める基準に従ひ、官吏に関する事務を掌理すること。

五　予算を作成して国会に提出すること。

六　この憲法及び法律の規定を実施するために、政令を制定すること。但し、政令には、特にその法律の委任がある場合を除いては、罰則を設けることができない。

七　大赦、特赦、減刑、刑の執行の免除及び復権を決定すること。

がちょっと変わります。ついに国防軍が出てきましたね。

それから、七二条を一項と二項に分割をして「総合調整」という言葉が付きました。

澤藤　実質は変わっていないと思います。

岩上　変わらないんですか？　これ「総合調整」という言葉をわざわざ付けても。

澤藤　でも、まあ現実にはいまやってることだろうなと思いますけれどもね。
岩上　なるほど。
澤藤　問題は三項ですよね。文民統制[※1]ですから、国防軍をつくるということになれば当然こうなる。まさか、天皇を最高司令官とするわけにはいかない。
　かつて、天皇は統治権の総攬者であるだけではなくて、大元帥として陸海軍を統帥する立場にあったわけですね。それと、天皇は神聖にして侵すべからずで、宗教的な権威でもあった。そういう役割をできるだけ内閣総理大臣にやらせることになりますね。もちろん、総理大臣が道徳的な権威にはなり得ない。それ以外のところは、内閣総理大臣が文民としてやることになりますね。
岩上　第七三条に参りましょうか。第五項で、「予算」というのが「予算案及び法律案」に変わるのはなぜなんでしょうか？
澤藤　いま、普通にマスコミが予算案というふうに言っているものも、法律用語だと予算で、成立したものも予算なんですね。だから、言葉を整理したんだというふうに思います。たぶんわかりやすくなったんだろうと思います。
岩上　第六項は「法律の委任がある場合を除いては、義務を課し、又は権利を制限する規定を設けることができない」とあります。
澤藤　これは、少し良くなったんじゃないかな。つまり、現行憲法の四一条が「国会は、国権の最高機関であつて、国の唯一の立法機関である」とあります。「立法」の実質的な意味は、国民の権利を制限し、あるいは義務を課することです。こういう内容を持った法規を制定するのは、国会じゃなくちゃできない。勝手に、内閣が政令でそういうことをすることはできないというのが確立した考え方なんで、それをかなりはっきりさせた。
「義務を課し、又は権利を制限する規定を設けることができない」のですから、当然、罰則も含むわけですね。法律の委任があればできますが、それ以外では認めないということですから、特に問題はないように読めます。
岩上　なるほど。続いて七四条ですが、変わっていません。それから、七五条に関しては、「訴追されない」が「公訴を提起されない」そして「ただし、国務大臣でなくなったあとに、公訴を提起す

※1　文民統制
民主主義国では政治が軍事に優先する原則のもと、政治が実力集団の軍を統制するシステムがとられている。日本では、戦前に「天皇の統帥権」を名目に軍部が独走した反省から、国会と内閣による統制に加え、防衛庁の中でも旧内務官僚を中心とした内局による統制の仕組みがつくられた。内局の文官(背広組)の幹部が「防衛参事官」として長官(大臣)を補佐し、自衛官(制服組)を統制するシステムだ。この日本型の「文官統制」は、防衛省に昇格した現在も変わっていない。(kotobank より)

自民党改正草案

（法律及び政令への署名）

第七十四条　法律及び政令には、全て主任の国務大臣が署名し、内閣総理大臣が連署することを必要とする。

（国務大臣の不訴追特権）

第七十五条　国務大臣は、その在任中、内閣総理大臣の同意がなければ、公訴を提起されない。ただし、国務大臣でなくなった後に、公訴を提起することを妨げない。

ることを妨げない」となっていますが、文言が変わっているだけですね。

澤藤　中身は変わってないと思います。

国民保護法、武力攻撃事態法、そして自民党改憲草案

岩上　この七五条までが、「内閣」という章立てでした。総じてあまり変わっていない印象なんですが……。

澤藤　でも、本当なら内閣、つまり行政って一番大事なところなんですよね。行政はいろんなことができる。つまり、福祉国家の理念で、いろんなことがやれるんだし、やるべきだということを、もし改正するなら、書き込んでほしい。

　もう一面、やはり権限は強大ですから、個人の人権を制約するようなことが絶対にあってはいけないということも、もう少し書き込んでほしいという気持ちがあります。そういうところの不備はありますけれども、私もそんなに変わってはいないという印象を持っています。

現行憲法

第七十四条　法律及び政令には、すべて主任の国務大臣が署名し、内閣総理大臣が連署することを必要とする。

第七十五条　国務大臣は、その在任中、内閣総理大臣の同意がなければ、訴追されない。但し、これがため、訴追の権利は、害されない。

梓澤　私、最近、国分寺の市民憲法教室というところで、自民党改憲草案について、短時間、お話をさせていただきました。その際、元国立市長の上原公子さんが、「この自民党改憲草案は、礒崎陽輔（自民党の参議院議員）さんが、起草したんじゃないか？」と言うから、「いや、そのとおりじゃないんですか」というふうに僕は言ったんです。

岩上　礒崎さんというのは？

梓澤　自民党の憲法起草委員会の起草委員なんですね。元内閣官房の役人で、これ大事だと思うのは、国民保護法[※1]や武力攻撃事態法[※2]にも関わりが深い人です。

　国民保護法や武力攻撃事態法というのは、地方自治体や指

定公共団体に、「義務を果たしていきなさい」という法律です。そのときに、上原さんが国立市長として、法律家の支援を受けながら、その内閣官房と「うちはそういう法律に協力できませんから」ということで応対して、しかも、そのおかしい国民保護法や武力攻撃事態法が持っている日本国憲法との矛盾を突いていったときに、応答をしたのが礒崎陽輔さんだったそうです。

　そのときは内閣官房の役人だったんだけど、いまや国会議員になってこの憲法草案をつくり、しかも、質問に答えて「立憲主義というのを私は東大法学部で教わったことがない」という名言を残している。※3

岩上　あの迷言を残した……。

梓澤　その礒崎さんがつくった、状況からして起案をしたと思われる、そういうものが自民党改憲草案なんだということを改めて知って、もう一度、礒崎さんの著書になっている『国民保護法の読み方』（時事通信出版局、二〇〇四年）、それから『武力攻撃事態対処法の読み方』（ぎょうせい、二〇〇四年）これまで読んでませんけども、勉強して、この自民党改憲草案の、いわゆる危険性を改めて明らかにしていきたいと考えました。

岩上　回を重ねるごとに、いろんなことで勉強してこなきゃいけない課題が増えますね。でも、一つ手がかりが見えてきました。やっぱり自民党は、イメージとしては、戦争という事態を考え、そして、そのために、どのように国民を統治下に置くかということを想定したものなんだなということですよね。

※1　国民保護法
《「武力攻撃事態等における国民の保護のための措置に関する法律」の通称》日本が外国から武力攻撃を受けたときの政府による警報の発令、住民の避難誘導・救援などの手順を定めた法律。2004年成立。（kotobankより）

※2　武力攻撃事態法
《「武力攻撃事態等における我が国の平和と独立並びに国及び国民の安全の確保に関する法律」の通称》武力攻撃事態等への対処について定めた法律。武力攻撃事態・武力攻撃予測事態について定義し、国・地方公共団体・指定公共機関の責務、国民の協力、および事態対処法制の整備について規定している。2003年施行。武力事態対処法。（kotobankより）

※3　2012年5月28日。「時々、憲法改正草案に対して、「立憲主義」を理解していないという意味不明の批判を頂きます。この言葉は、Wikipediaにも載っていますが、学生時代の憲法講義では聴いたことがありません。昔からある学説なのでしょうか」（礒崎陽輔ツイッター https://twitter.com/isozaki_yousuke/status/206985016130023424）

日本国憲法　第六章　司法

裁判官の独立すら守られていない

岩上　第六章とされている「司法」の最初、第七六条ですね。これは、そんなに変わってないように思うんです。

二項が少し変わってるんですね。現行憲法では「終審」となっているのが、自民党案では「最終的な上訴審として裁判を行うことができない」とあります。

この第七六条が持つ意味というのを是非ちょっと短くでもいいですから、解説願えたら、ありがたいんですが。

澤藤　私と梓澤くんは司法修習の同期なんです。二三期というんですけれども、一九七一年に弁護士になりました。その頃、司法の嵐というのが吹き荒れていました。連日、トップで各紙が司法の問題を取り上げていた時期なんですね。

中身は三つありました。一つは一〇年ごとに裁判官は再任になるわけですけれども、それは形式だけのことで、これまでは全員が再任されていた。ところが、どうもその年は一〇年の再任期で再任されない、事実上、罷免される裁判官が複数出そうだという話があって、結局、最終的にはお一人だけ再任拒否となりました。宮本康昭※1さんという方です。しかも、たいへん評判の良かった優れた裁判官です。

それから、私どもの同期では七人の裁判官希望者が任官を拒否されました。その七人のうちの六人は、青年法律家協会の会員でした。宮本康昭さんも青年法律家協会の会員でした。

青年法律家協会とは、憲法と平和、民主主義を守ろうという法律家の団体です。その中に、裁判官部会もあって、たくさんの裁判官がそこに入っていたんです。これは明らかに青法協に対する狙い撃ちでした。

これは、私どもにとって衝撃だったんですね。私なんかは法律の勉強なんかはしなくて、そういう任官拒否や再任拒否反対運動に没頭していました。そして同期の司法修習生、阪口徳雄くんが卒業式――修了式と言うんですけれども――で、当時の石田和外《いしだかずと》[※2]最高裁長官代理で来た、後の最高裁長官になった矢口洪一さんが、式辞を述べるときに、質問をしたんです。

「質問があります。私たちの同期の中から、私たちが素晴らしい裁判官になれると思っていた人ばかりが任官を拒否をされました。この理由をおうかがいしたい」と尋ねたのですが、途中で打ち切られて、彼は罷免になりました。つまり、弁護士にも何もなれない。二年経ってから、再採用されるんですけれども。

岩上　もう一度、試験を受け直してですか？

梓澤　そうではないんですけれども、二年間遅れて、もう一度、再採用されて、卒業して弁護士になるんです。つまり、最高裁が特定の団体、あるいは特定の思想に対しては、その思想が憲法を守ろうという思想であっても、平和や民主主義を守ろうという思想であっても、裁判官として任用しないということを、明確にしたわけですね。

澤藤　当時の最高裁長官は、ミスター最高裁長官と言われた石田和外さんでした。この人のもとでこういうことが行われた。これに抗議して司法の独立を守れという国民運動が起こりました。裁判官は、独立をしなければならない。石田和外というのは、最高裁長官を終えたあと、「英霊にこたえる会」の初代会長になった方です。

あるいは、三好達《みよしとおる》[※3]さんという最高裁長官は、いまでは日本会議の会長です。いわば、日本の右翼の元締めの立場です。

こういう方が最高裁の長官で司法行政のトップにいる。そして、こういう方が、長年続いた保守政党の支配に従順に、矩《のり》を超えないように配慮して、行き過ぎた裁判官に対してはチェックをする。こういう体制は、憲法の想定する裁判所ではない。

私たちはたいへん憤りを感じて、運動をしました。そこは、私も梓澤くんもそうだけれども、法律家としての原点です。そうだよね？

※1　宮本康昭
昭和後期～平成時代の裁判官、弁護士。1936年2月26日満州（中国東北部）チチハル生まれ。1961年任官。1970年熊本地裁判事となるが、71年最高裁によって理由の明示なしに再任を拒否される。青年法律家協会会員であったためといわれ、論議をよぶ。1973年退官、のち弁護士。2004年東京経済大教授。九大卒。（kotobankより）

※2　石田和外
1903～1979。昭和時代の裁判官。1927年司法官となり、戦後、東京高裁長官などをへて、1969年最高裁長官。保守的と評され、裁判官の思想の自由、裁判の独立をめぐって論議をまねいた。退官後、全日本剣道連盟会長、元号法制化国民会議議長。福井県出身。東京帝大卒。（kotobankより）

※3　三好達
昭和後期～平成時代の裁判官。1927年10月31日生まれ。東京地裁などで民事裁判を担当、1979年東京高裁判事となる。1981年から司法行政畑をあゆみ、86年最高裁首席調査官。札幌高裁、東京高裁の長官をへて、1992年最高裁判事、95年長官に就任。1997年退官。香川県出身。東大卒。（kotobankより）

自民党改正草案
（裁判所と司法権）
第七十六条　全て司法権は、最高裁判所及び法律の定めるところにより設置する下級裁判所に属する。
2　特別裁判所は、設置することができない。行政機関は、最終的な上訴審として裁判を行うことができない。
3　全て裁判官は、その良心に従い独立してその職権を行い、この憲法及び法律にのみ拘束される。

現行憲法
第七十六条　すべて司法権は、最高裁判所及び法律の定めるところにより設置する下級裁判所に属する。
②　特別裁判所は、これを設置することができない。行政機関は、終審として裁判を行ふことができない。
③　すべて裁判官は、その良心に従ひ独立してその職権を行ひ、この憲法及び法律にのみ拘束される。

梓澤　そうですね。深い深い原点です。仲間の中に阪口徳雄くんと七名の裁判官採用拒否者がいるという闘いの日々は、その人たちのことを思うとつらい、厳しい日々でした。争議団や公害被害者、弾圧犠牲者への共感の力を育てられました。

岩上　司法の独立を守る国民。

澤藤　七六条の神髄はそこにあります。

岩上　なるほど。

澤藤　七六条に「すべて裁判官は、その良心に従ひ独立してその職権を行ひ」とありますが、これはつまり、司法権が行政から独立をしているというだけでなくて、一人ひとりの裁判官が独立していなければならないということです。つまり人事権を持っている司法行政のトップを見て裁判をするのではなく、当事者と同じ目線で当事者の言い分を聞いて、この裁判は何が本当の意味での法的な正義なのかを見極めなければならない。

こういう裁判を出したら、出世に影響するんじゃないかとか、任地で飛ばされるんじゃないかとか、あるいは、いまはそういう恐れはありませんけれども、給料が減らされるんじゃないかとか、そういうことは一切なく、法と良心に従った裁判ができなくてはいけない。これが七六条の三項だし、司法権の真骨頂だと私は思います。

岩上　司法権というのは、抽象的な司法権だけではなくて、個々の裁判官が独立していて初めて、それが実現されるということなんですね。

梓澤　その独立が、実は侵害されている実態がある。比喩的な表現ですけれども、隼町にある最高裁判所という建物の中には、二つの最高裁判所があるというふうに考えると非常にわかりやすい。

一つの最高裁判所は、大法廷は一五名。小法廷は三つに分かれて五名ずつで構成される。ところが、司法行政のトップにある最高裁というのはあの中にあるんですね。

司法行政というのは何かというと、一言で言うならば、全国三五〇〇名の裁判官の人事権を握っています。司法行政だけをやる。現実の民事、刑事の裁判をやらずに、裁判官を管理監督する裁判官というのが、あの最高裁の建物の中に七〇名いるんですよ。これ、知られてないですね。

何をやっているかというと、要するに、全国の裁判所で行なわれている裁判についての情報を集めているんです。靖国関係の判決、自衛隊の憲法違反の判決などをずっと集めているわけ。つまり、個々の裁判官は、自分がやっている裁判について、情報を集められているんですよ。その「られている」ということを、常に意識しながら裁判官は日々を送っているわけですね。

漫画みたいな話なんですけど、民事の裁判官はだいたい二〇〇件から三〇〇件、事件を担当している。この件数自体驚くべきことですけど、その二〇〇件から三〇〇件の裁判を東京地方裁判所でやる中で、彼が一カ月に何件の事件を終わらせたか、という統計がずっと取られているんです。

三人合議体で出てくると、左陪席と右陪席がありますけれども、この人たちが、どういう裁判をやるか、裁判というか、日常をやるかについての人事管理権を、その真ん中にいる総括裁判長が、その部の総括と言って、人事権行使してるんですよ。

つまり、人事評価もしてるわけですね。だから、そこでも見られている。そうすると、抵抗的な、良心を貫いて取り組む裁判官は、なんとなく浮いた存在になって、本庁じゃない地方の支部の裁判所にやられたり、それから、いわゆる子どもが学校へ行くことを気にするような地方へ、このままだと学校がどうなるのかなというようなことを気にするような地方へやられたりする。

それから、同じ等級であっても、何年かすると、同期の人でも一〇万円くらいの差がついちゃうような号俸（公務員の職階に応じて定められた給与）の評価を受けたりする。三五〇〇名の裁判官がいるわけですから、そんなの関係なくやってる人ももちろんいます。いるけれども、僕らが行政裁判[※1]をやると、行政について本当にわかりますね。

岩上　行政訴訟ですね。

梓澤　行政府や東京都知事や警視庁も相手にしてきましたが、そういうことをやると、裁判官の心の動きが実によく見えるんですよ。裁判官が、どっちを向いてるのかが。

※1　行政裁判
行政法規の適用について争いや疑いのある事件を、訴訟手続きによって裁判すること。狭義には、行政裁判所が裁判することをいう。
(kotobank より)

これでは、国民の人権を守ったいい裁判、ここでいう、本当に憲法が言っているような理想的な裁判がなかなかできません。新藤宗幸さんという人は、裁判所情報公開法というのを提言してるんです。どのように人事権を行使しているかなど、そういう裁判所の内部のいわゆる司法行政情報を、普通の官庁と同じように、裁判所も情報公開の対象とすべきだとおっしゃっています。

それによってずいぶん風通しがよくなるだろうということを言っています。

自民党改憲で、裁判にも公の秩序が

岩上 そうですね。竹崎博允《ひろのぶ》※1最高裁長官は、まさにこの事務局出身のトップの方ですよね。

梓澤 そのはずですね。

岩上 人事を握る行政官僚のような方がボスになり、司法を支配してしまう。そういう構造がある。これじゃあ、非民主的なことがまかり通って、そういう判決が出てしまうことも当然ある。

澤藤 非民主的と言いますけれども、まあ、だいたい裁判というのは民主主義ではないんですよね。

岩上 裁判は民主主義じゃない？

澤藤 つまり、国会というのは、国民の意見を代表するという意味で、これは民主的なところです。議院内閣制ですから、そこから内閣がつくられる。これも、間接的には民意を反映している。しかし司法というのは本来そうではない。つまり、いわば多数派支配の民主主義とは違うところで、憲法の理念や法の理念、いったい法律というのは、どうあるべきかということを、きちんと見極めて、場合によっては杓子定規に、多数派の意見に逆らっても、これが憲法の要求するところだと判断を下す。

アメリカの話ですが、自国の国旗を焼いたアイクマン事件※2というのがあります。要するに、国旗を焼くってあんまり良いことだというふうにはみんなから思われない。しかし、思想や良心の表現行為として、自国の国旗を焼くことが犯罪になるか。

日本では絶対に犯罪にはならないですよ。しかし、アメリカは遅れた国ですから、国旗損壊罪というものがある。その国旗損壊罪という法律を適用して、星条旗に唾をかけたり火を放ったりしたことが起訴されて、連邦最高裁で無罪となった。

無罪にした保守派の最高裁裁判官が、たいへん含蓄に富む言葉を述べています。

「つらい判決をしなければならない。私の愛するアメリカ。

私の愛するアメリカの民衆がみんなこういう行為については犯罪にしろと望んでいる。しかし、アメリカの憲法は、これを無罪にしろと言っている。だから、私は無罪の判決を書く」んだというのです。自分の気持ちに反するけれども、法と良心は無罪を命じてるから書くんだということを判決の中に書き込んでるんです。

　これはとっても面白いというか、教えられるところで、これも僕は「民主主義的ではない裁判官」の素晴らしい姿だと思うんですね。日本の最高裁は、日の丸、君が代を強制してもいいんだということを躊躇しながら、言い訳しながら、それでも多数派に従って秩序を重んじ、人権をないがしろにするような裁判をしてるわけです。ちょっとアメリカは違う。なかなか奥の深いところがあります。

岩上　なるほど。現行憲法下でも現状のとおりですから、憲法そのものを改正されて、人権よりも公の秩序が最も大事ということになったらたいへんですね。公の秩序と言っても、この場合は特に社会の上層部にいる人間が、秩序と思うこと、すなわち彼らの利益にかなうことだったりします。それが一般の人々に押し付けられていく。その押し付けられる強制力が格段に高まるということですよね。

澤藤　おっしゃるとおり。

日本の裁判官に欠けているもの

梓澤　ここで言いたいんですけど、裁判官というのは、僕はこういう人であってほしいなと思うんだけど、ドイツの裁判官は労働組合に入って、座り込みをやったりすることもあるんですね。環境問題で、デモに参加したりすることもある。

　日本の裁判官の場合、趣味で野鳥の会に入ることも、それはいかがなものかな、というふうに言われるくらい、市民と

※1　竹崎博允

昭和後期～平成時代の裁判官。1944年7月8日生まれ。1969年判事補となり、のち主に刑事裁判を担当。東京地裁判事、東京高裁事務局長などを経て、2002年最高裁事務総長、06年名古屋高裁長官、07年東京高裁長官。裁判員制度導入や裁判員法成立に尽力。2008年最高裁長官となる。岡山県出身。東大卒。
（http://www.courts.go.jp/saikosai/about/saibankan/takesaki/index.html）

※2　アイクマン事件

ベトナム戦争への反戦運動において国旗焼却が続発し、2州を除く各州において国旗焼却を禁止する州法が制定された。いくつかの連邦最高裁判決が国論を二分する論争を引き起こした。
著名な事件として挙げられるものは、ストリート事件（1969年）、ジョンソン事件（1989年）、そしてアイクマン事件（同年）。いずれも被告人の名をとった刑事事件であって、どれもが無罪になっている。なお、いずれも国旗焼却が起訴事実であるが、ストリート事件はニューヨーク州法違反、ジョンソン事件はテキサス州法違反、そしてアイクマン事件だけが連邦法（「国旗保護法」）違反である。
連邦法は、68年「国旗冒瀆処罰」法では足りないとして、89年「国旗保護」法では、アメリカ国旗を「毀損し、汚損し、冒瀆し、焼却し、床や地面におき、踏みつける」行為までを構成要件に取り入れた。しかし、アイクマンはこの立法を知りつつ、敢えて、国会議事堂前の階段で星条旗に火を付けた。そして、無罪の判決を得た。（「澤藤統一郎の憲法日記」国旗の焼却は犯罪となるか　http://www.jdla.jp/cgi-bin04/column/sawafuji/index.cgi?date=20130118 より）

の交流が非常に阻まれているんですね。私、街なかで、顔を見知った裁判官に声をかけて横を向かれることがあるんですよ。

澤藤　嫌われてるんだよ（笑）。

梓澤　嫌う自由もあるんだけどね（笑）。だけど、いまでも覚えてるんだけど、週末に早稲田の街を歩いているときに、裁判官が、私服でリュックを背負って歩いていて、のんびりした顔して、ああ、こういうことがいいんだよなと思いました。四ツ谷の駅のそばで、がに股で自転車に乗ってきて、おいおいと声をかけると、やあやあとやる人もいるわけですよ。そうであってほしいんだよな。普通に。

例えば自分の家の奥さんが、近所の人たちと原発事故や、その後の放射能の問題について話し合う感覚があれば、原発の差し止め訴訟だって、僕は変わってくると思うんだよな。東京大学など入試偏差値の高い大学を出て、たいして世間を経験しないうちに、自分の評価の基準というのは、どういう大学に入ったか、司法試験が何番だったか、司法研修所の卒業試験が何番だったかということになってしまう。司法行政に入っている人たちの多くは、毎年一〇番以内から選ばれているという、通り相場まで聞こえてきますから。

そういう人たちには、被告人で、よれよれになった人が、無罪を訴えたときに、どういうふうに見えるのかな。大方、やっぱりきちっとした背広を着て、綺麗な言葉をしゃべる人のことを聞きやすいということはないんでしょうか。これは普通の民事事件だったけど、かつて、外国人の証言が終わったあと、「ああ、疲れた」って言われたことがありましたよ。

岩上　誰にですか？

梓澤　裁判官にです。あからさまに言ったんですから。軽蔑するように。

岩上　うまく言葉がしゃべれなくて……。

梓澤　しゃべれないとか、表現がうろうろするということがあって。その外国人は証言をするのに、必死の思いで来ているわけです。

法律家の第一の指標は、共感力だと思うんですよ。裁判官には、共感力に欠ける人がやっぱり少なからずいます。それじゃいけない。それを変えていくような裁判所の体制でなければいけないと思いますね。「たいへんですねえ」と、病気の重い当事者に声をかけたり、壇の上からわざわざ降りてきて、証拠書類を熱心に見たりという裁判官も、思い出の中にありますが……。

岩上　やっぱりそれは一に情報の公開ですよね。

梓澤　そうですね。

岩上　ところが、裁判所は情報公開しないところですよね。先ほど新藤さんの話がありましたけれど、最近では陸山会事件[※1]に絡んで、検察審査会[※2]の問題がありました。これは、重大な疑惑がいくつも、いくつもあるわけです。手続き上の疑惑。審査員をどのように選んだのか。なぜ選んだら、このような平均年齢になったのか（二四〇頁参照）。

それから、辻褄が合わないところがいくつもある。情報公開請求をした方がいるのですが、返ってきたものを見ると、黒塗りです。何も明らかにしない。ブラックボックスで、事実上、最高裁の事務総局が仕切っていて、検察審査会に人も出し、予算も出しているのに、この検察審査会なるものは、検察も裁判所もコントロールしてないという、誰もコントロールしてない、所轄がはっきりしないというわけのわからない宙ぶらりんな状態にあるという。

こんな存在が一人の人間の人生を左右してしまう。そして、中では、今回のように、小沢一郎という政治的な影響力のあった人を貶めて——結局のところ、無罪になりましたけど——、この何年間かを、棒に振ったことで、政治の流れを大きく変えてしまった。こういう影響力も与えるわけですよね。

梓澤　検察審査会というところは、地方ごとに地方裁判所の事務官が所長の指揮のもとに検察審査会の運営を行なってますね。だから、そこがどういう状況になっているかについては、裁判所の司法行政が大きな責任を負っているということになります。

国防軍創設で、裁判は中抜きになる

梓澤　憲法の話に戻りますが、現行憲法七六条の二項で「行政機関が、終審として裁判を行ふことができない」とありますね。ところが、自民党案は「行政機関は、最終的な上訴審として裁判を行うことができない」とある。微妙に表現が違っているのは、僕は、自民党改正草案の九条の二の五項「国防軍に属する軍人その他の公務員がその職務の実施に伴う罪

※1　陸山会事件
小沢一郎氏の資金管理団体「陸山会」が2004年に東京都世田谷の土地を購入した際、政治収支報告書に虚偽の記載をしたとして、2009年11月に市民団体が小沢氏の秘書3人を告発した事件。
陸山会が土地を購入するために小沢氏から4億円を借り入れたとき、小沢氏の巨額の個人資産を隠すために秘書3人が共謀して、政治資金収支報告書にその借り入れを記載せず、また小沢氏もそれを了承していた、と疑われた。
2010年1月には、政治資金規正法違反容疑で、小沢氏の秘書だった大久保隆規氏と石川知裕氏、池田光智氏の3名が、東京地検特捜部によって逮捕された。このとき、小沢氏自身も別の市民団体によって告発されるが不起訴となる。その後も、2度にわたって検察審査会から不起訴不当が言い渡されるが、東京地検は繰り返し不起訴処分とした。ところが2011年1月、小沢氏は指定弁護士らによって強制起訴され、裁判にかけられた。
2012年4月、東京地裁は小沢氏を無罪と断定。同年11月の東京高裁もこの判決を支持し、小沢氏の無罪が確定した。

※2　検察審査会
選挙権を有する国民の中から、それぞれの地域ごとにくじで選ばれた11人の検察審査員が、検察官の不起訴処分が妥当かどうかを審査する。審査員の任期は6ヵ月で、3ヵ月ごとに半数の5～6人が入れ替わる仕組みとなっている。「起訴相当」の議決が出れば検察官が事件を再捜査し、検察官が再び起訴しなかった場合は、審査会が改めて審査、起訴を求める議決が出ると「強制起訴」される。1回目の審査が「不起訴不当」の場合、再捜査はするが、2回目の審査会は開かれない。（裁判所HPより）

又は国防軍の機密に関する罪を犯した場合の裁判を行うため、法律の定めるところにより、国防軍に審判所を置く」と関連しているのだと思います。

梓澤　これは、例えば兵隊が前線で上官の命令に従わず、鉄砲を撃たなかったり、逃亡したりしたときに、軍刑法で、処罰されるということです。石破さんによれば、重い処罰にしなければならない。例えば、死刑、無期、または三〇〇年の懲役という発言をテレビでしてるわけですね。

そういう重罰について、国防軍審判所が非公開で第一審をやるわけですね。それを石破さんは、上訴はできるんですよというふうに言いました。しかし、この七六条の二項は、「行政機関は、最終的な上訴審として裁判を行うことができない」と言っているが、たしかに、一審が国防軍審判所で、二審が高裁で、最高裁が上訴審という、つまり最終的な上訴審としてあるんですが、これは微妙に、例えば二審が高裁でなく直ちに最高裁になったりするのかもしれない、というようなことで、この「最終的な上訴審」というのは非常に気になる言葉ですね。

澤藤　それは十分ありえる。

岩上　二審が最高裁になってしまうというのは、どういう意味ですか？

澤藤　つまり三審制ではなく、二審制になるということは十

陸山会事件をめぐる検察審査会の平均年齢問題

検察審査会事務局は2010年10月4日、陸山会事件における2回目の審査会で同年9月14日に強制起訴の議決をした11人の審査員の平均年齢が、30.90歳であると発表。しかし、この発表の後に一般市民らから「平均年齢が若すぎて不自然ではないか」などと問い合わせがあり、本当に無作為に審査員が選定されたのかどうか、疑問の声が多数あがった**【第1の疑惑】**。

その後、検察審査会が再計算したところ、ミスが発覚。検察審査会事務局は、37歳の審査員の年齢を足し忘れて、10人の合計年齢を11で割ってしまったなどと弁明し、10月12日に平均年齢が33.91歳であると訂正。ところが、これに基づいて検算すると、30.90を11倍して37を加え、その合計値を11で割った数字は34.26で、33.91にはならないことから、今度は計算間違いではないかとの指摘が殺到し、物議を醸した**【第2の疑惑】**。

これを受けて検察審査会は翌13日に、今まで審査員の就任日で算出していたものを議決日の算出に変更したため、審査員の誕生日が来て、計算数値が変化したとして平均年齢を34.55歳と再度訂正した。

また、2度目の平均年齢の訂正を発表したことと同時に、4月27日に起訴相当と議決された1回目の審査会における11人の審査員の平均年齢も、34.27歳から34.55歳に訂正された。1回目の審査会と2回目の審査会で審査員が入れ替わっているにもかかわらず、同一の平均年齢になるということは極めて稀であるため、2回とも同じ審査員によって行なわれたのではないか**【第3の疑惑】**という仮説を訴える声もある。

（審査員の日当支払いを担当している）会計検査院によると、強制起訴を議決した2回目の検察審査員11人について、会議録の氏名を選定時の書類と照合するなどして実在を確認し、2度訂正された平均年齢については、選定時の書類の生年月日による平均年齢と一致することを確認している（2013年9月26日付『日本経済新聞』）。

一方、審査員の平均年齢について、不可解な訂正が相次いだことや、審査員が交代しているにもかかわらず、最終的に発表された1回目と2回目の検察審査会の審査員の平均年齢が同一であったことなど、いくつもの疑惑が残されている。

さらに2回目の強制起訴の議決が民主党代表選のあった9月14日だった点にも疑いの目が。この日は、当時の小沢一郎候補と菅直人候補がぶつかり合う、重要な代表選だったが、この強制議決が代表選のあった日にぶつけられることで、小沢候補にとって非常に不利に働いたのではないかとされている**【第4の疑惑】**。一部の市民らは2013年7月9日、審査会の議決を誘導するために審査員の選定が不正に操作されたとして、東京第5検察審査会の関係者に対する告発状を提出した。

分考えられるということですね。

岩上　そもそも、この条文の意味がわからないです。「行政機関は、終審として裁判を行ふことができない」というのは、どういう意味なんですか？　例えば、軍の中に審判所を置くというのは、まさに軍の中における裁判所のようなものがあっても、そこが上訴できて、最後の終審になる裁判所は、行政機関内に置けないよという意味なんですか？　だから、これが国防軍と関係あると？

澤藤　「国防軍審判所」は行政機関ですから、そこでの判断に不服があれば、地裁に行政訴訟を提起して、高裁、最高裁と三審制の裁判を受ける権利があることが原則です。しかし、「最終的な上訴審として裁判を行うことができない」とは、一つでも司法判断の審級があれば良いとも読めます。三審制を保障しないで中抜きをするということは、十分あるんじゃないでしょうかね。治安維持法なんかは、二審制でした。早いこと決着をつけてしまえということ。裁判の迅速だけがあって、人権への配慮は二の次となる。

岩上　二審制というのは、最高裁がないんですか？　それとも、高裁を飛ばしちゃう？

澤藤　高裁を飛ばしてしまう。二審が終審で大審院でした。

岩上　もう一度お聞きしますけれども、「最終的な上訴審として」ということと「終審として」というのは、どう違ってくるんですか？

澤藤　違いをきちんと指摘することができません。できませんが、「最終的な上訴審として」という言い方には、三審制をきちんと守らなくても良いというニュアンスを感じます。

岩上　なるほど。じゃあ、研究対象ですね。わかりました。次に行きたいと思います。

自民党改憲で、弁護士自治もなくなる？

岩上　七七条「最高裁判所の規則制定権」です。

第三項は変更がありません。ということになりますと、一項目の「訴訟」が「裁判」に変わっているところ。そして二項目、これは弁護士も最高裁の定める規則に従わなければならないとなったところ。ここが変更点ですね。ここ、どうですか？

澤藤　恥ずかしながら、私もずっと規則に従っていますので、従わなければならないと現行憲法には規定されていなかったことに、初めて気がついたという感じですね。

訴訟に関する規則は、裁判所がつくるのが合理的だろうということになって、他のものとは違う法形式で裁判所がつくる。

それは合理的なものがつくられているという前提で、私ど

自民党改正草案
（最高裁判所の規則制定権）
第七十七条　最高裁判所は、裁判に関する手続、弁護士、裁判所の内部規律及び司法事務処理に関する事項について、規則を定める権限を有する。
2　検察官、弁護士その他の裁判に関わる者は、最高裁判所の定める規則に従わなければならない。
3　最高裁判所は、下級裁判所に関する規則を定める権限を、下級裁判所に委任することができる。

現行憲法
第七十七条　最高裁判所は、訴訟に関する手続、弁護士、裁判所の内部規律及び司法事務処理に関する事項について、規則を定める権限を有する。
②　検察官は、最高裁判所の定める規則に従はなければならない。
③　最高裁判所は、下級裁判所に関する規則を定める権限を、下級裁判所に委任することができる。

もは従っているわけですね。典型的には、例えば交互尋問[※1]の順序であったり、主尋問[※2]、反対尋問[※3]のやり方であったり。例えば、誘導尋問[※4]は、反対尋問では許されるけれども、主尋問では許されないとか、そういう合理的なことについては、そのまま従っているわけですね。

ただ、そういう合理的な訴訟規則になっているというふうに考えて、いままであまり関心を持たなかったんですけど、弁護士も従わなきゃならないよと言われると、なにか魂胆があるのかなと考えなければならない。

岩上　そうですか。

澤藤　何があるのか、ちょっとよくわかりませんね。

岩上　弁護士は、これまで書き込まれてこなかったというのは、検察官は厳しく最高裁判所の規則に従わなければいけないけれど、弁護士はもう少し自由にやれた。その自由度は、もうないよということでしょうか。ただ文言だけを読んで解釈するだけの私みたいな人間は、そう思うんですけど、いかがなんでしょう？

梓澤　こういうことはあると思いますね。弁護士の「内部規律及び司法事務処理に関する事項について、規則を定める権限を有する」となってますから、例えば、弁護士会の中の検察官役が綱紀委員会、懲戒をするのは懲戒委員会というような自主規律について、最高裁という権力機構が入り込んでくる。

そうすると自主規律のあり方をより厳しくするとか、あるいは綱紀委員会や懲戒委員会の構成にいまでも外部委員として裁判官が入っていますけれども、そういう人的構成をもっと拡大してくる、これは弁護士自治に対して、大きな影響を持つ規定になると思いますね。

澤藤　いやあ、ならないように思うんですけどね。七七条の一項を見ますと、これは規則制定の権限、つまり、規則を定めることができるということをまず一項で定めて、二項では、その規則は、弁護士その他、弁護士も含めて、裁判に関わるものに拘束力を持ちますよということになってるわけですけれども……。

梓澤　これは弁護士にもかかってるでしょ。内部規律は。

岩上　つまり、それは落とし込んでなかったと。委任してつくっていくというものがなかっただけで、憲法には書き込まれているということですよね。

梓澤　そうですね。現行憲法では、それが、仮につくられたって、従わなきゃいいんだということになるんですが、自民党案では、そこのところを、弁護士が従わなければならないとなる。そうすると、規律が出てくる可能性もある。

澤藤　そうか。いまある法制度の頭で考えると、七七条一項で、弁護士会の内部規則まで裁判所がつくるなんてことになったら、それは昔の検事局が弁護士を統制していたのとまったく同じで、そんなことあり得ないという頭なんですけど、よくよく読んでみると、その余地を残すような法文にはなってますね。

岩上　なっているという。恐るべきことですよ。これ、逆の方向に憲法改正必要ですよ。改憲派になりましょうよ（笑）。これは弁護士自治は貫けるということを明記したほうがいいんじゃないですか？

澤藤　そうですね。私は、本当に弁護士自治って、いま世の中であんまり言われてないけど、すごく大事なことだと思っているんです。

岩上　本当におっしゃるとおりです。

澤藤　大きな砦なんですよ。例えば、学問の自由、大学の自治。これも一つの砦ですよね。しかし、これが本当にいまどうなっているか。

岩上　形骸化してしまってますよね。

澤藤　それから、マスコミも「報道の自由」があるはずですよね。しかし、本当にこれもどうなっているのか。

岩上　形骸化してます。

澤藤　僕はいまの弁護士のあり方は、理想から言えば不満はもちろんありますけれども、かなりいい線

※1　交互尋問
証人尋問において訴訟当事者が交互に尋問をする方式。まずその証人を呼んだ当事者が尋問をし（主尋問）、次に相手方がその証人に尋問をし（反対尋問）、さらに同様に尋問が続く（再尋問・再反対尋問）。（kotobank より）

※2　主尋問
交互尋問において、証人の取り調べを請求した当事者が最初に行う尋問。直接尋問。（kotobank より）

※3　反対尋問
交互尋問において、証人の尋問を請求した当事者による主尋問のあとに、相手方当事者が行う尋問。（kotobank より）

※4　誘導尋問
尋問の中に尋問者の望む答えが暗示されている尋問。刑事訴訟の主尋問では原則として禁止。（kotobank より）

をいってるのではないかと思っています。原則を守りつつ、社会正義や人権を守る、そういう司法をつくるために、これは社会の砦の大事な部分なんで、これは是非ご理解いただきたい。

岩上　ご理解というか、それを明記する。改憲の条文のアイディアを出していただいたほうがいいかもしれません。

澤藤　だからあなたも一緒に改憲グループに、と言われても困りますがね。

岩上　それはお断りしますけども、憲法に弁護士の自治の明記は考えるべきことですよね。

梓澤　そうですね。

岩上　それから「訴訟」から「裁判」というふうに変わることは、これはどのように解釈すればいいんですかね？

澤藤　これは、あんまり意味はないと思いますよ。

岩上　なるほど。梓澤さんはこれをどういうふうに考えますか？

梓澤　あんまり。

岩上　わかりました。

ただ、これをよく読み直したら「弁護士」っていうのが引っかかってるのねっていうのは、みなさんのようなベテランですら、気づいてなかったと。

澤藤　気づかなかったですね。

岩上　これは、改めて、「ちょっと注意が必要だよ」というのを弁護士会の内部の方々に言う必要があるんじゃないですか。

梓澤　はい。

岩上　是非、と思います。やっぱり逐条でやるべきでしたね。本当に、こういうのをけっこう見つけますよね。

機能しているとは言い難い最高裁裁判官の審査

岩上　続いて、七八条、七九条です。さて、これはなかなか素人にはわかりづらい。裁判官の身分保障です。自民党案の七八条には「次条第三項に規定する場合」と付け加えてあります。だから、第三項が大きいんでしょうけれども、「国民の審査において罷免すべきとき」というふうにさっぱりとされてるんですね。

七九条第二項、現行憲法では、衆議院議員総選挙の際に国民の審査が行われ、さらに、一〇年後にも国民審査が行なわれると書いてあるんですけど、「法律の定めるところにより」ということですから、別途何か定めるんですね。

ということは、裁判官の国民審査の方式を、衆議院選挙のときではなく、別のやり方をすることもありうるということですね。法律ならば変えやすいですから、変えやすいやり方で国民審査を行なうよというふうに言っているとしか、私にはわからないんですが、どういうことでしょう。

澤藤　そうとしか理解できませんね。最高裁の裁判官の審査は、存在意義はとても大きいんですが、現実の機能を発揮しているかというと、なかなかそうでもない。

だいたいが一番左に名前がある人が、一番×が多くて、右のほうに行くにしたがって、少なくなる傾向がある。いまの制度は、×を付けるかどうかだけですから、誰かに○を付ければ、それは全部無効になってしまうんです。

そういう制度ですから、「罷免を可とするものには、×を付ける」というやり方でいいのかということが、いろいろと言われているわけですね。

自民党改正草案

（裁判官の身分保障）

第七十八条　裁判官は、次条第三項に規定する場合及び心身の故障のために職務を執ることができないと裁判により決定された場合を除いては、第六十四条第一項の規定による裁判によらなければ罷免されない。行政機関は、裁判官の懲戒処分を行うことができない。

（最高裁判所の裁判官）

第七十九条　最高裁判所は、その長である裁判官及び法律の定める員数のその他の裁判官で構成し、最高裁判所の長である裁判官以外の裁判官は、内閣が任命する。

2　最高裁判所の裁判官は、その任命後、法律の定めるところにより、国民の審査を受けなければならない。

3　前項の審査において罷免すべきとされた裁判官は、罷免される。

〔削除〕

4　最高裁判所の裁判官は、法律の定める年齢に達した時に退官する。

5　最高裁判所の裁判官は、全て定期に相当額の報酬を受ける。この報酬は、在任中、分限又は懲戒による場合及び一般の公務員の例による場合を除き、減額できない。

現行憲法

第七十八条　裁判官は、裁判により、心身の故障のために職務を執ることができないと決定された場合を除いては、公の弾劾によらなければ罷免されない。裁判官の懲戒処分は、行政機関がこれを行ふことはできない。

第七十九条　最高裁判所は、その長たる裁判官及び法律の定める員数のその他の裁判官でこれを構成し、その長たる裁判官以外の裁判官は、内閣でこれを任命する。

②　最高裁判所の裁判官の任命は、その任命後初めて行はれる衆議院議員総選挙の際国民の審査に付し、その後十年を経過した後初めて行はれる衆議院議員総選挙の際更に審査に付し、その後も同様とする。

③　前項の場合において、投票者の多数が裁判官の罷免を可とするときは、その裁判官は、罷免される。

④　審査に関する事項は、法律でこれを定める。

⑤　最高裁判所の裁判官は、法律の定める年齢に達した時に退官する。

⑥　最高裁判所の裁判官は、すべて定期に相当額の報酬を受ける。この報酬は、在任中、これを減額することができない。

実効在らしめるためにはどうすればいいのかということで、それは憲法のレベルでなく、法律のレベルでいろいろ工夫をしたほうがいいんじゃないかというのが、自民党の「Q&A」に書いてあることがあるんですけれども、まあそうなのかなという感じもしないではないですね。

岩上　要するに、いまの制度だと、実際に行なわれたものであっても形骸化したものであって、それによって罷免されるという人はほとんど出たことはないわけですね。

澤藤　まあそうですね。しかし、やっぱり聞くところによれば、最高裁裁判官はそれなりにとても気にするんだそうです。例えば、昔、下田武三[※1]さんという外交官出身の裁判官にすごく×が多かった。とりわけ沖縄では多かった。彼は、核付き沖縄返還の立役者だった外交官。こういう人に民意を知らしめるということはあると思うんですね。あるいは、いま、升永弁護士たちが一票の格差問題で、変な裁判官についてはxを付ける運動をやろうよという呼びかけをしていますが、やっぱりそれなりに制度が存在していることに、とても意義がある。

　私どもも、先ほどお話した司法の嵐のあとに、この制度を活用することによって最高裁に反省を迫ろうという運動を、かなり一生懸命やった。私なんか一番近い投票所で、朝から晩まで×を付けるように投票を呼びかけた。これは選挙運動ではないのでできるんですよ。構わないんです。

岩上　構わないんですか?

澤藤　構わないんです。

岩上　これは重要なことを聞いた。選挙運動ではないので、公示期間中でもガンガンと誰を落とそうと言ってもいい。

澤藤　投票日でもいいんです。投票日に、投票所で呼びかけをして構わない。

岩上　誰々さんはこんな人ですと。ぜひ落としましょうと。

澤藤　×を付けましょうと。それからうっかり○を付けると、ぜんぶ無効になってしまうから気をつけて、全部×を付けるのはいい。しかし、特にこの人には×を付けましょうという、そういう呼びかけはやれるわけなんですね。

岩上　だいたい国民に、裁判の問題点も、担当した裁判長についての情報も全然伝わってないんですよね。新聞の報道やマスメディアの報道も十分にそれを伝えていると思えないし、十分なデータにスピーディにアクセスできるような情報の蓄積、公開もないですよね。

梓澤　日本民主法律家協会「全裁判官経歴総攬」[※2]があります。

澤藤　日本民主法律家協会は、データを一生懸命取って、ホームページには毎回出してます。

　現行憲法では、最高裁裁判官になって初めての総選挙のあるとき、ということですから、なったばっかりで、これから変な判決をするかどうかというのは、よくわからない人が多い。そして、変な判決を出してこんちくしょうと思っていたら、定年で辞めてしまって逃げてしまう。

それから、任期が一〇年なので、実際は、任期中一回だけなんですね。話題になった最高裁の判決に、どういう態度を取っているかということの蓄積がまだできない人が、国民審査にかけられてしまうというようなこともありますので、そのへんのところは、自民党案にあるように「法律の定めるところにより」工夫の余地があるのかなと思います。

岩上　なるほど。そういう意味では、制度を変えられる可塑性みたいなものが取り込まれていると。でも、この可塑性をうまく使う、いい方向に制度を変えていくということを積極的にやらないと、またろくでもないものができる可能性もあるわけですよね。

澤藤　そういうことですね。

岩上　ちょっと、気をつけて見なきゃいけないということですね。

自民党改憲で、裁判官は司法官僚の犬になる

岩上　続いて、「下級裁判所の裁判官」について、八〇条になります。現行憲法では、任期が一〇年となっているのが、自民党案では、「法律の定めるところにより」となっています。

澤藤　これはもう絶対に反対。改悪以外の何ものでもない。つまり、例えば任期を一年にするという法律も可能となるわけですね。すると、裁判官は一年ごとに、再任の不安にさらされることになる。再任の権限を持っているのは、最高裁、司法行政当局ですから、上を見て仕事をするしかなくなるんですよ。

現在の一〇年の任期ですら、現実には、「こんな判決を書けば、上から嫌われ睨まれて、再任を拒否されるのではないか」という、一抹の不安を考えなければならない。つまり、多数派や体制派が喜ぶような判決が、当然予想されるわけですよね。行政当局や大企業を勝たせておく。そういう判決を出せば、おそらく何の問題もない。

しかし、人権という観点から、国を負かせる、原発を止める、大企業の責任を認める、こういうことをやれば、司法行政当局に、「こいつは思わしくない裁

※1　下田武三
1907 ～ 1995。昭和時代の外交官。1931年外務省にはいる。条約局長のとき日米安保条約の改定に従事。ソ連大使などをへて 1965 年事務次官。1967 年アメリカ大使となり、沖縄返還交渉にたずさわる。1971 年最高裁判事。1979 年プロ野球コミッショナー。東京出身。東京帝大卒。(kotobank より)

※2　全裁判官経歴総攬
期別異動一覧編 全裁判官経歴総攬編集委員会 (編集) 公人社 第 5 版 (2010/12)
(http://kojinsha.com/modules/noneshiho/)

自民党改正草案

（下級裁判所の裁判官）

第八十条　下級裁判所の裁判官は、最高裁判所の指名した者の名簿によって、内閣が任命する。その裁判官は、法律の定める任期を限って任命され、再任されることができる。ただし、法律の定める年齢に達した時には、退官する。

2　前条第五項の規定は、下級裁判所の裁判官の報酬について準用する。

現行憲法

第八十条　下級裁判所の裁判官は、最高裁判所の指名した者の名簿によつて、内閣でこれを任命する。その裁判官は、任期を十年とし、再任されることができる。但し、法律の定める年齢に達した時には退官する。

②　下級裁判所の裁判官は、すべて定期に相当額の報酬を受ける。この報酬は、在任中、これを減額することができない。

判官だ」というふうに目を付けられることはわかるわけですね。

　だから、この改憲案は、任期を短くしようということ以外に、動機は読めない。それから、司法官僚制度の支配の貫徹を、より強固かつ容易にするという意味で、これは許してはならない改悪だというふうに考えます。

岩上　なるほど。梓澤先生は？

梓澤　先ほども言いましたように、裁判官は、司法行政官僚に、日常的にウォッチされています（二三五頁参照）。そのウォッチされた結果、いままでは一〇年の再任のところで、上からのチェックが入り、また、途中は転勤や、号俸の評価で差別されてきた。

澤藤　変な裁判をしたからといって、給料を下げられることはない。しかし、みんなと同じに上がらないということは覚悟しなけりゃならないということなんですよ。

岩上　減額はないが、昇給が鈍ると。

澤藤　そういうことです。

梓澤　それと、スピードが鈍るとか。そういうふうにやられてきたんだけど、澤藤くんの言うように、しかしながら、一〇年の任期は保障されてきたわけですね。ところが、この「法律の定める」ということになると、これを例えば三年にするとか、五年にするとか、もっと短くして、その都度、クビが繋がるのかどうかを気にしなきゃいけない状態にする。

　もう、普通のサラリーマン以下になりますよね。サラリーマンは、日本の場合、期間の定めのない労働契約ですけども、この場合、何年と決められたら、そのときに、クビが繋がるのかどうかを気にして裁判をやる。いま以上に、司法行政当局による現場の裁判支配が行なわれることになるということですね。

澤藤　名前を出してもいいと思うので、安倍晴彦さんという、私の尊敬する元裁判官がいらっしゃいます。弁護士になりましたけど。

梓澤　弁護士も辞めた。

澤藤　先日辞めたね。健康を害されて。この方は我々より九年先輩です。この方も、先ほどお話しした宮本康昭さんの次に、再任を拒否されるのではないか、拒否されるであろうとまで言われていた方なんですね。

岩上　素晴らしい人ですね。

澤藤　いや、本当に素晴らしい人です。安倍能成《よししげ》※1の甥子にあたり、安倍恕《はかる》という元最高裁司法研修所長の息子です。要するにエリートなんです。学歴から何から言って申し分がない。しかし、思想が悪いわけです。憲法に忠実にやるんだということで、出世とかなんとかいうのは、まったく眼中にない。そういう「たちの悪い」方なんですね。

　この方が、退官したあとですけど、NHKブックスから『犬になれなかった裁判官』（日本放送出版協会、二〇〇一年）という本を出版しています。

岩上　かっこいいタイトルですね。

澤藤　「このタイトルは編集者が付けたので、ちょっと刺激的で、他の良心的な裁判官には申し訳ないんだ」とは言っておられますけれども。しかし、本当にこの方は、「犬にならない」という誇りを持って裁判官人生を貫いた。

　そのため、徹底していじめられた。司法行政当局からは、問題裁判官とされ、支部から支部へ、渋々《シブシブ》と支部《シブ》回りという悲哀。それから、この方からお話を聞きますと、裁判官の会同の席というのは給料の順で並ぶんだそうで。

梓澤　おかしい話ですね。

澤藤　本当に席次がどんどん下がっていく。一番つらかったのは何かというと、若い裁判官を自分のそばに近づけない人事が行なわれる。部総括になって、自分が裁判長として、若い右陪席や左陪席と一緒に裁判をするとか、先輩として後輩を教育するとかという機会は、一切奪われた。

　しかし、公職選挙法の戸別訪問禁止は憲法違反で無効、したがって無罪という歴史的な判決を出したり、じん肺患者が企業を被告とした損害賠償請求訴訟で、時効が完成しているかどうかという、たいへん重要な論点で、時効の起算点は、弁護士が弁護団を組んで患者さんにきちんとこういうふうにして裁判ができますよということを教えた日だと。そこから時効が始まるんだという判決を、自らが右陪審席

※1　安倍能成
1883～1966。愛媛県生まれ。1909年東京大学文学部哲学科を卒業。ヨーロッパ留学後、京城大学教授、第一高等学校長を経て46年、幣原内閣の文相に就任する。アメリカ教育使節団との初会合では、アメリカが“力は正義なり”の立場をとることがないよう要望し、その硬骨の精神は人々に感銘を与えた。47年には皇室と関係の深い学習院の院長となり、勇気と決断力をもって約20年にわたり務めた。（はてなダイアリーより）

に座って出している。

そういう素晴らしい判決を出している人が、「犬になれなかった」ばかりに徹底的に差別をされた。『犬になれなかった裁判官』を是非お読みください。

岩上　なるほど。必読書がまた一つ増えましたね。私も早速これを手に入れてみたいと思うんですが、「犬になれなかった」NHK職員というのが何人いるのかということも聞きたい。そういう出版社からこういう本が出たということで、たいへん興味深いです。これはメディアの世界にもいっぱいいますよね。

「本当はこんな記事は書きたくないんだけど」と言いながら、結局、上の言う通り、自分の思いと違う記事を書いている。あるいは、書きたいと思っている記事が書けない。それでも逆らって書こうとすると、左遷されちゃって、記事を書く部署ではなくなってしまう。あるいは番組をつくる部署ではなくなってしまうというのは、もうざらにありますからね。似たような悲哀がありますね。

そういうことは許されないんだよという仕組みを、常に社会の至るところにビルトインしていかないと、必ず起きてしまうことですよね。力がある者が、弱い者を一方的に支配したり、搾取したりしてしまうということだろうというふうに思います。

立法や行政にモノを言えない司法

岩上　続いて、八一条、八二条です。七六条と同じように、「終審」が「最終的な上訴審裁判所である」という言葉になってますね。

八二条は、「対審」というものが「口頭弁論及び公判手続」ということになると。これはいかがですか？

澤藤　八一条が一番大事な規定ですね。三権分立のシステムで、司法権というのは、立法権に対しても行政権に対しても憲法違反があれば、それを摘示して、是正させなければならない。まさに、憲法の守り手、砦でなければならないわけですね。

問題は、現実にその役割を果たしているかということです。私は、アメリカの裁判というのは、なかなか優れたもので、日本のお手本かなと思っていたんですけれども、昨年（二〇一二年）、韓国の憲法裁判所を見てきて、ちょっとびっくりしたんです。

立法や行政の行為が憲法に適合していないという判決、決定を、これまでに六〇〇件以上も出しているんですね。これはすごい。遠慮ないんですね。日本はどうかというと、数え方にもよるんですが、この六〇年ぐらいのあいだに、一〇件程度です。しかも中身を見ると、あんまりたいしたことのないようなものばっかりなんです。

本当の意味で、この違憲立法審査権[※1]がきちんと使われているか。憲法の砦、人権の砦になっているかというと、それは非常に疑問なんです。韓国を見ますと、日本でも民主化運動がうまくいっていれば、韓国と同じようにきちんと憲法が想定するような裁判所になったのではないかなという感想をいま持っています。

最高裁判所が発足した当時の大切な時期に、大きくブレーキをかけたのが、反共ゴリゴリの田中耕太郎（一〇一頁参照）という、一〇年近く最高裁長官をやった人物ですね。こういう人や、あるいは石田和外とか三好達とかいうような人が、現在のような裁判所にしてしまった。ちょっと司法は間違った道を歩んできてしまったんだろうなという感想を持っていますね。

ただ、愚痴を言ってもしょうがないので、少しずつでもこれからどうするかが大切です。個別の事件で、弁護士や運動体が頑張ることもさることながら、司法

※1　違憲立法審査権
法律や行政行為が憲法に違反していないか審査する権限。日本では、憲法81条により、最高裁に最終的な権限が与えられていることから、最高裁は「憲法の番人」とも呼ばれる。この規定により、地裁や高裁も憲法判断できる。日本の場合、個別の法律などについて抽象的に憲法違反を訴えることはできないとされており、具体的な争いの中で合憲・違憲が判断される仕組みになっている。（kotobankより）

自民党改正草案

（法令審査権と最高裁判所）
第八十一条　最高裁判所は、一切の法律、命令、規則又は処分が憲法に適合するかしないかを決定する権限を有する最終的な上訴審裁判所である。

（裁判の公開）
第八十二条　裁判の口頭弁論及び公判手続並びに判決は、公開の法廷で行う。
2　裁判所が、裁判官の全員一致で、公の秩序又は善良の風俗を害するおそれがあると決した場合には、口頭弁論及び公判手続は、公開しないで行うことができる。ただし、政治犯罪、出版に関する犯罪又は第三章で保障する国民の権利が問題となっている事件の口頭弁論及び公判手続は、常に公開しなければならない。

現行憲法

第八十一条　最高裁判所は、一切の法律、命令、規則又は処分が憲法に適合するかしないかを決定する権限を有する終審裁判所である。

第八十二条　裁判の対審及び判決は、公開法廷でこれを行ふ。
②　裁判所が、裁判官の全員一致で、公の秩序又は善良の風俗を害する虞があると決した場合には、対審は、公開しないでこれを行ふことができる。但し、政治犯罪、出版に関する犯罪又はこの憲法第三章で保障する国民の権利が問題となつてゐる事件の対審は、常にこれを公開しなければならない。

の本当の独立をどうやって勝ち取っていくのかということを意識して、運動という言葉はちょっと堅苦しいんですけども、世論を盛り上げていく必要があるんだろうなと思っています。

岩上 一般の市民が理解すること。一般の市民に浸透していくこと。そして、声を上げる人たちが一般市民から出ることが、やはり重要ですよね。一部の人たちだけが――法律についてよく知っている弁護士とか、一部の大学教授とか、専門家――批判していても、なかなか広がりというのがない。

かつてだったら、そういう専門家や知識人が言ったことは、それをメディアが取り上げることによって広がり得たと思うんですけど、いまはこの鼎談の拡散も含めて、ご当人が努力しないといけないと。そういう意味では澤藤先生がお書きになっているブログなどは、たいへん重要だと思うんです。

「犬になれなかった」ジャーナリストや新聞記者、書ける資格のある新聞記者ってどれだけいるか知りませんけど、「犬」だらけですよ。はっきり言って。

遠慮なく言わせていただきますと、ほとんど「犬」です。「犬」でないとご飯が食べれない事情もあるんですね。それだって、「犬」をやりながら裏側で、匿名で原稿を書くとか、いろんな方法はあり得るんですがね。

澤藤 飼い犬ではなく、野良犬になるわけだ。

岩上 そうです。「犬」はやってるんですけど、夜だけ野良犬になって、また昼間は素知らぬ顔で宮仕えをするという手だってあるだろうに。もう少し荒々しい生き方、しぶとい手はあると思います。でも、メディアがない。メディアがゲリラとして、権力に対する抵抗者としての役割を十分に果たさない時代です。しかしいまは、澤藤先生とどこか田舎にいる一般の主婦が、その昔はできませんでしたが、ネットやSNSを通じて、直接に話せるんですよ。既得利権にまみれた既存の記者クラブメディアの力を借りなくて済む。これはすごいことですよね。

澤藤 「憲法日記」というので検索をしていただければ、出てきます。

岩上 梓澤先生もツイッターを駆使されてるんですよ。

梓澤 ここに写真のある日隅一雄弁護士と一緒に、六年前に「News For The People In Japan」略称NPJという、弁護士が中心の市民メディアをつくりました。そこでいま、岩上さんがおっしゃった、日々の裁判の状況を伝えるページをつくっております。名前は訴訟の「訟」に法廷の「廷」で、「訟廷日誌」(http://www.news-pj.net/npj/npj-cal.html)です。そこのアクセスは非常に多いんですね。

穏やかに私たちはしゃべってますけど、聞くも涙、語るも涙です。法廷でものすごい思いをして裁判長に迫っては切られ、迫っては切られ、ということをやって、満身創痍でここに来ております。「訟廷日誌」では、弁護士が、今日の法廷はこうだった。次回はこうですねというのを書いています。

岩上　憲法に戻りますと、大事なのは八一条の違憲立法審査権。

やはり日本は、民主化が不十分な状態で講和を迎えてしまい、以後、そのコースを歩んでしまった。

澤藤　どこか間違えた。本当にそう思いますね。

梓澤　八二条では、九条の二の第五項にある国防軍審判所が非公開になっているということを、ぜひ忘れないでいただきたいと思います。

岩上　非公開で行なわれる審判とか裁判というものは、怖いですね。

梓澤　怖いです。

澤藤　怖いです。

岩上　国防軍審判所。それから繰り返し言っていますけども、TPPとの関連で出てくるISDによって、仲裁という名のもとに行なわれる審判も非公開ですから、何にもわからないですよね（一三五頁参照）。公正さや正義、法治などの理念が、どんどん遠のいていく時代になってしまいかねない。怖いなと本当に思ってます。

日本国憲法　第七章　財政

財政の健全性を義務付ける自民党改憲

岩上　第七章財政は、八三条から始まります。

　自民党案では、第二項が新設され、改めて財政の健全性が強調されるわけですね。これは、今日的なテーマでもありますす。健全財政というのを優先して、緊縮財政を行なうことが果たして経済運営として賢い運営のあり方であろうか否か。

　また、そのために増税を行なうということ。とりわけ消費税を導入し、税率を上げる一方、法人税を優遇し、低減し、所得税の累進性を弱めるということが行なわれていたりする。財政の健全化の名のもとに、国民生活にも関わるようなことが、これまでもいろいろ行なわれてきたわけです。

澤藤　財政を考えるときには、戦前の戦争費用捻出のための財政の反省から出発をしなければなりません。

　八四条を見てみますと、ここはそれほど変更はありません。

岩上　なるほど。それは軍費、戦費ということですか？

澤藤　そうですね。そのために、たくさんの公債を発行して、膨大な借金をつくった。戦争に勝てば、ペイするんだということでやったんですが、負ければ元も子もない。そういうことを許さない財政でなければならない。九条の戦争をしないということと、整合性を持った財政であることが必要になる。

　財政法という法律は、その大原則から出発しているんだと、北野弘久[※1]先生から事あるごとに教えられてきました。北野先生は、財政学や税法に精通した方です。自民党案も、あんまりそれを、憲法で変えるということではない。問題は「健全性」の質ですね。

　形式的な租税法律主義を超えて、中身に踏み込めば、いま岩上さんからお話があったように、所得の再分配機能、これを福祉国家の理念に基づいたものとして、きちんと実現できるような財政が望ましいんだということを全部書き込んだっていいわけですけど、そういうことはしない。

新自由主義的な観点からいえば、そんなものは書きたくないということだろうと思うんです。つまり六十何年前にできた憲法を、もし時代にそぐわないから変えるというのであれば、もっと福祉国家的な理念を盛り込むことができるところだけど、あえてそれはしていないとしか読めない。ちょっとそれ以上の指摘はできないですね。

岩上　梓澤先生はいかがですか。

梓澤　財政の健全性というのは、現在の国が抱えている赤字ですね。この何百兆を超える赤字のことを意識している規定だと思いますね。不景気になったときに、そして国の財政が苦しくなったときに、税金を増やすことによって国の財政の収支を良くするという政策が一方で出てくる。

一方で、公共的な投資を盛んにすることによって、景気を浮揚させる政策があります。これはいつも対立してるんですよね。その財政政策の中で、一方の、いわゆる健全財政主義を憲法で謳い上げているというのは、かなり危険な発想じゃないかなと思います。

すなわち、財務省的な感覚でしょうね。消費税増税の発想です。生き物のように浮き沈みのある国の財政にタガをはめて、いつも黒字志向で進むということを憲法的な価値として謳い込むことは、非常に危険だと思います。

差し迫って、当面言われているところの五％から八％への消費税増税でも、消費税増税法案は決まってしまいましたが、やればもう、アベノミクスどころじゃない。そういうことからみて、これはちょっと見過ごしにできない規定だなというふうに思いますね。

岩上　そうですね。おっしゃるとおりですね。時によって緊縮をしたり、時によって思い切った財政出動によって景気を温め、そしてそこで税収を増やすというのは、状況によって自律的に行なわなければいけないはずです。

もし財政の健全性というのを憲法に書き込んでしまった

※1　北野弘久

1931 ～ 2010。富山県生まれの法学者。大学卒業後、大蔵省主税局で税制の立案などの租税の実務に関与。1960 年に退官し、大学院で憲法学を専攻。 納税を国民の権利の側面から再評価。「納税」は「お上」に年貢を「納める」。主権者である国民が「税金を払う」、「払税」(tax pay) というべきで、憲法 30 条納税の義務を「タックスペイヤーの権利」(払税者の権利) として捉え直す「納税者基本権論」を展開する。日本大学法学部名誉教授。国税不服審判所による審判や裁判所での判決に対して、憲法を基礎に国民を主体にした批判・研究を展開、多くの論文を発表した。裁判での証人も引き受け、納税者に有利な判決を勝ち取った点も高く評価される。(Weblio より)

日本法社会学会 HP 私の税法学の方法 北野弘久 http://jasl.info/modules/contents/index.php?content_id=9

税金について語るの「作法」――北野弘久先生のこと http://www.asaho.com/jpn/bkno/2010/0628.html

自民党改正草案

（財政の基本原則）

第八十三条　国の財政を処理する権限は、国会の議決に基づいて行使しなければならない。

2　財政の健全性は、法律の定めるところにより、確保されなければならない。

（租税法律主義）

第八十四条　租税を新たに課し、又は変更するには、法律の定めるところによることを必要とする。

現行憲法

第八十三条　国の財政を処理する権限は、国会の議決に基いて、これを行使しなければならない。

〔新設〕

第八十四条　あらたに租税を課し、又は現行の租税を変更するには、法律又は法律の定める条件によることを必要とする。

ら、ケインズ主義[※1]的な財政出動を行なった者は、憲法違反になってしまうかもしれないんですよ。とんでもない硬直的な書き込みで、これ、多くのエコノミストや経済学者、財政や金融のことに関心のある人は、ここに気づかないといけないんじゃないかなというふうに思いますね。

これもいま、逐条でやっていたから気づくことではあるものの、そうでなければ九条とか基本的人権とか、ついつい大きな問題に目が行きがちで、こうやってそっと書き込まれていることに目が行かなかったりしますけども、本当にこれは、使いようによっては怖いことじゃないかなと思いますね。

澤藤　しかし、どう読むか。「健全性は、法律の定めるところにより、確保されなければならない」とあるのだから、法律の定め方次第で、どうにでもなる条項ですね。

梓澤　でも「財政の健全性は」と謳ってあるのは、法律がどう定めようと、その上に財政の健全性という価値を置けということです。

岩上　単年度において、黒字でなければいけないという話だったら、少なくとも財政出動ということに関しては、いつも手が縛られるということになりますよね。

梓澤　いわゆる支配の側、権力の側から言っても、こんなものをつけていいのかなって感じがしますよね。

澤藤　いまやってることは反対ですからね。異次元の金融緩和ですから、財政の健全性を完全に損なっています。

梓澤　自民党改憲草案違反か。

岩上　いまの時点では。

澤藤　まったくそうなんだよね。民主党政府は、野田内閣がこの財政の健全性に縛られて、不人気な政策をやって……。

岩上　そのあとを継いだアベノミクスは、超のつく金融緩和を行なって、ある種バブルを起こして、景気条項をクリアしたとして、消費税の増税を行なうというのが、財務省のシナリオじゃないですか。思惑通りにはいかない、つまり景気条項をクリアできない可能性もあるとは思いますが。

でも、おかしいですね。財政の健全性ということを書き込むために、ああいう無茶苦茶なことをやって、ごまかしをするということは、いかにこれが矛盾に満ちた条項かなという気がしますよね。

澤藤　やっぱり憲法というのは、本当に大原則を書くべきであって、ドイツは戦後五八回憲法改正をしたと言ってますけれども、[※2]ドイツの憲法は本当に細かいことがいっぱい書いてあるわけですよね。

だけど、本来、憲法条項というのは、フレキシブルで、大原則を書く。あんまり余計なことは書かないほうがよろしいという意味では、この八三条の二項なんていうのは、ないほうがよい。これは、その時々の国民の意思にゆだねていいことだろうというふうに思います。

そういうことであれば、これは国会で決めれば良い。何もこんなふうに書く必要はない。租税法律主義ということだけ書いておけばよいし、つまりは、八三条一項だけでよいということになりますね。

法律で定めることを憲法に書き込む必要はない

岩上　なるほど。国費の支出、国が債務を負担するには国会の議決が必要と八五条にありますね。そして、八五条は自民党案でも変わっていません。

いずれにしても、こういうことに関しては、国会を経なければダメで、行政当局が好き放題やっていいわけではないという縛りは、やっぱりこれは重要なことであり、また自民党の改憲草案であっても、そこはいじれなかったということなんでしょうね。

続けて、「予算」のほうに進んでよろしいでしょうか。八六条になりますが、項目が新設されています。第二項が補正について、第三項が暫定予算、第四項は会計支出の繰り越しについてです。

梓澤　次の予備費もどうぞ。

岩上　わかりました。予備費、八七条も合わせていきます。ここはほと

※1　ケインズ主義
完全雇用達成に果たす政府投資の役割としての、公共事業を中心とする直接的な有効需要政策（kotobank より）

※2　第二次大戦後、アメリカは憲法を6回改正、ドイツは58回も改正している。
http://www.fnn-news.com/news/headlines/articles/CONN00245306.html

自民党改正草案

（国費の支出及び国の債務負担）
第八十五条　国費を支出し、又は国が債務を負担するには、国会の議決に基づくことを必要とする。

（予算）
第八十六条　内閣は、毎会計年度の予算案を作成し、国会に提出して、その審議を受け、議決を経なければならない。
2　内閣は、毎会計年度中において、予算を補正するための予算案を提出することができる。
3　内閣は、当該会計年度開始前に第一項の議決を得られる見込みがないと認めるときは、暫定期間に係る予算案を提出しなければならない。
4　毎会計年度の予算は、法律の定めるところにより、国会の議決を経て、翌年度以降の年度においても支出することができる。

（予備費）
第八十七条　予見し難い予算の不足に充てるため、国会の議決に基づいて予備費を設け、内閣の責任でこれを支出することができる。
2　全て予備費の支出については、内閣は、事後に国会の承諾を得なければならない。

現行憲法

第八十五条　国費を支出し、又は国が債務を負担するには、国会の議決に基くことを必要とする。

第八十六条　内閣は、毎会計年度の予算を作成し、国会に提出して、その審議を受け議決を経なければならない。
〔新設〕
〔新設〕
〔新設〕

第八十七条　予見し難い予算の不足に充てるため、国会の議決に基いて予備費を設け、内閣の責任でこれを支出することができる。
②　すべて予備費の支出については、内閣は、事後に国会の承諾を得なければならない。

んど変わらないですが、この予備費の問題も含めて、ここをご解説願いたいと思うんですけれども、いかがでしょうか？

澤藤　解説の能力、ありません（笑）。

岩上　先生、なんですか（笑）。

澤藤　いえいえ、本当に。

梓澤　よくニュースで「補正予算」「暫定予算」という言葉が出てきますね。これは、会計年度で、年度予算をつくった時点では、なかった事態、例えば災害とか、それこそ原発とか、そういうことについて、その年度中に、必ず補正予算案というのが出て、その補正予算の執行をします。

実はこれはかなり大規模なんですよね。おそらくこれは、補正予算案を国会で議決するということが、慣行的に行なわれてきていますから、その内閣の権限を、憲法的に書き込んだということだと思いますね。暫定予算についても同じで、補正予算が通らないときに、より小規模な暫定予算を通すということだと思います。

岩上　たしかに内閣は、毎年のように補正予算を組んでるわけですね。そのことが、たまたまいままで憲法には書き込まれていなかった、なので、憲法に書き込みましょうということだけなんでしょうか？

先ほども、財政の健全性というのは、緊縮財政によって財政の健全性を常に保とうとする手法と、ときには思い切った財政出動によって長期的な見地から経済の成長を促し、税収を上げ、結果として財政の健全性を回復する手法もあり、手法に違いがあるわけですよね。

そういうこともあって、憲法に書き込むべきではないという意見が出たわけですけれども、ここはどうなんでしょうか。補正予算は「提出することができる」と書いてあるだけですから、しなくてもいいんでしょうけれども、暫定予算は「提出しなければならない」とか、繰り越しについては「法律の定めるところにより、国会の議決を経て、支出することができる」とあります。これらが書き込まれたことはどんな意味を持ちうるんでしょうか？

澤藤　財政法や国会法や内閣法や、そういうところに書いてあれば、不都合がないんだと思うんですけど、わざわざ憲法に書き込む事項かなというのは、ちょっと疑問と言うしかないですね。何か、特別の意図があるようにも感じないんですけれども。

岩上　ここの文面を見る限り、その底意というものを読み取ることが難しい。もしかしたら僕らが気づかないだけなのかもしれません。ということで、我々はちょっとこれについて、いまわからないということで、次に行きましょう。

自民党改憲で、政教分離はますます遠のく

澤藤　「皇室財産」のところですね。

岩上　八八条です。それと、「公の財産の支出及び利用の制限」の八九条です。

八八条は、ほとんど変化がないように思います。

澤藤　「予算」が「予算案」になったということですね。

岩上　これは何か意味がありますか？

澤藤　例えば内閣が、「法律案」を出して、国会で審議になって、衆参両院で議決されれば、「法律」になって、公布される。

こうなるわけですけど、「予算」の場合は、「予算案」と現状では言わないんですね。内閣が決めるものだという建前が

自民党改正草案
（皇室財産及び皇室の費用）

第八十八条　全て皇室財産は、国に属する。全て皇室の費用は、予算案に計上して国会の議決を経なければならない。

（公の財産の支出及び利用の制限）

第八十九条　公金その他の公の財産は、第二十条第三項ただし書に規定する場合を除き、宗教的活動を行う組織若しくは団体の使用、便益若しくは維持のため支出し、又はその利用に供してはならない。
2　公金その他の公の財産は、国若しくは地方自治体その他の公共団体の監督が及ばない慈善、教育若しくは博愛の事業に対して支出し、又はその利用に供してはならない。

現行憲法
第八十八条　すべて皇室財産は、国に属する。すべて皇室の費用は、予算に計上して国会の議決を経なければならない。
第八十九条　公金その他の公の財産は、宗教上の組織若しくは団体の使用、便益若しくは維持のため、又は公の支配に属しない慈善、教育若しくは博愛の事業に対し、これを支出し、又はその利用に供してはならない。

ありますので、内閣が国会に「予算」を出すんです。「予算案」を出すと言わないんですね。
　それを国会の権限、権能をきちんと認めて、内閣が出すのはあくまで「予算案」であって、国会が議決して初めて「予算」になるということを明確にしたんだというふうに思います。
　また、マスコミ用語は完全に「予算案」と「予算」になってますね。わかりやすいように合わせたんだと言っていいと思います。
岩上　なるほど。国会の権能を少し事後的に書き加えたということですね。現実は、既成事実の積み重ねで予算案状態になっているものを、「予算案」とはっきり認め、国会で予算は決めるんだというふうにするというのは、まあまあ、悪くはないですね。
澤藤　そうですね。
岩上　八九条の「公の財産の支出及び利用の制限」なんですけれども、ここにある「第二十条第三項ただし書」ですが、これはどういうことになってるんですか？
澤藤　これは、八九条を二つに分けたわけですね。つまり、宗教団体に関しては八九条の一項。宗教団体以外の「慈善、教育若しくは博愛の事業」を二項に分けた。二項のほうはあまり変わらないと思うんですね。
　問題は、八九条の一項です。これは、二〇条三項とセットになった政教分離規定として、いままで大きな問題だったたわけです。

岩上　自民党案二〇条の三項は、「国及び地方自治体その他の公共団体は、特定の宗教のための教育その他の宗教的活動をしてはならない」とあって、「ただし、社会的儀礼又は習俗的行為の範囲を超えないものについては、この限りでない」となっているわけです。

　国は、宗教活動を行なう組織または団体の使用、便益若しくは維持のため支出し、利用に供してはならないというのも、ここは例外になるよということになるわけですね。

澤藤　そうですね。一番わかりやすいのは、玉串料（神道で、儀式のときに神前にささげる供物の金品）ですね。安倍総理が公式参拝をして、玉串料を靖国神社に奉納をする。私は憲法の政教分離原則はそれを禁じるためにあると言ってもいいぐらいの憲法違反だと思っていますが、これを習俗だということにして、ただし書きを活用して合憲化しようという思惑ですね。

　二〇条三項のほうは、その行為に着目して、宗教的活動ではないから、参拝しても構わないというものです。八九条は、財政支出に着目して、公費から玉串料を出しても、それが習俗の範囲であれば構わないという。いわば、政教分離の壁を内から外から、上から下から崩すという目的でできている条文です。

岩上　なるほど。わかりました（二〇条三項については四三頁参照）。

三権分立のチェックアンドバランス

岩上　次へまいりたいと思います。九〇条「決算の承認等」、それから九一条「財政状況の報告」です。九〇条は、「国会」が「両議院」になり、「承認を受けなければならない」と強調されます。そして第三項が新設され、総じて、この会計検査院の検査報告を重い扱いにしているんじゃないかという印象を受けますが、これをどのように考えますか？

澤藤　特に意見はありません。これでもいいんじゃないかなと思いますね。

岩上　これは何を言ってるんですかね。パッと見たときに、そう悪くないような気がします。会計検査院がちゃんと機能さえすれば、ですよ。会計検査院がきちんと機能すれば、やはり国会の承認を受けるべきですよね。

　さらに、その結果、国会が承認をしたあと、国会を重視して、その結果は、内閣はこれを反映させなければいけないと義務付けるということだったら、たいへん意味があるように思いますが。

政教分離　玉串料

自民党改正草案

（決算の承認等）

第九十条　内閣は、国の収入支出の決算について、全て毎年会計検査院の検査を受け、法律の定めるところにより、次の年度にその検査報告とともに両議院に提出し、その承認を受けなければならない。

2　会計検査院の組織及び権限は、法律で定める。

3　内閣は、第一項の検査報告の内容を予算案に反映させ、国会に対し、その結果について報告しなければならない。

（財政状況の報告）

第九十一条　内閣は、国会に対し、定期に、少なくとも毎年一回、国の財政状況について報告しなければならない。

現行憲法

第九十条　国の収入支出の決算は、すべて毎年会計検査院がこれを検査し、内閣は、次の年度に、その検査報告とともに、これを国会に提出しなければならない。

②　会計検査院の組織及び権限は、法律でこれを定める。

〔新設〕

第九十一条　内閣は、国会及び国民に対し、定期に、少くとも毎年一回、国の財政状況について報告しなければならない。

澤藤　そのように思いますね。言うまでもないことですけれども、権力は、分立していることが望ましい。三権分立だけでなくて、これだと四権目の分立ですね。こういうものが、それぞれ相互にチェックアンドバランスの体制であるということが、人権擁護にはたいへん望ましいことだというふうに思います。

岩上　違う例で言えば、最高裁が違憲判決を行なったときには、直ちに国会はそれを尊重し、反映させなければいけない。例えば、一人一票ということということの格差是正などは、即座にやらなければいけない。こういうことを憲法に謳ってもらいたいような気もしますけども、どうでしょう？

澤藤　どうでしょうかね。率直に言って、あんまり考えたことがない。例えば、行政訴訟で、ある処分が違法として取り消されたときに、「取り消します」という判決だけが出る。それに対して、行政には、一応、応答義務はあるんですよ。例えば大阪市長が、何かの行政処分をしたとします。それは違法だと裁判が確定をしたら、そうではない別の処分を改めてしなければならないことにはなる。しかし、それをしないときにどうするかというようなことまでは、法が決めてないんですよね。

岩上　なぜ決めてないんですか？

澤藤　つまり、三権分立というものがあって、それぞれの機関があまりに大きい権限になるということを懸念をしているわけですね。

司法権というのは、選挙も無関係で、決して民主的な機関ではありません。司法権に民意が反映されるというのは、必ずしも良いことばかりではなく、むしろ、多数派が決めた法律を偏屈なまでに守るというほうが、本来の司法の役割。そういうときに、司法があんまり強くなりすぎることも、法は歓迎をしていない。その辺のところは、阿吽《あうん》の呼吸で上手にやりなさいよということなんだろうと思うんです。

だから、三権分立のチェックアンドバランスのあり方については、微妙な問題があって、司法権優位を明確に憲法に書き込むことが本当にあるべき姿なのかどうかも、ちょっとわからない。つまり、司法がどんどん表に出てくるという司法積極主義を、礼賛していいかといえば、必ずしもそうではない。

韓国で、立法や行政の民主化が進んだときには、大審院（最高裁判所）というのは民主化の足を引っ張る存在だった。そういうこともありうる。つまり、政治や民衆の意識が進展するときには、裁判所というのは保守的な機関として民主化の防壁となる。そういうとき、裁判所がどのくらいの力を持つべきなのかということを、いま軽々に書き込むのは、なかなか難しいなという感じはするんです。

岩上　わかりました。

日本国憲法　第八章　地方自治

自民党改憲で、道州制はいつでも可能に

岩上　第八章の「地方自治」です。ここから現行憲法と自民党案とでは条文のナンバーがずれていくのですが、まず自民党案では、「地方自治の本旨」として、九二条が新設されます。

現行憲法の九二条が、自民党案九三条の二項にあたる。ずいぶんこれは変わりました。何というんでしょう。他の変わり方とちょっと異質です。最初から新設がきたり、内容もずいぶん思い切って変えています。

そもそも地方自治体とは何ぞやということが、これまでの日本国憲法に特に書き込まれていませんでした。

でも、「本旨」という形で、たいそう立派な感じのことが書き込まれております。

その他、気になるところはありますけれども、どうでしょうかね？

梓澤　これは二つあって、一つは道州制の導入です。そしてもう一つが、住民の中から、在日外国人を排除する。この二つだと思います。自民党案の九二条、九三条ですが、現行憲法九二条を書き換えている、特に九三条ですね。

改憲草案の九三条は、「基礎地方自治体」それから「包括する広域地方自治体」と言っています。基礎地方自治体が市町村で、都道府県を廃止して、その上に広域地方自治体、すなわち州を持ってこられるようになっています。「Q&A」でも、「道州はこの草案の広域地方自治体に当たり、この草案のままでも、憲法改正によらずに立法措置により道州制の導入は可能である」と、はっきり書いてあります。

そうすると、どうなるかというと、州の知事にあたるものに対する、住民の直接請求などが遠くなるわけですね。上か

ら全体を管理する体制として地方自治を置くというのが、僕は道州制だと思ってるんですけども、これは、既成事実として財界などでは話が進んでるようですね。

岩上　道州制を明らかに意識しているなというのは、僕も感じました。そして、こういうことを憲法に書き込んでいいのかとも思いました。地方自治のあり方に関して、自民党案の九二条で「住民の参加を基本とし」というようなことが書かれている。最も住民に近いのは基礎自治体のはずなんですね。その基礎自治体と、それから国家の二層制でいい。

あるいは、現在の基礎自治体があり、都道府県があって、国家というこの三層制でもいい。ところが、道州制にしていきたいという主張が非常に強くて、メリットとデメリットが曖昧なまま、どんどん進んでいっている。

あろうことか、憲法にまで書き込まれると。これはたいへんなことです。本気の議論の対象になるんじゃないかなと思います。澤藤先生は、この点はいかがでしょう？

澤藤　私は、道州制にはもちろん反対です。道州制というのは、財界が言い出したものだという理解でいいと思うんです。新自由主義的な国家構想の一環として、道州のレベルで、いままで国家がやっていた福祉的な公共サービスをやらせて、国の負担を軽くするわけですね。

福祉国家構想から、国の任務を全部外してしまう。国はス

自民党改正草案

（地方自治の本旨）
第九十二条　地方自治は、住民の参画を基本とし、住民に身近な行政を自主的、自立的かつ総合的に実施することを旨として行う。
2　住民は、その属する地方自治体の役務の提供を等しく受ける権利を有し、その負担を公平に分担する義務を負う。

（地方自治体の種類、国及び地方自治体の協力等）
第九十三条　地方自治体は、基礎地方自治体及びこれを包括する広域地方自治体とすることを基本とし、その種類は、法律で定める。
2　地方自治体の組織及び運営に関する基本的事項は、地方自治の本旨に基づいて、法律で定める。
3　国及び地方自治体は、法律の定める役割分担を踏まえ、協力しなければならない。地方自治体は、相互に協力しなければならない。

現行憲法

〔新設〕

〔新設〕

第九十二条　地方公共団体の組織及び運営に関する事項は、地方自治の本旨に基いて、法律でこれを定める。

〔新設〕

リムになって、軍事、外交、司法など、国が本来やるべきことに純化して専念し、住民サービスは道州に任せる。こういうことで、税金の負担を減らす。公共サービスは自治体の負担能力の範囲内ということにして、うまくいかないのは、それはもう自治体の責任だとしてしまう。

新自由主義の大きな要求の柱として、企業負担軽減ということがあるわけですから、これに極めて親和的な体制になるわけですね。そういうことをやろうとしてるんだと思うんですけれども、憲法の条項を変えなくてもできるんだというのが、いま、自民党の言ってることですね。

それから、仮に自民党案のような変え方をしても、道州制でない現行体制のまま、つまり基礎自治体は市町村とし、広域自治体は都道府県として、これでも適合できるわけですね。だから、必ずしも改憲草案が道州制にリンクをするわけではないけれども、おそらく憲法を変えることによって、道州制移行というのをスムーズにできるという思惑できてるんだというふうに思います。

僕は岩手県の出身で、今回の津波の被害をたいへん身近に感じてるわけですけれども、この復興の中で、自治体が本当に四苦八苦してるんですよね。

平成の大合併と言われる中で、地域に根ざしたコミュニティの代表としての地方議会がなくなる。それから、地方公務員が減らされる。そういう状況が、復興にたいへんな支障をきたしている。もう一度、地方自治のあり方というのを考える良い機会なので、こんな拙速なことではなくて、どうあるべきかというのを考えたい。

それから、地方自治法その他を、憲法にどこまで書き込んで、どうするかという振り分けも、もう一度よく考えてみた方が良い。この問題は、本当に憲法の中で、もっとも国民一人ひとりの身近な制度の設計の問題だと思いますので、もっときちんとした問題提起をして議論しなければならない。

岩上 僕は自民党案の九二条に書かれているのは——もしかすると、これは使い方によって危険な部分になるのか、よくわかりかねますけど——、この本旨という部分は、一見すると素晴らしいことが書かれているように思うんですよ。

そこにある「住民の参画を基本とし、住民に身近な行政」というものを、この「地方自治体」と「広域地方自治体」とが、どのように分担し合うのかが、全然不鮮明だというのが、ちょっと怖いというか、わからない。

大規模流通システムで地域に根ざした暮らしは失われる

岩上 それから澤藤先生は、「これは明らかに道州制を意識しているだろう」とおっしゃいました。これは強く感じるとともに、道州制を進める、道州制的な国家改造と言ってもいいぐらいのことが、至るところでもうすでに起きているんですね。その一つが、実は梓澤先生と一緒にやっている運動でもある、築地の市場の豊洲への移転問題です。

このことについて調べていくと、流通の大規模編成という問題に必ず突き当たるわけですよね。そして、これまでの大市場があり、中規模程度の市場がそこそこにいろんな所にあって、これが非常に有効に機能していたのですが、この中規模程度の市場というものをどんどん閉鎖してしまい、大規模な、ほぼ道州の州都ぐらいのクラスの大都市の大きな市場に集約してしまう。

そして、そこに大規模流通業者にとって、都合のいい施設がつくられ、これまでの仲買の組織でセリが行なわれていたものをすっ飛ばして、大規模に買い付けて、あっという間にそこで加工を行ない、そして広範囲に流通させていく。そういう設備が整えられていく。

そして、中規模の市場は、適合しないということで、どんどん閉鎖されている。これは、東北だとか、関東だけではなく、全国で同じようなことが行なわれている。そのうちの首都圏、関東圏における流通再編のヒトコマとして、あの築地市場が豊洲に移転させられ、再編されようとしている。

つまり、地元地域に根ざしていた中小の流通業者をことごとく潰してしまって、巨大流通組織や巨大流通資本にとって、非常に都合のいい仕組みに変えていこうということなんだと思います。

澤藤先生がまさにおっしゃることと、具体的な問題として重なるんですよね。

梓澤　もう一つ。その流通再編というのは、いわゆるセリという中間機構を潰すとともに商店街を潰すんですよ。

岩上　そうですね。

梓澤　味気ないショッピングモールと商店街の違いというのは、商店街は一つひとつのお店に歴史があり、それが連なっていって、街が形成されているんですよ。それを潰させないようにするのが、この市場を守ることだと僕は思うんですね。というのは、何かと言うと、ある仲卸さんは、ある業者と繋がって、そこへ美味しいものを安く買ってきて届ける。例えば、築地に朝行くと、ターレートラック（原動機・駆動装置を収めた円筒形の車体の後に荷台を付けた小型運搬車）が、三〇〇〇台も回ってるんですよ。

岩上　三〇〇〇台もですか？

梓澤　そうなんです。何をしているのかというと、自分の業者のところへ、美味しいマグロ、美味しいじゃがいもを運んでいるわけです。それはもう、感動的。朝五時から。言ってみれば、命ですね。命が日々生み出されている。

そういう中で、卸があって、仲卸があって、普通の商店街があって、消費者がある。一つひとつ、できたものに味をつけて、値段をつけていく。それで一つの相場形成機能が営まれている。

まさに商店街と同じで、一つ二つ三つ四つと、積み重ねていってコミュニティができているわけでしょう。そういうのを全部ぶっ壊して、卸があって、巨大なスーパーマーケットがあって、どのマグロも同じように売られ、違うのは値段だけ。それじゃあダメなんだよね。命っていうものはそういうもんじゃない。

子どもがいて、子どもにも家庭があって、やがて孫が育っていくように、消費というのが行なわれている。それを守るというのは、僕は非常に大事なことだと思いますね。

岩上　暮らしに一番近いところにある商店街。そして商店街を成り立たせていたその地元に密着型の地方の行政。こういうことが基盤にあって、地方の自治ということになるわけじゃないですか。

基礎自治体がやっぱり一番近いところにあって、普通の人たちが、小さな商いができるという世界。それが、巨大スーパーマーケットだけがあって、他には何も商売ができないということになるとつまらないです。

梓澤　ラジオで言うと、毒蝮三太夫だよ。「ばっちゃん、相変わらず汚ねえな」なんて、あの感じをぶっ壊そうとするのはダメだよ。

岩上　面白くも何ともない。どこ行っても同じなものができ上がっていく。巨大流通のすべては否定しませんが、それと小さな流通、小商いというものが共存できる社会のほうが望ましいと思います。そして、小商いとともに暮らす人々の暮らしを守らないといけないですよね。

澤藤　本当にそうですよね。現行憲法九二条では、「地方自治の本旨」というふうに書いてありますね。その「地方自治の本旨」というのは何だかよくわからないと言われて、たぶんそれを意識して、自民党案に書き込んだのだと思います。

しかし、いずれにしても、商店街があって、中小企業がきちんと生き抜いていけるような、こういう地域コミュニティをつくるということは、まさに住民自治であるわけですね。

「地方自治の本旨」と言うときには、住民自治という民主的な要素と、それから団体自治があります。これは自由主義的な、国から独立しているんだという二面があるんだというふうに、どの教科書にもかいてあるわけです。大店法[※1]というような、つまり、全国展開しているスーパーと、地元の商店街が自由競争をすれば、それは自ずから勝敗は明らかなわけですけれども、それで良いはずはないという考え方の立法が必要だと思います。

しかし、競争力の弱い者が敗けるというのは当然、というのが新自由主義ですね。つまり、大企業の経済的自由を最大限認めろという立場です。一方で、そうではなく、政治的に規制していいんだという立場があります。つまり、どういう街づくりをするかは、住民自身が決めるんだという考えです。

ですから、巨大スーパーマーケットを呼び込んで商店街をシャッター通りにしないよう、地元の住民が買い物ができるコミュニティをつくることが地元の合意であれば、それを実現できるような法制度にしなければならない。大企業に対する規制をしていいんだという考え方と、規制はなくせという二つの考え方の争いだと思うんですね。

現実には、新自由主義的に競争することが消費者の利益であり、国民の利益であるという考え方がまかり通って、旧商店街はみんなシャッター通りになってしまっている。本当にそれでいいのか。

なお、自民党案九二条二項に「住民は、その属する自治体の負担を公平に分担する義務を負う」という条項が加えられています。現行憲法では三〇条の「国民」の納税義務が定められているだけですから、「住民の負担義務」はまったくの新設。国の財政負担を地方に押し付けて、企業の税務負担を軽くしようという新自由主義の発想が見て取れます。

梓澤　一つ例を挙げたいんですが、商店街が勝ってる例もあるんですよ。東京の吉祥寺では、大きな百貨店が撤退したんですね。逆に商店街にはどんどん人が集まって、駅前のハーモニカ横丁も盛り上がっています。

岩上　戦後の焼け跡にできたあの佇まいが、おしゃれな街吉祥寺のイメージの中でも意外に息づいてるんですよね。

梓澤　新しくつくり直して、若い人も出入するいい雰囲気になっています。街というのは、本来そういう力を持ってるし、ヨーロッパでは、三〇〇年以上前の街並みをそのまま保存しながら、それが観光資源になっているわけですよね。

そういう知恵を活かして、自民党案で謳われているような精神じゃない、住民が下からつくっていくコミュニティというのを実現していきたいですね。築地もそれの象徴です。

※1　**大店法**

「大規模小売店舗における小売業の事業活動の調整に関する法律」の略称。消費者の利益保護に配慮しつつ、大規模店舗の出店に伴う周辺小売業への影響を考慮し、一定の規模の出店等を規制する法律となっている。建物単位の規制や届出制が特徴。2000年に大規模小売店舗立地法（大店立地法）が施行され、廃止。(exBuzzwords より)

大店立地法

大規模店舗の出店による周辺生活への影響の緩和、地方自治体の実情に合わせた個別判断による運用が主な目的となっている。店舗面積1000平方メートル超の大規模小売店舗が対象となり、出店に際しては都道府県ないし政令指定都市への届け出と審査を受けなければならない。大店立地法の施行により、従来の大店法より、スムーズに大型店が出店できるようになった。大店立地法、中心市街地活性化法、改正都市計画法の3法を「まちづくり3法」と呼ぶ。

(exBuzzwords より)

自民党改憲で、在日外国人の参政権は完全に否定される

澤藤　最後は外国人参政権問題ですね。

岩上　そうですね。その前にひと言だけ。これ、皆さん触れてないんですけど、自民党案九三条第三項に「国及び地方自治体は、法律の定める役割分担を踏まえ、協力しなければならない。地方自治体は、相互に協力しなければならない」とあります。これ、嫌な感じがしますよね。

澤藤　嫌な感じですね。本来は、団体自治という考え方からすると、地方自治体は国に対して独立性を保っている。自由主義的な観点から、国に強制はされないというところに地方自治の真骨頂があるわけですから、おっしゃるとおり、こんなことは書いいちゃいけないでしょうね。

岩上　国と地方自治体は、時に対立することもある。その上で調停するんだというならわかるけど、はじめから協力しろというのを憲法に書いてあるというのはおかしいですよね。

澤藤　自治体は国に対して、機関訴訟[※1]という類型の裁判ができる。実際にやっている例もありますから、それはもう大いにやるべきでしょう。むしろ、ここに書く必要があるのは、自治体は国から独立した存在であるとか、国は地方自治体の意思を尊重すべきという内容ですが、なかなか書き方は難しい。少なくとも協力義務など、書き込む必要はないと思いますね。

岩上　それから自民党案九四条二項に「日本国籍を有する者が直接選挙する」とありますが、これはつまり、在日外国人の排除ということですね。

梓澤　はい。最高裁の判例では、地方参政権については、日本国籍を持った住民と同じ生活をしている外国籍住民についても、地方参政権を法律上認めても、それは憲法違反ではない。そういう蓄積ができているんですね。国政参政権については否定しています。

　例えば、大阪市や群馬県の大泉町や太田市には、外国籍住民ってものすごく多いんですよ。大阪の場合には朝鮮人や韓国人、群馬にはブラジル人がとても多く暮らしています。日本国籍でない人が四〇％程度も暮らしている町もあります。

　その人たちが地域コミュニティを一緒につくっているとすれば、その人たちに地方参政権を認めて、区長や市長を選んだりということができて当然じゃないかというのが最高裁判例の趣旨なんだが、九四条二項は真っ向からそれを否定しています。これやっぱりちょっとおかしいんじゃないかという話ですね。

澤藤　最高裁判例をもうちょっと説明しますと、「投票権をください」と求めた訴訟で、実は原告は負けたんです。具体

的には、選挙人名簿に掲載をしてくださいという請求は認められなかった。国家賠償も認められなかった。

認められなかったけれども、最高裁はわざわざ、「これはいわば立法裁量の問題なんだ」と言ったんです。いまのところ、地方自治法や選挙法で、在日外国人に投票権を認めないことが憲法違反とまでは言えない。しかし反対に、在日外国人に一定の要件で投票権を与えても、それは憲法違反にはならないとまで、わざわざ言ってくれたんですね。

それは、人権という観点、あるいは地方自治、民主主義から言って貴重な成果です。現実に外国人も一緒にコミュニティをつくって、そして費用を負担している。地方を支えている義務は尽くしているのに、なぜ権利がないのか。それはもう、誰が考えたっておかしい。それを合理化するのは偏狭なナショナリズムしかあり得ないと思うんです。

たとえ国籍を取得しなくても、コミュニティの一員として、あたたかく迎えて一緒に住民自治をつくっていく。これは明らかに健全な方向だと思うんですけれども、わざわざ最高裁の判決内容を無視してまで、外国人参政権は認めないと宣言をする。この自民党の感覚が、まったく理解できないというか、むしろ危険なものを感じます。

自民党改憲を支える人々のあまりに危険な欲望

岩上　すでに何回かお話ししましたけれども、新大久保や鶴橋等での差別排外デモやヘイトスピーチデモは、安倍政権の成立とともに激化しているんですね。

かつ、在特会を中心とした彼らの振る舞いに対して、なかなか警察は動こうとはしなかった。ようやく、初めて逮捕者が出ましたが、申し訳程度に逮捕することになったんでしょう。在特会に暗黙の同意を与え、保護しながら、そういった排外主義的な感情を世間に広めていった。その背景には、非常に政治的な狙いがあるのではないかと思うんです。

そういうことと、どこかに通底するのではないかと思うんです。

澤藤　通底するどころではなくて、私は直結しているというふうに思うんです。つまり、平和というものを考えるときには、できるだけ国境とか、国籍の差というもの、その障壁を低く考えなければいけない。

だから、物資の流通もさることながら、人の流通も、民間人同士がそ

※1　機関訴訟
行政事件訴訟の一つ。国または公共団体の機関相互間における権限の存否またはその行使に関する紛争についての訴訟。国民個人の権利利益の救済に関係なく、国または公共団体の機関の適正な権限行使の確保を目的とする訴訟であるため、法律が認める場合にのみ提起することができる。（kotobankより）

れぞれできるところで受け入れ合うことが、私は平和の構築のために非常に重要だと思うんですね。
　日本にいる中国人、韓国籍の方が、日本で平等な扱いを受けているということになれば、日本と中国、日本と韓国との友好関係にも、有益になるはずですね。
　それをあえて、帰化しなければ選挙権を認めないと明記している。こういう態度は、韓国、中国、ブラジルに対しても、仲良くしようという姿勢になっていない。
　それこそ、日本が孤立してしまうことになる。国益という言葉は私は嫌いな言葉ですけれども、彼らの言う国益にもならない。なんで、こんな排外主義的なことをわざわざ言うのかということは、本当に納得できないですね。

岩上　梓澤先生はどうお考えですか？

梓澤　民主党の政権が成立して、鳩山さんが施政方針演説を謳ったときに、アジアの人たちと共同体を組むくらいにアジアとの振興を考えなければならないとおっしゃいました。私たちがもし困難に陥ったときに、それを快く迎えてくれるような隣接諸国との関係をつくらなければならないと言ったときに、ああ、日本もついにここまでくることができたのかというふうに、非常に感慨深いものがあったんですね。自民党改憲草案に書き込まれた拒否的な感じは真っ向から違っていました。
　本来ならば、新大久保や鶴橋の排外デモや、ヘイトスピーチが叫ばれているこの状態に対して、そうではないぞ、というメッセージをこれからどんどん出して、そういうものを包み込み、乗り越えていくような力を発揮しなきゃいけないんじゃないかなと思いますね。

岩上　新大久保や鶴橋のデモで、どのようなコールが叫ばれているかというと、例えば、「在日外国人は特権を持ってるんだ」と言うわけです。
　実際にはいろいろな義務を果たしているし、税金も納めている。こういう事実をまったく無視して、税金も納めず、生

自民党改正草案
（地方自治体の議会及び公務員の直接選挙）
第九十四条　地方自治体には、法律の定めるところにより、条例その他重要事項を議決する機関として、議会を設置する。
2　地方自治体の長、議会の議員及び法律の定めるその他の公務員は、当該地方自治体の住民であって日本国籍を有する者が直接選挙する。

現行憲法
第九十三条　地方公共団体には、法律の定めるところにより、その議事機関として議会を設置する。
②地方公共団体の長、その議会の議員及び法律の定めるその他の吏員は、その地方公共団体の住民が、直接これを選挙する。

活保護も手厚くもらってるなどと言う。

そして彼らは、「通名を名乗るのも在日の特権じゃないか」と叫ぶ。ところが在特会のリーダーの桜井誠という人物がいるんですけど、桜井というのは通名なんですよ。本名は高田誠というそうです。

自分は通名を名乗っておきながら、在日は通名を名乗っていてけしからんということを平気で言えるわけですね。こういう人物が在特会のリーダーをやっていて、その下にいる一万二〇〇〇人の会員は、自分のところの大将は通名を非難しながら通名を名乗っているというウソ臭さを、指弾することもできないわけですね。

こういう人たちが、在日を「殺せ」って言うわけですけど、同時に「帰れ」って言うわけです。帰らしてしまって純化させたいのか？　日本人だけの日本をつくりたいのか？それが彼らの理想とするところなのか。

ならば「殺せ」と同時に唱えるのはどういうことか。「帰れ」も「殺せ」も、日本から在日が「不在」になるから矛盾していないということなのか。しかし、在特会のような差別排外主義者たちは、右翼を標榜しているはずでしょう。彼らはかつての大日本帝国の姿を理想としているのではないか、と思うのです。

かつての帝国主義的な日本というのは、朝鮮半島を侵略し、その結果、朝鮮半島を併合し、植民地にしようとしました。

これは、日本の近代がスタートするとともに、その中に胚胎していた欲望だったわけですね。前にも述べましたが、維新の志士たちはほとんど征韓論者です。吉田松陰も含めて、ことごとく侵略主義者です（六一頁参照）。

水戸学や、そして吉田松陰のような考え方に育てられて、涵養された維新の志士なる者は、最初から朝鮮半島を植民地化するということを見定めていたわけですね。そうやって抱え込んだ結果生まれたが、在日朝鮮・韓国人なわけじゃないですか。

排外主義右翼は、在日朝鮮・韓国人を追い出して、あるいは「死ね」と言いながら、戦前を賛美し、憲法改正を支持し、結局のところどうしたいのでしょう。もう一度、朝鮮半島を侵略をして、朝鮮半島を植民地にしたいのでしょうか。そうすることは、またもう一度抱え込むことになるんですよ。

そのときに、B級市民として抱え込みたいと考えているのでしょうか？　だから、徹底的な差別を行なうのは矛盾しないということなのか？　僕は、ここにものすごい矛盾と、そしてものすごく空恐ろしいものを感じます。

梓澤　侵略の再定義というのを、盛んに安倍さんが言ってるんですけども、いま朝鮮半島のことをおっしゃったけど、朝鮮半島と中国に、武力をもって侵入し、武力をもって支配し、一方においては朝鮮半島は自らの国に併合したわけですからね。

これを侵略と言わずして、なんと言うかということなんですよね。そこについて再定義するということは、そこについて行なった戦後の約束というのを反故にしようということに繋がります。中国や韓国の人たちから、日本は危ない国だと思われてもしかたがないわけであって、それが現在のアジアに緊張をつくり出してるんだということを、有権者ははっきりと見定めて、もし、平和がほしいと真に願うなら、そのような侵略について曖昧にするような勢力と決別するということを、はっきりと憲法に謳いたいと思いますね。

岩上　なるほど。過去の侵略戦争について、その戦争責任をいつまでもあれこれ言われるのは嫌だということを、右翼はこれまでも繰り返し主張してきました。しかし、在特会のような形で現れた新しいネット右翼の層は、過去の侵略について認めないという地点から一歩踏み出して、積極的に朝鮮人をはじめアジア人を軽蔑し、組み敷いて、一段低い二級市民として使役することのできるような、自分たちは特権的な市民なのだ、ということをアピールする方向に向かっているように思います。

つまり、どこかでアジアにおいて覇を唱えた大日本帝国における特権的な一級市民であるという地位をもう一回回復したい。いまは身近な在日に対して、「殺せ」だの「帰れ」だのと叫んでいますが、もしかしたら、向こうへ出て行くこともあるぞという感情を、いま育てつつあるんじゃないかというふうに僕には思えてならないですね。

橋下大阪市長が、「戦争に負けたんだから」という言葉をしきりに使いますが、その言葉を裏返すと、「もう一回チャンスがあれば」という話に繋がりかねない。自民党案全体に貫かれているのは、再び戦争のできる国家になるぞ、という意志ですが、戦争というのは抽象的なものではなく、常に具体的な相手がいるわけですね。その戦争の相手というのは誰かと言えば、またもや朝鮮半島、中国であり、軍事的に叩いて、再び君臨するんだという意思に支えられている気がしてならないのです。しかし、戦前の大日本帝国ですら、「五族協和」(満州国)や「八紘一宇」「大東亜共栄圏」という建前を掲げたのに、いまどきのヘイトスピーチの主張は「皆殺しにしろ」ですから、度し難いですね。

希望は戦争、なのか……

澤藤　侵略あるいは植民地化というのは、民衆が支えた側面がある。資本家や政治家や、あるいは天皇とその取り巻きだけがやったのではない。

一つは生活が苦しい庶民たちが、戦争することによって、そして勝つことによって、植民地を増やし、経済を強くし、一級国家の大日本帝国になれば、満州という大きな地平も開け、自分たちの食い扶持もそこで開かれる。

とりわけ昭和初めの不況にあえいだ庶民が、右翼的なイデオロギー、あるいは軍国主義に染まっていったのは、なんとかこの苦しい生活を打開したいほど望んだからだと思うんです。それほど明確ではなかったかもしれないけど、戦争や、あるいは植民地化に希望を繋いだところがあったと思うんですね。

いまの世相を見て、僕は在特会の人たちの具体的な基盤というのはよくわかりませんけれども、格差社会の中で貧困にあえいでいる層が、いまの世の中の閉塞感をなんとか打破する方法はないかと考えて排外主義に走ったとしても、不思議はありません。排外主義、そこから続いて戦争ということを意識下に考えているのかもしれない。かつて明瞭に「自分たちは何もいま失うものがない。戦争をやったって失うものがないんだ」と言っている若い人の文章を見て本当にびっくりしたこともあるんです。戦争は一つのチャンスではある、という文章ですね。

岩上　何をお読みになったんですか？

梓澤　赤木智弘さんが書いた「希望は戦争」（『論座』二〇〇七年一月号）じゃないですかね。

澤藤　たしかに、そういう考えもあるのかなと思いましたが、かなり危険です。つまり、心の持ちようというような抽象的なレベルのことではなくて、現実に置かれている客観的状況——とりわけ経済的な状況——が、とてもきれいなお説教を受け入れるというようなことにはならない。

鬱憤ばらしに、自分より弱い者を叩きたい。そういう社会心理に乗っかって、橋下徹のような政治家が、勢力を伸ばしている。それだけではなくて、やっぱりこの経済的な閉塞感を打破する安易な手段として、戦争だっていいやっていう気分があるのではないか。そういうものが排外主義やナショナリズムを支えているんじゃないか。そういう怖さがありますね。

平和という言葉は綺麗だけど、平和が何も私たちを食わしているわけではない。いまの状況が平和だとすれば、平和で生活がちっとも楽になっていない。それなら、一つのチャンスとしての戦争に賭けてみる。そういう指導者を求める。

そういう排外主義の気分の中に自分を置くということはありうる。実はそれが深く進行しているのではないかという怖さを感じます。憲法論議ではないのかもしれないけれど。

岩上　でも、自民党の憲法のスタート点は、九条改正でしょうから、戦争そのもの、あるいは戦争へと突き進むエートスを僕らは直視しないわけにはいかないですね。

自民党改正草案
（地方自治体の権能）
第九十五条　地方自治体は、その事務を処理する権能を有し、法律の範囲内で条例を制定することができる。
（地方自治体の財政及び国の財政措置）
第九十六条　地方自治体の経費は、条例の定めるところにより課する地方税その他の自主的な財源をもって充てることを基本とする。
2　国は、地方自治体において、前項の自主的な財源だけでは地方自治体の行うべき役務の提供ができないときは、法律の定めるところにより、必要な財政上の措置を講じなければならない。
3　第八十三条第二項の規定は、地方自治について準用する。

現行憲法
第九十四条　地方公共団体は、その財産を管理し、事務を処理し、及び行政を執行する権能を有し、法律の範囲内で条例を制定することができる。
〔新設〕

地方財政の健全化義務付けで、福祉にも格差が

岩上　続きまして「地方自治体の権能」ですが、現行憲法では九四条、自民党案では九五条になっています。ずいぶんさっぱりしたものになっていますね。「財産を管理し」と「行政を執行する権能」ということが抜けてるんですね。

続けて、「地方自治体の財政及び国の財政措置」として、九六条が新設されているんですけども、これはどのようにお考えでしょうか。私なんかでは、ぱっと見たときには、違いがわかりづらい。むしろ、この地方自治体の財政について、これまで書いてあったものをわざわざ別なものにして、別な条文を立てて、はっきり定めているように思えるんですけども、いかがでしょう。どういうふうにご覧になっていらっしゃいますか？

澤藤　先にどうぞ。

梓澤　僕は特に。

岩上　そうですか。地方自治については、どこの政党も、地域主権とか地方分権というものを進めていくと言ってますよね。

ただ、実際の意味するところは、違いがあるでしょうし、道州制を描いている場合と、基礎自治体を強めていくという場合と、いろいろあると思うんですけれども、概ねは、政府や産業界は、実際には道州制に向かっている。

例えば市場、マーケットの話になると、先ほども例に出し

た築地市場が特にそうですけれども、これまではあちこちに中小のマーケットがあったものを、どんどん統廃合して、大きなマーケットに一元化して、大規模な流通に即したような形に再編成していく。こういうことも、どんどん進んでいるのが現状です。

国民の合意が本当に取れたのか、怪しいあいだに進められているんですが、これは、そのあたりとどのように繋がってくるとお考えですか？

澤藤　道州制というのは新自由主義的な政策と非常に整合性が高い。おそらくは道州という大きな自治体という組織で、福祉その他は全部やれとなるのでしょう。しかも、「八三条第二項の規定は準用」ということですから、要するに道州の経済的健全性を保てということですね（二五六頁参照）。

結局、新自由主義における福祉というのは、負担能力のある限りでやれば良し。各道州でそれぞれレベルが違ったって、それは国が知ったことではない。その分だけ国が身軽になるというのは、たぶん財界にとってはたいへん魅力的な、良い政府だということになるはずです。

岩上　そういう意味では自民党案で新設された「地方自治体の経費は……地方税その他の自主的な財源をもって充てる」というのは、結局、地方は自分たちでやりなさいよということですね。これによって、住民へのサービスや社会保障などを、全部を担うわけではないにしても、その多くが地方に責任が課せられて、そして自分たちが納める地方税でまかなう。まかないきれなければ、サービスの低下というのはしょうがないということですか？

澤藤　誰が読んでもそう読めると思うんですね。それから、地方主権とか、地方はそれぞれ独立性をもっと高めるというのは、例えば、経済特区構想であるとか……。

岩上　規制緩和を行なうとか。

澤藤　そういうこともやりやすい。規制緩和や構造改革と結びつく政策を取りやすいという意味でも、財界の歓迎する新自由主義と親和性が高い。そういう地方自治制度を考えているんだというふうに思います。

基本は、国がいままで相当な負担をしていたものを、もっと身軽にする。外交とか、司法とか、あるいは国防とか、そういう国本来の仕事だけを国の負担にして、その他は、道州の単位だったら、そこにやらせる。そこで、収入の範囲でやりなさいよ。文句がありますか、という、こういう構想だと思います。

国民不在でも進む、義務の強化と権利の制限

岩上　続きを行きましょう。現行憲法では九五条なんですけども、自民党案では九七条になります。「地方自治特別法」

自民党改正草案
（地方自治特別法）
第九十七条　特定の地方自治体の組織、運営若しくは権能について他の地方自治体と異なる定めをし、又は特定の地方自治体の住民にのみ義務を課し、権利を制限する特別法は、法律の定めるところにより、その地方自治体の住民の投票において有効投票の過半数の同意を得なければ、制定することができない。

現行憲法
第九十五条　一の地方公共団体のみに適用される特別法は、法律の定めるところにより、その地方公共団体の住民の投票においてその過半数の同意を得なければ、国会は、これを制定することができない。

についてです。
　これも、何がどう変わったのか、素人の私などにはすぐにわかりかねるんですけれども、いかがでしょうか？
梓澤　現在の「住民の投票においてその過半数の同意」というのが、九七条の自民党案のほうで、「権利を制限する特別法は、地方自治体の有効投票の過半数」というふうに変わっていますね。
　いま、公安条例というのは各都道府県にありまして、それでデモが制限されているわけですね。例えば、ある自治体において、そのデモの制限について、罰則をもっと厳しくするというようなときに、いままでだったら、そのような基本的人権の制限にあたっては、住民の人口の過半数でなければならないという解釈があり得たのに、有効投票の過半数で可決できるということです。そういう点で、きちっと見ておかなければいけない。
岩上　ちょっとよくわからないので、確認なんですが、現行憲法に「住民の投票においてその過半数」とあるんですが、「住民の過半数」とは特に書いてないように読めるんですよ。自民党案の「有効投票の過半数」というのも同じことを言ってるかのように、ついつい読んじゃうんですけども、違うんでしょうか？
梓澤　いかがですか？
澤藤　常識的には同じなんでしょうね。住民全体の過半数なのか、あるいは有権者の過半数なのかは、普通明確に書かなければならないと思います。
　現行憲法も、投票者の過半数を取れば、同意があったというふうに見ることに、解釈上はなるんだろうと思います。だけど、自民党案は明確に「有効投票の」ということを入れて、義務を課し、権利を制限する法律、特別法をつくりやすくしています。きちんとそういうふうに定めて、疑義のないようにした。権利の制限がしやすくなる方向で、解釈を確定したということになろうかと思います。

自民党改憲草案 第九章 緊急事態

自民党改憲で、「戒厳」ふたたび

岩上　自民党案で、わざわざ章として新設された、第九章「緊急事態」です。新設なんです。つまり、ここそが、自民党の改憲案の本当の狙いといっても過言ではありません。

　そして、「緊急事態の宣言」として、第九八条「内閣総理大臣は、我が国に対する外部からの武力攻撃、内乱等による社会秩序の混乱、地震等による大規模な自然災害その他の法律で定める緊急事態において、特に必要があると認めるときは、法律の定めるところにより、閣議にかけて、緊急事態の宣言を発することができる」とあります。

　ここには、かつてのオウム真理教の事件や社会秩序の混乱、あるいは三・一一の東日本大震災や大規模な自然災害――原発の事故も含むでしょう――などの過去の教訓が、総動員されているような感じがします。

　続いて第二項に「緊急事態の宣言は、法律の定めるところにより、事前又は事後に国会の承認を得なければならない」とあって、第三項「内閣総理大臣は、前項の場合において不承認の議決があったとき、国会が緊急事態の宣言を解除すべき旨を議決したとき、又は事態の推移により当該宣言を継続する必要がないと認めるときは、法律の定めるところにより、閣議にかけて、当該宣言を速やかに解除しなければならない。また、百日を超えて緊急事態の宣言を継続しようとするときは、百日を超えるごとに、事前に国会の承認を得なければならない」と続きます。

　一〇〇日で解除するかと思いきや、一〇〇日を超えるごとに国会の承認を得さえすれば、これは続くんですね。

　そして第四項には、「第二項及び前項後段の国会の承認については、第六十条第二項の規定を準用する。この場合にお

自民党改正草案

（緊急事態の宣言）

第九十八条　内閣総理大臣は、我が国に対する外部からの武力攻撃、内乱等による社会秩序の混乱、地震等による大規模な自然災害その他の法律で定める緊急事態において、特に必要があると認めるときは、法律の定めるところにより、閣議にかけて、緊急事態の宣言を発することができる。

2　緊急事態の宣言は、法律の定めるところにより、事前又は事後に国会の承認を得なければならない。

3　内閣総理大臣は、前項の場合において不承認の議決があったとき、国会が緊急事態の宣言を解除すべき旨を議決したとき、又は事態の推移により当該宣言を継続する必要がないと認めるときは、法律の定めるところにより、閣議にかけて、当該宣言を速やかに解除しなければならない。また、百日を超えて緊急事態の宣言を継続しようとするときは、百日を超えるごとに、事前に国会の承認を得なければならない。

4　第二項及び前項後段の国会の承認については、第六十条第二項の規定を準用する。この場合において、同項中「三十日以内」とあるのは、「五日以内」と読み替えるものとする。

現行憲法

〔新設〕

いて、同項中「三十日以内」とあるのは、「五日以内」と読み替えるものとする」とあります。

次に「緊急事態の宣言の効果」として、九九条が続きます。たいへん長くなりましたけれども、このように九八条、九九条で、緊急事態の宣言が提案されているわけですね。いかがでしょう？

澤藤　もちろん、これには絶対反対です。

学生時代に、日本国憲法というものを学んで、素晴らしいものだという確信を得たときのことを思い出します。それまでのどの憲法も——書いてあるかないかは別にして——、実は二元論を取っていたのですが、日本国憲法だけは違うというのです。

二元論というのは、憲法の民主主義や人権の保障は平常時に限られたことで、有事の場合は別だということです。つまり、平常時には、とても立派な権利保障があるけれども、いざ戦争が起こったとき、あるいは、大災害が起こったとき、そういう有事の場合はまったく別だということを言外に含んでいた。

しかし、日本国憲法はそうではない。なぜなら日本国憲法には、そういう意味での有事――つまり、人権を停止したり、民主主義をサスペンドしたりするような事態――の想定がないんだというふうに、私は確信をしたわけですね。

自民党案の九八条、九九条というのは、その素晴らしさを打ち消す改正案なんですね。これは、大日本帝国憲法と比べてみればわかるわけですけれども、大日本帝国憲法の第二章は、「臣民権利義務」になってます。臣民扱いですけれども、権利は一応保障されていた。

大日本帝国憲法一八条から三二条まで、ほとんどは権利が書いてある。ただし、三一条に、「本章ニ掲ケタル条規ハ戦時又ハ国家事変ノ場合ニ於テ天皇大権ノ施行ヲ妨クルコトナ

自民党改正草案

（緊急事態の宣言の効果）

第九十九条　緊急事態の宣言が発せられたときは、法律の定めるところにより、内閣は法律と同一の効力を有する政令を制定することができるほか、内閣総理大臣は財政上必要な支出その他の処分を行い、地方自治体の長に対して必要な指示をすることができる。

2　前項の政令の制定及び処分については、法律の定めるところにより、事後に国会の承認を得なければならない。

3　緊急事態の宣言が発せられた場合には、何人も、法律の定めるところにより、当該宣言に係る事態において国民の生命、身体及び財産を守るために行われる措置に関して発せられる国その他公の機関の指示に従わなければならない。この場合においても、第十四条、第十八条、第十九条、第二十一条その他の基本的人権に関する規定は、最大限に尊重されなければならない。

4　緊急事態の宣言が発せられた場合においては、法律の定めるところにより、その宣言が効力を有する期間、衆議院は解散されないものとし、両議院の議員の任期及びその選挙期日の特例を設けることができる。

現行憲法

〔新設〕

シ」とあるんです。

つまり、いろいろと権利は書いてあるけれども、戦時とか国家事変になれば話は別だということが、明文で書き込んである。その明文のこの規定をどういうふうに実施するのかというと、二つあるわけですが、一つは戒厳です。第一四条に「天皇ハ戒厳ヲ宣告ス」「戒厳ノ要件及効力ハ法律ヲ以テ之ヲ定ム」とあります。

つまり、ある地域、ある時期、これはぜんぶ権力が、具体的には軍隊が掌握をすることができるという規定がある。もちろん天皇が戒厳を宣告することになる。

もう一つ。それが第八条の「緊急勅令」と言われるものですね。「天皇ハ公共ノ安全ヲ保持シ又ハ其ノ災厄ヲ避クル為緊急ノ必要ニ由リ帝國議會閉會ノ場合ニ於テ法律ニ代ルヘキ勅令ヲ發ス」とあります。

自民党案の「緊急事態の宣言の効果」というのは、この「緊急勅令」と同じ発想です。もう少し言えば、さっきのように、戦時の場合、緊急時の場合、国家事変の場合は、「天皇大権ノ施行ヲ妨クルコトナシ」つまり、民主主義や人権は平時の限りだよという思想を含んだ憲法を、改めてつくろうということになるんだと思うんです。

ついでに言いますと、私たちは「戒厳令」と呼ぶことが多いのですが、旧憲法上の用語では「戒厳」ですね。「戒厳令」というのは法律の名称です。

岩上　戒厳令というのは耳に馴染みがあります。ところが、「戒厳」というのは余り馴染みがありません。

澤藤　戒厳令という太政官布告という形式の法律があるんですね。つまり、先ほどの明治憲法第一四条に「戒厳ノ要件及効力ハ法律ヲ以テ之ヲ定ム」とありましたが、この法律に当たるのが太政官布告としての「戒厳令」です。一八八二年につくられました。

これに基づいて布告されるのが、「戒厳」になるわけですね。私たちが歴史で習う戒厳の実例は三つです。明治に一回。大正に一回。昭和に一回あったわけですね。

明治は、いわゆる日比谷焼打事件[※1]。日露戦争の後に、講和の仕方が軟弱だと言って暴動が起こった。そのときに戒厳が敷かれている。

大正は、これはお馴染みになりました関東大震災[※2]の後に、朝鮮人に対する大虐殺と民衆の暴動があって、この騒乱状態を鎮静するために戒厳が宣せられた。

昭和は、二・二六事件[※3]ですね。軍隊のクーデターを鎮圧するために戒厳が敷かれた。

この三つあるんですが、実は三つとも、戒厳令に基づいているんじゃないんですね。

岩上　違うんですか？

澤藤　違うんです。これは実は、「緊急勅令」で、大日本帝国憲法の八条でやられているんですよ。以前、治安維持法が話題になりましたが（六七頁参照）、これも最初は法律ですけれども、この改悪は、やっぱり「緊急勅令」でやられている。

こういうこともあったので、「緊急勅令」の弊害はなはだしいということで、たとえ内閣が出すものであっても、こういうものはやめようということで、戦後の法制はできたはずなんですね。だけど自民党は、これをもう一度復活しようとしている。

つまり、事変、戦争、大災害などにどう対応するかということを、こんな形で決めたら、本当に何をされるかわからない。まさに民主主義と人権の停止を、憲法が容認をするということになる。

いままでも災害対策の基本法があったり、問題はあるにせよ、武力事態の国民保護法などの法律で対応している。憲法でこんなものをつくる必要はありません。

まさに災害便乗型の改憲提案というふうに言わざるを得ません。

岩上　ショック・ドクトリン（大惨事につけ込んで実施される過激な市場原理主義改革）の改憲版ということですよね。

戒厳　緊急勅令　治安維持法　原発災害

関東大震災での虐殺にも関与した日本軍

梓澤　明治憲法下になくて、現在あるものと言ったら、原発災害ですよね。その原発災害があったが故に、原発再稼働反対というあれだけの一九六〇年安保以来の大行動が、いまも首相官邸前や国会周辺で続いている。

それに対して、これはものすごい威力を発揮すると思いますね。すなわち、原発災害が起こったときに、その地域に入ったり、その地域に入って写真を撮ったり、その写真展を開催することもできなくなる。

岩上　もしかしたら、市民が線量を測り、ネットやＳＮＳで

※1　日比谷焼打事件
1905（明治38）年9月5日、頭山満・河野広中らが主催した日比谷公園のポーツマス講和条約反対国民大会に集まった民衆が、警察署・国民新聞社・内相官邸などを焼き打ちした暴動事件。翌日戒厳令が敷かれた。（kotobank より）

※2　関東大震災
1923（大正12）年9月1日午前11時58分に、相模（さがみ）湾を震源として発生した大地震により、関東一円に被害を及ぼした災害。マグニチュード7.9、最大震度6。家屋倒壊に火災を伴い、全壊約13万戸、全焼約45万余戸、死者・行方不明者約14万名。震災直後の混乱の中で、亀戸事件・甘粕事件が起き、また、多数の朝鮮人が官憲・自警団によって虐殺された。（kotobank より）

※3　2・26事件
1936（昭和11）年2月26日早朝に起きた陸軍皇道派青年将校によるクーデター未遂。歩兵第一、第三連隊、近衛歩兵第三連隊など1400人余りの部隊が首相官邸や警視庁などを襲撃、高橋是清蔵相、渡辺錠太郎陸軍教育総監らを殺害。政府中枢部を占拠した青年将校は陸軍幹部らに国家改造の断行などを迫ったが、昭和天皇は重臣の殺害に激怒。反乱部隊に撤収が命じられ、下士官や兵士らは出頭帰順。29日には青年将校らも逮捕された。軍部は事件の威圧効果を利用して政治的発言力を強め、戦争体制へ突き進んだ。（kotobank より）

発信することも駄目になるかもしれませんね。

梓澤　そうですね。そして、そのような状況で軍が権力を握ったときに、どれほど恐ろしいことになるかというのを、日弁連で調査をしたことがあります。関東大震災、朝鮮人、中国人虐殺事件の調査チームというのが、日弁連の理事会で決まって、その調査チームで報告書をつくり、そして日弁連が国に対して、朝鮮人虐殺、中国人虐殺の責任を認めて謝れ、といった報告書を出したんですね。

岩上　いつ頃の話ですか？

梓澤　二〇〇三年八月二五日ですね。これは理事会を通った日弁連総意の報告書です。[※1]これは本当に知られていないんですけれども、民衆虐殺だけが言われているけれども、実は軍がものすごい虐殺をやっているんですよね。

それを日弁連の事件委員会は、軍の資料に基づいて事実認定をしたんです。九月一日に震災が起こり、九月二日に戒厳が宣告されて、一番大きなひどい虐殺は、九月三日に行なわれているんです。東京府大島町三丁目付近で、三名の兵士が朝鮮人を銃の台尻で殴打したことがきっかけで、群衆、警察官と闘争が起こり、軍により朝鮮人二〇〇名が殺害された。

これをはじめとして、朝鮮人、中国人を数えると、軍が直接、銃器を用いて、あるいは刀を用いて殺した事例が、二百数十名から七五〇名程度に及んでいるということが、この報告書の中に書いてあります。

岩上　これは警備にあたったりしているときに、兵士がその場の判断で、例えば、感情的になったり、興奮したということで起こった事故のようなものなのか。それとも、命令に基づき、意思、意図を持って組織的に殺害したのか。ここは非常に重要なところだと思うんですけど、どうなのでしょうか？

梓澤　実は本当ならば、殺害が起これば軍法会議が行なわれて、裁判の形で記録が残るべきところなんですが、一切裁判が開かれていないんですね。民衆が行なった虐殺事件については、刑事裁判の判決が読めるんですけども、軍については一切そういうものがない。

「関東戒厳司令部詳報」などという報告によれば、いわゆる正当防衛が成立したかの如き記載がわずかにあって、詳細な報告は行なわれてないんですね。日弁連の報告書の事実認定では、極めて言い訳的に正当防衛的なことが書いてあるだけであって、これは軍の意図のもとに行なわれた虐殺であるとまとめてあります。

あの頃、朝鮮で三・一万歳事件[※2]という一〇〇万人規模の抵抗闘争が起こったんですね。日本の国内でも朝鮮人労働者が日本に入ってきていたのですが、朝鮮人の行なうデモは戦闘的で、極めて権力を恐れないんです。その当時のいわゆる全協とか全農とかっていう闘争団体と同様に、朝鮮人のデモ隊に対する警戒感というのが非常に大きかった。

こういう状況の中で、一九二三年九月一日午前一一時五八分、東京、神奈川、千葉、埼玉、静岡、山梨、茨城の一府六県に関東大震災が起こりました。火災も発生して、死者九万九三三一人、行方不明者四万三六七六人、家屋全壊一二万八二六六戸という大災害になりました。

当然、社会的不安は大きくなったと思われますが、支配層の中に、朝鮮人労働者や社会主義者たちへの過大な恐怖感が走ったことはあり得ることです。その動機や心理は、いまとなっては確定すべくもありませんが、軍隊が朝鮮人や中国人を、銃や刀という軍事兵器で殺害している事実が、権力自身の手になる当時の公式記録に残っていることは強調されなければなりません。日弁連の報告書では、この虐殺数を二百数十名から七五〇名程度と見ているのです。

次に一般に見落とされがちな大切な事実は、公権力が限られた連絡ルートを通じて、朝鮮人についてまったく誤った、暴力的イメージを流し、戒厳令が敷かれているのに、民間の自警団が組織され、誤った公的煽動のもとに多数の朝鮮人虐殺が行なわれたということです。これも日弁連の報告書が事実認定しています。詳しく言うと、次のようなことです。

震災発生二日後の九月三日、八時一五分、八時三〇分、午後〇時一〇分に発信された内務省警保局長発の各地方長官宛や朝鮮総督府警務局長宛の公式電文には次のことが記載されています。すなわち「東京附近の震災を利用し、朝鮮人は、各地に放火し、不逞の目的を遂行せんとし、現に東京市内に於て爆弾を所持し、石油を注ぎて放火をせんとするものあり。既に東京府下には一部戒厳令を施行したるが故に、各地に於て充分周密なる視察を加へ、鮮人の行動に対しては厳格なる取締を加へられたし」と。

この情報は内務省から各県の下部組織に伝達され、町村当局から在郷軍人会、消防青年団に伝わり、民衆に朝鮮人への恐怖感を煽り立てたのです。

一九六〇年には、自衛隊、警察による関東大震災時の研究が行なわれ、その報告書によると、自警団の数は一五八四団体、大きいものは七五〇名にも及び、木刀、こん棒、竹槍、銃、とび口、くわ、かま、のこぎり等の凶器を携帯していたこと、朝鮮人に迫害を加え、略奪や殺傷事件を引き起こしたことも記載されています（日弁連報告書は、陸上幕僚総監部第三部「関東大震災から得た教訓」、警視庁警備部・陸上自衛隊東

※1　「関東大震災人権救済申立事件調査報告書」の全文は、以下で読める。
http://www.azusawa.jp/shiryou/kantou-200309.html

※2　三一独立運動
1919年3月1日を期して始まり、1年以上にわたって、日本の植民地支配に反対して展開された朝鮮独立運動。独立万歳を叫んでデモ行進したので万歳（まんせい）事件とも呼ばれた。運動は都市から農村に拡大したが、軍隊を投入した日本により弾圧された。（kotobankより）

武方面総監部編「大震災研究資料」を引用)。

こうした資料や、朝鮮人を殺害した疑いで起訴された被告人らへの複数の判決を詳細に検討し、次の認定・判断をしたのです。「内務省警保局と県の地方課長の打合せの下に、朝鮮人による不逞行為の発生、これに対する取締りの要求が郡長村に伝達され自警団の組織につながり、朝鮮人虐殺の動機が形成された」(日弁連報告書、二〇頁)。

各資料から総合すると、軍と自警団による虐殺は、数千人規模になると考えられ、日弁連は二〇〇三年七月、日本政府に対し、謝罪と再調査の勧告をしました。しかし、現在まで政府は何の反応も、反省もしていません。

自民党案九八条と九九条は、戦争、内乱、自然災害の場合に内閣総理大臣が緊急事態宣言を出すことができること、国、その他の機関の指示に従う国民の義務を謳っています。

この公の機関には国防軍も含まれます。軍自身や国の煽動による朝鮮人、中国人虐殺を反省もせず、再調査もしない国や軍のもとで、この新たなる戒厳令のもとで何をやるのか。まことに恐るべきものだと思います。

つまり関東大震災では、戒厳で権力を握った軍隊が、直接虐殺行為を行なっている。これが、歴史の研究者の発掘によって、軍隊自身の記録の中にあるんですね。

岩上 そのような資料があるんですね。

梓澤 我々は、防衛庁の資料室まで行って、調べて、それで当時の軍隊の記録に当たって、事実認定を行なったわけです。今後、原発の事故、あるいはひどい災害が起こったときに、全体の混乱を統制する権能を今度の国防軍に与えるとしても、そこにはなんにもチェック機能がないわけです。関東大震災では、朝鮮人虐殺の他に、川合義虎《よしとら》※1など、社会主義者の虐殺もあったわけですね。

そういうことにならないとは、誰も保証できないわけです。なぜかというと、この大震災の虐殺についても、現在までいっさい国は謝罪を行なってません。

岩上 今日においても?

梓澤 ええ。国としての調査活動もやっていないわけですよ。私は、こういうことも調べた上で、この憲法の緊急事態の条文がつくられているというふうに思います。

そういう経過について、詳しく書いた本がありまして、有事立法が出たときに出版された、山口大学の教授の纐纈厚《こうけつあつし》という人が書いた『有事法制とは何か』(インパクト出版会、二〇〇二年)という本の第一章に、戒厳令についての詳しい分析が載っています。

岩上 自分たちが手を下しておきながら、その責任をほっかむりと。軍が関与しておきながら、ほっかむり。

しかも、そのときに、殺人や残虐な行為が行なわれたという非常にひどい違法行為です。従軍慰安婦であっても、あの時代に公娼制度があったとはいうものの、それを超えて、騙して人を連れていったというのは、違法に決まってるわけです。当時においても。そんなことが、軍が実際に関与して、まかり通っていたということ、何かとてもパラレルな気がします。

しかもそういう過去の事実を直視しないで、今日の改憲勢力というものが、また繰り返しができるようにしようと主張しているところも、本当にパラレルな感じがするんですけど、いかがでしょう。

澤藤　いまの梓澤くんの話ですが、やっぱりすごく説得力があるんですよね。これに対して、おそらく自民党側は、「ここに書いてあるのは緊急事態であって、戒厳令と全然違いますよ」と答えるんでしょうね。私たちは戒厳令なんてひと言も言っていないと。

岩上　緊急事態だと。

澤藤　だけど、これは嘘なんです。国防軍を設置するということと、この緊急事態というのが、これは絶対に結びつく。先ほど私が申し上げたように、戦前現実に宣せられた戒厳は、実は戒厳令に基づく戒厳ではなくて、緊急勅令に基づいて、いわば戒厳令を準用したんです。戒厳の要件は、実はなかったんですよ。

戒厳って、そもそも本来は、軍事的に敵に囲まれるとか、それから軍事的に非常に重要なところをどうしても治安を守らなければいけないという必要に迫られたときに、区域と時間を決めて、そこで戒厳を敷くわけです。その要件に当てはまらないんだけれども、必要があるから緊急勅令でやるんです。つまり、必要があれば、「緊急事態」の発動ができるわけですよね。

そこに、国防軍が入って行って、治安のために必要だからと言えば、同じことが起きる。戒厳令に基づかなくても戒厳ができた。同じことが今回繰り返される恐れは十分にある。これは勅令でなくても、つまり天皇が言わなくても、内閣が言えば同じことなんだということを、指摘しておきたいと思います。

緊急事態発令で、人権も制限される

梓澤　九九条三項に、こう書いてありますね。「緊急事態の宣言が発せられた場合には、何人も、法律の定めるところにより、当該宣言に係る事態において国民の生命、身体及び財産を守るために行われる措置に関して発せられる」とあって、「発せられる国その他公の機関の指示に従

※1　川合義虎
1902～1923。大正時代の労働運動家。1922年共産党に入党し、渡辺政之輔らと南葛労働協会を結成。1923年日本共産青年同盟初代委員長となるが、関東大震災に際し検束され、同年9月4日亀戸警察署で殺害された。長野県出身。本名は川江善虎。（kotobankより）

わなければならない」とあります。
この「公の機関」の中に、一つは国防軍が入ります。二つ目、国民保護法に定められている「指定公共機関」というものがあります。この指定公共機関には、何を含むかというと、解釈をずっと調べていくと、なんと東京電力が入ります。
東京電力、つまり電気会社というのが書いてある。それから通信会社、ガス会社、水道なども書いてある。いわゆる公共の秩序を守るために、国民はこういうところの指示に従わねばならず、指定公共機関は、協力しなければならないというのを、いま謳っているんですね。これ、指定公共機関と国民の関係というのは書いてないんですよ。
これだと、指定公共機関の指示に従わなければいけないとなりますから。
岩上　国民の上位にくるということですね。
梓澤　そうです。序列としては、軍があって、東京電力があって、その下に国民がいるということになります。何これ?っていう感じですよ。
岩上　確認するまでもないことですが、その指定公共機関の中には、東電があるということは、そこには関西電力であろうが、あるいは北海道電力であろうが、そういう電力会社がみんな入るわけですね。関西だったら関電ということになるわけですよね。
しかし、この三項のところは、まさにあとに続いて、「その他の基本的人権に関する規定は、最大限に尊重されなければならない」と、四項があるわけです。
澤藤　それは基本的人権を制約するぞ、という大前提があるから、わざわざそう書かなきゃならないわけですね。
岩上　これは、希望が持てないんですか?
澤藤　希望って……、人権を制約しますよっていうことです。
岩上　制約しますよと。
澤藤　そういう、「人権侵害宣言」です。
岩上　制約するからこそ一応尊重するよ、ということですか。
澤藤　その通り。
岩上　「最大限に尊重」と書いてあっても駄目ですか?
梓澤　こういうことですね。現行憲法一三条(三七頁参照)に、「最大限尊重」ということが出てきますが、これは、基本的人権の制約にあたっては最小でなければならないという原則として読み替えられているんですね。
ところが、自民党案の九条によりますと、まず一番上に最高の価値として、国防軍がくるわけです。つまり軍事国家です。そして、緊急事態宣言に従わなければいけないという大原則があるわけですから、それとの関係で利益衡量《りえきこうりょう》(裁判ないし法の解釈に、現実に対立している諸利益を探究し、比較衡量しいずれを取るかを決すること)ですよね。

全体で繰り返し出てくるように、「公益及び公共の秩序」に反する人権は、行使を許されないとなっているわけですから、その価値観でいくと、いくら最大限尊重といっても、でも軍があるからねとなる。

岩上　その国防軍も防衛のための軍ではありませんから、実際には、敵基地攻撃論に基づいて、装備あるいは編成を考え直そうということになると、巡航ミサイルを含めて、外征軍として、本格的に、今日の現代戦に通用するような装備を整えていく。しかも、それを緊急に整えていこうということになるんだろうと思うんです。

そして、国内では、この緊急事態宣言を発令して、自分たちにとって邪魔な、統治に不都合な人たちを拘束したり、黙らせたり、ときには殺害することも可能になるということですね。

自民党改憲で、近隣諸国との関係はどうなるか

梓澤　これは、こういうことなんですね。自民党案九条の二の三項「国防軍」のところに、もう一回戻ります。

岩上　「国防軍」ですね。

梓澤　「国防軍は、第一項に規定する任務」、すなわちこれは対外活動のほかですね。「法律の定めるところにより、国際社会の平和と安全を確保するために」と続き、「公の秩序を維持し、又は国民の生命若しくは自由を守るための活動を行うことができる」とあります。

一九六〇年の安保改定に際して、反対するデモ隊がものすごく大きくなって、治安行動として自衛隊を出動させるよう、ときの総理大臣であった岸信介は防衛庁長官に迫った。そのときは赤城宗徳防衛長官は出動を拒みましたが、今度は大威張りで国防軍が出てきて、何の躊躇もなく、デモ隊を鎮圧することが想定されてるんですね。

ならば、いわんや、非常事態宣言が宣言された後は、もうガンガンに出てくるということになりますね。

そういうことをものすごく研究に研究をし尽くして、こういう戦前も研究し尽くして、こういう草案が出てきているということを考えると、何かちょっと背筋がゾクゾクと寒気が立ってきましたよ。

岩上　以前お話しいただいた、拷問のところのくだりを思い出しました（一五三頁参照）。

梓澤　小林多喜二のね。

岩上　はい。目に涙を浮かべながらお話しいただいたのですが、さらに青ざめると言いますか。

話が少し戻りますが、大量の中国・朝鮮人虐殺を軍がやった。日弁連として調査したということですが、それに関連し

てお尋ねしたいことがあります。軍による虐殺が事実として、それは何を目的としていたのか。

ずっと弾圧されてきた朝鮮人が自らの地位回復とか、独立を求めるとか、あるいはいろいろな不満を主張することがたびたびあったと思うんですけれども、軍や官憲による弾圧は、文句を言うんだったら徹底的に弾圧してやるぞという意思の現れなわけですよね。そんなことが、今日もこれからありうるのかということ。これ、にわかに信じられない人がいると思うのですが、それが一点。

それからもう一点、これはどうしても引っかかるんで、聞きたいんですけど、当時、関東大震災が起こるということを想定できていたとは思いませんけれども、でも不逞鮮人（日本政府に不満を抱く朝鮮人）に対して、けしからん奴は取り締まれという命令が出ていたのでしょう。そうでないと急には動けない。ある程度、偶発的な部分があったのかもしれないけれども、でも軍はやる意思があったからやったんでしょう。

でも、虐殺をやったことによって、何の政治的効果が生まれたというのでしょうか？　朝鮮でやってるわけではなくて、日本本土でやってるわけですが、どういう狙いがあり、どういう効力があったのでしょう？

朝鮮にいる人たちにこれが伝われば、より激しく反発するのではないかと思うんです。それを聞いて萎縮するということではないだろうと思うんですけど、この二点、お聞かせいただきたいんですけど。

梓澤　これは、日弁連の報告書では、そこまでは書いてないですけど、僕の個人的な、その時に思った見解なんですけども、やっぱり三・一暴動の威力ってものすごかったわけですね。

澤藤　一九一九年ですね。

梓澤　これは、朝鮮に対する植民地支配を揺るがしかねないほどの衝撃だったんです。女子高校生の抗議から始まったんですけども、現在でも、朝鮮半島のどの家に行っても、三・一の事件のときには、おじいちゃんおばあちゃんがこういうふうに動いたというのが伝えられている。

ある人が書いたものには、自分のおじいちゃんが白い服を着て、もう帰ってこれないかもしれないからなと言って、バッと家に帰ってきて、血相変えてすぐさま出て行ったというのが最後見た瞬間だというようなことが書いてあります。そういう朝鮮半島全体を包むような、植民地支配が危うくなるような事態だった。

それは弾圧をされましたけど、血の弾圧を受けましたけど、やり抜いた。日本に強制連行された人や、食えないために日本に流れ込んだ労働者、彼らは日本の労働運動の中でも、また最下層を占めていたわけですけれども、その人たちのいわば運動の戦闘性ってものすごかったんですよ。
それに対する先行する恐怖感というのがあったんだと思うんですよね。なにしろ、九月二日に打った電報というのは内務省警保局長と言って、いまの警察庁長官にあたる人の電報ですからね。

澤藤　後藤文夫といって、朝鮮帰りで、朝鮮では総督府の取り締まりの責任者だった人です。だから、朝鮮のそういう状態をとてもよく知っている人がたまたま帰国していて、そして警保局長になっていたという。そういうこともあったんですよね。

彼の頭の中には潜在的に朝鮮の人民の抵抗の凄まじさ、これに対する恐怖感があったんだと思うんですよ。それが引き金になっていたことは間違いない。これは、もう前々から、いろんな人が書いていますね。

岩上　その抵抗の凄まじさ、それに対する恐怖があったからこそ、殺すほどの弾圧を加えようということなんですか？

梓澤　そういうことですね。

岩上　それが、朝鮮半島の現地ではなくて、内地にいる、今日で言えば在日の人たちみたいな立場の人たちですけれども、そういう朝鮮半島から日本に来ている人たちを、殺してしまえとなってしまった。先ほども言いましたけれども、その効果というのを考えたときには、より大きな反発を招くということを、なぜ考えないんでしょうか。

梓澤　それは、やっぱりさらなる暴力をもって鎮圧しようという発想だったんでしょうね。なにしろ戒厳のもとですよ。戒厳のもとで、これは警視庁とか自衛隊の調査報告書にも出ているんですけども、一五八四という自警団ができて、検問がされたんですよ。

東京を中心として一五八四カ所です。もう通る人ごとに、いわゆる朝鮮人が言いにくいような発音を言わせて、ちょっとなまると引っ立てていったというような検問所ができたんですね。

岩上　かなりの数の人が連行されたんですね。

澤藤　実際、何人殺したのかということの統計は不明です。

梓澤　一応七〇〇〇～八〇〇〇人ということを、日弁連の報告書に書いたんですけどね。

澤藤　その後に、非常に勇敢な、香港にいる朝鮮籍の方が日本にやってきて、死にものぐるいで官憲の目をかいくぐって各地で調査をするんです。その報告をもとにした被害者数が六〇〇〇余名。居住登録者数の推移をもとに、もっと多数の推定もあります。

ほとんどは自警団が殺した。これは、日本人がやったことで、慰安婦問題も恥ずべきことですけれども、私たちは日本人として、他民族に対しておよそ九〇年前にこういうことをやったということは、記憶に留めておかなければならないと思っています。

梓澤　実は、この調査の過程で、やっぱり事実認定したんですけども、周恩来総理[※1]という大変有名な政治家がいました。周恩来氏は、実は日本にも留学しているんですね。その当時、中国人の留学生のリーダーであった王希天という人がいたんですが、関東大震災のとき、この人を、軍隊のある中尉が、日本刀で後ろから袈裟がけに斬り殺しているんですよね。周恩来氏もたいへんな信頼を寄せ、生きていれば、周恩来の代わりに総理になったかもしれないというような大人物なんです。

これは本当に僕は涙なしには語れないんですけれども、一九六三年に、私が中国に学生の訪中団として訪ねたときに、会食に周恩来氏がいらっしゃって、日本の学生たちに声をかけたんですね。六人で行ったんですが、にこやかに握手をしながら、日本の学生に「こんにちは」と日本語であいさつもしてくださいました。

そのとき、非常に大人物という感じがしたんですが、わずか二〇年か三〇年ぐらい前に、自分の兄貴分がこの民族にやられたという記憶が、ものすごく染み込んでいたと思うんですよ。

中国の人たちは、そういう被害を乗り越えて、日本とのあいだに友好関係を築こうとしている。「アジアに平和を築くためには、日本と中国、日本と朝鮮が、自分たちの苦しみを乗り越えてでも、和解をしなければならない」というふうに言って、友情の手を差し伸べてきたわけです。だから、いま我々はそれに対して、我々の先祖がやったことはきちっと謝って、そして補償すべきものはして、それで和解をするということで、初めて僕はアジアの平和というのは、獲得できると思うんですよ。

フランスとドイツが歴史的な和解を遂げたように、必ず、それはできることだと思うんですね。そのときに、逆のことをやっていたら、それは、「あなたがたの先祖がどういうことをなさったのか、よくお勉強なさってますか」となってしまいます。

すなわち、これが歴史認識ということだと思うんですね。歴史認識ということを、僕は、韓国ののちに法務大臣になった人からも、日本と韓国の法律家交流の折りに「みなさん、歴史認識が大切ですよね」という抽象的な言葉で言われたことがあります。そこには、重い意味、彼らの民族的な記憶が込められているんだということを、僕たちは忘れることはできないと思うんですね。

異なる歴史認識で どのように近隣国と友好関係を築いていくか

岩上　歴史認識が異なる。そして、それが必ずしも合意には至らない。こういうことだけはたびたび言われるわけです。しかし、言い分の食い違うその歴史認識の中身とは何なのか。彼らが求めている歴史的事実や、こういうことを認めてくれという要求、その中身は何なのということが、実はこれだけ問題を言われていていても、知らないことがすごく多いんですよね。報じられない上に語られない。

　歴史家の中塚明さんという奈良女子大の名誉教授、それから慰安婦問題に取り組んでいる元弁護士の戸塚悦郎さんも参加し、韓国の歴史学者の方も招いて、アジェンダ・プロジェクトというフォーラムが開催されました。

　そのフォーラムの内容が、ブックレット（『今、「韓国併合」を問う――強制と暴力・植民地支配の原点』、「韓国併合」一〇〇年市民ネットワーク編）にまとめられてるんですけど、びっくりするのは、日韓併合に至るまでに、五回も条約が結ばれているんです。その五つの条約のプロセスを見ていくと、これは日本は合法だと言っているんですが、天皇のサインとハンコ（御名御璽《ぎょめいぎょじ》）はあるけれども、大韓帝国の皇帝のハンコがない。つまり、同意を得ていない。同意を得ていないんだけれども、日本側はそういう文書をつくり、英文もつくって、当時の列強にこれを回して、根回しを進めたんです。

　当然湧き上がる抵抗の運動や義兵の蜂起を、武力で片っ端から鎮圧し続ける、明治からずっとそういう繰り返し。その果てに関東大震災があったんだろうと思うんですけれども、そもそも日韓併合を認めることなんて、つまり、村山談話でも、併合はあったとされたけれども、不当だということなんですよね。

　そもそもこれは、国際条約上違法であって、併合は無効だということを認めろと言っている人たちがいるわけですね。韓国でもそういう人たちがいっぱいいるわけです。そういうことを求めている知識人たちも、政治家もいるわけですね。そのこと自体を、そもそも日本では知らない。これは、一番根本的な話ですね。

澤藤　日韓併合の効力がないということですか。

岩上　そうですね。当時でも、条約に調印するとしたらば、当然相手のサインとハンコがなければいけないんだけど、それが

※1　周恩来
1898～1976。中華人民共和国の政治家。中華人民共和国が建国された1949年10月1日以来、死去するまで一貫して政務院総理・国務院総理（首相）を務めた。毛沢東の信任を繋ぎとめ、文化大革命中も失脚しなかったことなどから「不倒翁」（起き上がり小法師）の異名がある。1972年に、日本国首相の田中角栄（当時）と日中共同声明に調印したことでも知られている。

ないんです。これは、僕は知らなくて、仰天したんですけれども。

澤藤　知りません。それは知らない。そういう抵抗をしている人たちは、いまもちろん民族の英雄ですよね。安重根《アン・ジュングン》[※1]のように、伊藤博文を暗殺した人が向こうでは英雄になっている。紙幣に安重根の像が描いてある。こちらでは伊藤博文が千円札になっていた。私も朝鮮や中国に対して、後ろめたさというのがあるんですけど、いま言われたような形で日韓併合がペテンだったというのは、それは初めて聞きましたね。

岩上　そうですか。これはたいへんなことですよね。

梓澤　無効論というのはよく聞きますが、いまのは不成立論ですよね。

岩上　無効論と不成立論はどう違うんですか？

梓澤　不成立論というのは、ハンコを押してない。

澤藤　つまり形式すらない。

梓澤　無効論というのは、仮にあったとしても、それは国際法的に押し付けた形でなされたとみなされる。

岩上　不当論とは違うんですか？

梓澤　不当論とは違うんです。不当論というのは、有効であったけれども、政治的に見て、それはおかしいというものです。

岩上　おかしいということですよね。だから、合法だけれども、不当だったというのが村山談話だったわけですね。

梓澤　いまのは、不成立で存在しないと。

岩上　ここらあたり、整理が必要だと思うんですけど、そもそもこうしたものが発掘されて、これまでの前提が、まったく間違ってますよということを言われているという話です。

澤藤　僕も知らない。

岩上　これは、たいへんな内容を含んでると思うんです。だから明治政府から昭和、現代に至るまで徹底的に隠されてきた。このブックレットにも登場する李泰鎮《イテジン》氏というソウル大学の史学科教授は、二〇〇四年に東京大学駒場キャンパスに招かれ、連続講義を行ない、併合条約には大韓帝国の皇帝の署名がないことを、一次資料に基づいて明らかにしました。『東大生に語った韓国史―韓国植民地支配の合法性を問う』（明石書店、二〇〇六年）という本に講義録がまとめられています。

澤藤　日本がやったことはひどいと思うんですよね。閔妃《ミンピ》事件[※2]というのがありますよね。

岩上　閔妃暗殺ですね。

澤藤　私には皇室に対する尊敬の念も親愛の情もまったくありませんけれども、例えば、アメリカ軍が皇居の中に押し入って、皇后を暗殺したということになれば、私だって怒りますよ。そういうことを日本が韓国でやったんですね。朝鮮、韓国の人たちを、心底怒らせたんだということは、よくわかっておくべきだと思いますね。

岩上　それを指揮したのは三浦梧楼[※3]ですよね。三浦梧楼という人も長州の人なんですよね。

澤藤　長州に恨みがありますね。

岩上　いえいえ、僕は山口県の人に何の恨みもありませんよ。ただ歴史を調べてゆくと、史実を知らないことは怖いことだなと思うのです。

あの当時は、閔妃暗殺も、それから後宮占拠ということもありましたが、まったく表沙汰にならなかったわけじゃないですか。外国人特派員が一部気付いて、記事を書かなければ、何も知らなかったわけですよね。

そんなことをやった三浦梧楼という人は、長州の人で、伊藤博文や山県有朋という人たちとも、深い関わりがありました。特別な任務を負っていましたが、ばれたので、広島に引き揚げさせて、以後、罪問われず、処分なしとなっているわけです。

つまりこのような極秘任務は、他の閥の人間には任せられない。やっぱり自分たちが信頼に信頼を重ねている人間でないと、この特命は果たせないと思って、やらせたことではないかなというのを、最近知ったんです。

角田房子さんがお書きになった『閔妃暗殺——朝鮮王朝末期の国母』（新潮文庫、一九九三年）という本なんですが、これもたいへんな研究だと思います。

それをより進めた研究が、先ほど名前が出た中塚明さんのお弟子さんにあたる、金文子さんという方が書いた、非常に実証的な研究書『朝鮮王妃殺害——誰が仕組んで、誰が実行したのか』（高文研、二〇〇九年）です。

やっぱり少しずつ、少しずつ研究が進んでいっているわけですね。東学党の乱[※4]と言われる乱に対するものすごい弾圧についても、これまであまり知られてなかった。しかし、特に民間での研究が進むにつれ、近隣諸国で日本が何をしてきたのかが明らかになりつつあります。我々日本人こそ、そういった事実を直視しなければなりませんね。

※1　安重根
1879～1910。朝鮮の独立運動家。1905年第二次日韓協約（乙巳〔いっし〕保護条約）の締結による日本の侵略に抗議、愛国啓蒙運動に加わる。1907年ウラジオストクに亡命し、抗日義兵運動を展開。1909年ハルビン駅で伊藤博文を射殺。1910年3月26日処刑された。32歳。黄海道出身。（kotobankより）

※2　閔妃事件
1895年、日本公使三浦梧楼の指揮により日本軍人・大陸浪人らの手で閔妃が殺害された事件。（kotobankより）

※3　三浦梧楼
1847～1926。長門萩藩の奇兵隊出身。累進して陸軍中将となるが山県有朋らと対立して予備役編入。学習院院長を経て1895年朝鮮公使となり、閔妃暗殺事件を起こした。後年は政界の黒幕として活動。貴族院議員、枢密顧問官。（kotobankより）

※4　東学党の乱
甲午農民戦争1894年、朝鮮李朝末に起こった東学の信徒を中心とした農民の反乱。鎮圧のため李朝政府は清国に派兵を要請、日本も出兵して乱は鎮圧されたが、日清戦争を誘発する結果を招いた。（kotobankより）

日本国憲法　第九章　改正

なぜ三分の二以上が必要なのか

岩上　いよいよ問題の第九章です。自民党の改憲案では一〇章になっています。

現行憲法では九六条ですが、これが自民党の改憲案では一〇〇条となっています。

まさに、ここが改正に関わるところなんですけれども、ポイントの一つは、これまで「三分の二以上の賛成で発議」というのが「過半数」になるということ。もう一つは、「国民の投票において有効投票の過半数」になること。ここで、改正はしやすくなるということだと思います。

梓澤　私は、現行憲法九六条を公権力暴走停止システムと呼んでおります。すなわち、議院内閣制のもとでは、二分の一だけで、現在で言えば自衛隊、自民党案で言えば国防軍、それから警察、税務署長体制などをすべて、いわゆる公権力の重要な機能をがちっと握るわけですね。

現行憲法では、選挙で二分の一を獲得した勢力を、三分の二で縛っているわけですね。だから、窮屈なわけです。それが憲法であり、改憲の難しい要件なわけですね。それを、二分の一を取った勢力が、二分の一で改憲を発議できるとなれば、もう自由になんでもできちゃうことになる。つまり、自民党案は公権力に対する暴走停止システムを取っ外すと言っているのと同じです。

だから、これは、憲法という名を付けながら、憲法を憲法でなくするものにするという条項に等しい。憲法の大切さや、公権力の恐ろしさというものは、近代や戦前の歴史をよく勉強した人ならば、誰でもわかると思います。

だからこそ、九条については改憲を主張している小林節さんも半藤一利さんも、九六条改憲反対の陣営に高らかに加わっていうことになると思いますね。

岩上　なるほど。立憲主義そのもの。国民が権力者に対して、その権力の行使を制約するという憲法の性格上、それがそう簡単に変えられないということは、本質的なことなんだということですよね。

澤藤　そうですね。立憲主義という言葉が、特に二〇一三年になって、多くの人に行き渡ったんだと思います。

国民が国家権力をつくるんだけれども、一旦できた国家権力は国民に対して敵対をするという側面がある。その国家権力を暴走させないよう縛るものとして、つまりは権力制約の装置として憲法というものがある。

いつの時代も、国会議席の過半数を獲得した多数派が政権をつくっているわけですから、政権を縛るための憲法が国会議席の過半数で改正発議可能としたのでは、何の縛りをかけたことにもならない。少なくとも三分の二は必要となる。ダイヤモンドと憲法は硬いところに、形を変えるのが難しいところに値打ちがあるんです。

もう一つは、国民の過半数という問題です。実は私は、その国民自身も、縛られていいんだというふうに思っているんです。

つまり、ある時期に、一時の激情に駆られて、国民が改憲の波に乗せられるという恐れも無きにしもあらずです。熟慮し、討議し、そして本当に変えてもいいかどうかということをよく考えて投票をする。その期間はどうしても必要となります。

各議院の総議員の三分の二の発議に基づいて、熟慮の期間を置いた国民投票によるということでなければ、憲法は変えられない。

自民党改正草案

第百条　この憲法の改正は、衆議院又は参議院の議員の発議により、両議院のそれぞれの総議員の過半数の賛成で国会が議決し、国民に提案してその承認を得なければならない。この承認には、法律の定めるところにより行われる国民の投票において有効投票の過半数の賛成を必要とする。

2　憲法改正について前項の承認を経たときは、天皇は、直ちに憲法改正を公布する。

現行憲法

第九十六条　この憲法の改正は、各議院の総議員の三分の二以上の賛成で、国会が、これを発議し、国民に提案してその承認を経なければならない。この承認には、特別の国民投票又は国会の定める選挙の際行はれる投票において、その過半数の賛成を必要とする。

②　憲法改正について前項の承認を経たときは、天皇は、国民の名で、この憲法と一体を成すものとして、直ちにこれを公布する。

それから、良い方向で変えるということについて、客観的な指標がないと言う方もいらっしゃいますが、これは一応あるんじゃないかというふうに思っているんです。

つまり、民主主義を徹底する方向。国民主権原理や、あるいは人権をより堅固なものとする方向。権力者の権力行使をできるだけ制約する方向。そういう方向の改正であれば、これはあまり問題がない。

しかし、いま出てきている改憲案は、国防軍をつくったり、人権を制約したり、民主主義を形骸化する方向のものです。こういうことに対しては、やっぱり歯止めが必要だし、国民が熟慮するための時間も仕組みも、どうしても必要なんだと思っています。

自民党は、現行憲法を完全に葬り去ろうとしている

澤藤　それから、第二項から「この憲法と一体を成すものとして」というのが消えましたね。

岩上　はい。そうですね。

澤藤　つまり、「この憲法と一体を成す」というのは、改正には限界があるということを当然として、改正をしても、その憲法は「この憲法＝現行憲法」と同じだということです。根本は変わらないということが前提になっている。それを自民党案は意識的に除いているとしか思えない。

岩上　現行憲法と切断した形で、新憲法が生まれるかのような感じがするわけですね。

澤藤　そういうことです。

岩上　これ、すごい重大ですね。梓澤先生、どうでしょうか？

梓澤　それ、本当に鋭い指摘だと思いますね。

岩上　この「一体と成すものとして」というのは、現行憲法の根本の原理のところは、改憲しても変わらないと読むことができる。しかし自民党案でその文言を削除しているということは、根本の原理も含めて、変わっちゃうんだよということですね。

三分の二とか二分の一といった、改憲発議要件も重要ですが、この第二項も本当に重要なところですね。

日本国憲法　第十章　最高法規

憲法の本質部分をあっさりと削除する自民党改憲

岩上　現行憲法第一〇章「最高法規」というところです。現行憲法では九七条、九八条、九九条。そして、自民党案では一〇一条、一〇二条に相当する部分です。

　まず九七条に、「この憲法が日本国民に保障する基本的人権は、人類の多年にわたる自由獲得の努力の成果であつて、これらの権利は、過去幾多の試錬に堪へ、現在及び将来の国民に対し、侵すことのできない永久の権利として信託されたものである」とあるのを、あっさり削除してしまっている。「将来の国民」に対して「信託された」「永久の権利」がなくなっちゃいました。現在の憲法の性格の本質的なものが、ここに凝縮されていると言っても過言ではないのに、それがなくなってしまった。ものすごいことかなと思いますけれども、お話をうかがいたいと思います。

澤藤　これまで、自民党改憲草案と日本国憲法を比較してきましたけれども、大日本帝国憲法を参照すると、この自民党の憲法改正草案の性格がよくわかるという経験を、たびたびしてきました。

　この「最高法規」である現行憲法の九七条に対応する条文を、大日本帝国憲法の中に探してみたんです。本文の中にはないんですけれども、大日本国帝国憲法というのは、いまの憲法の前文に相当するところに、「告文《こうもん》（天皇が祖先神に告げる文）」というのがありまして、それから、その後に、「憲法発布勅語」[※1]「御名御璽《ぎょめいぎょじ》」[※2]と続いて、この「第一章天皇」から始まるわけですが、その「憲法発布勅語」の一番最後に、こういう言葉があります。

　読みにくいんですが、「朕カ在廷ノ大臣ハ朕カ為ニ此ノ憲法ヲ施行スルノ責ニ任スヘク」とあります。この部分はわか

自民党改正草案

〔削除〕

現行憲法

第九十七条　この憲法が日本国民に保障する基本的人権は、人類の多年にわたる自由獲得の努力の成果であつて、これらの権利は、過去幾多の試錬に堪へ、現在及び将来の国民に対し、侵すことのできない永久の権利として信託されたものである。

らないでもない。「大臣」とは、その名のとおり天皇の家来ですから、国民にではなく天皇に対して責任を持っている。

問題はその次、「朕カ現在及將來ノ臣民ハ此ノ憲法ニ對シ永遠ニ従順ノ義務ヲ負フヘシ」（「朕が現在及び将来の臣民はこの憲法に対し永遠に従順の義務を負うべし」）と書いてあるんですね。これは凄まじい。

岩上　凄まじいですね。

澤藤　つまり、まず「臣民」に所有格の「が」がついて「朕カ臣民」となっている。つまり「天皇が所有する臣民」、しかも、それは現在だけじゃなくて、将来も含めた臣民に対して、永遠に従順の「憲法尊重擁護義務」を厳しく課している。これが、大日本帝国憲法の精神と構造を、極めてよく物語る一文だというふうに思います。

それに対比するものが、現行憲法の九七条です。憲法の性格を、ここで極めて明瞭に明らかにしているわけですね。

岩上　大日本帝国憲法とは正反対ですね。基本的人権は「現在および将来の国民に対し、侵すことのできない永久の権利として信託されたものである」として、大日本帝国憲法とは対称をなしているわけですね。

澤藤　そうですね。大事な九七条を、自民党憲法草案は全文削除する。非常にイデオロギー的であり、憲法の性格がどのように変わるかが、明らかになっている箇所だというふうに思います。

岩上　なるほど。

梓澤　この鼎談でも繰り返し述べてきたんですが、二つの世界大戦があって、その世界大戦では、七〇〇〇万人もの命が失われたわけですね。七〇〇〇万ということは、それぞれの人に家族があったことを考えれば、何億人という人たちの悲しみがあり、悲惨な人生があったわけですね。そういう犠牲の上に、ナチスや、イタリアのファシズムや、日本の天皇制軍国主義への反省があり、基本的人権の世界的な合意がなされたわけです。

個人の尊厳に基づく基本的人権こそ、最高の価値と謳うことによって、国家権力を拘束し戦争を防止する。これが、基本的人権の世界の合意であり、それが「国連憲章」と「世界人権宣言」に謳われたわけですね。

日本国憲法は、そういう世界合意の中の一つの所産として——ある人は世界遺産と言いましたけれども——、日本に産み落とされたわけですね。その意味を、ばっさりとここで削るというのが、第一点の問題であると思います。

第二に、九七条削除の背景には、いわゆる日本国憲法「押し付け憲法論」というのがあると考えています。「押し付け憲法論」というのは、僕は最初は、政治的な弁解という程度の政治の上の出来事だと思っていたんですよ。

ところが、そうじゃなくて、あの日本国憲法誕生の過程には、国体護持派というのが強力に存在していたわけですね。敗戦の際に受け入れたポツダム宣言[※3]は、日本の軍国主義の排除と、軍隊の武装解除という二つの柱がありました。

新憲法制定に際して、たとえそうであっても国体だけは護持するという憲法案が出されましたが、それはポツダム宣言の精神に反するものであったので、GHQは認めませんでした。その政府案を『毎日新聞』が、「保守的だ」として暴露した[※4]。

岩上　いわゆる松本委員会案[※5]のほうですね。

※1　勅語（前ページ）
旧憲法（大日本帝国憲法）下で、口頭で行なわれる天皇の意思表示。天皇の署名や捺印がないのが通例だが、公式令（1907年）制定以前の教育勅語（1890年）には署名・捺印がある。勅語は法律的性質を持たないのが原則だが、教育勅語は教育一般の基本方針とされ、実際には法的な効力を持った。（kotobankより）

※2　御名御璽（前ページ）
天皇の名前と天皇の公印。詔勅などの末尾に御名と御璽が記されていることを表す。法律の公布にあたっても記される。（kotobankより）

※3　ポツダム宣言
米・英・中3国が日本に占領方針を示し、「無条件」降伏を迫った共同宣言。ドイツのポツダムで1945年7月26日に発表された。ソ連は1945年8月8日の対日参戦と同時に宣言に加わった。当初、鈴木貫太郎内閣は宣言を「黙殺」していたが、8月14日の御前会議で受諾を決定。宣言は、軍国主義勢力の排除、連合国による日本占領、日本の主権を本州・北海道・九州・四国及び連合国が決める諸小島に制限すること、軍隊の武装解除、戦争犯罪人の処罰、民主主義・基本的人権の確立など、全13項からなっていた。（国立国会図書館HP日本国憲法の誕生用語解説 http://www.ndl.go.jp/constitution/etc/yogo.html』参照）

※4　毎日新聞記事
「憲法問題調査委員会試案」1946年2月1日、松本委員会の憲法改正作業は厳重な秘密のうちに進められていたが、2月1日、『毎日新聞』第1面に突如「憲法問題調査委員会試案」なるスクープ記事が掲載された。これは正確には、松本委員会の内部では比較的リベラルな、いわゆる「宮沢甲案」にほぼ相当するものであった。しかし、『毎日新聞』が「あまりに保守的、現状維持的」と批判した。この『毎日新聞』によるスクープ記事は、GHQが日本政府による自主的な憲法改正作業に見切りをつけ、独自の草案作成に踏み切るターニング・ポイントとなった。（国立国会図書館HP日本国憲法の誕生資料と解説 http://www.ndl.go.jp/constitution/shiryo/03/070shoshi.html 参照）

※5　松本委員会案
幣原内閣に設けられた憲法改正の調査研究を目的とした委員会。委員長に松本烝治が就いたことから、「松本委員会」ともいわれる。1945年10月27日から1946年2月2日のあいだに、総会が7回、調査会・小委員会が15回開かれた。松本の私案である「憲法改正私案」と委員会の二つの案「憲法改正要綱」（甲案）、「憲法改正案」（乙案）が作成された。このうち、甲案がGHQに提出され、拒否されたあとは討議の中心がGHQ草案に移ったため、事実上委員会はその役目を終えた。（国立国会図書館HP日本国憲法の誕生用語解説『http://www.ndl.go.jp/constitution/etc/yogo.html』参照）

梓澤　そうですね。それに対して、ＧＨＱから憲法の草案が出され、それで、いわば国体護持派の抵抗が粉砕されたというのが、日本国憲法の最初の、一番初めのドラマチックなやり取りだったわけですよね。

自民党案は、九七条の削除によって、国体護持派の精神の復活を目指しているように見えます。

岩上　すでに「国体」という言葉も、若い人は特に馴染みがないかもしれません。

隠しようがない、天皇を戴く「国体思想」と天皇を利用した支配

梓澤　治安維持法の中に、「國體」という言葉が出てるんです。旧治安維持法の第一条に、「國體ヲ変革シ又ハ私有財産制度ヲ否認スルコトヲ目的トシテ結社ヲ組織シ又ハ情ヲ知リテ之ニ加入シタル者ハ」とあって、最初は「一〇年以下」後の勅令で「死刑、無期又ハ」というふうに変わったわけですね。その國體（国体）とは何ぞやと言えば、天皇に主権があって、天皇が統治権を握るんだというのが、言ってみればキモのキモだと思うんですね。

この自民党改憲草案の全体をよくよく読んでみると、あのとき潰された国体思想をもう一回復活させようとしているのではないかと思うんです。はっきりと明示してないだけに、これから論証を重ねて、政府高官や靖国に行ってる議員たちに聞いてみて、一体何を考えているのか、確認しなければなりません。

だけれども、現行憲法から人権の最高価値を謳った九七条を削除したというところに、この日本国憲法のキモを抜いて、国体精神を復活させるというのを、僕は読み取りますね。

岩上　大日本帝国憲法の精神みたいなものを、行間ではなく、空白で語るということですね。まず、キモを抜いて。

澤藤　自民党改憲草案の前文の一番最初は、日本国は、「天皇を戴く国家である」と「国柄」を明記しています。一番最初に一番大切な文章を持ってくるというのが、当たり前ですよね。

これこそまさに国体の思想です。国体を護持する保証があるかどうかで、ポツダム宣言の受諾が遅れたわけですよ。その遅れたあいだに、広島と長崎に原子爆弾が落とされた。それでも、彼らは国体護持の保証を取り付けるために、ポツダム宣言を受けるとは言わなかった。

とうとう、最後にソ連が満州に入ってきて、やむなく受け入れた。旧体制にとって、国体護持というのは、国民の何百万の死にも増して大切なものだったわけですね。

それを転換したのが日本国憲法なのですが、やっぱり自民党案には再転換の思想が覆い難く滲み出ています。九七条も

そうです。九七条、なぜ削除するんだ。これは、重複だからというのが向こうの言い分ですね。そうではありません。

明らかに重複じゃない。たしかに「侵すことのできない永久の権利」だけは重複がありますけれども、前後の文脈は違います。

「最高法規」の中に、この憲法の性格を述べている九七条が位置付けられていることが、たいへん重要だと思います。

それを消してしまうということは、本当にとんでもない。日本国憲法の精神をないがしろにして、また国体護持の旧憲法に帰る。これは、別の言葉で言えば、人類の英知の到達した統治体制を、また元のわけのわからん神権天皇制に戻すということです。

一九世紀の末に、統治権の由来する正当性の根拠を、人民の意思に置かないで、神話に置いて、神様の子孫である天皇が統治権の総攬をする。

そして、臣民——つまりたった一人の天皇以外の全国民——は、天皇の家来として、未来永劫に臣民として、その憲法を守るように命じたのが、大日本帝国憲法の「憲法発布勅語」ですね。この思想に戻ることになりかねない。

岩上　国体と、それからいましきりに保守派の論客や、あるいは自民党の憲法草案自体にも、「国柄」という言葉が出てきますよね。この「国柄」という言葉は、とても頻繁に使われるんですけれども、この言葉を好んで用いる人にとっては、「国柄＝国体」なんだというふうにお考えですか？

澤藤　それは、言葉の使い方なんですけれども、いまの保守勢力の言葉の使い方は、「国柄＝天皇を戴く国柄」ですよね。天皇を戴く国家機構のあり方、すなわち天皇を中心とする文化や社会を考えているわけですね。

日本の歴史、伝統、文化ということを繰り返し、繰り返し、いろんなところで言われてきましたけれども、その中で、保守派にとって誇りうるものは、天皇を中心とした国家です。その万世一系、初代神武から現在まで続いている天皇というのは他にない国柄で、これが誇るべきものだという。

実際に続いているかどうかはともかく、続いていることにどんな意味があるのでしょう。

余計なことかもしれませんけれども、私は、宗教弾圧について、一生懸命、裁判をやってきた。その過程で知ったのですが、昔「ほんみち」[※1]というところがあったんです。

岩上　それは宗教団体ですか？

澤藤　天理教の分派なんですけれども、そんなに大きな宗教団体ではありません。けれども、戦前の天皇制と毅然と戦ったとい

※1　ほんみち
天理教系の宗教団体の一つ。天理教から分離した新宗教各派の中でも特に勢力の強い一派とされる団体とされる。（はてなキーワードより）

うことにおいては、共産党と「ほんみち」、この二つだろうと私は思います。

大日本帝国時代に「ほんみち」は、「万世一系、なにごとならざらん」と。「この世に生きとし生けるものにして、万世一系在らざるはなし」と言っているわけです。

岩上　「在らざるはなし」というのは、万世一系でないものはないだろうということですね。

親がいて、爺さん婆さんをはじめ、先祖が必ずいて、みんな命を引き継いできたからこそ、ここにあるんだということですね。すごい。本当にそのとおりですね。

澤藤　すごいです。しかし当然ながら、これは徹底的に弾圧された。しかも三度にわたって。そういったことが戦前あるわけです。他にも、天皇制におもねったにもかかわらず、弾圧されたところもある。

しかし、この「ほんみち」というところは、徹底的に戦って弾圧されたんですね。そういう意味から言うと、僕は万世一系というのは、別に価値でも何でもないと思います。家柄を誇る人なんていうのは、つまらん人の典型ですよ。軽蔑しますね。

岩上　その対極に、人間には生まれながらにして貴賤があると考える人がいます。

澤藤　その典型として天皇制がある。それがまったく否定されるべき、つまらんことだと思うんですけれども、そういう人たちにとって、国体思想というのはたいへん重要なことなんです。

それは、なぜかと言うと、統治をする人にとってものすごく便利だったからですよ。万世一系の神聖なる天皇がこう言ったんだから正しい。従いなさい。教育勅語もそう、軍人勅諭もそう。そして、天皇が唱導をした戦争なんだから、これはもう聖戦です。神風が吹いて最後は勝つんだとなる。

天皇制とは、どんな間違ったことでも、一握りの人の利益の政策でも、天皇の名によって出された政策に、国民が従う制度です。裁判にしても、天皇の名による裁判なのだから、これに批判は許さない。そういう意味では、天皇制って為政者にとってこんな便利なものはないわけですね。そういう便利なものを最大限、利用しない手はないというふうに、明治の初めから為政者は考えた。

あの人たちが天皇を尊敬していたはずはない。使えるものは最大限使う。魔法の杖みたいに、これをどういうふうにすれば、一番うまく使うことができるかを考え、日本中の教室を、国家神道の布教所にしたわけですね。「天皇は神様」、「天皇は現人神」、「まともに見れば目が潰れる」、「これに逆らってはいけません」という教えをした。それが、私は国体の現実だと思うんですね。それをもう一度やりたくてしょうがない。それが国体論争だと、あるいは天皇制復活論だというふうに考えています。

岩上　国が滅びても、国民がいくら死んでも、あらゆる富を失っても、何が起きても、何よりも国体護持とか言ってるのは、やっぱりある種カルトなんですよね。

どうあっても国体護持と言った終戦末期の抗い方を、聞けば聞くほど、そういうふうにしか思えないですね。僕の父親も、戦争に行ってるんで、子どもの頃からそのような話は聞かされてました。だけど全然理解ができないんですね。やっぱり一種の宗教的な思い込みや、思い入れなんでしょうね。

梓澤　政治による目的利用だけではなくて、それが支配者の内面、庶民の内面に浸透して、内側の人格をつくっちゃってるというところが、すごく危険だと思うんですね。

つまり、自分では気がつかない。そういう人が国の中の一部にいるのはいいんですよ。いろんな人がいて、社会が成り立ってるわけだから。

しかし、それを支配思想にして、しかもそれを従うことを義務とするというのは、絶対に危険なことで許せないことだと思いますね。

岩上　多様な意見というものを認めない。もうそれだけで危険であるということですよね。

条約は憲法より上位なのか、下位なのか

岩上　続いて現行憲法九八条、自民党案だと一〇一条です。

ここもわりと議論されないでスッと流れてしまうんですけれども、九八条の二項なんていうのは、非常に気になるんですよね。国際法規や条約が大事なのは当然なんですけれども、現状を考えると、これは日米安保のことを念頭に置いて書かれているんではないかという気がするんですね。

ＴＰＰに加盟したら、ＴＰＰが憲法の上を行ってしまう可能性すらある。それを考えると、これはちょっと気持ちが悪い。憲法は最高のものだと言いながら、その上を想定しているようなところがすごく気になるんですけど、この点はいかがでしょう？

澤藤　日本国憲法は素晴らしいのですが、本来、日本国憲法を最高法規として輝かせるはずの裁判所が、どうもいい加減で、裁判ではなかなかいいものが取れない。いままで私たちは、それならば、国際条約のほうがいいじゃないかとも考えていました。

例えば、公共の福祉に相当するような問題点については、日本よりもかなり厳格にやっている国際条約もあります。具体的には国際人権規約のＡ規約（社会権規約＝経済的、社会的

自民党改正草案
（憲法の最高法規性等）
第百一条　この憲法は、国の最高法規であって、その条規に反する法律、命令、詔勅及び国務に関するその他の行為の全部又は一部は、その効力を有しない。
2　日本国が締結した条約及び確立された国際法規は、これを誠実に遵守することを必要とする。

及び文化的権利に関する国際規約A規約）とか、B規約（自由権規約＝市民的及び政治的権利に関する国際規約B規約）ですが、とりわけB規約を使って、日本の国内でなかなか実現しない権利を、もう少し高める努力をしようというふうに考えていたわけです。

　いまおっしゃるような形で、日本の主権自身が国際条約で制約されるようなことになった場合、ちょっと考え直さなければならないなと思うんですが、ただ、あくまで国内法体系では最高法規ですから、やっぱり憲法は条約に優位するというのが、普通の考え方です。

　憲法に違反する国際条約は、国際道義の上からは、いろいろそれに付随したような問題が出てきますけれども、国内法規的には、やっぱり憲法が最高法規だという原則は貫かれるはずです。それがTPPであろうと安保であろうとです。

岩上　特に国際条約などは、国同士の関係によって変わってしまうことも、本来ならばあるわけですね。同盟なんて本来は、コロコロ変わる可能性がある頼りないものだったりしますよね。だから、それが憲法より上位だなんていうことになってしまうというのは、これはそこに隷属してしまうことをそのまま意味していると思うんで、これは厄介ではないかなと思うんです。

現行憲法
第九十八条　この憲法は、国の最高法規であって、その条規に反する法律、命令、詔勅及び国務に関するその他の行為の全部又は一部は、その効力を有しない。
②　日本国が締結した条約及び確立された国際法規は、これを誠実に遵守することを必要とする。

　それは大事なものだから、信義というのは守らなければならないというのはいいと思いますが、これまでずっと、条約が上にあるんだというふうに解釈されてきたというのは、なんとかするべきじゃないかなと思うんです。

梓澤　憲法の大原則である国民主権、それから基本的人権尊重し、恒久平和主義という、その原則に戻って考えるときに、その原則に反する国内法規的な意味を持つものがその条約にあるとすれば、その条約は正されなければならない。憲法に従って、つまり憲法が最高法規であるとして、それに反する条約は、効力を有しない。そういうふうに読むべきだと思うんですね。

条約のほうが憲法の下位になるという学説も、有力にあります。ただ、最高裁判所が、安保条約の憲法適合性というのを検討するときに、その態度を取っていない。

澤藤　いや、これはなかなか難しいんだ。

岩上　それ、ちょっと詳しく解説してください。お二人のあいだで、解釈が分かれるのかもしれませんけど、具体的に話していただけませんか。

澤藤　いま言われたのは、一九五九年一二月の砂川事件最高裁大法廷判決です。東京地裁における一審判決が、たいへん有名な伊達判決ですね（二九頁参照）。安保条約に基づく行政協定が当時はあって、その行政協定に基づく刑事特別法というのがありました。具体的な起訴事実は、立川での米軍基地建設のための測量をしようとしたことを阻止したデモ隊が、基地の中に何時間か入ったということです。それが刑特法違反となりました。

刑特法は行政協定に基づくもので、行政協定は安保条約に基づくものです。安保条約は、これは憲法九条に反して、違憲な条約だというのが弁護側の考え方だったわけですね。それを一審の伊達判決は認めたわけです。

これはたいへんなことだというので、いろんな経緯があったことはいまでは明らかになっていますけども、高裁を抜いて、跳躍上告で、いきなり最高裁大法廷に行って、そこで判決が出るわけです。

そのときに、一番問題になったのは、条約の効力が憲法に適合しているということを、まず言えるかどうか。条約であれば、いったん結んでしまった以上は、憲法適合性を判断することはできないかどうか。できるとすれば、実際に憲法に適合する条約であるか、憲法に適合しない、つまり違憲の無効の条約であるか。そこが争われた。そういう設定です。そこで、梓澤くんがどう読むかですね。

梓澤　「馴染まない」という言葉が出たのは、この判決だったっけ？

澤藤　「馴染まない」ではないんだけれども、非常に面倒な読み方なわけですね。読み方によると、これはまず内閣が決めて、国会が批准をしているわけです。その内閣も国会も、民主的な手続きで構成されている機関です。その国民の意思に直結した機関が決めたことは、最大限守るべきであって、そこに裁判所が軽々に口出しをすべきでないと、最後はそういうことなんですよね。

ですから、これはいわゆる統治行為論なわけです。裁判所は判断から逃げたと読むこともできるんですけれども、しかしその統治行為論が働く前提として、「一見明白に違憲である場合以外は」というふうに言っているんですよ。そうすると「一見明白に違憲」であれば、裁判所が口出しをして、これは違憲だというふうに判断する余地は残しているんだと読める。

そういうことから見ると、やはり最高裁も、大原則は、条約と言えども憲法の下にあって、裁判所によって憲法適合性の審査を受ける対象としていると読めます。だから、最高裁は、原則としては安保条約の憲法適合性を判断することができる。しかし、「一見明白に違憲である」というふうに言えないときには、軽々に口出しはしない。

岩上　本当は、この問題は違憲かどうかということを判断しなければいけないはずだし、そして、現行憲法からすると、日米安保というのは憲法違反になるという判決が一審であったわけだけれども、最高裁は、一審判決の間違いを認めたのではなく、そうした判断を下すような事案ではないというような枠組みで退いた。それについては行政や内閣が決めることなんだからと言って、裁判所は踏み込まない。こういう逃げ方をして、現状を維持、つまり安保を認めるということだったんですね。

澤藤　最高裁判決の「一見明白に違憲である場合を除き」なんですが、現実にはそんな場合はほとんど考えられないわけですね。そうすると、事実上、もう条約については、そもそも違憲審査権（二五一頁参照）を放棄したというふうにしか読めないじゃないかというのが、現実的な理解として正しいんだろうと思うんですよ。

それでも、「一見明白に違憲な場合」という短い文言に顕微鏡を当てて見れば、法理論的には、やっぱり条約と言えども、憲法審査の対象になると読むべきであって、焦点をそっちのほうに当てて見ることもできる。

岩上　実は現行憲法九八条は、このまんまなんですよね。自民党の改正案でもまったく同じ。

梓澤　このままなんだけど、逆に、全体の自民党改憲草案が通ってこの一〇一条が活きると、非常に危ないんですよ。

なぜかというと、例えば、地方公共団体の情報公開条例や公安条例を改正して、公安条例では表現の自由を憲法以上に認めていこうと、デモは許可制じゃなくて、届出制にしようとか、あるいは情報公開も徹底的に原則的にやろうという新しい条例をつくったとします。

すると、この一〇一条の最高法規性で、全体の表現の自由の「公益及び公の秩序」に反する目的の表現行為は認められないとか、情報公開は認めれらないということになるわけです。そういう条例がバサバサ切られてしまう。

そういうふうに、この一〇一条は、逆の作用を果たしていくわけですよね。

岩上　最高法規と言っても、自民党案の最高法規は、国民主権の側にも立憲主義の側にも立たないわけですから、国からの上意下達というのが、徹底するということですよね。

天皇を別格視する者に、憲法を論じる資格はない！

岩上　続いて「憲法尊重擁護義務」です。現行憲法九九条ですが、これは非常に重要な条文だと思います。

この憲法が誰に向かって、どのように誰を拘束するのかということが書かれているわけですよね。現行憲法では、天皇までもこの義務を負うわけです。

自民党案では、一〇二条になるのですが、これで気づくのは、まず国民というのが、憲法を尊重しなければいけないという項目が加えられていることです。そして、二項を見ると、「天皇又は」というふうになっていた「天皇」が、なくなってるんですね。

つまり、天皇にはこの憲法尊重擁護義務がなくなるわけですね。これは、天皇が憲法を尊重しなくてもいいというだけではなくて、詔勅や勅命を下していくような立場の人はあえて除外しておき、それを内閣が利用することもあるんじゃないかなと思うんですけど、いかがでしょう？

澤藤　もう、これはなんというか。めちゃくちゃというか。よくぞまあ、こんなことまで言い出したということで、絶句しますね。まともな憲法議論になっていない。

でも、こういうことを書いてくれるから、自民党というものの体質が明白になる。私はこれまで自民党を、保守政党だと言ってきました。しかし、この草案を見る限り、保守政党というのは褒めすぎですよね。保守というイデオロギーではなくて、やっぱり国体護持イデオロギー、あるいは極右というふうに言ってもいいんじゃないか。ナショナリズムが非常に偏狭に出ているという感じです。

岩上　ナショナリズムと言ってしまうと、これも褒めすぎですよね。ナショナリズムというのは、近代国民国家ならば、どこの国でもある程度あるわけで、幅の広い観念だと思うのですが、その中のものすごく極端な観念じゃないかと思いますけども。

澤藤　そうですね。

岩上　ファナティックな感じですよね。

澤藤　なぜ、憲法遵守義務の宛名となっている公務員から、わざわざ「天皇」と「摂政」（天皇の代理者）を抜いたか。ファナティックな側面と、憲法構造の転換という側面を見なければならない。ファナティックな面から言いますと、「畏れ多いから」という理由しか考えられない。自民党案六条（天皇の国事行為）に関する「Q＆A」では、堂々と「天皇の行

自民党改正草案
（憲法尊重擁護義務）
第百二条　全て国民は、この憲法を尊重しなければならない。
2　国会議員、国務大臣、裁判官その他の公務員は、この憲法を擁護する義務を負う。

為に対して『承認』とは礼を失することから、『進言』という言葉に統一しました」と書いています。なによりも、前文冒頭が「日本国は……天皇を戴《いただ》く国家であって」というのですから、国家の上にある天皇に憲法遵守義務などもってのほか。「承認」が礼を失すると言うなら、憲法遵守義務は畏れ多いとしか言いようがない。旧憲法の「天皇ハ神聖ニシテ侵スヘカラス」を思い起こさせます。

かつて天皇は、神聖であること、高貴であることを理由に、主権者の地位にあった。国民は天皇をその地位から引きずり下ろして、いま主権者となっている。天皇の神聖性や高貴性を認めることは、国民主権を危うくするものとしてまことに危険なことを、多くの国民にご理解いただかねばならないと思います。

岩上　「国民にご理解」と、敬語で言いましたけどもね。

澤藤　そうなんですよ。天皇に敬語を使ってはならない、国民には丁寧語を使用する、天皇を畏れ多いとか、高貴とか、そういうものとして……。

現行憲法
第九十九条　天皇又は摂政及び国務大臣、国会議員、裁判官その他の公務員は、この憲法を尊重し擁護する義務を負ふ。

岩上　言い出してる瞬間に、国民主権が抜け落ちていくということですね。

澤藤　そうですね。天皇の扱い方はいろいろとあります。政治的にも、文化的にも。憲法論で天皇を論じるときに、いささかも天皇を神聖なものとしてはならない。それは、絶対に大原則としなければならんということを申し上げておきたいと思います。

梓澤　天皇及び摂政を、憲法尊重擁護義務から除いたというのは、差別論から言っておかしいのと、他に利用論ですね。つまり、軍人たちが天皇の名において、何かを反平和的なことや憲法に反するようなことをやろうとするときに、それは非常に便利なんですね。

「天皇は神聖にして侵すべからずものなり」、あるいは「天皇は無答責（何をやっても責任がないこと）である」というふうにすると、例えば、兵隊を前線に天皇の名で送っても、そこで一万人もの人が亡くなったとしても、天皇はそのことに、政治的にも、法律的にも責任を負わないとなります。

そうすると、その「陰」に入ったらなんでもできるわけですね。

岩上　重要なことは、その「陰」に入りたがっている人がいることです。その天皇の無答責ということを利用して、自分たちこそが無責任で、無答責でありたいと考えている。これは無限の権力を手に入れたいということですね。

梓澤　最近ではだんだん常識になってきましたが、憲法というのは、公権力を縛るものです。いかなる高貴なる権力も、憲法によってギチギチに縛られている。それであったのに、天皇だけは縛られないということになれば、その「陰」に入ってなんでもできるわけですね。

特に、武装力を持った軍人たちがその「陰」に入ったときには、天皇という名において、たいへん恐ろしいことが起こります。それはもう戦前の盧溝橋事件[※1]や、満州事変[※2]の歴史に明らかです。

そういうことをやっておいて、今度またそれと同じ歴史を辿ろうとしている。いったいこの国を、どこに連れて行こうとしているのか。つくづく不思議に思いますよ。

中国もこれだけ強くなり、それぞれのアジアの国々はものすごく誇りを持って、国をつくってるわけですよ。そこへ出て行って、「そこ退け、そこ退け、国防軍が通る」と言ったところで、パーンと跳ね返されるわけでしょう。そうすると、どういう結果が残るかといえば、国の形も残らない敗北ですよ。まさに「国敗れて山河なし」ですよ。

いままでは、国が敗れても、まだ山河あった。今度は、なんにもなくなって、リアルに『風の谷のナウシカ』のような世界に、子どもたちが暮らすことを思えば、それは任せておけないですよね。

そういうことに行く、つまり天皇を操る影法師ですね。二人羽織じゃないけど。そういうものがこの天皇または摂政を憲法尊重擁護義務から外したということじゃないでしょうかね。

澤藤　もう一つ、ここは憲法の構造そのものの変化を端的に表すところです。再度、大日本帝国憲法の「憲法発布勅語」を読みます。

「朕カ現在及將來ノ臣民ハ此ノ憲法ニ對シ永遠ニ従順ノ義務ヲ負フヘシ」（「朕が現在及び将来の臣民はこの憲法に対し永遠に従順の義務を負うべし」）こ

※1　**盧溝橋事件**
1937年7月7日夜、北京郊外の盧溝橋近くで演習中に銃撃を受けたとして、日本軍が翌朝、中国軍を攻撃。8年続いた日中戦の起点となった。事件後、天津、上海など戦闘地域が一気に拡大、全面戦争に入った。（kotobankより）

※2　**満州事変**
日本の中国東北・内蒙古への武力侵略戦争。いわゆる十五年戦争の第1段階。満州（現中国東北部）の奉天（現瀋陽）郊外の柳条湖で1931年9月18日に起きた鉄道爆破事件に始まる日中両軍の軍事衝突を発端とし、狭義には33年5月31日塘沽（タンクー）停戦協定までの期間、広義には37年7月7日盧溝橋事件による日中戦争全面化までの期間を指す。（kotobankより）

れは欽定憲法ですから、天皇がこの憲法を書いているわけです。天皇が臣民に対して、憲法を守るように命じたものが、大日本帝国憲法だったわけです。

我々は、その原則を逆転した。人間が賢くなって、一人ひとりの国民の生きる権利、基本的人権、個人が大事という人類普遍の原則まで到達したわけですよ。その原則を守るために、日本国憲法は国民が書いたんです。誰に向かって書いたかというと、それは権力を握る者にです。権力を握る者だけでなくて、権力を握る可能性のある存在についても、きちんと命令をしておかなければなりません。

ついこのあいだまでは主権者として君臨していた天皇こそが、国民主権のライバルなんです。天皇に対しては、もっとも警戒をしなければならない。だから、国民の名で、天皇に対してきちんと、「この憲法を守りなさい」と言うことが、非常に大事なわけですね。

大日本帝国憲法の勅語の部分と、現行憲法の九七条と九九条を対比して読めば、問題点が非常に明らかになります。

国民に対する憲法尊重義務設定とセットにして天皇を憲法遵守義務対象から外すということは、絶対に認めてはいけません。これを認めるということは、憲法の大原則、近代憲法としての純粋な理念型である私たちの日本国憲法の形を、根本から崩してしまうということです。

徴兵制が違憲ではなくなる

岩上　国体という言葉を生んだのは、水戸学の会沢正志斎でしたね（六一頁参照）。

会沢正志斎が『新論』という本の中で、初めて国体というものをつくり出すわけですね。江戸幕府の時代ですから、そのときに、国学の影響を色濃く受けながら、後期水戸学の思想家であった会沢正志斎が、勤王の思想を組み立て、そして国体というものを考え出す。

これは何に影響を受けていたかというと、キリスト教の影響を非常に色濃く受けていた。つまり、キリスト教を「妖教」と呼んで危険視しながらも、キリスト教との対抗思想を考えていたらしいんですね。キリスト教の絶対神の観念。西欧の強さは、宗教が一つであり、国家と一体化している点にある、と彼は考えた。西洋諸国がアジアにも進出してきていますから、いくら鎖国の状態にあるとはいっても、当然、見聞するわけですし、ずっと気にはなっているわけですね。

自分たちの絶対神というものを確立し、国家宗教として強い国を目指そうという考えが、明治維新になって初めて生まれてくるのではなくて、徳川幕府の時代に、もうそれが形づくられていく。そして、これが、例えば吉田松陰のような人たちに影響を与え、それが今度、勤皇の志士に影響を与えて、勤皇思想というものが形成されていく。

一九世紀冒頭のその当時の欧州は、神聖ローマ帝国[※1]が崩壊し、フランス革命はすでに勃発していた。社会契約説が登場していたが、時代遅れになりつつあった王権神授説[※2]もまだまだ生き残っているような時代でした。そうしたキリスト教国に対抗するべく考えられた会沢の「国体」思想は、脈々と受け継がれて、勤皇の志士の思想になっていったんだと考えられるんですけど、このときに、尊王と攘夷というのがセットですが、もう一つ、征韓論の欲望が隠されていたということが、今日では、忘れられていますよね。

キリスト教国に対抗する皇国を打ち立て、進出する先は朝鮮半島ということをまずは考えている。だから、豊臣秀吉がやった文禄・慶長の役（朝鮮半島への進出）を肯定する。しかも、そのときに持ち出されていた神功皇后の三韓征伐という神話を、再度リニューアルして持ち出す。そして、『日本書紀』、あるいは『古事記』に書かれている神話を肯定する。そして、明治になるとともに、すぐ征韓論が出てくる。大久保利通は、最後まで征韓論を制したと言われていますけども、あれは単に、いまは時期じゃないと言っただけの話で、やる気満々だったわけですよ。

いまこの大日本帝国憲法を批判をするのと同時に、あの頃の人々の考えの中で、朝鮮半島を食って、中国大陸に進出しようという考えが、ほぼコンセンサスとしてあったということも全部含めて、批判しないといけないんじゃないかと思います。

先ほど梓澤先生がおっしゃったのは、「いまさら何の戦争をしようというの」ということですよね。戦争反対とか平和主義と言ったときに、どのような戦争を想定して反対するのかということなのだろうと思うんです。

戦争って、抽象的な話ではなくて、具体的な話ですから。やろうとする側も、それをやめさせようとする側も、具体的な戦争のことを考えなきゃいけなくて、結局、幕末から明治にかけて、朝鮮半島を皮切りにアジアを征服する戦争が想定されてきたし、実際にそれを遂行したし、そして、もしこれから戦争をやろうとしたら――彼らはどこまで自覚してるのか、わかりませんけれども――、また同じようなことを考えてるんじゃないかと言わざ

※1　神聖ローマ帝国
中世から19世紀初頭までのドイツ国家の呼称。962年のオットー一世の戴冠により成立。皇帝は血統権に基づく選挙制により選出、ローマ教皇の加冠を受け、ローマ帝国の伝統とキリスト教会の権威を結びつけたが次第に形骸化。ナポレオン勢力下の1806年フランツ二世が帝冠を辞退し、帝国は崩壊。（kotobankより）

※2　王権神授説
君主の権力は神から授けられた絶対のものであり、教皇など他の権力から制約されないとする思想。近世のヨーロッパで、絶対君主の支配を正当化するために主張された。（kotobankより）

るを得ないですよね。

そこで実際にはどうなのかというと、勝てっこないというよりは、そんなことやって、うまくいきっこないわけですね。でも、それでも中国や韓国、北朝鮮に対して強く出るのは、バックにアメリカが付いているという前提があるからだと思うんです。

私にはこの九七条の話と、この九八条の話。あるいは、九九条の話が現実と意外に繋がっているように思えるんです。見え隠れしているのは、一方に日米安保、日米同盟があって、アメリカに背中を押されているからこそ、そしてもう一方に北朝鮮の存在、そして、中国の台頭があるからこそ、日本は軍事国家になるべきだという思想です。石原さんなどは、はっきり「日本は軍事国家になるべきだ」と言ってますよね。

今度はアメリカが付いているからうまくいくんだという思いがあるはずなんです。ところが、このあいだ（二〇一三年六月七日～八日）、習近平が訪米したときの歓待ぶりたるや、安倍さんの訪米したときの比ではないわけですよね。

これを見て、とりわけ右寄りの保守の人間で愕然としない人間は、少しおかしいと言うほかないと思うんですね。彼らは、アメリカの後ろ楯、つまり日米安保、日米同盟を頼みの綱としている。ところが日本のタカ派の背中を押したはずのアメリカは、日本がアジアに対して攻撃的な態度を取ると、横っ面を張るわけですよね。

これには、日本の右派は本当はショックを受けているはずだし、受けなきゃいけないはずだと思うんですよ。アメリカは、中国と日本が本当に対立するようなことがあっても、日本のサイドに立って一緒に戦ってくれるとは限らないでしょう。このような観点から見ても、自民党案改憲草案は間違えている。

憲法論だけではなく、パワーポリティクスの観点から見ても、ナンセンス極まりないものではないかなと思ったりするんですけど。

梓澤　私は、徴兵制ということを、自民党案一〇二条の「全て国民は、この憲法を尊重しなければならない」という一文から読み取るんです。というのは、自民党改憲草案の九条の二に戻りますけれども、国防軍というのがありますよね。

九条の二の五項に、「国防軍に属する軍人その他の公務員がその職務の実施に伴う罪又は国防軍の機密に関する罪を犯した場合の裁判を行うため、法律の定めるところにより、国防軍に審判所を置く」とあります。

この規定について、以前も言いましたけれども、二〇一三年四月二一日の『週刊BS—TBS』で、杉尾さんというキャスターが、石破茂自民党幹事長に、一時間にわたるインタビューを行なった。そのときに、「この国防軍審判所というのはなんですか？　非公開ですか？」と尋ねたら、石破さんは「非公開です」とはっきり答えた（一六五頁参照）。

そして、キャスターの「なぜ自衛隊ではなく軍でなければならないのか」との問いに対して、要旨として次のように答えたのです。「いまの自衛隊法では命令に従わない隊員に対し、目いっぱいでも七年の懲役刑しか課することができない。しかし（出動）命令に従わなければ、その国における最高刑、死刑、無期、または懲役三〇〇年、そんな目に遭うのなら出動命令に従おうということ。服務宣誓にだけ頼る自衛隊のあり方はそれでいいのか」というのです。

現在の憲法のもとでは、軍隊を認めてないわけだから、その軍隊に無理やり連れて行かれることはありません。平和主義と基本的人権の尊重、それと「意に反する苦役」というのをセットに考えれば、徴兵制はあり得ないというのは、どの憲法の教科書を見ても書いてある。

ところが、自民党案は、基本的人権の上に「公益、公共の秩序」があるんだから、「その意に反する苦役に服させられない」なんていう抵抗は許されない。さらには「全て国民は、この憲法を尊重しなければならない」とあるんですから、これでは徴兵制を敷くことが、憲法に違反しなくなる。そこが大事なんです。

そのように書き換えたわけです、自民党改憲草案は。

日本国憲法　第十一章　補則

憲法の一部である「補則」と憲法の外側にある「附則」

岩上　これが最後の最後の、本当に最後のものになると思います。現行憲法第一一章「補則」というのがあります。自民党案だと、「附則」となっているんですね。

「施行期日」「施行に必要な準備」「適用区分等」とあるのですが、これは手続き的なことで、たいして意味がないのかもしれませんけれども、それにしても全面的に書き換えられているので、私はわからないところも多いんですが、これはどういうふうな意味を持ちうるんでしょうか？

澤藤　よくはわからないのですが、現行憲法では、一一章となっていて「補則」になってますよね。つまり、ここもあくまで本文だとうことです。自民党案は「附則」ということで、憲法本文の外に出した。

岩上　そうですね。憲法の外になるわけですね。「附則」だから。

澤藤　つまり、大日本帝国憲法から日本国憲法へのカギカッコ付きの「改正」においては、手続きは改正ですけれども、実際は、新しい憲法をつくったわけですよね。たしかに章立てなどの形式は、だいぶ似せてつくってあるんですが、中身はまったく違う。

原理がまったく違うものになったために、経過規定は非常に重要だったのです。自民党案は、建前として、原理原則は変えない部分改正としているためか、非常に事務的に経過措置を書いた。その附則の中では、裁判官の任期と再任のところが一番重要なものですが、日本国憲法の補則と基本的に変わりありません。

ただ、現行憲法の一〇三条を見ていて思うんですけれども、天皇の輔弼《ほひつ》機関※1であった裁判官などが、その地位を失わなかったというのはおかしな話ですね。無傷のまんまで来たわけですからね。

岩上　無傷のままというのは？

澤藤　昔のまんま、何の反省もなくやったわけです。大日本帝国憲法の下で法技術者であった裁判官が、日本国憲法の裁判官になっても同じようにやっていけた。やっちゃったわけですよね。

岩上　裁判官はA級戦犯のような、時間的・身分的切断があったわけではない。つまり、軍は解体されたし、軍人及び政治家は処刑された者もいるけれども、司法関係者はそういうことにならなかったわけですね。本当は責任が重いはずですよね。

澤藤　本当にそう思いますね。

岩上　だから、しれっとまた、今度は変わってしまうこともありうるということですか。

澤藤　自民党案は、大原則は変えないという建前ですから、いままでのとおりでも、そうおかしくはない。おかしくはないけど、自民党案が通れば公共の福祉ではなく、公序公益で人権を制限する裁判をしなければならなくなる。それによってどのようになりますかね。

岩上　公共の福祉というのは、個々人の権利の対立を調停することだというお話もありましたけども（三三頁参照）、素直に今後は福祉がなくなると、ダイレクトに受け取ってもいいんじゃないですかね。つまり、福祉国家をやめると読める。

梓澤　福祉という言葉と秩序という言葉は、対立してるんですよね。やっぱりおかしいな、自民党改憲草案。そこだけ見ても、多くの国民の幸せを考えてるわけじゃないなと思いますね。

岩上　いまも、福祉用の予算というのはどんどん削られています。生活保護法の改正もありました。ＴＰＰに入った場合は、国民皆保険制度は縮小され、医療保険は民営化されてしまうでしょう。

　これで外資は大儲け。いまでも政治的に非常に歪められた形で、がん保険市場はアフラックが独占しています。

　すでに新自由主義は現実のものとなっているわけですけれども、「公共の福祉」という文言を消し去るということは、新自由主義の教義を憲法に書き込むというふうにも思えます。そのまま読めば、福祉国家をやめて、民間の儲けを最優先にして、戦争ができる国にする。そのような気がします。

※1　**輔弼機関**
大日本帝国憲法において、天皇の大権行使に誤りがないように意見を上げる行為をいう。天皇の国務に関する大権については国務各大臣が輔弼し、副署によってそれを証明したが（大日本帝国憲法55条）、憲法外の機関である内大臣・元老も輔弼機関と解されることがあった。統帥大権については陸軍参謀総長・海軍軍令部長といった軍令機関が輔弼するほか、陸・海軍大臣、侍従武官長も輔弼機関と解されていた。皇室大権については宮内大臣が原則的に輔弼した。（kotobankより）

自民党改正草案

（施行期日）

1　この憲法改正は、平成〇年〇月〇日から施行する。ただし、次項の規定は、公布の日から施行する。

（施行に必要な準備行為）

2　この憲法改正を施行するために必要な法律の制定及び改廃その他この憲法改正を施行するために必要な準備行為は、この憲法改正の施行の日よりも前に行うことができる。

（適用区分等）

3　改正後の日本国憲法第七十九条第五項後段（改正後の第八十条第二項において準用する場合を含む。）の規定は、改正前の日本国憲法の規定により任命された最高裁判所の裁判官及び下級裁判所の裁判官の報酬についても適用する。

4　この憲法改正の施行の際現に在職する下級裁判所の裁判官については、その任期は改正前の日本国憲法第八十条第一項の規定による任期の残任期間とし、改正後の日本国憲法第八十条第一項の規定により再任されることができる。

5　改正後の日本国憲法第八十六条第一項、第二項及び第四項の規定はこの憲法改正の施行後に提出される予算案及び予算から、同条第三項の規定はこの憲法改正の施行後に提出される同条第一項の予算案に係る会計年度における暫定期間に係る予算案から、それぞれ適用し、この憲法改正の施行前に提出された予算及び当該予算に係る会計年度における暫定期間に係る予算については、なお従前の例による。

6　改正後の日本国憲法第九十条第一項及び第三項の規定は、この憲法改正の施行後に提出される決算から適用し、この憲法改正の施行前に提出された決算については、なお従前の例による。

現行憲法

第百条　この憲法は、公布の日から起算して六箇月を経過した日から、これを施行する。

②　この憲法を施行するために必要な法律の制定、参議院議員の選挙及び国会召集の手続並びにこの憲法を施行するために必要な準備手続は、前項の期日よりも前に、これを行ふことができる。

第百一条　この憲法施行の際、参議院がまだ成立してゐないときは、その成立するまでの間、衆議院は、国会としての権限を行ふ。

第百二条　この憲法による第一期の参議院議員のうち、その半数の者の任期は、これを三年とする。その議員は、法律の定めるところにより、これを定める。

第百三条　この憲法施行の際現に在職する国務大臣、衆議院議員及び裁判官並びにその他の公務員で、その地位に相応する地位がこの憲法で認められてゐる者は、法律で特別の定をした場合を除いては、この憲法施行のため、当然にはその地位を失ふことはない。但し、この憲法によつて、後任者が選挙又は任命されたときは、当然その地位を失ふ。

鼎談を終えるにあたって――

日本国憲法へのそれぞれの思い

岩上　一応、ひと通り終わりました。一三回やってきましたけど、改めて振り返ってみて、言い足りなかったこと、補足したいなということがありましたら、お願いします。

澤藤　長くお話をしているあいだに、自分の考えも整理されてきたということがあります。

整理されていくにつれ、自民党の改憲草案というのは、どう現行憲法を変えようとしているのかという全体像が、何となく摑めてきたような感じがするんです。

私はだいたいこんなことを考えています。まず、憲法の構造として三本の柱の家を考える。柱とは、私たちが中学生の頃から馴染んできた憲法の三大原則です。

国民主権から始まって、平和主義、そして基本的人権、おそらくこういう順序で教科書に書いてあるんだと思います。憲法の条文に出てくる順序のとおりです。

私はこの三原則を三本の柱に喩えたいのですが、三本の柱のうち、中心に位置して原理的に一番大事なものはどれかといえば、それは基本的人権の尊重です。人権というものがともかく一番大切なんです。

人権を全うするために、民主主義・国民主権もあり、平和主義もある。ですから、一番太い大黒柱が基本的人権の尊重。基本的人権の尊重ということを別の言葉で言えば、個人の人格の尊重、個人主義なんですね。全体のために滅私奉公する、あるいは社会が大事、国家が大事、そのために犠牲になるのが素晴らしいということとは正反対。

一人ひとりが、かけがえのない貴重な崇高な存在です。天皇が特別に高貴でも尊貴でもない。金を稼ぐ人が偉いわけでもない。一人ひとりがこの世に生を受けて生きているということが、尊重すべき素晴らしいことなんだという考え方。すべての人の生命の価値に上下はない。ここが一番大事なところ。憲法の一番大事な精神というのは、そこにあると思うんですね。

この大事な人権を全うするためには、平和でなければなりません。平和でなければ人権を全うできない。平和主義、これもたいへん素晴らしい柱がもう一本建っている。

それから、人権や平和を最大限に生かすための政策を実現するための国民主権、あるいは政治的民主主義という素晴らしい柱が建って、家をつくっている。

この三本の柱が乗っかっている土台を、立憲主義と名付けていいんだと思います。

結局、何のために憲法をつくったのかというと、一番大切な人権を全うするためにほかなりません。国をつくって、国家というものを運営するためには、そこに権限を与えなければならない。その国家の権限というのは、たいへん強大なものなんですね。

人をしょっぴくことも、自由を拘束することもできる。場合によっては人の命を奪うことすらできる。義務を課し、権利を奪うことができる。もちろん税金も徴収する。そういうことをいい加減にやられたのでは困る。きちんと、ルールをつくって、このルールに則った限りでなければ、公権力の発動はできないという、基本的人権を全うするためのルールの設定こそが立憲主義です。

この立憲主義という基礎の上に三本の柱が乗っかっている。そして、ここで建てられた家が何を目指すのかといえば、やはりこれは国民の福利です。

まずは、公権力から拘束されない自由。さらに進んで、一人ひとりが、幸せに暮らせる国家をつくる。私たちの国家は、単に公権力からの自由を保障するというだけではなくて、公権力を上手に使って、一人ひとりが素晴らしい人生を送ることができることを保障しなければなりません。そういう、福祉国家という理想が花開く家。

自由と福利と、両方を保障する立派な家をつくる。構造はしっかりと憲法に書き込まれ、細部は国民みんなで居心地のよいようにつくり続けていく。それが憲法の構造に関する私のイメージです。

これを、根こそぎ変えてしまおうというのが、自民党改憲草案だというふうに言ってよい。

まずその土台の立憲主義を崩して、国家が国民に命令する体系につくり変えてしまう。これでは立憲主義が壊れてしまう。つまりは、憲法が憲法でなくなります。

三本の柱はみんなおかしくなる。一番太い柱から削られる。梓澤くんが言っている二一条二項（表現の自由）に限らず、人権すべてが国家の秩序、社会の秩序の前に、ひざまづくことを要求される、そういう憲法になってしまいます。

国民主権は、「国権太って民権痩せる」ということになる。天皇を戴く国家にし、天皇を元首にする。天皇の憲法遵守義務をなくする。その反面として、国民主権、民主主義の原理を後退させる。さらに、平和主義については、国防軍をつくり、外征をすることのできる軍隊をつくる。戦争のできる国につくり替える。

かつて、保安隊をつくったときには、保安隊をなんとか憲法違反ではないと言い繕った。自衛隊をつくって以来、自衛のための最低限度の実力は憲法九条二項に言う戦力ではないというふうに言い続けてきた。

しかし安倍政権は、とうとう我慢し切れなくなって、このままではどうしようもないから、外に出ることのできる、自衛の範囲を超えた国防軍をつくろうということになってしまっている。

つまり、土台から、三本の柱から、すべてを一変させて、いままでは社会福祉国家、福利が目的だというのが当たり前だと思っていたけれども、それすら新自由主義でなくしてしまう。

そういう意味で、私のイメージする現行日本国憲法の骨格、構造を、根こそぎ改変してしまうのが自民党の憲法改正草案だというふうに、整理をしています。

岩上　梓澤さんはいかがですか？

梓澤　まず、自民党の人たちに要求したいのは、改憲の意図を明確に語るべきだと思いますね。

国防軍審判所について、石破さんが「死刑、無期、または懲役三〇〇年」と言ったことで、彼らが何をしたいのか、よくわかるわけですよ。そういうふうに意図したことを詳らかにした上で、国民に問うべきです。自民党がもし卑劣な政党でなければ、情報公開すべきだと思いますね。

それでもなお、自民党改憲草案について行くという人は、僕はそれほどいないと思う。

そういう意味で、この憲法問題をめぐる情報の主人公に、為政者は人民にならせるべきだし、それから人民はその主人公になるという自覚を持つべきだというふうに、まず第一に思いますね。

それから二番目に、高校生くらいの人たちに、もっと憲法問題について知ってもらいたいと思います。人生において、最も多感な時期にある若者が、自民党案を、人生の中で、どういうふうに位置付けるのか。僕らの時代というのは、ちょうど一九六〇年、安保闘争の真っ只中で、街にもデモがあふれていたわけですね。僕は浦和でしたけれども、街の中を中学の先生たちが、「よお！」なんて言って、旗を振りながら通って行ったわけですよ。非常に気持ちを揺さぶられましたよね。

いま、原発事故をきっかけにして、ようやく揺さぶられるということになったけれども、まだこの改憲問題では、魂を揺さぶられるほどのドラマチックな出来事が見えないわけですよ。

だけど、これを繰り返し、繰り返し読むうちに、なにかこれは大変なことが目の前に起こっているということがきっとわかるはずなんで、その人たちに、ぜひこの問題の主人公になっていただきたい。

いま、お母さんたちが中心になって、「赤ちゃんが一緒でも大歓迎。寝顔を眺めながら、泣き声を聞きながら、一緒に憲法について話しましょう」というようなチラシをつくって、憲法について語り合う場をつくり始めています。普通の人が普通の言葉で、この問題を自分の生活のところに引き寄せながら語り合うなんて、面白いなと思いますけどね。

集会が終わったら、自分が発信者になって、自分の近しい人や全世界に向けて、憲法への思いを訴える人もいます。夕飯食べながら、家族で語り合うというような人もいます。そういうことを、やっていかなくちゃダメだなというふうに思っております。【了】

本書は、IWJが主催して行なった鼎談に大幅に加筆修正したものであり、当時の鼎談に含まれていない発言も書き込まれている。
鼎談の開催日は以下のとおりである。

第一回……二〇一二年一二月二八日
第二回……二〇一三年一月二五日
第三回……二〇一三年三月一二日
第四回……二〇一三年三月二七日
第五回……二〇一三年四月九日
第六回……二〇一三年五月二日
第七回……二〇一三年五月九日
第八回……二〇一三年五月一五日
第九回……二〇一三年五月二〇日
第一〇回……二〇一三年五月二八日
第一一回……二〇一三年六月一〇日
第一二回……二〇一三年六月一八日
増補改訂特別鼎談……二〇一五年一〇月二七日

あとがきにかえて

秘密保護法と自民党改憲草案

梓澤和幸

本書の意味を明らかにするため秘密保護法に触れたい。

鬼才の映画監督スタンリー・キューブリックの作品に『突撃』(一九五七年、カーク・ダグラス主演)がある。将軍の作戦失敗の責任を軍法会議で転嫁され、泣きながら銃殺される兵士たちの運命を描く。第一次世界大戦。八〇〇キロ続く独仏軍の塹壕が舞台だ。モノカラーで戦争の欺瞞が表現された。荒廃した戦場の情景。銃殺刑の執行にあたる下士官が兵士に向ける悔恨の表情の映像と「I am sorry (すまない)」という言葉が胸に刻まれる。

秘密保護法は戦争や武力行使のウソに蓋をするものだ。同時にそれは自民改憲案の正体を事実で裏付ける。

防衛、外交、防諜、テロ防止にかかわるものだと指定された特定秘密をもらした者は一〇年以下、それを伝えた者(例えば報道)は、五年以下の懲役とされる。特定秘密とは何かをスパッと定義する条文がない。処罰対象の行為をいくらでも拡大する条項が随所に見られる。第二三条の「人を欺き、人に暴行を加え、若しくは人を脅迫する行為」などによる特定秘密取得に続き、「その他の特定秘密を保有する者の管理を害する行為」など、処罰対象の構成要件がないに等しい。共謀、教唆、煽動も実際に秘密が漏らされたか否かにかかわらず処罰される。

要するに、国にとって都合の悪い情報を正義感で告発する者、そうした情報に迫ろうとする者は、それだけで捜査と処罰の対象となる。秘密を管理する公務員、(国会議員も含む)民間の事業者と従業員は、適性調査の対象とされる。本人や家族をあわせると、優に何百万人もの人が対象となる。

テロ予備軍の名目で、国内のイスラム教徒が警視庁公安部に調べられた事件があったが、信仰、政治的信条という人間精神の内奥まで調べられたほか、銀行口座、取引関係先までのぞきこまれた。これからは、適性調査の名目で思想、政治的信条、宗教などの繊細な情報の調査が多数の国民を対象に大手を振って行なわれかねない。

日本国憲法二一条に照らせば明らかに憲法違反だ。しかし本書で克明に検討した自民改憲を獲得すれば、権力の座にある者は哄笑して「いや、憲法二一条二項　公益公共の秩序に反する知る権利、表現の自由は禁止されるのです」と言うであろう。

なぜ安倍政権は躍起になるのか。アメリカのごり押しとそれに従おうとする与党政治を背景として見るべきだと思う。

ベトナム戦争の際、アメリカ国防総省の七〇〇〇ページの機密文書「ペンタゴン・ペーパーズ」が政府公務員エルズバーグの告発により『ニューヨーク・タイムズ』によって暴露された。同紙は、政府の連載中止要請を断り、差し止めの法的手続きと闘い、連邦最高裁における勝利を勝ち取った。スクープ記事は北ベトナムからのアメリカ軍艦への砲撃という北爆本格開始の口実はでっちあげだったこと、政府に戦争の続行と拡大を許した一九六四年の米議会決議もウソで塗り固めたシナリオによることを明らかにした。一九七三年、議会決議は取り消しにまで至った。

イラク戦争を見よ。アメリカはフランス、ドイツ、ロシア、中国など諸国政府の反対や世界の民衆一〇〇〇万人の反対デモの抵抗をも越えて爆撃を強行した。だが戦争の口実とされた大量破壊兵器はなかった。シリア空爆でもフランス、ドイツの反対のほかイギリス、アメリカの議会の同意さえ得られなかった。

そのうえ、近時、ネットメディアの不正義指弾は手厳しい。

ウィキリークスはイラク戦争関連のアメリカの軍事文書や元ＣＩＡ職員エドワード・スノーデンの内部告発に基づき、各国首脳の盗聴まで明らかにした。各国の国内法規に違反する刑事処罰を免れない行為である。インターネット技術の駆使とマスメディアとの協力提携がアメリカの違法を白日の下にさらした。

まだまだ告発は続く。

容易ならざるメディア、外交環境の中で、朝鮮半島、尖閣、台湾、アフガン、イランを含む中近東などの、火種となる地域で事《こと》を狙う「好戦の共和国」からすれば、ベトナム戦争、第一次湾岸戦争、イラク戦争とただの一度も異を唱えたことのなかった日本の政府に率いられる軍事力（自衛隊）こそ好餌であろう。いのちの懸かる紛争地に兵士を向けるには、人々の心を一度はとらえる「大義」が必要だ。だが大義にはウソがついてまわる。それに蓋をするには、情報の秘密と沈黙の強制が政府の最大の武器となる。

映画『突撃』が描く第一線の兵士や民衆の犠牲と戦争の不正義を漆黒の闇で閉ざすのが、秘密保護法であり自民改憲案なのだ。

鼎談を終えるにあたり、本書を、高校三年か大学一年に在学するか、新しい職場で生き、または自宅で伸吟する一八歳の君と、青春のただなかにあって深い悩みを持ちながら、手さぐりで、生きる道を模索していた一八歳の私に捧げることを許していただきたい。

熱い心の君に。

あとがきにかえて

憲法を蝕む特定秘密保護法

澤藤統一郎

当初は一回だけのはずだったインタビュー企画が、「もう一度」「さらにもう一度」と回を重ねて一二回の鼎談となり、その途中で思いがけなくも出版の話となった。そして、上梓の間際になっての特定秘密保護法案審議の緊迫である。この書の出版の経緯が、憲法をめぐる状況の流動性と緊迫性を象徴するがごとくである。幸い、多少の紙幅の余裕があるとのこと。あとがきでの補充をしておきたい。

特定秘密保護法案をめぐるせめぎ合いの構図

本文では触れる機会のなかった特定秘密保護法案が、いま最大の対決課題となっている。

この法案阻止の運動は、それ自身が重要な憲法運動であるとともに、明文改憲阻止の壮大な国民運動の前哨戦であり、「予行演習」にもなっている。この法案をめぐる国会内外のせめぎ合いの中で、憲法をめぐる諸勢力の分布の構図が見えてきている。

その構図とは、まずは「改憲勢力の中枢」に安倍晋三政権がある。そして、「翼賛野党」として、公明・みんな・維新が位置している。この四党が改憲勢力。その対極の「改憲阻止勢力」には共産・社民の両政党と多様な国民運動・市民運動がある。その両者の狭間に、民主党・生活の党などの中間勢力がある。

安倍政権は、これまでの自民党政権とは明らかにちがっている。かつての保守本流や党内リベラル派を切り捨てて純化された「極右」政権と言って差し支えない。安倍は「日本を取り戻す」という。「日本は、いま奪われている」というのだ。「いまの日本は本来の日本ではない」「正常ならざる日本の現状」という基本認識。では、「取り戻さねばならない日本」「本来の、正常な日本」とは、いったい、いつのどのような日本だというのか。

彼は、臆面もなく「戦後レジームからの脱却」を叫んで戦後民主主義を総体として否定する。戦後レジームを脱却して取り戻そうとする「強い日本」とは、戦前の「天皇を戴《いただ》いた大日本帝国」時代の皇国日本。あるいは、彼が尊敬して止まない祖父岸信介が商工大臣を務めた東條英機内閣の時代の軍国日本。現行日本国憲法の理念を脱却した日本以外にはない。安倍の基本姿勢は憲法を根底から危うくするものにほかならない。特定秘密保護法案はまさしくそのような日本国憲法脱却の日本を招来する危険を孕むものである。だから、野中広務や古賀誠のような自民党長老が、『赤旗』紙面で安倍自民の暴走をたしなめるというかつては考えられなかった奇妙なことが起こっている。

翼賛三野党は、安倍極右政権の補完勢力として重要な役割を担っている。

なかでも公明は「庶民の味方」を任じて、多くの「庶民」を危険な方向に誘導する悪質な役割を果たして罪が深い。「平和の党」や「福祉の党」の看板を掲げて、この看板に集まった多くの国民を安倍政権の「戦争」と「福祉切り捨て」を二つながら目指す政治への協力者に再編成している。維新とみんなは、ともに「第三極」として誕生した。自民党に愛想をつかした国民の受け皿を任じているが、自民党との差別化を演出してみせねばならないことから、いずれも、ナショナリズムと新自由主義の両面で自民党よりも右にあることを競ってきた。特定秘密保護法では、自民党補完勢力としての正体を露わにして、既にその存在が賞味期限切れになっている。

共産党を中心とした国会内の改憲阻止勢力は議席のうえでは少数だが、国会外での広範な国民運動や市民運動と結びついており、けっして孤立していない。議席の数は、明らかに国民世論とねじれており、固定的に見るべきではない。小選挙区制のマジックのタネが封印されれば、議席の分布は大きく塗り替えられることになるだろう。

中間勢力の動向が世論の風向き次第であることは言うまでもないが、実は、翼賛政党も同様なのだ。彼らには、世論に対決してこれを説得する気概も自信も持ち合わせていない。反国民的な本質と行動を、種々のポーズで取り繕ろわざるを得ない。そのことが特定秘密保護法案の修正協議によく現れている。メディアの動向も事情は同じ。九六条先行改憲論においても、集団的自衛権行使容認論においても、国民運動の進展がメディアの論調を健全なものに変えている。

ぜひとも、この法案を廃案にして、その成果と教訓とを明文改憲阻止の運動につなげたい。

特定秘密保護法案提出の目論み

この法案の危険性を理解するには、なによりも安倍政権下での改憲諸策動のパッケージの中に位置づけて見なければならない。

安倍政権は最大限目標として明文改憲を掲げている。具体的な改憲案としての「自民党・日本国憲法改憲草案」の内容とその基本思想は、本書に詳しく述べたところ。明文改憲の第一歩としての「九六条先行改憲」は、維新との共同作業としていったんは成功するかに見えたが、今年五月の憲法記念日を境にして世論は急速に動いてこれを阻んだ。九六条改憲の先に九条改憲を見据えなければならないこと、そして九六条に現れている硬性憲法の定めが立憲主義に本質的なものであることが広く語られた。紛れもなく、安倍政権の「緒戦の敗北」であった。

しかし、九六条先行改憲策動が撤回されたわけではなく、安倍政権の改憲方針に何の変更があったわけでもない。既に、集団的自衛権行使容認への憲法解釈変更の企図には着手されている。それも内閣法制局長官のクビのすげ替えという乱暴な手口によってである。そのうえでの、特定秘密保護法案と国家安全保障会議（日本版ＮＳＣ）設置法案の提出である。続いて、安保法制懇の答申、防衛大綱の見直し、日米ガイドライン見直し、そして国家安全保障基本法の策定と、同基本法に基づく軍事諸法の整備……、と続くことが予告されている。

一連の諸策動の予定は、現行の憲法解釈や法制の根本を否定する安倍内閣の基本姿勢を示している。現行の法制を否定してどうしようというのか。その眼目は、自民党改憲草案にあるように、「自衛」のための武力ではなく、「国防軍」をもちたい、という点にある。「専守防衛のタテマエ」を取り払って、現行の法制度では許されない「国外で、米国とともにする軍事行動」を可能とする体制づくりが目標とされている。米国の要請に基づくものではあるが、好戦的な安倍政権にとっては渡りに船というところ。

特定秘密保護法案も、そのような体制づくりの重要な一環としてみなければならない。それ以外には、この法案には法律事実（刑罰の制裁をもって、国民の行動を制約しなければならない根拠）はあり得ないのだから。

特定秘密保護法は「国民の知る権利」を侵害する

特定秘密保護法は「稀代の悪法」である。「悪」という意味は、日本国憲法の理念に反するというだけではない。もっと積極的に、憲法理念を圧殺する危険性をもつということである。治安維持法がそうであったように、ひとつの法律の制定がその後の歴史を変えることがあり得る。この法案も、軍事法規として、また弾圧立法としてそのような影響を持ち得る。

その法案の危険性を語る切り口は様々であるが、オーソドックスに、キーワードは「知る権利の侵害」と言うべきであろう。情報へのアクセスを遮断して国民の目と耳を塞ぐことによる「知る権利の侵害」が、憲法理念圧殺の恐るべき事態をもたらす。民主主義成立の基礎を破壊し、そのことを通じて基本的人権も、平和も侵蝕する。そして、情報操作を通じて形成された「誤導された世論」が改憲をも容易にし、さらには新しい形での戦争への国民精神動員を可能にする。

憲法の国民主権原理は、国民一人ひとりが国政に関する重要な情報を把握することを当然の大前提としている。国政に関する正確な情報を認識した主権者が、自ら考え、意見を述べ、討議を重ねることによって、政策決定がなされることを想定している。民主主義の政治過程はその冒頭に、国民の情報へのアクセスの権利、すなわち「知る権利」があって初めて有効なものとして成立する。情報を遮断された国民による、「目隠しされた民意の形成」も、「耳を塞がれての討議の政治」もなりたち得ない。「知る権利」は、民主主義政治過程のサイクルの始まりに、国民の重要な権利として保障されなければならない。特定秘密保護法は、これを意識的に侵害する。国民主権と民主主義を根底から突き崩すものと言わざるを得ない。

国民は、報道機関の自由な取材と報道によって国政に関する情報に接する。これは国民の知る権利の重要な一面(権力の妨害を排除する自由権的権利)である。権力は、いかに自分に不都合なものであっても、報道の自由を侵害してはならない。また国民には、行政が把握した国政に関する情報についてこれを知る権利(情報取得を要求する社会権的権利)がある。民主主義が行政に要請するものは、行政の透明性を確保するための国民に対する情報の開示と説明責任の全うである。断じて、秘密の範囲の拡大と厳罰化ではない。

「知る権利」の侵害は議会制民主主義の危機をもたらす

特定秘密保護法は「行政機関の長(各省大臣等)が、国民に知らせてはならないとする安全保障に関する情報を、特定秘密に指定してこれを秘匿し、この情報を国民に知らせようとする者に重罰を科す」という基本構造をもったもの。

当然のことながら、「知る権利を侵害される国民」の中には国会議員も含まれる。国会議員も、正確な情報に基づいて意見を形成して国会審議に参加するという、国民から付託された使命を全うすることができなくなる。本来国会は国権の最高機関であって行政府には優位に立ち、国政調査権を行使して行政を監督すべき立場にある。ところが、特定秘密保護法が成立すれば、知る権利を侵害された国会は最高機関としての役割を果たせなくなる。国会の使命として最も重要な、戦争と平和、国際協調や外交の問題について、行政機関の長が許容した範囲の情報しか入手できないことになるのだから。

特定秘密保護法は、国会と行政の立場を行政優位に逆転させ、国会は行政の暴走をチェックすることができなくなる。この事態を議会制民主主義の危機と言って過言ではない。

特定秘密保護法案では、国会が行政に求めた情報の提供について、それが特定秘密にあたる場合には、行政機関の長が「我が国の安全保障に著しい支障を及ぼす恐れがないと認めたとき」に限って国会の要求に応じればよいことにされている。つまりは、諾否の権限を行政の側が握っているのだ。しかも、行政機関の長が国会に特定秘密を提供する場合にも、国会は非公開の秘密会でなくてはならない。主権者である傍聴人も、国民の知る権利に奉仕すべき立場にあるメディアの記者たちも閉め出した密室での「特定秘密のこっそり提供」という図となる。

しかも、秘密会で提供された特定秘密を知った国会議員が、これを政党の幹部に報告しても、仲間との政策議論の場で口にしても、あるいは調査依頼のために政策秘書に漏らしても、最高刑懲役5年の犯罪となる。その議員に働きかけて情報を得て、記事を書こうとする気骨ある記者も処罰対象となる。その萎縮効果は絶大なものとなる。恐るべき事態ではないか。

危険の本質は、法案の修正で治癒されない。

法が成立すれば、当初の特定秘密指定件数は四〇万件とも三〇万件ともいわれる。内容が重要でしかも厖大な秘密情報。それが隠蔽されたままでは、国会の審議は形骸化し、民主主義は機能しなくなる。

それだけではなく、秘密保護法制の本質は、「何が秘密かはヒミツ」なところにある。法の要件にかかわりなく、時の政権に不都合な情報が特定秘密に紛れ込むことは大いにあり得ること。にもかかわらず、国民にはこのことを検証する手段がない。

法案の基本思想は「国民はひたすら政府を信頼しておけばよい」「民は之に由らしむべし。知らしむべからず」というもの。これは民主主義でも、立憲主義でもない。いかなる政府も腐敗の危険があり、清廉な政府といえども権力には人権抑圧の毒が含まれている。権力には猜疑の目を向けて監視しつづけなければならない。それが、民主主義を支える主権者の真っ当な在り方である。とりわけ、危険な安倍政権を信頼してはならない。

では、まったく行政が秘匿すべき情報はあり得ないのか。「あり得ない」と言い切ることはできない。しかし、行政がもつ情報は、あくまで公開が原則で、主権者への秘匿が許されるのは、限られた例外としてのものである。その秘匿が許される情報を具体的に羅列することは困難だが、

・その秘匿が違憲違法にならないことが確認できるもの
・その秘匿が国民の権利・利益を侵害することがないと確認できるもの
・その秘匿が代議制における政策形成に影響を及ぼすことがないと確認できるもの

に限定されるものと考えるべきである。

少なくとも、現行の国家公務員法一〇〇条、自衛隊法一二二条に基づく守秘義務で、現状に何の不都合も生じていない。その厳罰化も、特定秘密取扱者制限についての定めもおよそ必要がない。「百害あって一利なし」である。維新・みんなを誘い込むための修正は、法案の危険の本質に触れるものではなく、あくまで廃案を要求する以外にはない。

特定秘密保護法案廃案を目指す運動の意義

古来、情報を操作できる立場にあるものが、実質的に権力を掌握する。情報操作（恣意的な情報秘匿と開示）は、民意の操作として、時の権力の「魔法の杖」である。とりわけ、戦時においては、情報操作は必至である。国民への情報提供が「大本営発表」に一元化されているということは、多くの情報が握りつぶされていること。まさしく、「戦争は秘密から始まる」「戦争は軍機の保護とともにやって来る」のだ。特定秘密保護法は、国民主権・基本的人権尊重・平和主義の基本理念のすべてを危うくする。

日本国憲法は、常にこれを敵視する勢力からの攻撃を受けてきた。それなればこその憲法の存在意義である。いままた、安倍政権と翼賛野党による厳しい攻撃を受けている。これまでも、このような攻撃と闘うことで、国民は憲法を我が血肉としてきた。

この「あとがき」の校了の時点で、特定秘密保護法案が委員会の強行採決となり、自民党・公明党・みんなの党・維新の会による四党修正案が衆議院を通過した。

衆議院を通過はしたものの、安倍政権も翼賛野党も大きな傷を負ってのことだ。二七日の各紙の報道は、こぞってこの法案の危険性を指弾している。安倍政権の正体が暴かれつつあるとの感が強い。与党の中にも、この稀代の悪法の推進者と見られたくはないという雰囲気が見えるではないか。維新ですら採決には反対した。みんなの党も一枚岩ではない。あらゆる世論調査が、法案審議の拙速を批判している。国民世論は、明らかに国会内の議席の分布とは大きくねじれている。六〇年安保のときも衆院の強行採決のあとから大きな運動が盛りあがったことを思い出そう。

落胆はすまい。怒ろう。民主主義を踏みにじる者への怒り。人の尊厳を傷つける者への怒り。歴史の歯車を逆転して再びの戦争を企てる者への怒り。その怒りのエネルギーで、この法案を廃案に追い込もう。さらに、この怒りを持続して、憲法の破壊を許さず、憲法を輝かす運動を続けよう。

改憲前夜の緊急鼎談

梓澤和幸×岩上安身×澤藤統一郎

増補改訂特別鼎談　自民党改憲を止められるか⁉

国民主権、基本的人権を制約する憲法改悪の企みが迫っている

岩上　自民党改憲案の、どこがどうとんでもないのか。躊躇なく申し上げますが、本当にクレージーな改憲案です。これが単なるブラックジョークというのならいいのですが、本当にこの改憲案で日本国憲法を変えようという動きが、あの安保法制の九月一九日未明の「成立」以後、強まっております。

　こうしてまた三人集まることができたのは、同窓会のようで嬉しい気持ちはあるのですけれども、楽しい同窓会には到底ならない。「前夜」が「当日の朝」になろうとしている感があります。

梓澤　そうですね。「戦争法」と言われた法律が強行されて、その先、安倍首相が「明文改憲」をやると宣言しましたから、まさにこの本で書いた解説を本当に実用的に読み解かなくてはならない、そういう気がしますね。

岩上　まさに今こそ、一億二千万人の全員に読んでもらいたい。「一億総読者」になって、「一億総抵抗者」になってもらいたいと思います。

澤藤　「前夜」というタイトルは、この本ができた時には少し大げさかなという感じがありましたね。

岩上　そんなに差し迫っているだろうか、言い過ぎじゃないか、みたいな感じがありました。

澤藤　今日（一〇月二七日）が「前夜」かどうかは、実は「当日の朝」が来てみなくてはわからない。一夜明けて、起きてみたら「前夜」とはすっかり景色が変わっていて、あの日が「前夜」だったのかと気づくことになる。「前夜」というタイトルは、今を前夜と意識せよ、という警鐘ですね。徴兵制が導入されていた、大本営発表のニュースが流れていた、などという朝をけっして迎えてはならない。

　ところが、事態はさらに深刻に「前夜」となりつつあって、このタイトルが時代にぴったりとなってきていると思います。

　ただ、現実に戦争を始めようという勢力にとっては、まだまだ多くのハードルがあります。法律ができさえすれば戦争ができる、そんなものではない。多くのハードルの一つひとつを、向こうは越えようとし、私たちは、そのハードル一つひとつのところできちんと精一杯の抵抗を積み上げていかなければならない。本気になって、日常意識的な抵抗の実践が必要な時代だと身にしみています。

岩上　この間、安保法制の反対運動をリードしてきたと言っても過言ではないのが学生たちの団体・SEALDs（自由と民主主義のための学生緊急行動）ですが、そのリーダーの一人である奥田愛基《あき》さんと彼の家族に殺害予告が学校に送られてくるという、たいへん

不愉快極まりない事件もありました。※1

当人とご家族は不安だったと思います。それでも、単なる脅しであるうちはまだしも、決して侮ることはできない。他方、澤藤先生がおっしゃるように、その脅しというものに屈して皆が黙ってしまったら、それはそれでいいようにやられてしまうと思います。

差し迫っているのは、憲法を解釈でなく、明文で変えられてしまうと、我々は言論の自由、集会・結社の自由に著しい制約を受けるようになり、抵抗しようにも抵抗できなくなるのではないか。そういう危惧があるのですが、そのへんはいかがお考えですか。

澤藤　随分長い間、憲法は危機だと言われ続けてきました。危機の表れ方は異なっても、憲法の危機は波打つように繰り返されてきた。しかし、これまで現実的に改憲発議が行われることはなかった。これは、保守勢力にとっても非常に大きな賭けの要素があるからだと思います。一度、発議をして失敗をすると、取り返しのつかないことになる。彼らもそれはよく知っているはずで、せめぎ合いの双方のボルテージは非常に高くなっていますけれども、本当に明日、政権が賭けに出て来る情勢かどうかは、私にはよくわからない。

岩上　それはつまり、改憲を発議しても国民投票で否決されてしまったら、そうそうやすやすともう一度出すことはできない。そういう意味ですか。

澤藤　一度、国民投票にかけて否決されたら、これはもう現行憲法に主権者の立派なお墨付きがつくということですから、もう押しつけ憲法などと言うことはできない。改憲勢力としては、立ち直れないほどのダメージになるはずです。

岩上　一回、そのお墨付き、押してやりたいですね、ぎゅうっと。そうしたらお仕着せ憲法なんて、二度と言わせない。

澤藤　日本の国民は現行の日本国憲法を日々選び取り続けているのだと、私はそう考えています。明文改憲を行わない時期が長く続くほど、憲法は国民に支持され、安定性を積み上げていく。必ずしも、国民投票でのお墨付きが必要ということではないと思います。

国民投票を出すタイミングは向こうが計りますから、これでいけるぞと思った時に出してくるわけですね。そういう意味では、国民投票を絶対に出させないような議会勢力をつくることが大切で、とりわけ来年二〇一六年七月の参院選は大事です。

岩上　その通りですね。あと七カ月しかありません。戦争はどうせ中東のような遠くで起こるから自分たちは大丈夫だと油断し、弛緩してしまったらダメなので、日々の積み重ねがとても大事です。安倍政権は三分の二の議席を取ると言っていますし、その可能性はかなり高そうですから、来年の参院選はたいへん重要になってくると思います。

安保法案の成立!

岩上　まず九月一九日未明、安保法案がカギ括弧つきで「成立」しました。これは本当は「成立」していないと私は信じていますけど、参議院特別委員会で安全保障関連法案が、強権的な採決の強奪によって「可決」されました。

※1　2015年9月28日、SEALDsの中心メンバーである奥田愛基氏が、自身と家族に対する殺害予告の書面が届いていたことをTwitterで明らかにした。奥田氏によると、「奥田愛基とその家族を殺害する」という趣旨の手書きの書面1枚が入った封書が9月24日、奥田氏が在籍する明治学院大学に届いたという。奥田氏は「学校の方に、僕と家族に対する殺害予告が来ました。なんか、僕だけならまだしも、なんで家族に対してもそうなるのか…。何か意見を言うだけで、殺されたりするのは嫌なので、一応身の回りに用心して、学校行ったりしてます。被害届等、適切に対応してます」とツイートしている（SEALDsの奥田さんに殺害予告届く 大学に書面、朝日新聞 2015年9月28日【URL】http://bit.ly/1KKuV7o）。このツイートに対する、父親の奥田知志氏のリプライが実に泣かせる。「用心はする。だが、怯まない。顔を上げよう。青空が広がっている。皆様には、ご心配いただき申し訳ない。オヤジ」（【URL】http://bit.ly/1MN0QG4）。

この映像は世界中に配信されました。

その後、野党側はフィリバスター戦術※1を展開したり、山本太郎議員は「ひとり牛歩」を行ったりしました。しかし九月一九日未明、安全保障関連法案が「成立」したという形になりました。

可決成立の三時間後にNHKはすぐPKO関連のニュースを打ちました。つまり、予定稿は全部できていたというわけですね。可決成立は彼らには前提ということだったんです。なんと驚くべきことに、安保法制下の自衛隊の初仕事は、南スーダンの国連平和維持活動（PKO）への部隊派遣でした。すでに派遣している陸上自衛隊の武器使用基準を緩和し、来年五月の部隊交代に合わせて任務として「駆けつけ警護」（離れた場所にいる国連や民間NGOの職員、他国軍の兵士らが武装集団などに襲われた場合に「武器使用」も念頭に助けに向かう）を追加する方針を固めた。他国軍の兵士は武装集団に襲われたら、応戦するでしょう。そこへ駆けつけて助っ人として自分も交戦するということですよね。もはやこれは、交戦は避けられないと思います。

その「国連PKO要員派遣国要員」、米国は六人、中国は一〇六二人なんです。中国軍がここにいる。内戦状態の南スーダンにある石油の油田は、おおかた中国が利権を持っているためです。その採掘から、精製、港湾からの運び出し、こうしたことをスムーズにやるために中国軍がいる。どうPKOと言いつくろっても、彼らの利権です。それを自衛隊に守らせるという。

これは右派にとっては、いい面の皮じゃないかと思うんですよ。「中国の脅威」と繰り返し言っておきながら、最初の任務は中国軍を守るために自衛隊員が助っ人として戦うという話ですよね。このニュースは、この大騒ぎした戦争法が何を目的としたものか、その大義を疑わせるものです。

九月八日、安倍総理は無風で自民党総裁選において再選されました。野田聖子さんが総裁選に出馬するために二〇人を超える推薦人を集めたんですが、すごい圧力がかかり、結局、対抗馬として出馬できなかった。自民党内では安倍総理に文句を言える者が出てこない状態で、九月二四日、党本部で記者会見を開いて、来年夏の参院選で憲法改正を「公約に掲げる」ことを強調したんです。ちなみにこの自民党本部での定例会見は、いまだにオープン化されていません。会見に出られるのは、記者クラブだけです。

この会見での発言は、産経新聞には詳しく出ています。産経の記者が改憲への意欲を質問し、総理が前向きな姿勢であることを回答した。産経が詳しく報じるのは、当然と言えば当然です。産経は、書いている人間も、読んでいる人間も、憲法を自民党に改正してほしいと願っている人間ばかりです。ところが朝日、読売（ネット版）はこの発言をまったく報じていない。

実際には朝日、読売の二紙は圧倒的な部数ですから、多くの人には憲法改正が自民党の憲法改正案で行われるということが、反対層や中間層には届いていかなかったということになります。確信犯的に安倍晋三氏を応援し、自民党を応援し、大日本帝国を再現したいと思っている極右にだけ、この話は届いていた。これから改憲に向けて動いていくよというアナウンスは、改憲を止めようと思っている人たちには届かなかったのです。護憲派にもグラデーションはあると思いますけど、少なくとも自民党のトンデモ改憲草案には反対だ、という人たちには届かず、その間、九月末から一一月にかけての一カ月半、野党の要求にもかかわらず臨時国会も開かれず、共産党の志位委員長が他の野党、特に野党第一党の民主党へ向けて提案した大胆な野党共闘に、民主党は冷淡な態度に終始し、時間だけがいたずらに空費されてしまいました。

澤藤　今、改憲を阻止する運動に、これまでの護憲派と言われた人たちだけでなく、無党派層の人々が起ち上がって、これが大きく評価されています。すばらしいことですが、同時に運動の組織性や持続性というものも大切にしなければならないと思います。無党派の人たちには、野党や革新政党とかに対する違和感や、敬して遠ざけるという心情がかなり強いのではないでしょうか。私とて、政党の窮屈さや鬱陶しさを感じないわけではない。しかし、政権に対峙する政党を育てることは、実は非常に大切なことですね。

選挙は政党単位で行われます。民意は政党の議席に反映する。改憲を阻止する現実的な力量は、改憲阻止を掲げる政党の成長と、政党間の連携によってつくられます。改憲阻止の政党を伸ばさなければならない。そのことを強調したいと思います。

草の根の個人が、持続的に運動しようとする時には、できれば民主団体や市民団体でも活動してほしいし、政党が言っていることにも耳を傾けて、政党が最終的には憲法改正阻止の力になるんだということの自覚を持っていただくことをお願いしたい。

梓澤　そこに続けてなんですけどね、僕はもう三、四〇年も地域の民主運動などをやっている人たちと付き合いがありますが、自民党の支持者、あるいは自民党に票を入れたり集めたりする人たちの動き方には、随分、勉強させられました。

その動き方は何かと言うと、とにかく泥臭い。泥臭いというのは何かと言うと、理屈の前に、まず人間的な信頼関係を大事にするんです。僕が住んでいるのは東京の郊外で、農家もあり、自然もあり、同時にサラリーマンのマンション住民もいるというところなんだけど、何世代にもわたって住んでいる人がいるんですよね。そういう人たちの、梃《てこ》でも動かない力というのは軽視しちゃいけないと思うんですよ。その頑として動かないという人たちを惹き付ける魅力とか、付き合い、人と人とのつながりを大事にするという点は、僕は学ばなければいけないなと思います。

岩上　直近のニュースですけど、一〇月二五日に宮城県で県議選が行われました。この県議選で自民も議席を減らし、民主、社民、維新もみんな議席を減らし、唯一、共産党だけが議席を伸ばしたんですね。それは理由がありまして、地元の有力者、市議会議員や県議会議員の経験者らの多くが農村部ではＪＡ関係者だったりもするわけですよ。そのＪＡ関係の人たちが、これまではみんな自民党を応援していた。自民党の足腰組織みたいなものですから。それが今回は共産党の候補を積極的に応援したんです。

自民党の候補は応援しない、でも共産党にはアレルギーがあるから積極的には応援しない、こういう状態なら、まだわかるんですけど、積極的に共産党を応援したんですね。つまり共産党は明確に反ＴＰＰと言い、自民党は選挙の時だけ反ＴＰＰと言いながら実際には農家との約束を裏切ったわけです。日本の自営農家、専業農家は今後、間違いなくやっていけなくなります。

最近、日本農業新聞のコラムに少々厳しいことを書いたら、掲載拒否されました。そこでＪＡは言論の自由をどう考えているのか、

※1　フィリバスター戦術
議会の少数派が、長時間の演説を行うことで、議事の進行を計画的に引き延ばすこと。9月17日の参議院特別委員会では、民主党の福山哲郎議員、社民党の福島瑞穂議員、生活の党と山本太郎となかまたちの山本太郎議員らが、鴻池祥肇委員長の不信任動議に関して、長時間にわたる賛成演説を行った。また、翌18日の参議院本会議でも、民主党の小西洋之議員をはじめ、野党の国会議員が、長時間にわたる演説を行った。

議事の進行を引き延ばす方法としては、他に、投票行動を遅らせる「牛歩戦術」がある。18日の参議院本会議では、山本太郎議員のみが「ひとり牛歩」を行ったが、他の野党の議員はこの「牛歩戦術」を行わなかった。

日本農業新聞に抗議する長い文章を書いたんです。[※1]そうしたら、逆にJA各支部から講演依頼が入ってきた。その講演会で、「皆さんは頑張っているけど、JA全中のトップは皆さんのような地域のJA組織や農家を裏切っているも同然だ」と言ったんです。そこに、この『前夜』を持っていったら、農業の本やTPPの本ではなく、憲法の本だというのに、全部売れました。

JAの上層部は自民党と結託して、下にはうまいことを言っているのではないか。農家の人たちは、どうも俺たちは騙されているんじゃないかと気づき始めているんですね。

今回の宮城県議会議員選挙ですが、地域に根差したローカルな選挙で大きな変化が起きた。これはとても重要なことです。ところが、この議会選挙結果の、民主党執行部の受け止めが、信じがたいくらい鈍い。「民主、惨敗」と報じられたことに「惨敗はないだろう」と文句をつける始末。私は目の前でこの耳でそういう幹部の声を聞きました。危機感が全然ない。共産党は単独でいけると強気になりそうなところですが、逆に共産党は腰を低くして民主党に声をかけたり、ほかの野党に声をかけたりしている。ところが民主党は右派に引きずられてしまって、中間派から左派は何も声が聞こえてこない。

澤藤　今回の宮城県議選では、共産党は、前回の四人から八人になった。明らかに空気が変わっていますね。

その要因の一つとして戦争法の問題がありますけど、もう一つはTPP。これまで自民党の手厚い地盤だったはずの農山漁村が、TPP問題で様変わりをしています。歴代政権が行ってきた農業切り捨て政策が、TPPで行き着くところまでいってしまった。農業漁業をいけにえに差し出して、農村は疲弊させても工業化、都市化を進めようというのがTPPの基本性格。総じて新自由主義的な政策の矛盾が今、農業地帯での保守政党の支持者を失わせています。それは原発でも同じ問題があります。今回福島第一原発事故で発生した指定廃棄物の処分場問題で揺れた加美選挙区は、五選を目指した自民党現職が敗れた。女川を抱える選挙区では、原発反対派が原発推進派を破っています。来年の七月まで、この雰囲気が全国で続けばなと思います。

岩上　当然のことながら、安倍政権は金をばらまくでしょう。沖縄では、名護市の稲嶺市長が基地の移設に反対していますが、その名護市を通り越して下の「区長」に交付金を出すということが行われています。[※2]そういうところに対して、実弾をぶち込む、あからさまなことをやっているわけです。たぶん、一時的に選挙の前だけ、買収や懐柔を含めあらゆることをやるだろうし、人間関係の切り崩しども行われる。どんな手でも使ってくると思います。それに対して、メディアの関係者も、農業の関係者も、労働組合の人も、一般のサラリーマンも主婦もママさんたちも、学者も学生も、みんな、そうした問題に複合的な関心を持って闘わざるを得ないと思いますね。

これだけある安保法制と米国のウソ

梓澤　今ある憲法は、九条で「戦争と戦力の放棄」を決めたわけです。今回「戦争法」を論議する過程で一つ問題になったのは、歴代の政権が継承してきた一九七二年の田中角栄内閣によって国会に示された政府見解です。そこでは次のような主旨のことを言っています。

「我が国が、国際法上、このような集団的自衛権を有していることは、主権国家である以上、当然であるが、憲法九条の下において許容されている自衛権の行使は、我が国を防衛するため必要最小限度の範囲にとどまるべきものであると解しており、集団的自衛権を行使することは、その範囲を超えるものであって、憲法上許されない」

これをずっと、歴代の法制局長官も内閣の答弁でも繰り返してきている。

政府の答弁というのは大事なことで、それをつくる時に、各省庁の事務次官クラスが事務次官会議をやって、法制局にも確認をし、内閣の閣議にも通して、それでできあがるわけです。誰か担当大臣が国会で述べたというようなものではないんです。

岩上　これまでさまざまな議論もあったろうし、異議も唱えられてきたことだと思いますが、国会での議論、あるいは国会の外の議論もふまえて、一つの見解として示された。それが足腰の弱いものだったら覆されていただろうけれど、覆されずにきたということは、この田中角栄内閣時代の内閣法制局の見解というのは、やはりしっかりしたもので、それなりに定着してきたものだったということですね。

梓澤　それを一言のキーワードで言うと、「専守防衛」なんですよね。守りに徹する。集団的自衛権というのは、守りじゃないですからね。

岩上　専守防衛とは加勢に行くんじゃなくて、敵が攻めて来た時に食い止める。

梓澤　そういうことです。

岩上　集団的自衛権というのは、その専守防衛に限定するということではなく、わざわざ乗り出して行って、他国を侵略する、あるいはその軍隊と一緒になって行動するということです。

梓澤　二〇一四年七月に、集団的自衛権を認め、行使するということを自民党と公明党の合意で決め、それを内閣が宣言した。閣議で決めたわけですね。本当は、今回国会の前で起こったようなことが、あの時に起こるべきだったんですね。この間に一年間あったんです。その一年の間に、集団的自衛権とはどういうことなんだということを、出された側の国民の中で勉強してきたわけですね。

集団的自衛権とは何かと一言で言うと、自分が攻撃されていなくても他国の軍隊と一緒に行動できる。他国というのをいろんな国と言うけど、要するにアメリカなんです。アメリカの国土と言うけど、アメリカの軍艦と軍人と飛行機です。これ、大事なところです。国土なんて滅多に攻撃されません。軍艦、軍人、飛行機といったら、年中やられているじゃないですか。

岩上　軍艦の上というのは、領土と同じ扱いですからね。

梓澤　そこがやられたら、それは日本に対する攻撃と同じように見て、日本の武力を行使する。これが集団的自衛権の行使です。自分がやられなくても、アメリカがやられたら一緒にやる。これが集団的自衛権。

今度、十一出された戦争法の中で、僕が一番中心的な眼目になっていると思うのが、「武力攻撃事態法」の改正案、それからもう一つ「周辺事態法」の改正案です。

「武力攻撃事態法」は「日本への武力攻撃がされた時」としていたものを、改正後は「日本への攻撃がなくても、日本と密接な関係にある他国すなわちアメリカ（軍艦と国土）への攻撃があった時は、存立危機事態として防衛出動命令ができる」となった。防衛出動命令には強制力があるので、自衛隊員は従わなければ懲役七年に科せられる。札幌弁護士会

※1　2015年6月12日付けの日本農業新聞「万象点描」に掲載予定だった岩上安身のコラムが、同紙編集部から掲載を拒否された。コラムでは、JAがTPPに反対しているにもかかわらず、TPP推進企業であるモンサントの除草剤ラウンドアップや、モンサントの日本側パートナーである住友化学製のネオニコチノイド系農薬を販売・使用している点について、問題提起するものだった。日本農業新聞から送られてきた二通の説明文と、岩上安身の反論は、IWJのホームページに掲載されている（【岩上安身の「ニュースのトリセツ」】JAは本当に日本の農業を守る気があるのか――日本農業新聞に掲載を拒否された「幻の原稿」を緊急アップ！【URL】http://iwj.co.jp/wj/open/archives/264723）

※2　2015年10月26日に、名護市辺野古周辺の辺野古、豊原、久志の3区（久辺3区）と政府の懇談会が首相官邸で開かれ、政府側は久辺3区区長らに対して、名護市を通さずに、本年度の予算から直接振興費を交付する方針を伝えた（久辺3区に直接振興費　政府、辺野古推進で来月にも、琉球新報2015年10月27日【URL】http://bit.ly/1QZrW27）

が法律相談やった時には、自衛隊員や家族からの相談が三五件もありました。

「周辺事態法」の改正で、こちらも見ていて切歯扼腕《せっしやくわん》、突っ込みが足りないなと思っていたのは、「後方支援」という言葉です。これが、そのままずーっと通っていくんです。「後方支援」という言葉は、前線の後ろのほうでなんか見ているという感じがするけど、そうじゃない。弾薬と燃料と兵隊の輸送を後ろから前線に持っていくことを「後方支援」と言うんです。すなわち兵站ですね。

実際にイラク戦争では、まだ「戦争法」がないうちに、自衛隊のC－130輸送機でクウェートからイラクまで、数万人の米軍兵士を運んでいます。それは名古屋高裁の判決でも事実認定されて憲法九条違反としています。[※1]

周辺事態法の中にあるウソを言います。この中に「遭難者救助は、銃弾が飛び交う戦闘中もやる」とある。ほかのところは、戦闘中はやらないとあるんだけど、「遭難者救助」だけは例外的に「戦闘中もやる」と書いてあるんです。どういうことかと言うと、自衛隊員が軍艦から落ちた軍人を救難飛行艇で助けに行くんです。遭難者（落ちた人、けがをした人）のところまで飛行機を寄せて引っ張ってくるというのは、ものすごい技術なんですよ。飛行艇が飛び立った時にはまだ戦闘していなくても、向こうでばちばち始まっていても突っ込んで行くと条文に書いてあるんですよ。

岩上　銃弾飛び交う戦闘中でもやるということですね。埼玉大学名誉教授の三輪隆先生がこの第一線救護の問題を研究していて、先日自衛隊の元レンジャー隊員の井筒高雄さんと三人でお話ししたんです。[※2]第一線救護については、自衛隊でも今、大慌てで研究・訓練中で、現実的にはとても急にはできない。米軍だったら、気道確保から外科的な対応までできるように訓練されているんですけど、自衛隊はもっとも精鋭部隊であるレンジャー部隊でも赤チンと絆創膏以外は扱ったことがないという。

現実的にはまったく訓練できていない部隊を、戦場という現場に送り込む。その看護は、トリアージ（選別）をするそうです。現場ではばたばた人が倒れているわけです。あれは助ける、こちらは後回し、これはもう死ぬだろうというトリアージを行う。交戦中だから、まず戦って、そして人間を安全なところに引きずって行って、搬送していくという行為なので、対戦救護というのは、アンダー・ファイアで行われる。アンダー・ファイアということは、交戦下ということです。撃ち合うのは当たり前。そういうことなんですよね。

安保法制はまさに、そういう話だったんだろうなと。これは、陸上とか海上とか限定していないですよね。例として飛行艇や地上戦の話をしているだけで、当然、海上で空中からも攻撃されている時には、空域から相手の戦闘機を押し出さなければならない。初期の想定からどんどんはみ出て、さまざまな次元でバトルが繰り広げられるかもしれないですよね。

梓澤　そういうことです。それを法律の条文に真っ正面から書いてあるというところが、すごいんだよな。後方支援で、戦闘はやりませんなんて言ったって、ウソでしょ、それ。

岩上　救難飛行艇が攻撃されたら、支援機が応戦しますよね。

アメリカの戦争に付き合うな！韓国とイギリスの悲劇

梓澤　集団的自衛権のウソで一番すごかったのは、ベトナム戦争の時なんですね。一九六四年八月、トンキン湾で北ベトナムの軍艦にアメリカがやられたと言って、アメリカの上院と下院で、ベトナム戦争を勝ち抜くあらゆる権限を大統領に与えると決議されたんです。ところが、この決議文が、なんと四カ月も前に作成されていたんです。おかしいでしょう。

この出来事を『ニューヨーク・タイムズ』が報じ、「ペンタゴン・ペーパーズ」と呼ばれるようになりました。当時、バーンズ国務次官補の補佐官だったダニエル・エルズバーグが告発した。彼は逮捕されますが、「こういうことを暴露して後悔していないか」と聞かれて、「後悔しない。一年前にこの事実をつかみ、議員に預けたが、議員は臆病で何もやらなかった。私が後悔しているのは、その一年の間に、アメリカ兵九〇〇〇人が死んだことだけだ。（スパイ防止法で）懲役一〇年、これで戦争を止められるなら、安いものだ」と言った（田中豊『政府対新聞』、中公文庫）。

当時、『ニューヨーク・タイムズ』の副社長だったジェームズ・レストンが、心に残ることを言いました。「もし、これをやったら政府との闘いになる。俺たちがいるのは一四階だけど、一階にある輪転機がもたなくなったら、そこは売ろう。二階がだめなら、三階がある。最後は一四階に立てこもってでも、俺たちは闘おう」と演説しました（杉山隆男『メディアの興亡』）。

エルズバーグはニクソン大統領に憎まれて、ベトナム戦争の末期には、ニクソンから「こいつは精神科に通っていたはずだから、そのカルテを盗んでこい」とまで言われましたが、それが暴露されて、ニクソンも弾劾寸前まで追いつめられ、辞任に追い込まれた。それくらい闘った人なんです。

岩上　日本も柳条湖事件[※3]で自作自演の「偽旗作戦」[※4]をやって戦争を起こし、満州事変をやって満州国の建国までもっていった。盧溝橋事件[※5]では、誰が撃ったのかわからないし、敵から発砲されたというけれど、それが事実かどうかは怪しいものだった。しかしその発砲をきっかけに日本軍は侵略を一方的に拡大していった。やっていることは同じですよね、日本もアメリカもね。

梓澤　そういうウソのベトナム戦争で米軍兵士は五万八千人、韓国兵士は五千人が命を失った。韓国国防省によれば四八九五人です。

五月一五日に、当時韓国から連れていかれ

※1　2008年4月17日、自衛隊イラク派遣差し止めなどを求める集団訴訟の控訴審判決の中で、名古屋高裁（青山邦夫裁判長）は、航空自衛隊がイラクの首都バグダッドに多国籍軍を空輸していることについて、「憲法9条1項に違反する活動を含んでいる」との判断を示した。判決では、バグダッドの情勢について、「まさに国際的な武力紛争の一環として行われている人を殺傷し物を破壊する行為が現に行われている地域」として、イラク復興支援特別措置法の「戦闘地域」に該当すると認定した（参照：「空自イラク派遣は憲法9条に違反」　名古屋高裁判断、朝日新聞 2008年4月17日【URL】http://bit.ly/1HJf6Tx）。

※2　IWJでは、2015年10月5日、埼玉大学名誉教授の三輪隆氏と元陸上自衛隊レンジャー部隊の井筒高雄氏を招き、「特別番組：安保法制適用第一弾は南スーダンでの『駆け付け警護』政府は『戦闘現場』を想定している⁉～三輪隆氏（埼玉大学名誉教授）×井筒高雄氏（元レンジャー隊員）×岩上安身」を配信した（【URL】http://iwj.co.jp/wj/open/archives/268726）。

この番組の中で三輪氏は、自衛隊が派遣される「第一線」として、政府が戦闘現場を想定していること、そしてそのような「第一線」での医療処置においては、救助よりも戦闘を優先する場合があるということを指摘した。

※3　柳条湖事件
満州事変の発端となった謀略事件。かねて満州（現・中国東北部）の武力占領を画策していた関東軍幕僚の板垣征四郎、石原莞爾らは、1931年6月末、南満州鉄道沿線にある中国軍兵営付近の柳条湖で9月下旬に軍事行動を起こすことを計画した。しかし計画が政府側にもれたため、予定を繰り上げ、9月18日午後10時20分ころ、独立守備歩兵第二大隊第三中隊の河本末守中尉が柳条湖の満鉄線路に爆薬をしかけ爆発させた。関東軍はこれを中国軍による犯行と発表することで、満州における軍事展開およびその占領の口実として利用した。典型的な「偽旗作戦」である。

※4　「偽旗作戦」
敵になりすまして行動し、結果を敵になすりつける秘密作戦のこと。過去の事例として、1928年の日本軍による張作霖爆殺事件、1931年の日本軍による柳条湖事件、1964年のアメリカ軍によるトンキン湾事件などがある。

※5　盧溝橋事件
1937年7月7日夜に始まる盧溝橋一帯での日中両軍の軍事衝突で、日中全面戦争の発端となった事件。中国では、「七・七事変」とも言い、日本政府は当時「北支事変」と称した。

7日夜、支那駐屯歩兵第一連隊第三大隊第八中隊は、盧溝橋北西約1キロの永定河右岸竜王廟付近で夜間演習中、10時半ごろ、日本軍の軽機関銃の発射（空砲）に続き、竜王廟方面から小銃による実弾数発の射撃があり、さらに日本兵1人行方不明という事態が発生した。同兵は20分後に帰隊したが、この点は北平の連隊本部にただちには伝えられなかった。翌8日午前3時過ぎ、再度竜王廟方面に銃声があったことから、牟田口連隊長により、午前4時23分に攻撃命令が出された。交戦状態への突入は5時半、盧溝橋につながる宛平県城での両軍代表による交渉の最中であった。

8日、中国共産党は、華北の防衛、全民族の抗戦を訴える通電を発し、国民政府も10日夜、日本に抗議した。現地では、9日の停戦の合意にもかかわらず、10日夜ふたたび交戦状態に突入した。一連の戦闘で中国の民衆多数が日本軍によって殺傷された。11日夜8時、現地では停戦協定が成立したが、これより先、同夕6時過ぎ日本政府は「華北派兵声明」を発表、日中戦争に突入していくこととなった。

たリュウ・ジンチョン（柳秦春）さんの話を聞こうと、早稲田の学生と一緒に準備しました。リュウさんは「梓澤さん、一度戦場に行った人間は、もとの人間に戻れないんですよ」と言う。そういう人間にさせるために、ものすごい訓練やってるんです。リュウさんが言うには、過酷な訓練に兵士が憤り、上官を石で叩きのめして川が血で染まったことがあった。戦場に行かされるとはそういうことなんですね。

電話で来日を頼んだ時にも、「俺は日本に行って、何を話するんだ」って、辛そうでしたね。思わず、想像を超えるようなことがあったのだろうと考えました。

岩上　ちなみに、このシンポジウム、ＩＷＪで録画配信させていただいています。[※1]

五千人が亡くなっただけでなくて、負傷した人、枯れ葉剤に曝露した人、そういう人たちの数がすごく多いんですね。生きて帰ってきて、それでがんになったり、子どもが障がいを持って生まれたりとか。ベトナム人と同じ悲劇が起こってますよね。ところが、補償されていない。裁判を起こして、韓国の国内の最高裁で勝訴して、米国は補償すべきとしたのに、米国は補償をしていない。韓国の最高裁には、悲しいかな、米国に補償を支払わせる強制執行力がないんです。日本も同じこと。日本でもいずれ同じことが起こりますよ。

梓澤　集団的自衛権の行使に、韓国も付き合わされたんですよ。それで、こういう犠牲です。

岩上　こういう立場になれってことですよね、今度は日本が。

梓澤　そう。当面は自衛隊が。

岩上　米軍は今は枯れ葉剤は使っていませんけど、劣化ウラン弾は平気で使っていますから、それによる被曝で、戦場から生きて帰れてもずっと後遺症に苦しまなくてはいけないかもしれない。にもかかわらず、補償はない。驚くべき非人道的なことが起きる可能性がありますね。

梓澤　イラク戦争では、自衛隊員の方から三〇人以上も自殺者が出ているということが報じられています。戦争を体験するということは、ちょっと想像を絶することなんです。

今のシリアから国内難民だけで七五〇万、国外難民が二五〇万出ていますね。今日、明日食う米がない、今日、明日寝るところがないという難民ですよ。ほとんど毎日のように、テレビで報じられていますよね。オリバー・ストーンとピーター・カズニックが書いた『もうひとつのアメリカ史』（早川書房）を読んで、僕ははっとしたんです。ブッシュ大統領がイラク戦争をやるぞと言った時に、アメリカ政府の内部でも、サダム・フセインをやったらシーア派とスンニ派の宗派対立になってコントロールできない状態になる、という声は上がっていたんですね。ところがブッシュは耳を貸さなかった。それが今の事態になっているんです。

岩上　大量破壊兵器はあると言いがかりをつけておいて、さんざん破壊と殺戮を行ったあげく、実はなかったなどと平然と言う。

梓澤　最近ブレア前英国首相が、イラク戦争でアメリカの偽情報に踊らされて申しわけなかったって、謝っちゃった。もうすぐ委員会報告書が出るんですよ。ブレアさん、あなたは間違っていた。そのおかげでイギリスの兵隊も死んだし、イラクの人たちだって死んだんだぞという報告書です。これくらいに、でたらめな戦争をアメリカがやっているし、これからもやる。

岩上　これも集団的自衛権の正体であり顛末ですよね。ウソの情報に踊って有志連合をつくって、アメリカに追随して、その挙げ句、イギリスでもテロが起こった。イギリスではブレアを訴追するべきという声もあるそうです。[※2]

日本はどうでしょう。当時首相だった小泉純一郎氏はまったく謝っていませんし、政府はろくに検証もしていない。報告書はたったＡ４の紙四枚だけですよ。[※3] 外務省はじめ日本政府の傲慢というのは、国際社会の中でもちょっと度外れていますよね。

梓澤　今度の「戦争法」を一番やりたがったのは外務省の官僚でしょ。つまりドイツ、フランス、アメリカなどの先進国と対等の議論がしたい。

岩上　P5[※4]の拒否権が面白くないから、自分も常任理事国に入りたい、そういうふうに武力、実力をバックに外交を展開したい、過去のことは追及されない国家になりたい、ということでしょう。僕は「なんでそんなになりたいのか、そこがわからない」と外務省の高官に言ったことがありますけど、「いやいや岩上さん、そんなこと言ったって、我々がどんなに一生懸命外交をやっても、P5各国に拒否権があるからちっともうまくいかない。土壇場で覆されるんですよ」と言う。うまくいかなくてもいいから、日本をそれに引きずり込むのはやめてくれないか、という話をしたこともあるんです。

自民党改憲で、「戦争法」は違憲ではなくなる？

梓澤　で、これに対して、そういうところへ俺たちが連れていかれるのはとんでもないじゃないかという声が上がりました。僕は若者が立ち上がった大きな理由は、本能的に、何か違うぞと感じたんだと思います。それを武藤貴也という国会議員は、そんなのは利己主義だと言った。[※5]

岩上　武藤さんというのは三十代そこそこ、彼自身も戦後教育を受けている世代なのに、違う世代であるかのように超然と人を見下ろしてモノを言う。僕からすれば、ＳＥＡＬＤｓを利己的だと言っている彼自身が途方もなく利己的だと思います。この発言のあと、「自分

※1　2015年5月15日、梓澤和幸弁護士が代表を務めるNPJ、早稲田大学ジャーナリズム研究会主催のシンポジウム「どう考える 集団的自衛権 〜僕たちにしのび寄る戦場。20代の若者が見た戦争のリアル」が行われ、IWJはその模様を録画配信した。

シンポジウムには、作家の浅田次郎氏の他に、20代の時に韓国軍兵士としてベトナム戦争に参戦した柳秦春氏やベトナム民衆との和解運動を進める韓洪九《ハン・ホング》氏が参加。柳氏は、派兵直前の極めて過酷な適応訓練によって兵士らがパニック状態に陥ってしまった経験を明かした（IWJ、2015/05/15「韓国軍兵士がベトナム女性に性的暴行、米軍から得た地雷で、その女性たちを殺した」――戦地を経験した有識者らが明かす戦争の現実 〜どう考える 集団的自衛権 僕たちにしのび寄る戦場【URL】http://iwj.co.jp/wj/open/archives/245608）。

※2　2010年、イギリスのニック・クレッグ副首相は議会でイラク戦争は違法であると発言し、論議を引き起こした。イギリス国内では市民のあいだで「トニー・ブレア元首相は戦争犯罪裁判を受けるべきではないか」という訴追要求が起こった。2012年には、南アフリカのノーベル平和賞受賞者ツツ元大主教が、英紙オブザーバーへの寄稿で、2003年にイラク戦争を始めた責任でブッシュ前米大統領とブレア元英首相が、オランダ・ハーグの国際刑事裁判所（ICC）に訴追されるべきだと訴えた。ブレア氏は2015年10月25日に米CNNのインタビューに応え、イラク戦争が「イスラム国（IS）」の台頭につながったと認め、戦争に踏み切る際の計画にミスがあったと謝罪したものの、フセイン政権を倒したことは正しかったと主張した（参照：ブレア英元首相がイラク戦争で謝罪、イスラム国台頭の「一因」ロイター 2015年10月26日【URL】http://bit.ly/1jfe8Te）。

※3　日本政府がイラク戦争について公式に検証を行ったものは、2011年8月末に、民主党の菅政権の松本剛明外務大臣（当時）の指示を受けて外務省が作成した、「対イラク武力行使に関する我が国の対応（検証結果）」のみである。このA4用紙4枚ほどの資料では、「今後の課題」として、次のように記されている。

「査察への全面的な協力を通じて大量破壊兵器の廃棄等を自ら証明すべき立場にあったのはイラクであり、武力行使は、イラクが安保理決議に違反し続け、査察に対して消極的な対応に終始したことによってもたらされたものであるが、事後イラクの大量破壊兵器が確認できなかったとの事実については、我が国としても厳粛に受け止める必要がある」。

外務省はこの検証作業にあたって、「日本政府が米英等の武力行使を支持したことの是非自体について検証の対象とするものではない」としているため、イラク戦争を日本が支持したことの是非を検証する政府の取り組みは、これまで一度も行われていない（参照：外務省HP【URL】http://www.mofa.go.jp/mofaj/area/iraq/taiou_201212.html）。

※4　P5とは国連安全保障理事会の常任理事国のこと。アメリカ、イギリス、フランス、ロシア、中国の5カ国を指す。第二次世界大戦の戦勝国であり、核保有国であり、国連安保理における拒否権という特権を有している。戦勝国の特権クラブ。国連はそもそも戦勝国の集まりであって「敵国条項」すら外されていない。

※5　自民党の武藤貴也衆議院議員は、2015年7月30日付けの自身のTwitterに、「SEALDsという学生集団が自由と民主主義のために行動すると言って、国会前でマイクを持ち演説をしてるが、彼ら彼女らの主張は『だって戦争に行きたくないじゃん』という自分中心、極端な利己的考えに基づく。利己的個人主義がここまで蔓延したのは戦後教育のせいだろうと思うが、非常に残念だ」と書き込んだ（【URL】http://bit.ly/1I9OW9f）。

武藤議員に関してはその後、未公開株の購入資金だとして、合計4104万円を集めたものの、未公開株は購入されず、出資者との間でトラブルとなっていることが明らかとなった（学生デモ批判　武藤議員が“議員枠未公開株”で4100万円集金していた、「週刊文春」2015年8月18日【URL】http://bit.ly/1JeIIH0）。武藤議員は8月26日に釈明会見を開き、自民党から離党することを表明した（【IWJブログ】「国会議員枠」を否定した武藤貴也議員辞職しないのは「利己的」との声も――会見から閉めだされた「週刊文春」が反撃！ 武藤議員に男性との「買春」疑惑⁉ しかも変態奴隷プレイ⁉【URL】http://iwj.co.jp/wj/open/archives/259709）。

は戦場へ行きません」と、はっきり言いました。自分は戦場に行くことはない、自分は偉いからだという。

戦場へ行かない奴は利己的だと言った者が、僕は行きませんからというのは、極端な利己主義でしょう。これこそ、「ザ・自民党」だと思うんですよ。驚くこともない。昔はさておき、今の自民党の人間は大半が上から下までこの考えです。自分はもちろん戦場になど行かないし、自分の息子も行かせない。戦って死ぬ覚悟などさらさらない。戦場へは貧しい人間が行けばいい。そして、行かないという貧乏人は利己主義だ、となじり、強制的に行かせよう、というのが、彼らの本音でしょう。

武藤という人は、自民党の本音を正直に言っている人間。だから「ザ・自民党」なんです。

梓澤　この武藤という議員は、「沖縄の二つの新聞（『沖縄タイムス』と『琉球新報』）は潰さないといけない」と百田氏が発言した、自民党の「文化芸術懇話会」のメンバーです。[※1]あのメンバーには全員、落選してもらいたいな。

岩上　落ちてもらいたい、ではなくて、落選運動をやるべきではないでしょうか。文化芸術懇話会に入っているのか、日本会議に入っているのか、それから神道政治連盟に入っているか。また、戦争法案に賛成したか、自民党の改憲草案を支持するか、秘密保護法に賛成したか。調べてリストにしてIWJのサイトにアップしたいと思います。

この改憲案は統一教会が言っているのと似てますねえなどと、なまぬるく言っている場合ではもはやない。「反日カルト」の統一教会と日本会議と神道政治連盟は人脈的にも重なり合っていますし、改憲の主義主張もよく似ていますよ。これを座視していていいわけないじゃないですか。政党だけでなく、メディアも、学者も、一般市民も、トンデモ改憲案阻止のためにありとあらゆることやらなければいけないんじゃないかなと思います。できるアクションをすべて起こすべきだと、本当に思います。

梓澤　自民党改憲案と「戦争法」を結びつけて論じておきたいんですけど、安倍さんは国会で逃げ回りながら、「武力は使いません」とか言ってたけど、自民党改憲案が通ったらたいへんです。自民党改憲草案の第九条の一項「日本国民は、正義と秩序を基調とする国際平和を誠実に希求し、国権の発動としての戦争を放棄し、武力による威嚇及び武力の行使は、国際紛争を解決する手段としては用いない」。これは現行憲法とほとんど同じなんだけど、二項がすごい。「前項の規定は、自衛権の発動を妨げるものではない」と言って、自民党のQ&Aには、「この自衛権には集団的自衛権は入ります」と書いてあるんです。

岩上　これまでは現行憲法が前提となっていたから、安保法制に対してこれは違憲立法だと批判することができていたわけですよね。官邸によるメディアへの露骨な介入も、憲法に保障された言論の自由の侵害であると批判することができた。ところがもし自民党改憲草案の通りに改憲してしまったら、集団的自衛権だって合憲になるし、言論の自由も「公の秩序」の前には沈黙を余儀なくされることになります。政府がやりたいことは、なんでもやれるようになりますよね。米軍の尻馬に乗ってよその国に進撃するなどということも、九条が残されていても、集団的自衛権を認めれば行けますよ、ということになる。

梓澤　自民党改憲草案の国防軍についての五項がすごいんですよ。九条の二項で「我が国の平和と独立並びに国及び国民の安全を確保するため、内閣総理大臣を最高指揮官とする国防軍を保持する」とあって、五項には「国防軍に属する軍人その他の公務員がその職務の実施に伴う罪又は国防軍の機密に関する罪を犯した場合の裁判を行うため、法律の定めるところにより、国防軍に審判所を置く」と書いてある。石破茂氏が一昨年の三月に、週刊BS-T

BSのキャスターに「なんで軍でなくてはいけないのか」と聞かれ、よく聞いてくれたとばかりに「今は自衛隊の隊員が上の言うことを聞かなくて、鉄砲を撃たなくても懲役にならずに済んでいる。ところが軍となれば、死刑、無期または懲役三〇〇年というものをつくる」と言うんです。これが軍なんですよね。

この石破氏の発言とこれを報道した東京新聞の記事は、すでに本書の一六五頁や三一四頁でも触れています。

これを今回繰り返して指摘した理由について述べておきます。

それはすなわち、SEALDsを中心とする若者たちがなぜ戦争法案に反対して創造的に、自発的に立ち上がったのかということに関係します。

若者たちは、自分たちの納得する理由がない戦争に自分の意思とは違うやり方でかり出されること、それは、経済的徴兵制と言って非正規労働者であることを強いられ、その結果、軍隊への志願を余儀なくされる場合や、法律の決めた義務によって、すなわち、公的な徴兵制によって戦場にかり出される可能性について、本能的な不安を感じたからだと思います。

安倍首相は、徴兵制などトンチンカンなことを言わないでほしいとか、先進国で徴兵制をとっている例などない、などと発言しています。

これは憲法一八条の「意に反する苦役」の解釈から徴兵制はあり得ないという従来の政府見解を踏襲したものと思われます。

しかし、憲法九条の解釈を変更するという、とてつもない解釈改憲をやった一国の宰相がこんな発言をしても誰も信じません。

そもそも法律や憲法に何が謳われているかという立憲主義や法的一貫性という政治、行政運営の価値観を破壊しているわけですから、徴兵制という制度の精神について、どう把握しているのかが問われているわけです。

石破氏のこの発言は、一国の運命と方向性を決めるトップの政治家の判断と裁量からすれば、戦場に行け、銃を引け、という政治のトップの命令に従わないものは命を奪われても一生を牢獄で過ごしてもそれは我慢しろ、という価値観を語っているわけです。この東京新聞の報道がされた時、石破氏も自民党もこれについて、まったく弁明も反論もしていないのです。

私が今回これをあげる理由の一つになっている体験を述べます。

国分寺で三〇年前から続いている山崎真秀氏（故人・元静岡大学教授、元国分寺市長）が開設した市民憲法教室で今年二〇一五年九月、石破発言を紹介しました。

国分寺市市会議員の一人の方がそれを聞いていて、翌日行われた国分寺駅南口駅頭の戦争法案反対国分寺市議会議員有志の演説において、「昨日石破発言の事実を聞いて、徴兵制が前提とされていること戦争法案にもその前提があると感じた。よって、戦争法案に今反対しなければこの国の若者の将来が危ういと感じた」と話してくださったのです。

こう考えると戦争法反対の闘いは同時に自民党改憲案反対の闘いでもあり、また、戦争法案反対の取り組みの中で自民党改憲案のぞっとするような危険性も体験的に理解されたと思ったのです。

今回、あえて石破発言に対する指摘を繰り

※1　「文化芸術懇話会」とは、芸術家との意見交換を通じ、「心を打つ『政策芸術』を立案し、実行する知恵と力を習得すること」を目的として設立された自民党の勉強会。代表は自民党の木原稔党青年局長。

6月25日に、作家の百田尚樹氏を講師に招いて第1回の会合を開催した。席上、百田氏から「沖縄の二つの新聞社は絶対つぶさなあかん」といった発言が飛び出した他、大西英男衆議院議員からも「マスコミを懲らしめるには、広告料収入がなくなるのが一番」などといった発言も行われた（参照：IWJ、2015/06/30「沖縄の歴史も知らず、簡単に沖縄のメディアを潰せると思うな」――反撃の狼煙上がる！　百田尚樹氏に「絶対潰さなあかん」と名指しされた沖縄2紙の記者が語った“覚悟”！【URL】http://bit.ly/1djmKp7）。

返したのはそのような気持ちがこもったものでした。この点、読者の理解をお願いしたいと思います。

岩上　他の先進民主国家で、政治家が国民に対し、「戦場に行け、という兵役命令に背いたら死刑だ、徴兵三〇〇年だ」なんてそう軽々に言いませんよね。こんなひどい刑罰は与えていないと思いますよ。

ベトナム戦争の時代、アメリカは徴兵制でした。その時、良心的兵役拒否として兵役を拒んだもっとも有名なアメリカの若者は、当時ボクシング世界ヘビー級チャンピオンの座にあったモハメッド・アリです。彼は自分の信じるイスラム教の信仰に照らして「俺にはベトコンと戦う理由がない。彼らは俺を、ニガー（くろんぼ）とは呼ばなかった」と有名な言葉を口にして一九六七年に兵役を拒みました。彼は起訴され、全員白人の陪審員から有罪という判決を下されました。二五歳のアリは、ボクサーとして全盛期だったのに、ベルトを剥奪され、ボクサーとしてのライセンスも奪われ、ノンタイトルの試合にも立てなくなりました。その時でも、彼に下されたのは懲役五年、罰金一万ドルでした。石破氏の言う「死刑、もしくは懲役三〇〇年」というのは狂気の沙汰です。どれほど度外れた人権無視の危険思想の持ち主なのか、おわかりいただけると思います。

ちなみにアリはこの兵役拒否によりリングのヒーローにとどまらず、差別と闘うヒーロー、反戦のヒーローにもなりました。そして裁判を闘い抜き、七一年に最高裁で無罪判決を勝ち取り、リングに復帰し、ザイール（当時。現在のコンゴ）のキンシャサでジョージ・フォアマンに劇的な勝利をおさめて、ベルトを奪回します。五九年生まれの僕の世代にとって、アリは魂を揺さぶるスーパースターだった。五七年生まれの石破氏は同世代ですが、キャンディーズの追っかけはしていてもアリの崇高さには何も感じとれなかったらしい。残念な人です。

梓澤　石破氏は自分の中の本音を喋ってしまった。九条の二の五項にある国防審判所というのは、つまり軍法会議ですよ。これをちゃんと自民党改憲案には入れている。それも自分の国じゃなくてアメリカの戦争のために行かされて、鉄砲を撃たないと言ったら懲役三〇〇年と、それはいくらなんでもおかしい。

岩上　これは労働契約としてもおかしいんじゃないですか。だって自衛隊だと思って入っていったら、途中で契約が変わってしまうんですから。自衛隊は国土を守るんでしょ、災害救助するんでしょ、専守防衛でしょと思っていたはずです。ところが外国の戦争に付き合わされて、捕虜になって国際法も適用されず死亡時や負傷時の補償についても曖昧なまま。任務を拒んだら懲役三〇〇年だなんて、労働契約上も違反でしょう。全部一回リセットして契約し直さなくてはおかしいんじゃないですか。

自衛隊をどこかで国防軍に改めるというけれど、今の時点ですでに、隊員の命がかかっているんですよ。交戦する可能性があるんですよ。交戦して、その人が殉職した時に、どれだけの手当をするかって、何も決まっていないでしょ。これは、ひどい話だと思いますけどね。戦死したら、遺族に一億円払うでしょうか？　千人死んだら一千億円です。とても財政がもたない。結局、徴兵によって人をただで使って、死んでも雀の涙の恩給で済ませないと、総力戦の戦争なんてできません。

梓澤　第二次世界大戦では日本の戦死者三一〇万人とか、中国、アジアの大地で二〇〇〇万人の人が亡くなったというけど、一人ひとりに悲しみがこもっているんですよね。盧溝橋事件の後、南京大虐殺があって、その直後に石川達三[※1]は志願して中央公論社から派遣されて、現地に行きました。その時に書いた『生きている兵隊』[※2]は発行禁止になって、やがて中央公論社は廃業にまで追い込まれました。現在までに行われた中国人からの戦後補償での告発や、笠原十九司著『日本軍の治安戦』（岩波書店、二〇一〇年）には、日本軍の行った加害が表現されています。それらの蓄積に比較すれば不十分かもしれませんが、石川達三の小説は戦争の真の真っ只中に発表された、ということが大切です。

改めて『生きている兵隊』（中公文庫版）を読みました。流れ弾に当たって死んだお母さんにすがって泣く女性の声が、塹壕に響いてくる。それを聞いて、兵隊がこう言います。

「ええ、うるせえ」　振り返ると真っ暗な中で平尾一等兵が背を丸くして壕の上に飛び上がる姿が、大空の星を背負って見えた。どこへ行くんだ。あいつ、あの女を殺すんだ。平尾は女の襟首を摑んで引きずった。女は母親の死体を抱いて話さなかった。一人の兵が彼女の手をねじ上げて母親の死体を引き離し、ずるずると下半身を床に引きずりながら、彼らは女を表の戸口のそばまでもってきた。まるで気が狂ったみたいに甲高い叫びを上げながら、平尾は銃剣をもって女の胸のあたりを三たび突き、貫いた。ほかの兵隊も短剣を持って、女の頭といわず腹といわず、突きまくった。ほとんど十秒と女は生きていなかった。彼女は平たい一枚の布団のようになって、くたくたと暗い土の上に横たわり、興奮した兵の火照った顔に、生々しい血の匂いがむっと暖かく流れてきた」（『生きている兵隊』中公文庫）。

この後に、若い女を勿体ないことをしやがるなと、もっと残酷な言葉を言っているんですよ。人間をその前の人間とは違う人間にして帰すのが、戦争なんです。鬼にしてしまう。

表現の自由（第二一条）、現行憲法は「集会、結社及び言論、出版その他一切の表現の自由はこれを保障する」そして「検閲は、これをしてはならない」としているが、自民改憲草案は「公益及び公の秩序を害することを目的とした活動を行い、並びにそれを目的として結社をすることは、認められない」と言っています。出版社の廃業というようなことが再び起こるかもしれない。命令に背く者に死刑、無期、懲役三〇〇年と言っている石破氏や、立憲主義を蹂躙する安倍さんが政権を続けていく限り、そういうことが起こるというのが、自民党改憲案の恐ろしさ。今度の参議院選挙で改憲勢力に三分の二を取らせてはいけない。

「治安戦」とは何か

岩上　梓澤さんがあげられた笠原十九司さんの『日本軍の治安戦』[※3]は重要な本ですね。「治安戦」とは「占領戦、植民地の統治の安定を確保するための戦略、作戦、戦闘、施策などの総称」であり「日中戦争のなかで日本軍が

※1　石川達三
1905年に秋田県平鹿郡横手町（現・横手市）に生まれる。1930年に移民の監督者として船でブラジルに渡り、数カ月後に帰国。ブラジルの農場での体験を元にした『蒼氓』で、1935年に第1回芥川龍之介賞を受賞。社会派作家として作品を書き続け、日中戦時下には中央公論社特派員として南京へ渡り、その時の取材をもとに1938年に書かれた『生きてゐる兵隊』は、新聞紙法に問われ発表と同時に発禁処分、禁固4カ月執行猶予3年の判決を受ける。1942年には、海軍報道班員として東南アジアを取材した。

※2　『生きている兵隊』
社会派作家・石川達三が1938年に発表した小説。南京陥落（1937年12月12日）後に中央公論社特派員として中国大陸に赴いた石川は、1938年1月に上海に上陸、鉄道で南京入り。南京虐殺事件に関与したと言われる第16師団33連隊に取材し、その結果著されたとされている。発表される際は、無防備な市民や女性を殺害する描写を含む4分の1が伏字削除されたにもかかわらず、「反軍的内容をもった時局柄不穏当な作品」などとして、掲載誌は即日発売禁止の処分、石川は新聞紙法第41条（安寧秩序紊乱）の容疑で起訴され、禁固4カ月、執行猶予3年の判決を受けた。
法廷で石川は、「もっと本当の人間を見、その上に真の信頼を打ち立てなければ駄目だ」と言い切ったという。

※3　『日本軍の治安戦』
都留文科大学名誉教授の笠原十九司氏が2010年5月26日に発表。占領地の治安を「守る」と称して、日本軍が中国で行った治安戦の実態を、日本側・中国側双方の史料に基づいてその発端から挫折に至る過程をたどった書籍。
日中戦争における主要な敵を国民政府軍から共産党軍へと転じ、さらに軍隊を相手にすることから民衆を相手にする作戦へ移していった中で、日本軍は共産主義化した民衆を占領地の治安攪乱の主力であるとみなし、抗日根拠地、抗日ゲリラ地区の民衆に対しては、徹底した殺戮、略奪、放火、強姦など戦時国際法に違反する非人道的な行為を犯してもかまわない、一人も生きている者がいないように、根こそぎにして、焼きつくせと命じられたことを紹介。民衆そのものを殲滅の対象とする「治安作戦」に転じ、日本軍が正式な作戦計画に基づいて、大規模なジェノサイドを実行するようになった経緯を追っている。

おこなった」いわゆる「三光作戦」です。そして「今日もイラクやアフガニスタンで実行されている」と笠原氏は述べます。

過去の歴史を知るために重要である、というだけでなく、「対テロ戦争」という名のもと、テロリスト、ゲリラを相手に非正規戦を戦う戦線に日本も足を踏み入れようとしているだけに、なおさらです。他方、イラクやアフガニスタンで米軍が地上戦を戦った時、米軍の目からはゲリラやテロリストの姿は見えず、常に一般市民にまぎれているのが常態です。これを掃討しようとすると、一般民間人の巻き添え被害は避けられない。軍民の区別がつきにくく、いきおい軍の指揮官は作戦に際して「動くものはすべて撃て」となる。皆殺しです。現代戦では兵器の質が向上し、「巻きぞえ被害」を「コラテラル・ダメージ」と小ぎれいに言いかえてはいますが、本質は何も変わりません。現代では、空爆が先行し、圧倒的な爆撃力で焼き払ったあと、地上で陸上部隊が掃討を行います。統治できたと思ったそばからテロ攻撃が加えられるので、掃討に終わりがありません。これが「治安戦」です。「対テロ戦争」とはまさしく「治安戦」なのです。

日本軍は長い日中戦争を「非正規」の「治安戦」として戦いました。宣戦布告を行わずに「事変」と称して武力行使を起こし、自ら謀略を仕掛けて、相手にテロ攻撃されたと見せかける「偽旗作戦」を行って、満州を支配、華北・華中へと侵入していきました。民兵や住民の抵抗があるのは当たり前ですが、抵抗されればそれを「暴戻支那《ぼうれいしな》」、つまり「暴れるからけしからん中国」と呼び、これを「膺懲《ようちょう》」する、即ち「こらしめる」として、ますます侵略と支配地域を拡大していきました。

今日の「中国はけしからん、生意気だ」という反中国感情には、当時の「暴支膺懲《ぼうしようちょう》」というスローガンにこめられていた蔑視感情と同じものを見出すことができます。東シナ海か南シナ海の海域で一撃を与えれば、おとなしくなるはず、という一部の右派の論調も、かつての「一撃論」とそっくり同じです。中国に一撃を与えた、その次にどうなるか、相手の反撃はどうなるのか。目の前の戦闘で相手はやられたように見え、すごすご退却してゆくが、どこまで深追いをすればいいのか。どこまで泥沼が続くのか。いつか相手は「まいった」と言うのか。何も考えていないし、見通していない。アホそのものです。「今も中国と戦争したい。戦争して勝ちたい」と公言するような人物は石原慎太郎氏を筆頭にアホばかりです。

笠原さんは、『日本軍と治安戦』のプロローグで、山西省で従軍し、その体験を赤裸々に綴った田村泰次郎の短編「裸女のいる隊列」を引用しています。

田村泰次郎は、戦後直後に『肉体の門』を書き、華々しくデビューしたベストセラー作家として広く知られています。「裸女のいる隊列」は、別冊『文藝春秋』一九五四年一〇月号に掲載されています。『諸君!』（現在は休刊）のような右派オピニオン誌を発行していた文藝春秋社も、戦争直後は、リアルな戦争の実相を描いた作品を掲載していたんですね。読者が皆、戦争経験者で、ごまかしたり、歴史の修正などきかなかった頃だからでしょう。部隊名も登場人物の名前も実名の、ノンフィクション作品です。

「老百姓《ラオバイシン》、――日本軍にとって、この言葉は、なんの人格的な意味もなかった。彼らは野良犬や、虫けらと、すこしもちがう存在ではなかった。長い戦争の期間をとおして、日本軍に殺された住民の数は、恐らく日本軍と闘って死んだ中国軍の兵隊の数よりも多いのではないだろうかとさえ、私には思われる。すくなくとも、中国の奥地では、戦場で見る敵兵の死体よりも、農民の数の方が、私たちの眼に多く映るのが、普通だったのだ。ある時期においては、ときには、公然と、住民をみな殺しにしろという軍命令が出たこともある。燼《じん》滅《めつ》作戦というのが、それだった。

「おい、こんどの作戦は、ジンメツだとよ」

作戦開始のときになると、兵隊たちはそんな噂をしあった。作戦地域内の部落という部落は焼き払って、生あるものは、犬の子一ぴきも生かしておかないというのが、建前だった。日本軍全体が、血に狂った鬼の軍隊になった。

住民たちに対する日本軍の身の毛のよだつような所業は、私の七年間にわたる戦場生活で幾場面も見ているが、全戦争期間、全戦域にわたっては、それがどのくらいの場面になるかは、想像を絶したものがあるに違いない。

(中略)

新兵が入隊すると、山脇隊では新兵の度胸をつけるために敵兵や、日本軍側に連絡をしない部落の住民を捕らえて、一名の新兵に一名ずつの男を刺殺させることになっている。新兵が入隊する頃、山脇隊につかまった住民は運が悪い。生きて帰れることは、まずないからだ。

「おれの隊では、討伐に出たら、強姦したって、ええんやってよう。そのかわり、強姦したらきっとその女を殺さないかんのやって、死人に口なしいうさかいなあ」

関西出身の同期の補充兵から、そういう言葉を聞いたことがある。それが山脇隊の暗黙の隊規(?)だったようだ……いくら敵性地区の住民であっても、暴行を加えた尚その上に、まだその女の生命まで奪う必要はないように思えた。殺すことだけは、余計ではないか。

(中略)

あるときの討伐では、山脇隊長が、兵隊たちのとり巻いているなかで、父と娘とを相姦させたという噂を聞いた。そのあと、父も、娘も、銃剣で刺殺したそうである。私は隊長のところへ行くことが、次第に気味悪くなって来た。(中略)

私は稜線をちょっと降りたところで、隊長を待った。そのとき、なかに白い色が、隊列のなかに、まじっているのを、私は見た。白い色は、うす暗さを増してきている山の暮色に、一際きわだっているが、とっさには、それがなんであるか、私には見当がつかなかった。

けれども、近づくにつれて、まもなく、私にはわかった。それは全裸の女なのだ。一個分隊くらいの間隔をおいて、その裸の女は配置されている。あまりの唐突さに、私にはこの場面の意味が、すぐには判断できなかった。

「貴様たち、この姑娘《クーニャン》たちが抱きたかったら、へたばるんじゃないぞっ、いいか、姑娘《クーニャン》の裸をにらみながら、それっ、頑張るんだっ、――」

下士官がどなっている声が、聞こえてくる。

隊列は、私のそばにきた。眼の前をすぎてゆく女の肌は、はっきりと鳥肌だっているのが見え、蠟人形のように透きとおってきていて、むしろ、妖しい艶めかしさを帯びてさえ見えた。

隊長は、馬上で、影絵のように近づいた。

私は敬礼した。

「小休止」

隊長が小声でつぶやくと、そばの将校が大声で、それを中隊じゅうにつたえた。

隊長は私の伝達を聞くために、馬から降りて、地面に立った。そのとき、ひとりの老婆が、なにか大声でわめきながら、隊長のそばに寄ってきた。裸にされて、酷寒のなかに立たされている娘を、返してくれといっているらしい。娘たちは、さっき通過してきた部落からひっぱってきた女たちにちがいない。

老婆は、彼女たちのなかの自分の娘を追っかけてきたのだ。

うるさいというように、将校の一人が老婆をつきとばした。老婆は、道路わきの地面に落ちて、仰向けにひっくり返った。その姿勢のまま、まだしきりとわめいている。すると、隊長が、ひょいと腰をかがめて、両腕で西瓜ほどもある石を抱えあげたかと思うと、老婆の方にむかって投げつけた。

「ぎやっ」というような叫びが、山の空気をひき裂いて、老婆の頭は砕けた。ざくろのように白っぽい脳漿《のうしょう》が、凍土に、どろりと流れた。

誰も、なんともいわない。一瞬、ひんやりしたようなものが、兵隊たちの胸から胸を流れたようだった。

「出発」

山脇隊長は、同じ調子の声でつぶやいた。

まだ、びくびくと手足を動かせて、うなっている老婆を残して、ふたたび、隊列は、裸女たちをはさんで、粛々と動きだした。それは一糸みだれぬ、みごとな統率ぶりであった」

一九四〇年一一月、二九歳で召集された田村は、独立混成旅団（独混四旅）歩兵第十三大隊第三中隊に配属されました。これは、その独混四旅の中隊にいた時の実体験を綴ったもの。山脇隊長とは同大隊第一中隊長です。

なお、二〇一五年七月三〇日、「生活の党と山本太郎となかまたち」の山本太郎議員が、国会で、安倍総理に対して次のように質問しています。この日中戦争の「治安戦」と重ねあわせて、聞いてください。

「ファルージャ、どんな戦いだったのか。

二〇〇四年の一一月から、米軍の大規模攻撃を受けたんですけれども、この作戦に参加した米兵がこう言っている。『冬の兵士・良心の告発』というDVDの中で。攻略戦の訓練を受けていた全員、みんなキャンプに行きますから、訓練をうけますから、ある日、軍法の最高権限を持つ部隊の法務会に招集され、こう言われた、と。

『武器を持つ人間をみたら、殺せ。双眼鏡を持つ人も殺せ。携帯電話を持つ人は殺せ。何も持たず、敵対行為がなかったとしても、走っている人、逃げる人は、何か画策しているとみなし、殺せ。白旗を掲げ、命令に従ったとしても、罠とみなし、殺せ、と指示した。ファルージャで僕たちは、その交戦規定に従った。米兵たちは、ブルドーザーと戦車を使って、家屋を一つ一つ轢き潰し、人間は撃ち尽くしたか、犬や猫やニワトリなど動くものは何でも撃った。動物もいなくなったから、死体も撃った』

これ、一部のおかしな米兵がやったことじゃないですよ。米軍が組織としてやってきたことです。ファルージャだけじゃない、バグダッドでもラマディでも。

総理、アメリカに民間人の殺戮、当時やめろって言ったんですか？　そしてこの先、やめろと言えるんですか？　引き上げられるんですか？　お答え下さい」

安倍総理は、この山本議員の質問に、まともに答えられませんでした。[※1]「美しい日本」という妄想に耽る安倍総理は、「輝ける皇軍」が、実際には何をしてきたか、真実を見ていない。真実に目を閉ざし、耳をふさいでいます。

「戦争法」というネーミング。「民主主義って何だ？」という問い

岩上　改憲勢力の問題は、今、話題になっている維新の会も無関係ではないと思います。片方は改憲を明確に支持し、安倍政権との距離をたいへんに誇り、また安倍政権からすばらしいと言われて、それを本当に心からうれしいと言っている。自公だけでなくて、次世代の党もあるし、おおさか維新、橋下徹さんのグループも存在します。橋下さんは政界を引退すると言っているけど、実質的なリーダーでしょう。引退などしないでしょうし、形式的にしたとしても影響力を持ち続けるはずです。民間人のまま、安倍内閣に閣僚として迎え入れられ、入閣するのではないかという話もあります。こういったグループが自公と連携して改憲勢力を形成すると思います。

それから民主党から右方向へこぼれ出る人間も現れます。すでに一人、松本剛明さんが民主党を離党しました。この人は自民党に行

くのだろうと思います。自民党ではなくても、改憲勢力の一角に加わることでしょう。こういう人が、今後も民主党からぽろぽろと出ることが予想されます。※2

澤藤　与党側が「平和安全法」と言った、集団的自衛権行使容認をメインとした通常国会での二法案。反対側がどうこれを呼称するか、反対運動の実践にけっこう重要なことだと思いますが、「戦争法」あるいは「戦争法案」で一致した。最初からのことではなく、福島瑞穂さんの参院予算委員会での質問がきっかけでした。※3この「戦争法案」という言葉に、自民党が過剰に反発して発言撤回や議事録修正を求めて話題となり、この攻防の中で運動側の「戦争法案」という呼称が定着しました。それまでは共産党も「戦争立法」という言葉を使って、「戦争法」と簡潔に言っていなかった。

一九八五年の「スパイ防止法案※4」を思い出します。与党側は「スパイ防止法」という呼称で、世論も受け入れるだろうと思っていた。それに対して、反対する側が「国家秘密法」「国家機密法」と呼称した。どちらの用語を使うかで、その人の所属団体の系統がわかるということがあって、やりにくいところが残りました。私はどちらかというと「国家機密法」で反対運動をやっていたのですが、私が所属する日弁連は「国家秘密法」派でした。

今回「戦争法」でまとまったことは、統一や連帯を目指す立場からはやりやすくなって、とてもよかったと思います。

岩上　伝統的な社会党と共産党との対立が、「国家秘密法」と「国家機密法」にも反映されていた。社会党系が「秘密」と言って、共産党系が「機密」と言って意地を張り合っていたことがあったわけですね。そういうことが、

※1　2015年8月25日、安保法案を審議する参院特別委で安倍総理に山本太郎議員が質問した。山本議員は、米軍がイラク戦争で無抵抗のイラクの市民の手足を縛り、目隠しをしたうえで虐殺するなど明白な戦争犯罪を繰り返してきた事件をあげ、日本が安保法案によって米国の戦争犯罪の共犯者になる可能性を追及。安倍総理は「紹介された事案について私は承知をしていないので、論議は差し控えたい」と回答を避け続けた。

さらに、「東京大空襲を含む、日本全国の空襲、民間人の大虐殺、これは戦争犯罪ではないか」との山本議員の追及に、安倍総理は答弁に立たず、代わりに岸田外務大臣が答弁に立つという場面もあった（参照：【安保法制国会ハイライト】「宗主国様には何も言えないのか！」――安倍総理が山本太郎議員との「一騎打ち」から遁走！　イラク戦争、広島、長崎への原爆投下…米国の戦争犯罪に“沈黙”！ IWJ 2015年8月25日【URL】http://iwj.co.jp/wj/open/archives/259641）。

※2　2015年10月27日、民主党・元外相の松本剛明議員が「私自身が描く道と、党が進む道はもう重ならない」として党本部に離党届を提出、11月10日、常任幹事会によって受理された。これにより、民主党は議席数が一つ減り、2015年11月11日現在で、衆議院71議席、参議院59議席となっている。右派の松本氏は、改憲勢力に近づいてゆくと思われる（参照「民主、松本氏の離党届を受理」【URL】朝日新聞 2015年11月11日 http://bit.ly/1T036OH）。

※3　2015年4月1日の参院予算委員会で福島瑞穂議員（社民）は、「安倍内閣は14本から18本以上の戦争法案を出すと言われています」と発言。安保法制を「戦争法案」と指摘した。自民党はこの発言を「不適切」とし、「戦争法案」とした部分を「戦争関連法案」などに議事録を修正するよう要求したが、福島氏は「表現の自由に関わる」としてこれを拒否。福島議員が要求に応じないまま最終的に4月28日、自民党側は発言の修正・削除要求を取り下げた（参照：「狂信的な官僚集団」が支える安倍政権の「戦争法案」解釈改憲、専守防衛、日米安保…「嘘」と「デタラメ」の数々を暴く ～福島瑞穂×小西洋之×岩上安身による戦争法案特別鼎談 IWJ2015年5月21日【URL】http://iwj.co.jp/wj/open/archives/246885）。

※4　守秘義務のない一般国民や新聞・雑誌が、取材活動や海外報道などで知りえた「秘密」を伝達したり報道（漏洩）した場合、その取材ルートがどのようなものであれ、5年以下の懲役とする法案。

1979年2月24日、勝共連合など右翼団体が「スパイ防止法制定促進国民会議」を結成。6月から、全国各県に県民会議、さらに市町村にそれぞれ母体をつくり、地方自治体へ同法実現のための要望、決議を行う戦略をとってきた。自民党は1980年4月2日に第一次案を、1982年7月2日に第二次案を発表した。後者は一次案に増して防衛秘密の枠が広く、単純漏せつ罪を新設して市民にも適用することにしたことから、一挙に政治問題化。これに力を得て国民会議は活発化した。1982年9月末には1400の地方議会が早期法制化を求める意見書を採択。1984年5月15日、岸信介会長の法律制定促進議員・有識者懇談会と共催で全国代表者会議が行われた。8月6日に自民党は第三次案を発表し、防衛だけでなく外交秘密も対象とした。12月末までに「スパイ防止法制定の意見書」決議を行った県議会は27、市議会1122、町議会983、村議会366、合計2498に達した。1985年後半から反対運動も活発化し、地方議会での反対決議も増えた。

中曽根政権時代の1985年6月6日に伊藤宗一郎ら10人が衆議院に議員立法として法案を提出した。これに対し、当時の野党（日本社会党・公明党・民社党・日本共産党・社会民主連合他）は断固反対を主張。また自民党内部でも谷垣禎一氏が「わが国が自由と民主主義に基づく国家体制を前提とする限り、国政に関する情報は主権者たる国民に対し基本的に開かれていなければならない」と述べるなどして紛糾。法案は継続審議となるが、10月に開会した第103回国会でも野党は徹底して審議拒否を貫き、12月21日の閉会に伴い廃案となった。

これまでもずっと続いてきたけど、今回「戦争法」という名称でいこうよと一致をみたと、かつての時代とはちょっと変わってきた。小さな変化ですけれど、お互いに手を結ぼうという柔軟さが出てきたわけですね。

澤藤　今回、運動の統一を意識して、法案の呼称を統一しようということが、暗黙のうちにあったのだと思います。運動が統一的に行われたということの、一つのシンボルであったと言ってよいでしょう。私は「戦争法」というのは、非常に的確なすばらしいネーミングだと思います。戦後この方、日本は戦争をやらなかった。戦争をすることなど考えも及ばなかった。ところが、今回初めて、どういう要件があれば戦争することができるかという要件を定める法案ができたのですから、これこそ「戦争法」。これ以外の何ものでもない。そう私は思います。

推進派が「平和安全法」、反対派が「戦争法」。マスコミはどちらの呼び名も使えない。中立的に「安保関連法」とか「安保法」とか言っていました。面白いことに、「安保法」「安保関連法」は六〇年安保闘争を想起させます。つまりメディアが中立ですよとしたネーミングが、もっともラジカルに、法案が日米の安保体制からの派生物だという本質を示すものになった。

岩上　「安保法制」という言葉も非常に多かったですね。奇妙なことに、ネトウヨが「平和安全法案」という言葉を用いたかというと、あまり使っていない。彼らは「戦争法」と呼ぶ人たちを罵倒するので、結局のところ彼らもこれを使うことになっていましたね。

澤藤　「戦争法案」を巡る闘いが、どういう理念を巡る闘いであったのか。一つは立憲主義の問題ですね。二つめが民主主義、三つめが平和主義。こうまとめてよいと思います。

何よりも意識されたのは立憲主義。かつて立憲主義という言葉は、あまり人の口の端にのぼることのない用語だったと思います。むしろ戦前に立憲主義が議論され、戦後は民主主義が議論されました。憲法を学ぶ時にも私どもの時代では、そんなに立憲主義という言葉が重きを置いていたという印象はないですね。マスコミも立憲主義という言葉はしばらく使わなかった。

第二次安倍内閣ができて九六条改憲[※1]を言い出した時から、これは立憲主義違反だということから人口《じんこう》に膾炙《かいしゃ》した。みんなが、立憲主義、特に近代立憲主義を論ずるようになった。

岩上　また自民党の側も立憲主義に言及し、かつそれを侮辱したり、否定したりする発言が、政権の中枢にいる人間から出てきましたよね。「東大で学んだけど、立憲主義という言葉は出てこなかった」などという発言が出てきたりする。[※2]そうした発言が出てきたことは、重大な意味を持つと思います。単純な失言で片づけてはいけない。自民党の改憲草案を読めば、それが本音であることがわかる。

よく民主主義の喝采からヒトラーのナチスは誕生したのだと、まるで民主主義こそが悪魔の独裁を生む温床であるかのように得意気に言う人がいますが、民主主義によって誕生する政権が怪物化しないために予め縛りをかけているのが立憲主義です。その憲法を空無化したり、憲法とは呼べない代物に改変したりする作業と同時に、軍事国家化、事実上の戒厳令である緊急事態条項の導入が進められる、というのは非常に危険なことです。立憲主義というロックが解除されてしまう。「ナチスの手口をまねる」とうそぶいた麻生氏の発言[※3]通りに本当に現実化してしまいます。

澤藤　立憲主義が何を問うたかと言えば、民主主義の限界、あるいは選挙で選ばれた政権ができることの限界と言ってよいと思います。「選挙に勝てばなんでもできる。それが民主主義だ」とは言わせない、ということですね。

岩上　橋下徹さんなどがよく言うことですよね。選挙で勝ったら白紙委任されたようなことを言う。

澤藤　ええ、「私は選挙に勝ったんだから、文句を言うなら、私を選挙で負かせてからにしなさい」というようなロジックですね。しかし、選挙で勝った人にも、できることとできないことがある。むしろ、選挙に勝っても、できることは憲法に定める範囲でしかない。つまり、主権者が予め授権をした範囲のことしかできませんよということです。どんなに民主的に構成された政府でも、自分こそ民意だとうぬぼれて、憲法で書いてある範囲を突破するようなことはできません。そういう民主主義の限界を意識させるものが立憲主義です。

民主主義というのは、選挙で勝った人に権力を与えるという原理ですが、その権力に枠をはめるのが立憲主義。圧倒的多数の議席があるからといって、憲法の枠を超えることは許されない。閣議決定で安定していた憲法解釈を変更することも許されないし、憲法九条を蹂躙する法案も許されない。このことをみんなが考えた。これが非常に大きな意義あることだったと思います。

もう一つは、民主主義を巡る問題提起。「民主主義って何だ?」という言葉がはやりました。※4 私はその問いかけが非常に重要であって、「これだ」という答えのほうは、さほど重要ではないと思っています。みんなが民主主義は何かと考えて、一人ひとりがそれなりの回答を持てばいい。今、非常に適切な問いだと思います。

民主主義ってなんでしょうか。私のイメージでは、市民みんなの政治参加です。政治参加とは、市民の総意で権力をつくり、権力作用を市民が徹底してコントロールする。こんなところですね。

政治参加というのは、一面は市民の権利ですけれど、他面、責務でもあるのだと思います。市民は投票日だけの主権者で、投票箱が

※1　96条改憲
日本国憲法第96条は、憲法改正手続きについて「各議院の総議員の3分の2以上の賛成で、国会が、これを発議し、国民に提案してその承認を経なければならない。この承認には、特別の国民投票又は国会の定める選挙の際行われる投票において、その過半数の賛成を必要とする」と規定している。

2012年冬の総選挙で政権与党に返り咲いた自民党は、政権公約に96条の先行改正を掲げていた。また安倍首相は就任直後の衆院本会議で、96条の改正に取り組む方針を明言している。

だがその後、国民の支持が広がらなかったことや、96条先行改正に慎重な公明党への配慮から「平和主義、基本的人権、国民主権は3分の2に据え置くことも含めて議論していく」と表明。96条改正への意欲は一時トーンダウンしたかに見えた。

その後2014年2月4日、安倍首相は衆議院予算委員会で、「たった3分の1の国会議員が反対することで、国民投票で議論する機会を奪っている。世論調査で十分な賛成を得ていないが、国民的支持を得る努力をして、(改正の)必要性を訴えていきたい」と発言。96条改正に再び意欲を示した(参照:「安倍晋三首相『憲法96条は改正すべき』再び意欲を表明」The Huffington Post 2014年2月4日【URL】http://huff.to/1eoTqfX)。

※2　礒崎陽輔総理大臣補佐官は2012年5月27日、自身のTwitterに「時々、憲法改正草案に対して、『立憲主義』を理解していないという意味不明の批判を頂きます。この言葉は、Wikipediaにも載っていますが、学生時代の憲法講義では聴いたことがありません。昔からある学説なのでしょうか」と書き込んだ。礒崎氏は東京大学法学部出身であり、立憲主義について「学生時代の憲法講義では聴いたことが」ないとは考えにくい(礒崎陽輔氏のTwitterより【URL】http://bit.ly/1HPqQ1z)。

他にも礒崎氏は、2015年7月26日に大分市内で行われた国政報告会で、「考えないといけないのは、我が国を守るために必要な措置かどうかで、法的安定性は関係ない。我が国を守るために必要なことを、日本国憲法がダメだと言うことはありえない」などと発言した。この発言を巡って礒崎氏は8月3日、参議院特別委員会に招致され、「法的安定性は関係ない」と述べた自身の発言を撤回した。その上で、「今後も首相補佐官としての職務に精励していく」と語り、辞任する考えがないことを表明した(憲法解釈変更「法的安定性は無関係」礒崎首相補佐官、朝日新聞2015年7月26日【URL】http://bit.ly/1SURHiA)。

※3　麻生太郎副総理は2013年7月29日、ジャーナリスト・櫻井よしこ氏が理事長を務めるシンクタンク「国家基本問題研究所」の主催講演で、憲法改正について、「狂騒、狂乱の中で決めてほしくない。落ち着いた世論の上に成し遂げるべきものだ」「ワイマール憲法もいつの間にかナチス憲法に変わっていた。あの手口を学んだらどうか。(国民が)騒がないで、納得して変わっている。喧騒の中で決めないでほしい」と述べ、波紋を呼んだ。

正確には、ワイマール憲法は改正されたわけではなく全権委任法によって効果を失った。1933年1月30日、ヒトラーは首相に任命され、その1カ月後の2月27日、国会議事堂放火事件が発生し、これを共産主義者のしわざと決めつけて、ヒトラーは「非常事態宣言」を発し、共産党員ら5000人を逮捕し、徹底的な弾圧が加えられた。そして、この非常事態宣言によって、ワイマール憲法で保障された基本的人権などをほとんど停止。そして3月5日、国会議員選挙でナチスは43.9%もの票を得て、288議席を獲得。そして3月24日(もしくは23日)、議会で全権委任法が成立し、ナチスの独裁体制が完全に確立された。勝負の分かれ目は、国会議事堂放火事件後の非常事態(緊急事態)宣言にあった。

※4　毎週金曜日に国会前で抗議行動を展開した大学生有志によるSEALDsは、「民主主義って何だ?」「これだ!」というコールを展開した。

しまったら、あとは政権にお任せするなどということではない。常に政治を監視し、発言する。自分が能動的に政権に影響力を与え続けなければならない。これが民主主義の根っこにあるものだと、私は思います。

岩上　意見を言ってもいいし、集会を開いてもいいし、言論の自由を発揮してもいい。選挙のあとも、自分の選んだ人たちに対して影響を与え続ける。選挙を通じて当選させたとはいっても、すべてを白紙委任したわけではないので、その人たちが暴走するんだったら、監視もしなければいけない。そういう不断のコミットが必要ということですね。選挙で選んだのは有権者だから文句は言うな、という政治家がいなくはなかったわけですけど、それはとんでもない話です。[※1]

澤藤　若者も学生もそういうことに思い当たっている。これは社会全体の民主主義度を高める上で、たいへん大きな意味を持つことだと私は思います。

もう一つ、民主主義には、手続き重視という側面があります。市民が権力をつくりますが、できあがった権力の行使の仕方は、憲法や法律で厳密に決められている。権力が暴走しないように、です。それが今回、乱暴に踏みにじられた。それにみんなが怒った。この市民の怒りが権力を包囲し権力に作用する。そのプロセスが、また民主主義だと私は思います。

手続重視と言えば、本当に「戦争法」は「成立」したのか。実は「成立」していないのじゃないかという大きな問題があります。九月一七日の参院特別委員会のだまし討ち。喧噪と混乱のみがあって、採決はないじゃないか。一九日に参院本会議で法案は成立したことにされているけれども、委員会で成立していないものを、本会議で報告したって、それは有効な手続を踏んだことにはならないだろう。[※2]そういう意味でも、民主主義を巡る闘いがあった。

多くの人が、主権者の一人として主体的に政治に参加しなければならないということを自覚しておいてもらいたいと思います。安倍政権というのは、功罪の罪ばかりが目立ちますが、この主権者意識覚醒の点は功罪の功かなという気がしています。反面教師も、教師なのですから。

九条は非武装平和主義として生まれ、平和的生存権を保障した

澤藤　そして平和主義を巡る闘いであったことは、言うまでもありません。日本国憲法は、非武装平和主義を理念として成立したことを、まず確認しておきたいと思います。

日本国憲法の草案を審議した制憲国会で、共産党の野坂参三[※3]は、「戦争には自衛の戦争と侵略戦争の別がある。主権国家であるからには自衛のための戦争の権利は当然にあり得る」という論陣を張りました。これに対して、当時の首相吉田茂[※4]は「近年の戦争は、国家防衛権の名において行われている。だから、国家の正当防衛権を認めることは戦争を誘発することになる」と、野坂の主張を一蹴しています。[※5]また、前首相で国務大臣だった幣原喜重郎《しではらきじゅうろう》[※6]は、「我々はここで、一切の戦争を放棄し、そのための非武装を貫く。戦争と文明は両立しない。戦争が文明を駆逐するか、その反対に文明が戦争を駆逐するか。我々は文明の側に立って、戦争を駆逐する」と格調高く答弁しています。[※7]こういう非武装平和主義の理想で日本国憲法は成立し、当時、圧倒的な国民がこれを支持しました。けっして非現実的な空理空論だとは思わなかったのですね。

岩上　だから吉田茂は、一時期あれだけ支持されたんでしょう。[※8]

澤藤　当時は、そうでしょうね。[※9]その非武装平和主義が逆コースと言われる流れの中で変わってくる。憲法九条に矛盾しないとして、採られたのが専守防衛路線[※10]です。非武装では

なく、自衛のための実力組織として最初は警察予備隊、次いで保安隊、そして自衛隊を持つようになった。※11

憲法九条二項は、「陸海空軍その他の戦力はこれを保持しない」と明記していますから、日本国憲法がある限り、戦力を持つことはできない。

一九五二年に保安隊法が成立した時には、政府は「戦力とは、有効に近代戦を遂行可能な実力」と定義して、保安隊はこれに当たらないとしました。さらに五四年に自衛隊法ができた際の政府統一見解は、「憲法に禁止された戦力とは、自衛のための必要最小限度の実力を越えるもの」と定義し直し、自衛隊はあくまで「自衛のための必要最小限度の装備と編成を越えることがないから合憲」だと説明しました。

これが、内閣法制局が作成した「一九七二（昭和四七）年政府見解」において、「集団的自衛権の行使は憲法上できない」と定式化されるわけです。※12

徹底した自衛の組織として自衛隊は誕生しました。五四年の自衛隊成立直後の参議院では全会一致で「自衛隊の海外出動を為さざることに関する決議」が採択されています。※13

岩上　一般の人たちは、そうした事実はほとんど知らないと思います。

澤藤　つまり自衛隊というのは、普通の国の軍隊とは違う。あくまで自衛のためだけの実力組織。軍隊ではないから、歩兵という言葉

※1　橋下徹氏は朝日新聞インタビュー（2月12日付朝刊）で「すべてをマニフェストに掲げて有権者に提起するのは無理です。あんなに政策を具体的に並べて政治家の裁量の範囲を狭くしたら、政治なんかできないですよ。選挙では国民に大きな方向性を示して訴える。ある種の白紙委任なんですよ」と発言。これに対して読売新聞グループ本社の渡邉恒雄会長が月刊誌「文藝春秋」（2012年4月号）で、「ヒトラーを想起」すると懸念を示した。

橋下氏は、3月18日のツイッターで次のように反論している。「渡辺氏が僕に対して一番懸念していること。僕が『政治はある種の白紙委任』と朝日新聞のインタビューに答えたことに関してヒトラーとだぶらせている。これは論理の飛躍」「ヒトラー独裁のときの統治機構・メディアの情況と今のそれを比較して独裁云々を論じなければならない。今の統治機構において権力は完全な任期制。そして公正な選挙で権力は作られる。これだけでいわゆる独裁は無理。さらに何と言ってもメディアの存在。日本においてメディアの力で権力は倒される」。

「白紙委任」発言については、「事前の契約を前提とすると不測の事態に政治家は対応できなくなる。政治家は大きな方向性、価値観を示す。重要事項については個別に示す。そして任期の中で、またメディアチェックや様々な権力チェックの中で総合判断を繰り返す。これが政治でありある種の白紙委任の意味である」と説明する（参照:「橋下大阪市長ウォッチ『渡辺氏の方が堂々たる独裁じゃないですかね』読売グループ会長の『ヒトラー批判』に『逆襲』」【URL】http://bit.ly/1LnJjSY）。

※2　9月17日の参議院特別委員会では、採決の際、委員以外の自民党議員や秘書らが委員会室に「乱入」して鴻池祥肇《こうのいけよしただ》委員長を取り囲んだ。鴻池委員長によって委員会の開会は宣言されておらず、議事録にも残っていない。また、前日に新横浜で行われた地方公聴会の報告も行われなかった。

このように、採決において手続き上の瑕疵があったにもかかわらず、NHKを筆頭に報道各社は「安保法案、可決」という速報を打った。

※3　野坂参三

1892（明治25）年3月30日生まれ、山口県萩市出身。政治家。共産主義者。慶応義塾大学在学中に友愛会（日本労働総同盟の前身）に入会し、卒業後はその本部書記となる。1919年（大正8）イギリスに渡航し、翌1920年イギリス共産党に入党したが、1921年国外退去を命ぜられ、モスクワのプロフィンテルン本部に赴く。1922年に帰国し、同年7月日本共産党の創立に参加した。

1923年第一次共産党事件で検挙され、1924年産業労働調査所の設立とともにその所長となる。1928年（昭和3）三・一五事件で検挙投獄されたが、眼疾治療のために仮出獄したのを機に、1931年日本を脱出してソ連に入国。外国人向け政治学校東方勤労者共産大学（クートヴェ）で秘密訓練を受け、コミンテルン・内務人民委員部（NKVD）のスパイになった。1935年コミンテルン執行委員となり、人民戦線路線にたつ新しい日本の運動方針を作成し、アメリカに渡って『国際通信』を発行するなど対日工作を行った。1940年延安に赴き、日本人捕虜による日本人反戦同盟を組織する。

敗戦後の1946年1月に帰国して民主戦線の結成を訴えた。同年衆議院議員に当選、アメリカ占領軍下での平和革命の実現を唱えたが、1950年1月この方針はコミンフォルムから野坂理論として名指しで批判され、日本共産党の分裂後は主流派に属した。同年6月占領軍により追放され、以後5年間地下活動を行う。1955年日本共産党第一書記となり、1958～1982年中央委員会議長、辞任後は名誉議長となる。1956～1977年参議院議員。1993年、『週刊文春』の連載が元となり、ソ連のスパイだったとして日本共産党名誉議長を解任され、その後中央委員会総会において除名処分が決定された。その際、野坂は「残念ながら事実なので処分を認めざるを得ない」と述べた。これはソ連崩壊後、公文書が公開され、野坂が戦中にアメリカからコミンテルンのディミトロフに送った手紙が明らかになったことによる。野坂はソ連にいた日本人同志の山本懸蔵（1895～1939年）ら数名をNKVDに讒言密告し、山本はスターリンの大粛清の犠牲となった。1993年死去。かつての同志袴田里見らの、野坂をスパイと疑う声があるほか、ソ連とアメリカとの二重スパイ説もあるが、真相は永久に不明のままとなった。参議院が弔詞を捧げることに対し、共産党は反対した。

※4　吉田茂

1878（明治11）年、東京生まれ。外交官、政治家。東大卒。土佐の旧自由党領袖竹内綱《たけうちつな》の五男。吉田家の養子となる。牧野伸顕の女婿。外務次官、駐伊・駐英大使などを歴任し、第二次大戦後、

は使わない。普通科という。工兵という言葉も使わない。施設科という。戦車ではなく特車。大尉、中尉、少尉とは言わず、一尉、二尉、三尉。軍隊用語を避けたわけですね。それがタテマエだけかというと、案外そうではない。それなりの歯止めがちゃんとかかっている。

例えば、明らかに自衛のためとは言えない武器は持たない、ICBM（大陸間誘導弾）も、戦略爆撃機も、攻撃型空母も自衛隊は持っていません。持てないことになっている。海外派兵もこれまではしてこなかった。

つまり、政府の立場は非武装平和主義から専守防衛路線に変わって、自衛隊ができ、自衛隊も安保も合憲だという立場になった。私のように古典的で頭の固い者はあくまで非武装平和主義を貫くべきだと言い、現実主義的な立場から専守防衛路線を認めてもいいんじゃないの、という人たちとの確執があったわけです。

岩上　多くの人が非武装中立という主張の経緯を誤解していますね。これまで共産党とか社会党などの左翼陣営が言い出したことだろうと思い込んでいた人が多い。そうではなく、実は非武装中立というのは自民党の当時の首相・吉田茂が言ったことで、澤藤さんは、実は吉田茂原理主義、信奉者ということになるわけですよね。

澤藤　あくまで制憲国会当時、あるいは逆コース以前のと、時期を限ってのことですけどね。吉田茂や幣原喜重郎。憲法九条の発案者は幣

外相。1946年（昭和21）第一次内閣、1948～54年第二次から五次に至る内閣を組織。1951年、サンフランシスコ講和条約・日米安全保障条約に調印。戦後の国際関係における日本の保守本流路線（軽武装・経済重視）を方向づけた。

※5　1946年6月28日、第90回帝国議会での両者の発言。

野坂参三「戦争には我々の考えでは二つの種類の戦争がある、一つは正しくない不正の戦争である、是は日本の帝国主義者が満洲事変以後起したあの戦争、他国征服、侵略の戦争である、是は正しくない。同時に侵略された国が自国を護る為めの戦争は、我々は正しい戦争と言って差支へないと思う、此の意味に於て過去の戦争に於て中国或は英米其の他の連合国、是は防衛的な戦争である、是は正しい戦争と云って差支へないと思う」。

吉田茂「国家正当防衛権に依る戦争は正当なりとせらるるようであるが、私は斯くの如きことを認むることが有害であると思うのであります。近年の戦争は多くは国家防衛権の名に於て行われたることは顕著なる事実であります、故に正当防衛権を認むることが偶々《たまたま》戦争を誘発する所以であると思ふのであります」（参照 衆議院憲法審査会・関係会議録【URL】http://bit.ly/1YhWw9f）。

※6　幣原喜重郎

大正・昭和期の外交官、政治家。堺県茨田郡真門村（大阪府門真市）に幣原新治郎の次男として生まれる。長兄坦《たいら》は台北帝国大学総長、枢密顧問官。1895（明治28）年帝大法科大学卒業。翌1896年外務省入省。以後累進し、1915（大正4）年第二次大隈内閣で外務次官となる。そこでシベリア出兵、パリ講和会議等第一次大戦時の諸問題に従事した。1919年駐米大使、1921年末のワシントン会議では全権委員として海軍軍縮および中国・太平洋における現状維持を巡って列強との協調を図った。

1924年6月から1927年4月までの第一次外相期（護憲3派内閣から若槻内閣まで）および、1929年7月から1931年12月までの第二次外相期（浜口内閣から第二次若槻内閣まで）に、中国市場の確保を前提に英米から協調を調達するいわゆる「幣原外交」を展開、ロンドン海軍軍縮条約、日中関税協定などを締結した。

しかし、対中国直接交渉が不調な中、関東軍によって満州事変が起こされ若槻内閣の総辞職とともに退陣した。敗戦後は政治家として1945年10月に首相。GHQ最高司令官であるダグラス・マッカーサーと会談した際に、憲法9条案を進んで提案した。1949年には衆院議長に就任。

※7　1946年8月27日、貴族院本会議での幣原喜重郎による発言。「改正案の第9条は戦争の抛棄《ほうき》を宣言し、わが国が全世界中最も徹底的な平和運動の先頭に立って指導的役割を占むることを示すものであります。今日の時勢に尚《なお》国際関係を律する一つの原則として、或《ある》範囲の武力制裁を合理化、合法化せんとするが如きは、過去に於《お》ける幾多の失敗を繰り返えす所以《ゆえん》でありまして、最早我が国の学ぶべきところではありませぬ。文明と戦争とは結局両立し得ないものであります。文明が速やかに戦争を全滅しなければ、戦争が先《ま》ず文明を全滅することになるでありましょう。私は斯様《かよう》な信念をもって此の憲法改正案の議に与《あずか》ったのであります」（参照：広島市立大学広島平和研究所准教授・河上暁弘「憲法第9条の成立」2009【URL】http://bit.ly/1NEXgOi）。

※8　朝鮮戦争の勃発から国内外で高まった講和促進機運により、1951年9月8日、サンフランシスコ平和条約を締結。また同日、日本国とアメリカ合衆国との間の安全保障条約を結んだ。国内では東大総長の南原繁《なんばらしげる》を筆頭に、ソ連、中国を含む全戦勝国との全面講和論者が少なくなかったが､首相吉田茂は南原に対して「曲学阿世《きょくがくあせい》」（学を曲げて世におもねる）と、名指しで批判。吉田は政治生命を賭けて平和条約の調印に臨み、帰国後の内閣支持率は戦後最高の58%(朝日新聞調査)にも上った。

※9　第二次大戦後の冷戦激化の中で現れ、対日講和条約発効とともにいっそう顕著となった、戦後民主主義を否定し、戦前への復帰をめざす動向を言う。東西両陣営の対立激化に伴い、1948年以降アメリカの対日占領政策が転換し、自由主義陣営の一員として、そしてソ連の防波堤にするという意図のもと、日本経済の復興が進められた。50年に入ると共産党弾圧、職場でのレッドパージが行われ、朝鮮戦争後は公職追放が解除されて旧政財界人等の復帰が始まり、マッカーサー最高司令官の命令による警察予備隊の編成が再軍備の端緒となった。この「逆コース」の動きの中で、東京裁判で拘留された岸信介が復権し、1957年には総理大臣に就任した。岸信介の戦後の復権なくして、孫の世襲政治家3代目

原と言われていますが、幣原の国会答弁なんか読んでいると、なかなか立派なものですよ。

岩上　それに対して共産党は当時は反対していた。

澤藤　そうです。

岩上　吉田茂の唱えた非武装中立に反対していた共産党の野坂参三は、後にスパイ容疑で失墜してしまいますけど、野坂の言っていたことなんかは、今からすると、すごいリアリズムの専守防衛で、またナショナリスティックであり、愛国主義的でもあるなと思います。※14

澤藤　戦後の保守本流は、非武装平和主義から専守防衛に転換しました。しかし、憲法九条の制約の下、侵略戦争は絶対にしない、他国の戦争に加担することもしない。海外派兵はしない、自衛隊の規模や装備は最小限にとどめる。こういう原則は、曲げませんでした。その中核に、集団的自衛権の行使は容認しないという原則を堅持する姿勢がありました。もちろん、これを評価する立場も有力にありました。

　でも、憲法九条は戦争を放棄するだけではなく、二項で戦力の不保持を明確に宣言しています。非武装平和主義こそが憲法の定めるところで、専守防衛に徹するとしても、自衛隊は違憲の存在だとの批判は、常にありました。言わば、非武装平和主義派と専守防衛合憲派とが、長く論争を続けてきたわけです。

　ところが、この二つの考え方の争いは、安倍政権の登場で吹っ飛んでしまう事態となってしまいました。集団的自衛権行使容認派の登場です。

　戦後一貫してある非武装平和主義論者と専守防衛路線派との両者が、安倍政権とその追随者たちの集団的自衛権行使容認論者に、闘いを挑まれて団結せざるを得ない状況がつくられた。

岩上　これまでの左派と中道派が手を結んで、極右の皮をかぶった対米従属派と対決せざるを得なくなったという話ですね。

澤藤　そう言ってよいのかもしれませんね。

　戦前にも、立憲主義軽視の政権は批判の対象となりました。初代朝鮮総督でシベリア出兵を決めたことでも知られる寺内正毅《てらうちまさたけ》内閣な

の安倍晋三の登場もあり得なかっただろう。

※10　相手の攻撃を受けてから初めて軍事力を行使すること。自衛のための必要最低限の範囲の武力行使にとどめ、相手国の根拠地への攻撃を行わないこと。自国の領土を超え出て、他国の領土への外征を行わない、そのための外征軍を持たない。自国領土、またはその周辺でのみ作戦することなど防御に徹する路線。戦力不保持・交戦権否認を規定する日本国憲法第９条と整合性を持った受動的な軍事戦略とされている。

※11　自衛隊は、朝鮮戦争勃発（1950年６月25日）に際し、連合軍総司令官マッカーサーからの首相吉田茂宛書簡（同年７月８日）によって創設された「警察予備隊」を前身とする。その後、サンフランシスコ講和条約発効（1952年４月28日）後、「保安隊」と改称（同年10月15日）され、1954年７月１日にそれを改組して発足したものである。自衛隊法案は同年６月２日に国会で可決、成立し、同月９日に自衛隊法（1954年法律第165号）として公布され、７月１日に施行された（参照：コトバンク「日本大百科全書の解説」【URL】http://bit.ly/1MZxN1l）。

※12　安倍政権は2014年７月１日、個別的自衛権を認めた「昭和47（1972）年政府見解」を解釈し直すことで、集団的自衛権の行使ができると認め、これを閣議決定した。政府の昭和47年見解「集団的自衛権と憲法との関係」は、憲法第９条で「わが国がみずからの存立を全うし国民が平和のうちに生存することまでも放棄していないことは明らか」とし、「自国の平和と安全を維持しその存立を全うするために必要な自衛の措置をとることを禁じているとはとうてい解されない」と個別的自衛権を認めた。さらに「外国の武力攻撃によって国民の生命、自由及び幸福追求の権利が根底からくつがえされるという急迫、不正の事態に対処し、国民のこれらの権利を守るための止むを得ない措置としてはじめて容認されるものである」と定義。その上で「集団的自衛権の行使は、憲法上許されないといわざるを得ない」と結んでいる（渡辺輝人弁護士「安保法制 砂川最高裁判決と72年政府見解で揺れる安倍政権の矛盾」2015年６月10日【URL】http://bit.ly/1MZA0tA）。

※13　1954年６月２日、参議院本会議で採択。決議文は以下の通り。「本院は、自衛隊の創設に際し、現行憲法の条章と、わが国民の熾烈《しれつ》なる平和愛好精神に照し、海外出動はこれを行わないことを、茲《ここ》に更めて確認する。右決議する」（参照：参議院ライブラリー資料集「自衛隊の海外出動を為さざることに関する決議」【URL】http://bit.ly/1QSh1Jt）。

※14　日本共産党の野坂参三（1892～1993年）は、戦争には正しくない戦争（侵略戦争）と正しい戦争（自衛戦争）があると主張。1946年、第90回の帝国議会で、平和憲法下でも自衛戦争まで放棄する必要はなく、新憲法には憲法第９条は「侵略戦争の放棄」を明示すれば足りるのではないかと質問。これに対しても吉田首相は、「国家防衛権に基づく戦争を正当とする考え方こそ有害である」と答弁し、頑なに憲法第９条を擁護した。

どは、ビリケン内閣[※1]と言われた。あるいはビリケン宰相とも揶揄された。ビリケンとは「非立憲」のもじりです。これは相当に辛辣な悪口。超然内閣と言われて、天皇の意向だけで政権を担っているけれど、民意を反映していない。これが「非立憲」として非難された。

　この度の安倍政権も、憲法の平和主義を蹂躙するという最悪の形で、ビリケン（非立憲）内閣になりさがった。私は安倍にビリケン（非立憲）首相の名を奉っています。

　なお、私は日本国憲法を平和憲法と呼ぶべきだと思っていますが、その場合の根拠はけっして九条だけにあるわけではない。まず、日本国憲法の前文では「平和的生存権」という新しい概念が明記されました。「全世界の国民が、ひとしく恐怖と欠乏から免かれ、平和のうちに生存する権利を有すること」が確認されているわけです。その平和に生きる権利、生存権を制度的に保障するために九条があって、陸海空の戦力は保持しないという保障をつくったのだと考えます。そういう目で見ると、平和的生存権を保障するためには、九条だけではない、いろんなものがあるわけです。個人の尊厳・幸福追求権を規定する一三条（三七頁）は、人が平和に生きることを支えるもっとも大切な条文ですし、二〇条の政教分離原則（四三頁）も、国家神道で国民精神を束ねて戦争に動員した歴史を繰り返さないための規程ですし、一九条の思想・良心の自由（四三頁）も二一条の表現の自由（六三頁）も、反戦の思想や表現を押さえつけてはならないという重要規定です。

　要するに、平和に人々が暮らせるように、この憲法の体系全部ができていると言ってよい。そのことを改めて確認すると、集団的自衛権行使容認を含む今度の「戦争法」が、いかに憲法と乖離しているのかと理解していただけるのではないでしょうか。

岩上　この平和憲法の前文も非常に重要ですよね。あの安保法制の非常に長い闘いのただ中で、「九条を巡る話は数々あるが、憲法の前文を巡って野党が質問し、答弁を引き出す議論が国会でなされていない」と言ったのは、民主党の小西洋之議員でした。ＩＷＪでインタビューをした時、内閣法制局の一九七二（昭和四七）年見解の文章というもの、当時の内閣法制局長官の吉國一郎氏の文書を発掘してきたのも小西議員です。吉國元長官らが判子をついた文章には、はっきりと「集団的自衛権は認めない」と書かれています。この文章について、小西議員が、初めて詳細に明らかにしたのは、二〇一五年五月二一日のＩＷＪでの私のインタビューです[※2]。小西議員がこの文章にもとづいて、国会でも質問しています[※3]。この問題は非常に重要なのに、他の議員やメディアは冷ややかです。

　たいへん重要なことなのに、ほかの議員が質問の材料としてあまり用いていない。集団的自衛権の法的根拠を覆す決定打なのに。

　同じく一九七二（昭和四七）年見解に注目して、発言された方がいました。元最高裁判事の濱田邦夫さんです。九月一五日に開かれた公聴会に呼ばれた時に、「これは違憲です、その理由は昭和四七（一九七二）年の見解に反しているからです」と断言された[※4]。小西さんの指摘と同じことをはっきり言いきりました。

　濱田さんにもＩＷＪにご登場いただいて、お話ししていただきました[※5]。違憲問題については、この七二年見解で片付いている、これで十分に終わっているし、政府側の言っていることは訴訟に耐えられるようなことではないと言っていました。元最高裁裁判官の発言だけに、たいへん重みを感じます。

　参議院の本会議で採決が行われた時、野党の各議員は投票する際に各自発言してから投票していました。これは申し合わせがあって、皆で何か一言ずつでもアピールしようと決めていたそうです。その中で小西さんは、長々とメモを見ながら、何かを読み上げていたんです。ところが中継していたNHKは議会内の音声を拾っていなかったので、何を言っているのか画面を通じてではわかりませんでした。後で小西さんに聞いたら、この平和憲法の前文をあそこで朗読したという。「これを聞け」、この前文にこそ平和憲法のコアがあるんだと、これをわからないで、あなたがたは何をしているんだと。国会議員でも、知識人でも、憲法九条だけでなく、前文も大事なんだと語った人は、非常に少ないですよ。そういう思いで彼は前文を読み上げたそうです。

「戦争法」反対運動の三つの立ち位置

澤藤　メディアは読売、産経を除いて、ほぼ全紙が戦争法反対論に与していたと言ってよろしいかと。特に地方紙の論調がよかった。

岩上　ここ、一言だけ言わせてください。今回、最悪の働きをしたメディアはNHKですよ。NHKの世論操作は際立っていました。そして影響力の大きさから言って、産経の比ではありません。NHKほど世論操作に貢献したメディアはない。NHKは最悪のメディアに堕ちていると思います。国会の肝心なところも放映しないんですから。これは本当にひどいですよ。[※6]

澤藤　個人のレベルでは、学者・法曹・元内閣法制局長官・元最高裁長官までさまざまな動きがありました。濱田元最高裁判事だけでなく、山口繁元最高裁長官まで堂々と発言をされたことには驚いた。言わねばならないという切羽詰まったものがあったんでしょうが、この人たちにも発言をさせるそういう雰囲気を大衆運動がつくったのだと思います。有名無名のたくさんの人々がよく頑張ったと思います。

岩上　OLDs（オールズ）も頑張りましたよ。

澤藤　個人だけでなく、組合、民主団体、文化団体も頑張りました。

岩上　先ほども言いましたけど、これまでは社会党系、共産党系ということで対立したり、我れが我れがということで、協調行動をとることがなかなかなかったかもしれない。それが「戦争させない・9条壊すな！　総がかり行動実行委員会」という形で、共産党系、旧社会党系、無党派の市民の三者が、一緒にやるようになった。世間ではSEALDsに注目が集まっていますけど、総がかり行動実行委員会の事務局長の高田健さんは、私がインタビューした時に、「六〇年安保以来、市民運動と共産党系、旧社会党系の組合・団体が初め

※1　ビリケン内閣
ビリケン宰相と呼ばれた軍人・政治家の寺内正毅（1852～1919年）。元帥・陸軍大将。山口の生まれ。教育総監・陸相・初代朝鮮総督を歴任ののち、1916（大正5）年に首相となったが、1918年に米騒動で総辞職。大阪の通天閣にある、尖った頭と吊り上がった目が特徴の子どもの姿をしている幸運の神の像「ビリケン」と容姿が似ていたことと、立憲政治を行わない非立憲（ヒリッケン）内閣と揶揄されたことから、ビリケン宰相と呼ばれた。

※2　IWJ、2015/5/21【スクープ！】「集団的自衛権行使容認の閣議決定」が覆る決定的根拠！「昭和47年政府見解」の知られざる真実を小西洋之議員が暴露‼【URL】http://iwj.co.jp/wj/open/archives/246547

※3　2015年4月23日外交防衛委員会質疑、2015年6月9日外交防衛委員会質疑。

※4　IWJ、【緊急アップ！意見陳述全文掲載】「今は亡き内閣法制局」……元最高裁判事・濱田邦夫氏が痛烈皮肉！中央公聴会で安保法制の違憲性を指摘【URL】http://iwj.co.jp/wj/open/archives/264771

※5　IWJ、2015/10/09「安倍さんの視野狭窄、それを担ぐメディアの暴走。そうはいかないよ、というのが私のマニフェスト」～岩上安身による元最高裁判事・濱田邦夫氏インタビュー【URL】http://iwj.co.jp/wj/open/archives/269676

※6　安保法制を巡る衆議院審議では、安倍総理が2015年7月15日午前の質疑で「残念ながら、まだ国民の理解が進んでいる状況ではない」と認めたにもかかわらず、与党は午後の審議で採決を強行。採決前の総括審議という極めて重要な局面にありながらNHKはこの午前の審議を中継しなかった。

審議の場が参議院に移ってからもNHKの報道姿勢は変わらず、中継が行われない日が多かった。

NHKはその理由について、「独自の編集・編成判断に基づいて国会中継を放送している。その際、国民的な関心が高い重要案件を扱う委員会の質疑であることや、各会派が一致して委員会の開催に合意することなどを適宜、総合的に判断している」などと説明している（参照：NHK、総括審議を中継せず　衆院ネット中継はパンク 朝日新聞 2015年7月15日【URL】http://bit.ly/1ObdFhZ)。

て一緒になって足並みをそろえて統一した抗議行動なんですよ」と言われました。[※1]そんな長い期間、この三者は手をたずさえることができなかったのだということに、逆に驚きましたね。高田さんは、反戦・反改憲運動を長い間率いてきた自負があるはずですが、偉ぶったところがない。ＳＥＡＬＤｓについても、「あとからやってきた新参者」などとは決してせず、「まったく新しい運動のあり方だ」と賞賛し「ありがたいことだと思っています」と謙虚におっしゃっていました。

澤藤　その大きな運動を形成した人々の理念的な立場はどうだったか。先ほども触れましたが、政府の方針が非武装平和主義から専守防衛路線に変わって以来の自衛隊合違憲論争が今回隠れました。隠れたけれども、三つのグループがあったのだと私は思います。

岩上　それは、集団的自衛権の行使に反対する立場の人でも、三つあるということですね。

澤藤　政権と対立して、戦争法反対の運動に参加した人の立場について三つあるということです。一つは、私の造語ですが、形式的立憲主義派というグループがあったと思います。要するに、二〇一四年七月の閣議決定も違憲だし、今回の「戦争法」も違憲。それは違憲だからけしからんので、正式な手続で憲法をきちんと変えればいいんだと、むしろ憲法を変えるべきだという考え方もあるわけですね。いわゆる「新・九条論」と言われる人たちですね。[※2]

それから、二つめが専守防衛論者、日米安保も自衛隊も合憲だという立場。これが戦後の保守本流の考え方であり、政府や内閣法制局の考え方でもあった。

岩上　戦後の野坂参三時代の共産党も。

澤藤　共産党は、日米安保も自衛隊も合憲とは言わない。

岩上　でも野坂時代には、自衛権はあると言ったわけだし。

澤藤　憲法をつくる時の議論としては、自衛戦争を認めるべきだとは言ったのですから、当時の考え方が専守防衛論に近いとは言えるでしょう。でも憲法ができた後には、憲法を尊重するという立場で日米安保も自衛隊も合憲とは言っていない。ただし、将来的には、中立・自衛の立場をとるのだと言っていました。

岩上　非武装中立という言葉を一番用いたのは、社会党ですよね。でも、その言葉を最初に言ったのは、吉田茂さんだった。自由党の流れを汲む自民党があって、社会党があって、共産党があって、それぞれに言っていた。[※3]

澤藤　そういう意味では保守本流は、非武装平和から専守防衛へと変節したんです。[※4]もっとも、その専守防衛は、非常に真面目な専守防衛だったと言ってよいと思います。憲法九条の平和主義の理念をないがしろにしたとの非難はしにくい。

岩上　平和主義の理念は、本当に素晴らしいものです。その理念を現実的なところにどう落とし込むか、それなりに苦衷があったと僕は思います。まったく民意に耳を傾けないやり方で強引にやったとも思えない。それなりに呻吟しながらつくってきたとは思います。

澤藤　そのように評価していいのではないかと思います。歴代の内閣法制局もそういう立場だったと思います。だから、やたらと自衛隊を大きくするということはしなかった。それなりの節度を守ってきたと言ってよい。[※5]こういう考え方の人は、今回、戦争法反対運動の前面に躍り出たわけですね。

三番目に、私のような、日米安保条約も自衛隊も違憲という伝統的護憲派もいる。非武装平和主義を貫こうという考え方です。

岩上　伝統的護憲派と言った時、ルーツは吉田茂が言ったことなのか、社会党が言った非武装中立なのか。共産党は後になって、いつの間にか変わっていった。[※6]

澤藤　どちらかと言うと、私は社会党の言っていることのほうに、昔からシンパシーを持っていましたね[※7]。

岩上　梓澤先生は、この三つのどれに近いんですか。

梓澤　なんていうのかな、いずれかと言うと戦後の保守本流に近いかもしれないね[※8]。

澤藤　今回の闘いは、伝統的護憲派の陣営の狭さを、他の二つの陣営が補った。そのような幅広い連帯ができて大きな運動になったと思います。しかし、私は運動の中核を担ったのは、伝統的護憲派だったのではないかという印象を持っています。多くの組織で伝統的護憲派が、安倍政権と闘うためには、専守防衛路線あるいは形式的立憲主義派の人たちと連携をしなければならないという明確な意識をもって運動を牽引したように見えます。これで共闘がうまくいったと思うんですね。

岩上　確かに専守防衛路線はもっとも多くて、これが時に穏健保守層も、中道リベラルも、中道左派にも広がっている無党派層、日ごろは政治への関心があまり高くない層にも広がっています。かなり雑多な層だと思います。かなり雑多な層が、伝統的護憲派が自分の主張を棚上げにしてくれるんだったら一緒に組めるよね、となった。

私は専守防衛路線に近い立場ですから、その立場から言うと、伝統的護憲派とは組めないよねと思っていた人々が、安保法制反対、自民党改憲草案反対の隊列に加わり、伝統的護憲派が非常時だから自分の主張をちょっと下げて、一緒にやろうよと言った時に、組めるね、共産党も話わかるねとか、社会党の左派の生き残りのような人とも組めるね、となって、手を結び合ったという側面もある。その

※1　IWJ、2015/09/10「運動は敗北の歴史だが、その黒星の積み重ねこそが憲法を守ってきた」高田健氏に岩上安身が緊急インタビュー！（動画）【URL】http://iwj.co.jp/wj/open/archives/262979

※2　2015年10月14日、東京新聞は「平和のための新9条論」と題打って、小林節、伊勢崎賢治、今井一の3人による憲法9条の改正案を報道した。「新9条」とは「安倍流の改憲を許さないため」に、個別的自衛権と専守防衛の自衛隊を明確に位置づけるというもの（参照：東京新聞「平和のための新9条論」2015年10月14日【URL】http://bit.ly/1MycyE0）。

※3　1950（昭和25）年、前年の総選挙で第1党となった民主自由党は、分裂した民主党の合同支持派と合流して、自由党を結成した。総理総裁である吉田茂と自由党のもとで日本の復興とサンフランシスコ講和条約・日米安全保障条約（旧条約）の締結が進められた。公職追放が解除されて鳩山一郎らが復帰すると、日本社会党・日本共産党などの台頭に対抗するため、次第に逆コースと呼ばれる保守的な路線に政策転換した。

※4　日本社会党が掲げていた安全保障問題に対する基本的態度で、日本国憲法の戦力放棄規定を厳格に守り、一切の武装と武力手段を放棄し、積極的、絶対的中立を維持する方針のこと。日米安全保障条約の廃棄、各国との友好不可侵条約の締結などの外交政策のほか、自衛隊の解消、非核武装宣言、アジア・太平洋非核武装地帯の設置などを主張していた。しかし非武装中立論は徐々に変質。1959年、社会党は「積極中立」構想を打ち出して以降、「日本の平和と安全を保障する道（非武装中立構想・石橋政嗣《いしばしまさし》案、1966）」「非武装・中立への道」（1968年12月）を経て、1969年の第32回臨時党大会で「日米安保体制の打破、自衛隊の縮減改組、平和中立の達成、非武装不戦国家の実現」を決定した。これは同党の1970年代までの対外政策の基本方針となっていたが、以後、非核を安全保障政策の中心に据えつつも、現実路線に転換。1991年の湾岸戦争、ソ連消滅以後、自衛隊の国連平和維持活動（PKO）参加と東西関係の変化などで現実的対応を迫られ、1993年の非自民連立内閣への政権参加後、村山富市首相は党内論議を経ずに、「自衛隊合憲」、日米安保条約の堅持、非武装中立の政策的な終焉などを表明し、従来の方針を大転換した。

※5　日本国憲法第9条は、国際紛争を解決する手段としての「戦争の放棄」と「戦力不保持」、ならびに「交戦権の否認」を定めているが、政府見解によれば、憲法は主権国家に固有の自衛権を否定しておらず、その自衛権の裏付けとなる自衛のための必要最小限度の実力は憲法第9条第2項にいう「戦力」には該当しない、とされる。

1999年の参議院予算委員会において、大森政輔内閣法制局長官（当時）は、「個別的自衛権に基づく我が国を防衛するために必要最小限度の自衛行動というものは憲法が否定していないということを申し上げたのでございまして、いわゆる戦争の三分類による自衛戦争ができるんだということを申し上げたわけではないと。自衛戦争という場合には当然交戦権が伴うんでしょうけれども、先ほど我が国がなし得ると申し上げましたのは、自衛戦争という意味よりももう少し縮減された、あるいは次元の異なる個別的自衛権に基づく自衛行動というふうにお聞き取りいただきたいと思います」と述べた。

※6　日本共産党は1951年の第4回全国協議会より、山村工作隊などの武装闘争路線を採用するなど、武力を肯定していた。

しかし日本共産党は、1961年の綱領では自衛隊は「事実上アメリカ軍隊の掌握と指揮のもとにおかれており、日本独占資本の支配の武器であるとともに、アメリカの極東戦略の一翼としての役割をおわされている」とし、1961年から1994年までは「自衛隊の解散を要求する」と明記していた。1980年代ごろまでは、対米従属の自衛隊は解消し、その後に改憲を視野に入れて自衛のための組織を持つという武装中立政策であり、非武装論や護憲論ではなかった。

その後、日本共産党は1994年の第20回党大会で、現行の日本国憲法第9条（戦争の放棄、戦力の不保持）は将来にわたって継承・発展させるべきものであり、社会主義・共産主義の理想と合致したものであると表明した。さらに2000年の第22回大会で、同党の自衛隊政策を、(1) 軍事同盟である日米安保条約の解消前はできる限り軍縮し、(2) 日米安保条約解消後も国民が望めば存続し、(3) 国民が国際情勢などから解消しても問題ないと判断すれば自衛隊をなくす、という「段階的解消論」に転換した。

中には澤藤先生の言われた形式的立憲主義派と定義できるような人たちも入る。

形式的立憲主義の中には、本当に形式的手続きを何よりも重んじていて、手続きをちゃんと踏んで改正するなら中身がどうあれ認める、という人もいるでしょう。しかし、中には現行憲法が正式な手続きを踏んで改正されることはないと高をくくっている人もいるかもしれない。前者の形式的立憲主義派は、来年の参院選で改憲勢力が三分の二以上の議席を占めて発議が行われ、国民投票で過半数を取ればすんなりと平和主義も捨てることを受け入れるかもしれない。

問題は後者の人たちです。後者は改憲の発議の可能性が出てきた段階で、本当ならあわてふためかなくてはならない。手続きの重要性を説いているだけでは、現行憲法の諸価値の実質を守れないかもしれない。そういう可能性が戦後、現行憲法が制定されて初めて出てきた。来年の参院選は、あっという間にやってきます。あわてふためくべき時であり、危機的状況なのです。

そして鍵を握る最大野党の民主党の幹部らは本気で自民のトンデモ改憲草案阻止のために、やれることはなんでもやってやろうという意欲をいまだに見せていない。それどころか政調会長の要職にある細野豪志氏は、共産党の志位委員長と岡田代表が会談するのもならぬとまで言った。ここまでの頑なさは尋常ではない。憲法クーデターが現に起きていても、緊急事態条項によってファシズムが現実になりかけていても、何も気にしない。目前にぶらさがっているにもかかわらず、です。

改憲勢力が三分の二に達するまでわずか一五議席しかない危機的状況！

岩上　ＩＷＪに登場され、インタビューにも応じてくださっている方に慶応大学名誉教授の小林節さんがいます。小林節さんは九条に関しては今なお改憲論者でありながら、自民党の改憲案を強く批判し、安保法制にも反対の論陣を張り続けました。もちろん、安倍政権のすすめる集団的自衛権の行使に反対しています。あくまで専守防衛であるべきだと強く主張している。改憲派であり、専守防衛派である論客が集団的自衛権行使はもちろん立憲主義の転覆など許さないと言い、共産党を排除することなく、三党は共闘して安倍政権と闘うべきだと強く主張しています。衆院ではとっくに三分の二の議席を占め、参院でもあと一五議席で手が届く状況にある。

改憲を国会で発議するには、衆議院と参議院でそれぞれ三分の二の議員の賛成が必要です。衆議院では、全四七五議席のうち、三分の二は三一七議席ですが、現在は自民党が二九一議席、公明党が三五議席で、与党だけで三二六議席となり、三分の二をクリアしてしまっています。さらにここに、おおさか維新が一〇議席加わります。

一方の参議院は全二四二議席のうち、三分の二は一六一議席ですが、現在は自民党が一一五議席、公明党が二〇議席、おおさか維新が六議席、次世代の党が五議席で、改憲勢力は一四六議席です。来年の参院選で改憲勢力がさらに一五議席増やしたら、三分の二に達してしまいます。

しかも、民主党の中にも自民党の改憲に賛同する議員がいます。先ほど紹介した「今こそ憲法改正を！　１万人大会」には、次世代の党やおおさか維新の議員に混じって、民主党の松原仁議員の姿もありました。松原議員はヒラの議員ではありません。民主党の国会対策委員長であり、民主党の東京都連会長。堂々たる民主党の「幹部」の一人なんです。それが自民党改憲案バンザイの集会にいる。放置しておけないですよね。

今上天皇から共産党まで、全国民の連帯による反ファシズムの連帯は可能か？

岩上　二〇一四年一二月一六日付の朝日新聞のアンケートでは、憲法改正自体には、民主党でも長島昭久氏、前原誠司氏ら一五人が「賛成」で、長妻昭氏、細野豪志氏、岡田克也氏ら三〇人が「どちらかと言えば賛成」と答えています。民主党の改憲派は合計四五人です。もちろん、諸手をあげて自民党の改憲草案に賛成、というわけではなく、自民党案とは異なる自主憲法制定を目指したり、九条改正には反対だが改正が必要な条文もある、など様々な意味での改憲賛成ということでしょう。

　しかし、自民党改憲草案も、九条改正だけと訴えているわけではありません。多くの条文の改正や新たな条文の創設を掲げています。部分的には自民党改憲に「乗る」民主党議員が潜んでいることは否めません。

　そして緊急事態条項の導入から入っていくと言い、共産党と社民党をのぞく七党が賛成しているような状況においては、護憲発言をしている今上天皇を尊崇する右派から、共産党までを含め平和と民主主義を大事に思う、真に左右を超えた多くの国民が結集する必要があります。これまでの政治的な垣根を超えて、少なくとも自民党のトンデモ改憲案と緊急事態条項だけは絶対に阻止するという一点で右から左まで集うべきではないのか。僕自身もそう強く願います。

SEALDsの登場。運動のうねりはどうして生まれたのか

澤藤　今回の運動は、かつての組織動員型の運動から非組織の市民個人の自発型運動になったというふうに言われています。しかし、私は現実的には政党とか市民団体の役割は非常に大きかったと考えます。今まで地を這うような運動を続け、これからも持続的な運動をしようとしている政党や市民団体を軽視してはならないと思っています。

岩上　個人の自発的な運動と、市民運動団体との境界線は今、限りなく曖昧になっています。ＳＥＡＬＤｓは一応、団体を名乗っています。しかし代表はおかないなど、組織としての拘束力はとてもゆるい。ネットで情報をオープンに拡散して呼びかけ、個人として自由に、ゆるやかに集まり、行動してゆく。

梓澤　そう。それを礼賛して、そこにのめり込んでいくのはいかがなものかという批判があり、その中に、僕は賛成できる部分と、賛成できない部分があります。やっぱり澤藤さんが言ったように労働組合、憲法九条の会、これらの役割というのは、きちっと見ておかなければいけないし、今後、参議院選で闘っていく場合の布陣についても、大事なことだと思うんですよ。

　僕は大学に六二年入学ですから、六〇年安保よりちょっと後なんですね。六五年に日韓条約反対のスローガンを掲げた国鉄労働組合の政治ストというのがあったんです。品川の駅頭に行って、一万五千人くらいの市民と学生が、国鉄の労働組合の人を守ったんですけど、その時の感動を思い出しましたね。ボーっと汽笛が鳴って「俺たちはストに入ったぞ！」と、

※7　非武装中立論を長年掲げ続けた日本社会党は、安全保障問題に対する基本的態度として、日本国憲法の戦力放棄規定を厳格に守り、一切の武装と武力手段を放棄し、積極的、絶対的中立を維持する方針を取った。1966年8月の中央委員会決定の「日本の平和と安全のために」と題する方針によると、日米安全保障条約の廃棄、各国との友好不可侵条約の締結などの外交政策のほか、(1) 自衛隊の解消——国民警察隊、平和国土建設隊の創設、(2) 非核武装宣言、アジア・太平洋非核武装地帯の設置などを主張していた。

※8　「戦後の保守本流（吉田茂から始まる宏池会）」…1957年に池田勇人を中心に結成された派閥。自民党の中でももっとも古い伝統と歴史を誇る。吉田茂首相の系譜を継ぐ保守本流グループで、「軽武装・経済重視」路線を引き継ぎ、護憲・リベラル勢力として保守本流を形成してきた。池田、大平正芳、鈴木善幸、宮沢喜一の4人の首相が輩出した名門派閥。現会長は岸田文雄外相。

夜中の一時ごろに声が上がるんです。学生だけでなくて市民団体も来ていましたが、いわゆる労働者階級の持っている力を見せつけるというか。

　その後、国労と全逓《ぜんてい》を中曽根内閣がぶっつぶしたわけですね。ぶっつぶしたけど、それに耐えて、耐え抜いて労働組合運動は残ったわけですよ。その人たちの持っている力や、憲法九条の会の、持続的な運動があって、そこにいわゆるネット社会、市民中心の運動が合流してきたというか、立ち上がったというかね。それがどうしてなのかというのは、僕はまだ本当に解けていませんけど、強い関心があります。

岩上　僕の立場から申し上げます。僕の見えている視座というのはまた違うと思いますので。取材をしていて、今回の安保法制反対の運動では、各政党の動きは遅かったし、鈍かったですね。非常に遅かった。共産党は違うという声はあると思いますけど。少なくとも多数の人たちを集める力は、なかなか各政党独自ではなかったと思います。それから労働組合の動きは、必ずしも褒められたものじゃなかったと思いますよ。特に連合は。

　この運動の変化について語るには、前史を語らざるを得ないと思います。プレヒストリーがあるんです。そのきっかけはやはり、3・11なんですよ。3・11以降、一般の無党派の市民たち、未組織労働者たち、特にリタイアしたシルバー世代、主婦、フリーターなどの組織化されていない若者、これらの層がネットを通じて敏感に反応し、動き出しました。自分たちで集会を開いていいんだ、自分たちでデモを起こしていいんだ、自分たちで自由に何々の会をつくっていいんだという意識がものすごい勢いで広がりました。その中で初めて既存の政党や既存の市民運動などと接触した人たちも増えました。

　働き盛りの世代は、がっちり社会のシステムに組み込まれていて、「原発にＮｏ！」「カネより命だろう」と叫ぶわけにはいかないしがらみにとらわれており、身動きがとれませんでした。労働組合も同じことで、電力総連は脱原発に批判的であり、連合も有力な組合である電力総連に引きずられました。今は正社員というだけで「エリート」の時代ですから、巨大な電力会社の正規労働者の組合というのは、もう資本側、電事連（電気事業連合会）と足並みをそろえていて、何も変わらない。電力会社に頭が上がらない、恩恵を受けている会社はたくさんあるし、そうした会社の労働者・組合も、腰が引けていました。電力総連やその意向を受けた連合が、福島の原発事故が起きても、原発推進をやめられず、その連合に支えられている民主党は、最終的には即時脱原発に踏みきれませんでした。七〇年代以前ならいざ知らず、今日の組織化された御用組合化した労働組合の、これが現実です。「金よりも命を守ろう」という運動に参加するのは、会社でがんじがらめになっている今の働き盛りの世代は、個々人として参加するほかはなかった。その時、人々を結びつける媒介となったのはネットでした。

　ネットはもちろん3・11以前からありました。僕がネットに可能性を見出して一年あまりの準備期間を経て、インターネット報道メディアとしてＩＷＪを立ち上げたのが二〇一〇年一二月でした。その三カ月後に、東日本大震災に遭遇しました。ですから、ネットとデモの関係についてはつぶさに見ています。3・11以前にツイッターで呼びかけて人が集まりデモが可能なんだ、ということを示したのが、小沢事件に関連して検察を批判するデモでした。あの頃はツイッターのつぶやき一つで千人もの面識のない人々が集まるということ自体が本当に画期的でした。既存メディアは、新聞は一紙残らずテレビも全局、小沢バッシングでしたし、週刊誌の攻撃も激しいものでしたから、メディアリンチの様相を呈していました。これは検察の暴走による冤罪事件であり、しかも民主党の鳩山・小沢を失墜させ、日本の対米追従をさらに深める政治的な動きである、という批判は既存メディアではほぼ皆無でしたね。今となれば真実とわかる情報はネットの中だけでした。僕が四面楚歌の小沢氏に単独インタビューしたのが二〇一〇年一二月、IWJを立ち上げた月でした。ネットと、ネットを通じて行動する市民がいなければ、やはり検察権力と既存メディアの権力とによって、小沢氏は完全に葬り去られていたでしょう。

興味深かったのが、そのころの反検察デモの地味さです。参加者は中高年以上ばかり、いわゆるMIDDLEsとOLDsの世代ばかりでした。若者が少なかった。人が集まる手段としてネットやSNSを使うところは新しいのだけれど、実際に集会をするのはやはり中年以上。ネットで政治参加と言うとイコール若者というイメージがありますが、それはイメージや思い込みであって、政治にコミットする知識や経験があるのは、やはり中年以上の世代で、ほんの数年前まで若者はあまり政治的イシューのために動かなかったんです。この中高年以上の世代がもう少し高齢化して、ネットの呼びかけに応じて集まる、歩く、声を上げる、ということができなくなるほど老いたら、目下の無党派のデモクラシーはどうなるんだ、と心細くもなりました。

3・11以降、みんながネットを通じて脱原発で動くようになり、若い人も増えてきました。その中で、問題は原発だけじゃないと気づく人たちが出てきました。あるいは他のイシューに取り組んできた市民運動も、ネット、特に始まったばかりのSNSをどんどん使うようになっていました。IWJはどこよりも3・11以後の脱原発の運動を取り上げてきた、という自負があります。ですが同時に、他のイシューも取り上げ続けてきました。原発だけ見て、あとは見ないというのでは、原発の危険性は理解できても、原発を抱え込む社会体制の危険性は理解できないからです。

社会に問題があると初めて気がついたという人が、中年も含めてたくさん現れたんですよ。そこでいろんな問題、例えばTPPに関心を持ったり、秘密保護法に関心を持ったりする人が現れた。

秘密保護法に非常に興味を持った若者たちがSASPL（特定秘密保護法に反対する学生有志の会）という学生有志の団体をつくりました。秘密保護法について啓蒙活動していた弁護士さんたちや、大学の先生たちの話を聞いて学生たちが勉強し、彼らは秘密保護法に特化して運動を展開するわけです。

二〇一三年一二月に法案が可決成立し、運動もついえる中で、彼らは考えてSASPLを解散し、自分たちでSEALDsという新たな団体をつくりました。SASPLの一番の立ち上げの集会から最後の集会まで、IWJは欠かさず中継していましたけど、当時は何千人、何万人という数の人を集める力はまだなかったんです。しかし、安保法制に反対するSEALDsを立ち上げて以降は、彼ら自身のアピール力、人をふり向かせ、惹きつけてゆく力はたいしたもので、非常に伸びていきました。

そこについていったのが大学の教員です。大学の先生方が学生の行動に後ろからついていったというのは評価すべきことだと思います。これまでの戦後の運動史で比較してみると、七〇年安保の頃の全共闘運動は、学生が教員を突き上げるということをやっていて、教員と学生の間は分裂していました。ところがSEALDsの世代というのは、基本的に上の世代に敬意を払うんですよ。全共闘世代は、『三〇歳以上のおとなは信じるな』※1をスローガンにして、年長世代に対してやたら攻撃的でしたよね。SEALDs世代ではそういうことをしない。腰が低いんです。平和を求める運動、憲法と民主主義を守る運動は、自分たちが始めたんじゃない、自分たちの先輩が守ってきたものを受け継いでいるんだととらえている。七〇年間、先人たちがいろんな形で闘い、守ってきたと言うんです。先行世代へのリスペクトがあるわけですね。彼らのそうした姿勢に、大学の教員を含め、多くの大人たちが感涙するわけです。立場の違う、社会党系の立場の人、共産党系の立場の人、民主党や生活や社民を支持する人、無党派やノンポリの人たちみんなが、彼らは私たちの孫だ、みたいな気持ちになって、この若者を応援しないで、おとなはどうするんだと感じ、まず大学の先生方が学者の会をつくった。その署名がどんどん増えていって、一万数千人にまでふくらんだ。[※2]たぶん、こんなことは初めてですよね。そして各大学で学生と一緒に集会やシンポジウムをやり始める。

　次にママさんたちが動き出した。女性たちはすごい。3・11直後の脱原発運動の時もそうですけど、たいへん柔軟でした。命を大事に思う女性たちにとってこれまでの運動論の違いなど関係ないですから。

　あと、一番地道に、デモに参加していたのは、年配の方々でした。3・11以前から、ブームになるか、ならないかなど関係なく参加していました。「足腰弱ってきたから私たちは歩くよ」みたいな感じです。脱原発の時からでも地道に「数の一人になるよ」と言って参加していたような人たちが、それこそ諧謔も含めて自らＯＬＤｓだと名乗って活動を始めました。そのＯＬＤｓが巣鴨のとげ抜き地蔵でやるというなら、これは支えなくちゃという、これまた諧謔的にＭＩＤＤＬＥｓと名乗る中年が集まる、などということが起こりました。[※3]

　それと並行して、「総がかり」が生まれてきました。「総がかり行動実行委員会」は既存の社会運動の諸派が、今までずっと抱えてきたいろんな対立を乗り越える形で大同団結して一緒にやっていくと集まった集団です。[※4]時にはＳＥＡＬＤｓと同じ日に同じ国会前で抗議行動もやるわけですから、午前と午後で時間帯を分け合おうねという調整や協力をやりながら、うまく棲み分けて活動していました。どこかで一つでも肩肘がぶつかれば、これまでの路線の対立だの、理念の違いや手法の差などから、険悪な空気になっていたかもしれない。しかし、そうなることなく、それぞれの団体・集団・個々人が、それぞれの多様性を認め合い、内輪もめを起こしたり、相互批判を抑制することで、互いに手をたずさえ、参加者の数を増やしていった。その様子をネットで見た人もそれぞれ各地で活発な行動に出るようになったんです。金子兜太《とうた》さんが「アベ政治を許さない」と書いたあの一枚がコンビニで刷れるということになって以降、全国各地で、田舎デモとか村デモとかが始まっていくようになりました。

　仲間が身の回りに一人もいないので、とりあえず、北海道の釧路駅で一人でプラカードを持って立とうと決めた人がいて、たった一人でスタンディングデモを始めたら、一緒にスタンディングする人が増えて、最終的に二七〇人もの人が集まっちゃったということもありました。長野で村デモが行われたというので様子の映像を送ってくれと頼んだら、長距離のダンプが通る、田んぼのある国道とか県道沿いに五、六人で立っているだけのものもありました。これによってデモンストレーション効果があるのかといえば、あまり期待できないかもしれない。でも、そんなことは関係ない。それぞれの地方に住んでいる人が、それぞれの生活空間の中で、私たちも戦争法案に対して何か言おうよ、何かやろうよという動きです。都内でも、国会前だけでなく、細かいデモがたくさんありました。自宅付近の商店街で行うスタンディング、私鉄のある駅から隣の駅まで戦争法反対のパレードをしようという試み。僕らＩＷＪは、可能なかぎり、そうした小さなデモンストレーションや集会も中継したり、紹介したりし続けました。

そうやって、党派とか組合とか市民運動とかと関係なく、まったくの個人が自分で思いたって、ＳＮＳで呼びかけて行動したケースはいっぱいあります。そういう人たちは、形式的立憲主義派、専守防衛路線、伝統的護憲派、どこにも与していません。

澤藤　今回は、個人が非常に前面に出てきたわけですね。さて、これからどうなるのか。ＳＥＡＬＤｓについては、もちろん評価するんですけど、私が「えっ」と思ったのは、彼らは普通に勉強し、バイトもし、それで国会へ行くんだと。学内で何かをやるということはない、というふうに堂々と言っている。

岩上　学内で何かやるって、学内でシンポジウムなどをやっているけど、あれではダメなんですか。

澤藤　我々の世代だとクラス討論というのをやってデモに行こうとか、学生自治会があってみんなで喧々諤々やったんですね。私もＯＬＤｓになるのかしれませんけど、近所で宣伝活動をやるんですね。近所に住んでいる弁護士として話をする。学園や職場や地域に根差して、身近な人を巻き込む運動が非常に大切なんだと思い込んできた。でも、いろんな形の運動があってよいのでしょうね。

岩上　職縁とか地縁とか学縁とかいうことですよね。今の時代はどうかというと、なんと言っても大きいのは、電縁、電子ネットワークで生まれるご縁です。僕もアナログ世代の人間ですけど、僕にとって近しく感じられて、実際にアナログなレベルで行動し、協力してくれる人というのは、電縁で得た人脈のほうがはるかに多い。例えば、このイシューについて関心のある人、ご協力いただける人いませんかとサイトやＳＮＳを通じて投げかけた時に、手を上げて関わってくれる人が現れる。そういう人たちは実際に行動してくれる人たちです。例えば六本木交差点の角に立って一人ひとり話しかけたとしても人が集まりませんし、学縁で集まるかというとなかなか集まらないし、職縁でもなかなかできないでしょう。

やはり電縁のほうがよほどスムーズに人が集まる。電縁だと継続せずに散り散りばらばらになりやすいイメージがありますが、そうはならず、人が出たり入ったりはするけれど、それなりに人間関係は形成されて続いていくわけです。

※1（前頁） 60年代のヒッピームーブメントの中、1960年代後半の若者の象徴でもあったヒッピーや反戦運動家たちが主導した対抗文化としてのスローガンの一つ。反ベトナム戦争の活動をしていた米左翼主義活動家ジェリー・ルービンが使った言葉。

※2 2015年6月に内田樹氏（神戸女学院大学名誉教授 哲学）、佐藤学氏（学習院大学教授 教育学）、間宮陽介氏（青山学院大学特任教授 経済学）らが発起人として発足した「安全保障関連法案に反対する学者の会」には、全国の大学教員、学者から賛同の声が集まり、11月16日時点で学者・研究者の賛同署名は1万4000人を超えた。IWJは賛同した学者・研究者に寄稿を依頼。寄せられた原稿をHPに掲載している（参照：安倍政権の集団的自衛権にもとづく「安保法制」に反対するすべての人からのメッセージ【URL】http://bit.ly/1Dctmg0）。

※3 SEALDsが国会、官邸前などで「安保法制反対」の声を上げたことをきっかけに、行政書士の岩脇宜広氏の呼びかけで中高年のグループ「MIDDLEs（ミドルズ）」が2015年7月に発足した。8月8日には記者会見で「立ち上がったSEALDsの若者たちへの、重い責任があるのは、わたくし達、親世代だ」とする声明を発表。IWJはその模様を中継した（参照：【スピーチ動画掲載】「若者たちへの重い責任があるのは、私たち親世代だ」中高年も若者に負けず声を上げる！～MIDDLEs（ミドルズ）とOLDs（オールズ）が安保法制に反対し合同で集会を開催【URL】http://iwj.co.jp/wj/open/archives/257075）。

※4 「総がかり行動実行委員会」は既存の社会運動の諸派が、今までずっと抱えてきたいろんな対立を乗り越える形で大同団結して一緒にやっていくと集まった集団です：2014年12月15日、「憲法を破壊して戦争する国づくり・軍事大国化へと暴走する安倍政権に対抗する」として「戦争させない・9条壊すな！総がかり行動実行委員会」が発足した。同団体は「戦争をさせない1000人委員会」「解釈で憲法9条を壊すな！実行委員会」「戦争する国づくりストップ！憲法を守り・いかす共同センター」が結集したもの。2015年5月3日には「平和といのちと人権を5・3憲法集会」と題する集会を横浜臨港パークで開催。ノーベル文学賞受賞者の大江健三郎氏などが参加するなどの盛り上がりを見せ、3万人の市民を集めた。その後も日比谷野音や、早くから国会前で抗議集会を開くなど、2015年夏の安保法制反対運動をSEALDsとともに主導した（参照：2015/05/03「憲法が本当に危ない、崖っぷち」――危機感を募らせた市民、約3万人が集結～平和といのちと人権を！5・3憲法集会～戦争・原発・貧困・差別を許さない【URL】http://iwj.co.jp/wj/open/archives/244526）。

落選運動と違憲訴訟で、夜が明けるまで抵抗しよう

澤藤　お互い闘いに負けた気分はあまりしないのですが、戦争法成立の事態を過小評価してはならない。とりわけ特定秘密保護法プラス戦争法の合併症で、油断していると気がつかないうちにたいへんなことが起きる可能性がある。今まで日本は対外的な「九条ブランド」を持っていたけど、これは早晩なくなる可能性が非常に高い。

岩上　早晩なくなるんですか。そう言われるとドッキリしますね。

澤藤　これは非常にたいへんなことだと思います。戦地へ自衛隊を派遣します。今までのような派遣ではなく、戦う使命を持って行くわけだから、戦死者が出る可能性が高い、というより確実に出ます。その時、戦死者をどう弔うのかという問題が必ず出てきます。おそらくナショナリズムが高揚するでしょう。これはたいへん危険だと思います。

　戦争法の成立を許した最大の原因は、国会内の数の暴力です。この数の暴力を生み出したのは小選挙区制ですが、単に議席数の問題だけでなく、安倍政権の求心力を小選挙区制が支えている。政権が議員をコントロールできる体制になっています。可能な限り正確に民意を反映できる選挙制度に変えていくことを重要な課題として意識せざるを得ません。

　これからは、戦争法廃止の運動を展開することになります。選挙協力をして安倍政権を打倒し、立憲派の政権を樹立する。その上で戦争法を廃止するという歴史的な課題を遂行する。そうすれば、改憲阻止ができます。明文改憲の阻止も、解釈改憲の阻止も。そのための選挙協力が非常に重要な具体的課題になると思います。

岩上　僕は鮮明に自民党のトンデモ改憲草案による改憲を阻止すべし、という旗をあげないといけないと思いますね。

澤藤　次元の違う別の舞台に落選運動があります。ビリケン（非立憲）与党の戦争法賛成議員を落とす。これはできるだけ早く、具体的にやったほうがよい。まずターゲットを決める。来年七月の参院選の地方区が勝負どころですから、自民党を中心に与党の公明党、それに最終盤に付帯決議で法案賛成に回った、次世代の党、日本を元気にする会、新党改革の地方区立候補予定者をターゲットに定める。

　この四二人をまずはリストアップして、担当を決めて、それぞれの地元で、ありとあらゆる公開情報をネットに公表し、金の流れを分析して、違法があれば躊躇なく告発対象とする。

岩上　落選運動の呼びかけは大阪の坂口徳雄弁護士と神戸学院大の上脇博之先生がやっていますね。一二月四日に大阪でお二人にインタビューの予定です[※1]。

澤藤　阪口徳雄弁護士は我々のよく知った仲間です。

　もう一つは違憲訴訟です。違憲訴訟は、世論喚起に有効な運動というだけでなく、確実に政権を追い詰めることができる。もちろん、失敗は許されませんから、十分な検討のすえに、適切な原告が適切な時期に行うことになるでしょう。

　さらに、再び戦争をしないということを日常的に発信し続けることが大切だと思います。日本はあれだけの戦争の惨禍の中から、国民の総意として、再び戦争をしないと誓って新しい国を再出発させた。それが、今おかしくなっている。それをどう食い止めるのか。みんなが戦争への動きに敏感に反応して抵抗することが大切で、抵抗する自由を守り抜かねばならない。表現する自由、集会・結社・言論・出版の自由。これを現実に行使しなければならないし、行使することによって権利を確保し拡大しなければならない。放送大学での試験問題にクレームがつけられるという問題もあっ

たし、立教大学の集会に部屋を貸さないという問題もあった。九条デモの句もダメだという問題もありました。

岩上　川柳ですか？

澤藤　去年の七月、埼玉県大宮の公民館で、「梅雨空に『九条守れ』の女性デモ」という俳句について、政治的だからという理由で、公民館便りへの掲載が拒否された事件がありました。これが今、裁判になっています。

安倍政権登場以来、明らかに空気が変わっている。全国でいろいろな行動規制があり萎縮がある。特に自治体の規制が政治的中立性を守るという名目でまかり通り、実際は政権に与していくことになる。萎縮することなく、それに一つひとつ抵抗していくことが今、大切だと思います。抵抗しないと、「前夜」と思っていたら、茶色い朝が来ていたということになりかねないと思います。「前夜」にしないために、抵抗しましょうということです。

岩上　非常に大事ですね。表現の自由とその行使。萎縮しない、自主規制の風潮への警鐘。教育・教科書・大学の自治への攻撃を軽視してはならない。昨今、文系学部をなくしてしまおう、という圧力や誘導が政府からかかっています。[※2] 国立大学から文学部などなくなってしまうかもしれない。信じがたいことが起こっています、今。

澤藤　もう一つだけ、気にかけていただくようお願いしたいのは、弁護士自治の問題です。[※3]

岩上　これは、重要ですよね。

澤藤　今回の運動でも弁護士会が大きな役割を果たしました。もちろん、政治運動をしたのではなく、法律家としての社会正義と人権を擁護する課題としての活動です。弁護団は、自治権を持っているから、権力からの干渉なしにここまでのことができる。しかし、戦前弁護士は自治権を持っていなかった。司法省の管轄下にあったわけです。例えば治安維持法で起訴された共産党員の被告人を誠実に弁護したことが、「実は共産党の目的遂行のためにする行為」として、弁護士が治安維持法違反で起訴され有罪となったのです。すると当然に、弁護士資格剥奪となる。その時に、当時の大日本弁護士連合会は当局への抗議もせず、不当弾圧を受けた弁護士の擁護もしなかった。戦後は、その反省から、不祥事を起こした弁護士の懲戒権は弁護士会が持っています。外部から権力による介入をさせないということで、今、弁護士会はこれだけの活動ができているわけです。

弁護士会はいろんな決議を出します。人権活動、社会的正義を守るための活動をしています。自治権がなくなり、最高裁あるいは法

※1　2015年12月4日の岩上安身による阪口徳雄弁護士と上脇博之教授へのインタビューでは、「安保関連法賛成議員を落選させよう・弁護士の会」の活動について話を聞いた。同会は、全国の弁護士の有志が、安保法制に賛成した議員の政治資金収支報告書などを徹底的に調査し、問題があれば法的手続きに入るなどして、法案に賛成した政治家の落選運動につなげるというもの。会の呼びかけ人代表である阪口弁護士と上脇教授は、市民団体「政治資金オンブズマン」の共同代表として、政治資金規正法違反を告発してきた政治資金調査の第一人者。

※2　2015年6月8日、全国86校の国公立大学に対し、人文社会科学系学部の改組や廃止を求める下村博文文科相名での通達があった。これは、2013年6月に閣議決定された「国立大学改革プラン」を受けてのものである。日本学術会議などによる批判を受け、文科省は人文系学部の「廃止」は「誤解」であると弁解した（参照：「文系廃止通知：ミスでした　真の対象、教員養成系のみ　国立大巡り文科省　釈明に奔走、撤回はせず」毎日新聞 2015年11月23日【URL】http://bit.ly/1MRQ6uO）。

IWJでは、人文系学部廃止の危機について、内田樹氏と白井聡氏の対談を配信している（参照：2015/10/05【京都】「人文科学が光る時は、乱世。これから、宗教、哲学など、人文系が注目される時が来る」～内田樹氏と白井聡氏、人文系学部廃止の危機に警鐘！【URL】http://iwj.co.jp/wj/open/archives/268731）。

※3　弁護士自治とは、弁護士が市民の人権を守るためにいかなる権力からも独立した自治権を有すること。戦前は、司法大臣が監督権を有し、対立する検事や裁判所の請求によって弁護士の懲戒がなされ、その結果として多くの政治犯や思想犯が投獄されるなどした。戦後、その反省から1949年の弁護士法によって定められた。

しかし自民党改憲草案第77条第2項では、これまで検察官に対してのみ置いていた最高裁判所規則遵守規定を、「弁護士その他裁判に関わる者」に拡張。弁護士自治を侵すことにつながるのではないかという懸念が専門家や弁護士から指摘されている（参照：2013/05/20「取り消せ！」「謝れ！」「辞めろ！」澤藤弁護士、橋下市長を批判 ～自民党の憲法改正案についての鼎談 第9弾【URL】http://iwj.co.jp/wj/open/archives/80063）。

弁護士自治については、本書241頁も参照。

務省の監督を受けるようになったら、今のような弁護士会の活動はできません。弁護士自治は民主主義に不可欠なものであることをご理解ください。

岩上　僕らのような一般人は弁護士のような専門家に頼るばかりで、その人たちがどういう権利を持っているのかなかなかわからず、その権利を守ろうとしないと滅びてしまうのだということになかなか思い至りません。弁護士さんの自治がピンチになりそうだったら、市民の一人として駆けつけますよ。

澤藤　もう一つ。政党嫌いを非難することはできませんが、政党を避けるほうがかっこいいとか、揶揄するとか、近づくと危険だとか、そういう心情や姿勢は政権の思うつぼだということをご理解ください。政党嫌いが蔓延すると、結局は、議会制民主主義を国民が放棄することになってしまう。これは非常に危険なことだと申し上げたい。

岩上　本当にその通りだと思います。

安倍政権との対決？
「国民連合政府」構想と改憲勢力の再編

岩上　九月一九日、安保法案成立後に共産党の志位和夫委員長が「安保法制廃止のために頑張ろう」「立憲主義を回復しよう」とすぐに声を上げた。そして「戦争法廃止と安倍政権打倒の闘い」「戦争法廃止で一致する政党・団体・個人が共同して国民連合政府の樹立」「戦争法廃止の国民連合政府で一致する野党の国政選挙で選挙協力」という三つの柱を立てました。このスピーディさ、決断力はすばらしいと思います。だけど、なぜこの柱の中に「自民党改憲案による改憲阻止」を加えないのか。そのことは入れないといけないと思います。

これまではいつも共産党はどの選挙区にも独自候補を擁立していました。その結果野党が分裂して、結局、与党を利するという批判が繰り返されてきました。それを聞き入れて、今度は民主党などほかの野党と統一戦線を張って、安倍政権を退陣に追い込むという。そして「国民連合政府」という暫定政権をつくり、昨年七月一日に安倍政権が集団的自衛権の行使は許されると、これまでの憲法解釈を一八〇度変えた閣議決定も取り消すという。その選挙協力をしようという。

民主党の岡田克也代表は、選挙協力については歓迎していますが、この「国民連合政府」には慎重な姿勢を崩していません。共産党に選挙協力をしてもらうことは歓迎である。積極的に選挙応援してくれなくても共産党が独自候補を立てるのを控えてくれるだけでも大助かりである。誰が聞いたって虫のいい話です。じゃあその通りにしたら民主党は何をしてくれるのか？　安倍政権の暴走を本気で止めるのか⁉　改憲は阻止するのか⁉　こうした主要な方針が何もない。自分たちに都合のいい本音はぽろぽろこぼれてくるけれども、日米安保や自衛隊の位置づけなど基本政策が違うことを理由に、国民連合政権を組むのは難しい、と拒む。共産党がこれらの政策の不一致点は棚上げにすると言っても、です。共産党と組むと保守票が逃げる、という。しかし左派票が逃げていくのは構わないらしい。

岡田代表は、戦争法すべての廃止論者ではありません。「一部廃止」と中途半端なことを言っている。憲法に対しても改憲の必要性を部分的に認めている。「一部」とか「部分的」とかが、多いですね。民主党内の左派は、あまりはっきりものを言わない。

これに対し右派は、共産党の提案以来、大声で反対をアピールし、細野氏や前原氏らは民主党の「解党」まで言い出した。松野氏の率いる維新の党との「新党」をつくるのだという。国民にとって切迫した一大テーマである自民党の改憲案の問題に背を向け、国民の注意をそらして「解党」騒ぎをしている。呆れた無責任さです。

こんな細野氏や前原氏のような右派の無責任な、あるいは「第二自民党」的な態度に引きずられて、民主党はずるずると一カ月以上もの時間を空費してきました。これは非常に問題だなと思います。

一〇月五日に発表されたJNNの調査によれば、「国民連合政権」に期待するというのは三七％、期待しないが五七％でした。これを見ると、たいして力がないように見えるんですよ。ところが、野党五党の支持率の合計を計算してみると、たった一五・九％しかない。それより二〇％も大盛りなんですね。一方、支持政党なしの無党派が四六・九％もいる。ということは、共産党の「国民連合政権」構想の提案は、無党派の人たちの関心や支持を集める可能性が高い。そしてその上乗せ分は、右派からの期待票であるとは、到底思えない。

長島昭久さん、前原誠司さんら民主党の右派の人たちは、「共産党との連携や協力は絶対やってはならない」と強く反対しています。細野豪志さんは「志位委員長と会うべきではない」とまで言いました。

長島さんにはインタビューをしました。その中で長島さんは「二〇〇九年に民主党が政権交代を果たしたのは、保守層を切り崩したからだ」と言いました。「民主党が伸びるためには、さらに右へ行くこと」だと彼は言うのですけど、僕はそうは思いません。右に行けば行くほど、支持していた層がどんどん離れていくだろうと思う。それだったら自民党で十分だと思う人のほうがはるかに多い。あるいは、自民党も、民主党右派も支持できず、棄権票が増えるでしょう。それは、改憲が目の前にぶら下がっている状態で、非常に危険です。

「民主党が出るべきなのは、真ん中から右のウイングだ」という長島さんような考えの人が、彼に言わせると民主党内には三〇人くらいいるそうです。長島さんは民主党東京都連の幹事長です。二〇一二年の衆議員選挙で、都内において比例ではなく選挙区で当選した民主党の議員は二人しかいません。

長島さん個人は選挙に強いから、右にブレても自分は勝って生き残れると思っているんでしょう。しかしあとの人は全滅するでしょうね。それくらい右へ傾いていって自民党との差異や明白な対立軸を打ち出せない民主党はダメになっていくだろうと思います。

長島さんは、「民主党系の連合と共産党系の全労連の溝があるから、連合系の組合の支持を受けている左派の候補も反対するんじゃないの」という言い方をしていました。そうした指摘があるだけに、今回、「総がかり」がやったことはすごく重要です。旧社会党系の連合の傘下の組合と、共産党系の全労連傘下の組合とがいがみ合いをせずに、一般の市民運動とも一緒にやろうと合意をみて、実現できたわけじゃないですか。僕は、参院選に向けて自民党改憲案阻止というテーマでも、そういう共闘の機運が高まる可能性はあるのではないかと期待しています。もちろんそれには、この改憲案の危険性が、人々に周知されていなくてはいけないのですが。

でも現実には長島さんのような右派の議員らは、民主党が共産党とは組まないことを強く望み、自ら右にどんどんと寄っていっています。民主党が自滅して、最終的には自民党に対抗できる政党ではなくなり、大政翼賛会的な戦争遂行体制になることをひそかに容認しているのだと思いますし、実際、そうなりつつあります。

ここにきてやっと民主党リベラル左派から反応が出ました。阿部知子議員です。ツイッターでずっとつぶやいているのを見て、阿部知子さんにすぐ連絡をとりました。インタビューでは、共産党との連携を歓迎し、「比例区だけでも、『立憲民主党』という枠をつくって、そこにいろいろな党の候補者を入れたらどうか、と思っている」と答えてくれましたが、こういう発言は民主党の内部からは本当にまれです。

梓澤　自民党改憲案に危惧を表し、私は改憲絶対反対と言っている民主党員の議員を知っています。そういう議員に発言の機会をぜひ与えたいし、そういう人に、どんどん前面に出てもらって、その人の場所をつくらなければいけません。

岩上　阿部さんの言う「立憲民主党」構想とは、小沢一郎さんの「オリーブの木」構想とほぼ同じです。原籍は今のままでもいいから、比例で「立憲民主党の会」と、立憲民主という言葉を使って、そこに票を集めようというアイディアです。共産党のアイディアともちろん一致しています。生活の党の小沢さんは「オリーブの木」構想でやろうと言っています。[※1]社民党の吉田忠智さんも「地方ごとにいろいろしがらみがあって、なかなか共産党との協力は難しいが、基本的には賛成」と言っています。共産党の提案に前向きなわけです。

　志位さんにインタビューした時に、なぜ「改憲阻止」を入れないかと言ったら、こう答えました。「憲法改悪に反対するのは当然です。ただ、今の私たちには、攻めの姿勢が必要です。安倍政権を倒して国民連合政府をつくることができれば、安倍政権の暴走をすべてストップすることができる。安倍政権をどんどん攻めていくことが重要です」[※2]。

全権委任法以前に緊急事態条項が重要！～ナチス・ドイツと同じ道をたどる可能性が

岩上　おそらく志位さんは、普通のメディアが取り上げている話題の平均を見渡して、憲法改正は上位にないと見ているんだと思うんですけど、僕からすれば、それは今の御用メディアがみんなとぼけているだけなんですよ。このことを強く言いたい。情報操作されている環境にあって、それに順応したまま、八カ月間過ぎたら自公をはじめとする改憲勢力にいいようにやられてしまいますよね。

　マスコミはこの問題でほとんど役に立っていません。東京新聞などを除いて危機感が全然足りません。一部には頑張っている記者がいても、左遷されたりしたらものを言えないんですから。「一票の格差」を問題にし、「一人一票」を実現する違憲訴訟を行っていることで知られる升永英俊弁護士は、麻生氏が口にした「ナチスの手口をまねたらどうか」という発言をとらえ、ナチスが全権委任法によって権力を完全掌握してしまう前に、緊急事態宣言（非常事態宣言）を出して大弾圧を行ったことを重視し、警鐘を鳴らしています。一九三三年二月二七日、国会放火事件が起こり、その翌二八日にヒトラーは非常事態宣言を発令しました。共産党の国会議員や左翼運動の指導者など、プロイセン州だけで五千人を逮捕してしまいました。[※3]これだけの大弾圧が行われたら、もう組織的抵抗はできない。全権委任法以前に、緊急事態宣言発令の時点で勝負がついてしまったと、升永弁護士はみる。日本でも緊急事態条項が憲法に入れられたら、同じことが起こりうる。その危機感から彼は、大手新聞に大きな意見広告を出しました。すると、朝日、毎日、東京、中日は広告出稿を受け入れましたが、日経が断ってきたそうです。これまで「一人一票」の意見広告などたびたび新聞に出してきた升永弁護士ですが、こんなことは初めてだと言っていました。読売、産経には、もとより載りません。「意見広告を出しても、敏感に反応するジャーナリストが全然いない」と嘆いていました。[※4]

　あと八カ月はネットメディアとネットを使える市民が協調して死にものぐるいで声を出して緊急事態条項の危険性を届けていくしかない。澤藤先生や梓澤先生のような方々、心ある有識者や専門家が声を出して、それを僕らのような独立メディアがアンプとスピーカーの役割を果たして、ネットなどを通じて、なんとか広げていくしかないと思います。

さて、対する改憲勢力ですが、維新の党が分裂騒ぎとなっています。[※5] 二〇一五年一月、安倍総理が関西テレビの「スーパーニュースアンカー」に出演しました。わざわざ大阪まで行って、「維新が憲法改正に積極的に取り組んでいることに敬意を表したい」と発言している。それを受けて橋下大阪市長は、「僕は嬉しくてしょうがなかった」「(改憲は) 絶対に必要で、総理にしかできない。何かできることがあればなんでもする」と言っています。

そして安倍総理と橋下さんは七月一四日にも会談しています。七月一四日という日付はとても重要で、その少し前から橋下氏らは維新の党を割って、自分の自由になる大阪の政党の創設に着手し始めていたんです。安倍総理は橋下氏の国政進出に期待感を示し、橋下さんも憲法改正の重要性を力説した。

この間、維新の党は党員拡大をやっていたんですよ。ベースの党員が数千人しかいない、とても国政政党とはいえないしょぼい党なんですよ、維新は。共産党は二〇万人ですから、ずいぶんベースが違います。その党員拡大の努力を経て集められたのが三万七千人だったのですが、そのうちの一万二千人をたった一人で集めたのが、松木謙公さん。[※6] その松木さんは、現在の代表の松野頼久さんを支持しています。これから維新の党内で代表戦が行われようとしているのですが、その際、国会議員票の持つウェートを下げて、地方議員票や一般党員票のウェートを上げようとしていたのが橋下さんらだった。ところが、ふたを開けたら、大阪

※1　生活の党と山本太郎となかまたちの小沢一郎代表は、2015 年 10 月 2 日、「野党連携のための最善の策は何か。各党が解党して一つの党をつくることだ。しかし現実的になかなかそこまでいかない部分もある。次善の策は次の参院選を統一名簿による選挙、つまり「オリーブの木構想」で戦うことだ。単なる選挙協力や選挙区調整と考え方が根本的に違う。選挙時の届け出政党を既存の政党とは別に一つつくり、そこに各党の候補者が個人として参加するものだ」との談話を発表した。

※2　IWJ、2015/10/08 日本共産党が提唱する「国民連合政府」、その狙いと実現可能性に迫る！ 世界的に追い風が吹く左派への支持を共産党は取りつけられるか？ ～岩上安身による志位和夫委員長インタビュー【URL】http://iwj.co.jp/wj/open/archives/269515

※3　「選挙戦が終盤にさしかかった二月二七日夜、ベルリンの国会議事堂が何者かの手で炎上するという事件が発生した。事件当日のうちに、現場にいたオランダ人の共産主義者、マリヌス・ファン・デア・ルッベ（一九〇九～一九三四）が逮捕された。

だがヒトラー政府は、これを共産党による国家転覆の陰謀だと決めつけ、翌二八日、大統領を動かして非常事態宣言＝『国民と国家を防衛するための大統領緊急令』（議事堂炎上令とも呼ばれた）を出させ、共産党の国会議員をはじめ急進左翼運動の指導者を一網打尽にした。プロイセン州だけで約五〇〇〇人が数日のうちに逮捕された。

突撃隊もこの機に乗じて赤狩りに乗り出し、かねてから目をつけていた活動家を学校や兵舎、党酒場の地下室に拉致して、殴る蹴るの暴行を加えた。

この議事堂炎上令は、『共産主義者の暴力行為からの防衛』という名目を越えて、共和国の政治と社会のあり方を一変させる法的根拠となった。

そのポイントは次の四つである。

第一に、人身の自由、言論・集会・結社の自由、信書・電信・電話の秘密、住居の不可侵など共和国憲法が定める基本的人権がこれによって停止された。警察はこれ以降、『保護拘禁』と称して、司法手続きなしに被疑者を逮捕できるようになった。

第二に、ヒトラー政府による州政府への介入がこれで正当化された。(中略)

第三に、非常事態下の執行権が軍ではなく、中央政府に委ねられた結果、軍の影響を受けない巨大な執行権を政府、とりわけ首相と内相が握った。

第四に、議事堂炎上令には『当面の間』という限定句がついていたにもかかわらず、結局、ナチ体制が崩壊する一九四五年までずっと効力を発揮した。ユダヤ人迫害など、ナチ体制下の公権力によるさまざまなかたちの人権侵害に法的根拠を提供したのが、この議事堂炎上令だった。

世論はといえば、事件の発生に驚愕しながらも、軍隊の出動をともなう戒厳令でなかったことに安堵する人びとが多かった。これで内戦が回避されたと喜ぶ声もあった。だがその裏側で、ヒトラー政府は、国家の根本改造に向けた大きな権力を掌中にしたのである」（升永弁護士が推薦する東京大学大学院教授・石田勇治氏の著書『ヒトラーとナチ・ドイツ』講談社現代新書、2015 年 6 月【URL】http://amzn.to/1QDyp3B）より。これを読むと自民党改憲案にある緊急事態条項は、いかに危険なものであるか、暗然とする。

※4　升永氏が出した意見広告と、Facebook に掲載されたコメントは、IWJ のホームページに掲載されている（IWJ、11 月 25 日 15 時から、「1 人 1 票裁判」大法廷判決開廷！ 「正統性のない」違憲状態の国会議員が、人権を根絶やしにする「緊急事態条項」を発議するなんて許されるのか⁉ 行方に大注目！【URL】http://iwj.co.jp/wj/open/archives/275991）。

※5　10 月 1 日、橋下徹大阪市長は、維新の党から大阪系の議員が分離独立してつくる「おおさか維新の会」の設立を宣言。今後、国政政党となることを目指して活動すると宣言した。これに対し、松野頼久代表が率いる維新の党執行部は、大阪系の議員 163 名を除籍処分とし、維新の党の分裂は決定的となった。

組は自前では全然党員を増やせず、一人でたった二七人しか党員を集められなかった人もいたそうです。それに対して松木さんが一人で大量に集めてしまった。俄然大阪組には不利なわけですね。自分たちのグループから代表を出すのが難しいとわかった。そうしたら新党をつくりを始めた、というわけです。

そういういきさつだったんですね。そして維新の党を割って、新政党をつくる。にもかかわらず自分たちがやめた維新の会の判子と通帳と維新の会の党員名簿を離さないという状態で、臨時党大会まで開いてしまった。それで解党届を出すと言っています。まだ出していませんが、郷原信郎弁護士などは、もし解党届などを出せば「偽計業務妨害」にあたると警告しています。[※1]

その後、橋下さんらは一〇月三一日に「おおさか維新の会」の結党大会を開き、一一月二日には総務省宛ての結党届が受理されました。維新の党の残留組である松野さんら執行部は、一二月にも維新の党の党大会を開き、正式に代表を選出するとしていますが、大阪維新系の議員らが、党大会に必要な「党員名簿」などを抱え込んでしまって離さない。それで松野さんたち執行部は、大阪維新系の議員や職員らを相手に民事訴訟を起こし、刑事告訴にも踏み切りました。[※2] まさに泥沼化しています。

そして、これを伝えるメディアの論調がひどい。特にNHKです。十月二十五日、NHKの「日曜討論」は、おおさか維新の会がまだ結党していない段階で片山虎之助さんを登場させてしまった。実際に議員がいる「生活の党と山本太郎となかまたち」などは番組に出さずに、です。[※3] めちゃくちゃでしょ、NHK。常軌を逸しています。本当に狂った放送局になっています。二一世紀の日本のファッショは官邸とNHKの手で生むことになるのでしょう。

おおさか維新の会幹事長の松井大阪府知事は「安倍政権とは価値観が合う」と言っています。[※4] 菅官房長官は一〇月二日、新たに立ち上げる「おおさか維新の会」の憲法改正を掲げている新党綱領案について、まだ政党として認められていないにもかかわらず、「いろいろな政党が自分たちの憲法に対する考え方を明確にすることは、国民世論を深めるために大事」と歓迎。ご飯も一緒に食べたりしているわけですね。

つまりおおさか維新の会を育て上げて改憲勢力の一角として、来年の参院選で議席三分の二を獲得する駒の数にしようとしている。ここは絶対に注視しなくちゃいけない。

改憲勢力は自公だけじゃない、自公プラス次世代の党プラスおおさか維新なんです。先述したNHKの偏向も含め、メディアは結党もしていないうちからおおさか維新に肩入れし、同党が抱える法的問題点などをほとんど取り上げませんでした。マスコミの報道だけが原因ではないでしょうが、一一月二二日に行われた大阪府知事選と大阪市長選のダブル選挙は、両方ともおおさか維新の候補が当選しました。[※5]

さらに民主党の右派が、いざとなったらそこに加わるかもしれません。おおさか維新と分裂した維新の党は、江田前代表が、民主党

※6　松木謙公（前頁）
維新の党所属の衆議院議員。維新の党が、松野頼久代表が率いる執行部と、橋下徹大阪市長が率いる大阪系の議員に分裂し、大阪系の議員が政党交付金が振り込まれる通帳と印鑑を大阪の事務所にブロックした際、大阪の事務所に乗り込み、大阪系議員の一人である井上英孝衆議院議員らと、通帳と印鑑を返すよう交渉した。10月22日、松木議員は岩上安身のインタビューに応じ、「橋下徹さんという人は、こんな人だとは思わなかった。ちょっと、常軌を逸しているとしか思えない」と述べ、維新の党分裂の内部事情について語った（IWJ、2015/10/22「改革勢力の結集」という理念はどこへ カネと看板をめぐる前代未聞のゴタゴタ！ 内紛勃発の維新の党で今、何が？ ～岩上安身が維新の党・松木謙公衆議院議員に緊急直撃インタビュー【URL】http://iwj.co.jp/wj/open/archives/271577）。

右派の細野氏、前原氏と会談を行い、民主党を「解党」して新党をつくることで合意しました。細野氏、前原氏らは、改憲に賛成であると、新聞の調査に回答しています。おおさか維新と分裂した維新の党も、自民党の改憲案に反対を貫くか、これではわからない。さらに細野氏、馬淵氏、長島氏の三人はパネルディスカッションを開き、その懇親会に、あろうことか櫻井よしこ氏を招いた。櫻井氏は、「美しい日本の憲法をつくる国民の会」共同代表です。もはや彼らは安倍政権をアシストする極右であると見なして間違いありません。民主の右派がどちらを向いているか、すでに明らかで彼らは「正体」を隠そうともしません。

進む、改憲への下地づくり

岩上　今の安倍内閣の閣僚には、下着泥棒疑惑[※6]、竹刀での体罰[※7]、やくざのリンチに同席した疑惑[※8]を持つ閣僚までそろっているわけです。臨時国会の召集があればこうした閣僚のスキャンダルも当然追及されるでしょうし、参院特別委員会の議事録に加筆するという捏造行

※1　郷原信郎弁護士は、2015年10月21日付けの自身のブログで、橋下氏側が無効な党大会の決定に基づき、役所に各種届出を行えば、偽計業務妨害罪、公正証書原本等不実記載罪等に該当する、と述べている（「弁護士たる政治家」としての橋下徹氏への疑問、ブログ「郷原信郎が斬る」2015年10月21日【URL】http://bit.ly/1LnvuYh）。

※2　維新の党は11月11日、党を除名された大阪系議員らが政党交付金が振り込まれる銀行口座の通帳や、その届出印の返還に応じず、「党務の運営に支障が出ている」などとして、大阪地裁に返還を求める民事訴訟を起こした（維新の党　通帳や届出印返還求め民事訴訟、日テレNEWS2015年11月11日【URL】http://bit.ly/1lEqgz9）。

※3　10月25日に放送されたNHKの「日曜討論」では、自民党、公明党、民主党、維新の党、共産党、社民党、次世代の党の議員と並んで、正式な結党大会も開いていない、政党としての届け出もすませていない、おおさか維新の会の議員が出演し、生活の党と山本太郎となかまたちは排除された（NHK日曜討論に「おおさか維新の会」が…生活の党を出さず存在しない政党を出演させるNHKの偏向に批判殺到！、リテラ2015年10月27日【URL】http://bit.ly/1R06MAY）。

※4　おおさか維新の会幹事長の松井一郎大阪府知事は、10月1日付けの日本経済新聞のインタビューで、「安倍政権とは価値観が合う。本気で日本を変えないといけないと思っているところが同じだ」と語った（維新迫る分裂　松井知事と松野代表に聞く、日本経済新聞2015年10月1日【URL】http://s.nikkei.com/1kOiySV）。

※5　2015年11月22日に行われた大阪府知事選と大阪市長選のダブル選挙では、府知事選でおおさか維新の会幹事長の松井一郎氏が、市長選ではおおさか維新の会政調会長の吉村洋文氏がそれぞれ当選し、維新側が勝利する結果となった（大阪ダブル選：大阪維新2勝 橋下氏、影響力を回復、毎日新聞2015年11月22日【URL】http://bit.ly/1lEpIJC）。

注6　2015年10月15日発売の「週刊新潮」において、第三次安倍改造内閣で復興大臣に就任した高木毅衆議院議員が、下着泥棒の常習犯であったとする記事が掲載された。高木大臣は10月20日の記者会見で「そういった事実はございません」と否定。しかし、翌21日の会見で記者から「地元では有名な話とうかがっているが」と質問されると、「選挙のたびに、正直いろいろとそういった話が出ているのは承知もしている」と回答した（IWJ、2015/10/16 父親の高木孝一元敦賀市長が「50年後、100年後に生まれた子どもが片輪になるかもしれない」が「原発は金になる」と言い放った約30年前、息子は女性宅に侵入して下着を盗んでいた！【URL】http://iwj.co.jp/wj/open/archives/270810）。

※7　第三次安倍改造内閣で文部科学大臣に就任した馳浩衆議院議員は、産経新聞の論壇誌『正論』2008年6月号で、義家弘介衆議院議員（現文部科学副大臣）と対談し、「殴ったことがなかったかと言えば、必ずしもそういうわけでもない」「1週間に1本ぐらいは竹刀が折れていました」などと述べ、教員時代の体罰を告白し肯定する発言をしていた。

IWJは2015年10月13日の定例会見でこの点について馳大臣に直接質問。これに対し馳大臣は「体罰は絶対反対です。（『正論』の）記事全体を読めばお分かりいただけると思うが自戒・反省・謝罪をこめて発言した」と述べた上で、「私が未熟だった」「あの時、私に竹刀で殴られた高校生たちに謝罪したい」と教員時代の体罰を認め、謝罪した（IWJ、2015/10/13「私に竹刀で殴られた高校生たちに謝罪したい」馳浩文科大臣、会見で教員時代の体罰認め謝罪　ユネスコ記憶遺産「南京大虐殺資料」登録については「非常に残念」【URL】http://iwj.co.jp/wj/open/archives/270075）。

※8　第三次安倍改造内閣で農林水産大臣に就任した森山裕衆議院議員は、鹿児島市議会議長だった1988年7月、暴力団幹部2人が組事務所で当時30代の男性を竹刀でメッタ打ちにした際、その現場に居合わせた。この件について、森山大臣は組事務所に行ったことを認め、「後になって暴力団事務所だと知りました」としている。被害者の男性は、事件当時鹿児島市内の中古車販売業者への借金の取り立てをしているところを、組事務所に呼び出されて暴行を受けたという。森山氏は取り立てを受けた中古車販売業者の実兄が経営する外車販売会社の副社長を兼職しており、この兄弟とは親密な仲だったとされる。実際、県警はその後の捜査で、事件当時、組事務所の別室に森山氏とこの兄弟が待機していたことをつかみ、県警が2日間に、地検が1日それぞれ事情を聴いている。調べに対し森山氏は「組事務所の1階にはいたが、暴行事件のあった4階の現場は目撃していない」と容疑を否認したという。その後、森山氏は「世間を騒がせたので、けじめをつけたい」として市議会議長を辞職している（参照：「早くも疑惑まみれ 森山農相を追い詰める『ヤクザ』と『カネ』」日刊ゲンダイ2015年10月15日【URL】http://bit.ly/1LS6IN8、「スクープ！安倍改造内閣の新農水相・森山裕が暴力団と“黒い交際”……暴力事件が起きた時、組事務所にその姿が」2015.10.7 LITERA【URL】http://bit.ly/1MMSUov）。

為を行ったことでも追及されるでしょう。臨時国会を開くと何かと都合が悪いわけですね。ところが、自分たちが掲げている自民党の憲法草案五三条（二〇六頁）には「要求があったら、二十日以内に召集されなければならない」と書いてあるんですよね。さらにQ&Aに「臨時国会の召集要求権を少数者の権利として定めた以上、きちんと召集されるのは当然である」と書いてあるんです。それなのに臨時国会を開かないんですよ。

民主党政権時代、自民党が野党だった時にはものすごく文句を言ったんですよ。ところが、自分たちが政権をとると、重大な問題が山積みのこの時に開かない。こういう状態でやらないというのは、本当に重大な問題だと思います。

自民党が改憲の空気づくりのために、改憲を訴える街宣を始めましたのは、二〇一五年六月のこと。自民党青年部が街宣行動をやりだしたんです。ところが、安保法制国会の真っただ中で、あらゆるところで多くの市民が、「安保法制は違憲！」「憲法守れ！」「立憲主義守れ！」と声を上げて、街宣にブーイングを浴びせ、続けられなくなった。[※1] 声を上げた市民は動員された人たちではありません。場所がわかった時点で、個々人がバラバラにカウンターにやってくる。バラバラなのにどうして同じようなカードを掲げられるかというと、コンビニでプリントできるからです。これもネットの効用ですね。

自公は、こうしてしつこく改憲の下地づくりを続けてきている。マンガも作成しました。自民党が配布している改憲マンガ「ほのぼの一家の憲法改正ってなあに？」では、「社会の常識が変わってるのに、ルールはそのままってことね」「なんかうちの部長みたい」などと言って「今の憲法の前文にはアメリカ合衆国憲法や、リンカーンの演説なんかが翻訳調で使われてるからなあ」「えっ！　日本の憲法にアメリカの憲法が入ってんの⁉」などと登場人物にわざとらしく驚いてみせている。アメリカ輸入の条項が気に食わないというのだったら、議員制民主主義も、官僚機構も、ありとあらゆる近代国家の仕組みが西洋由来であることはどう考えるのか。近代医学も近代科学もすべて欧米からの輸入です。そういう視点はまったく欠落している。

基本的人権があれば何をやってもいいというわけじゃないとか、一方的に人権で擁護されているんだとか、人を誤った方向に導くプロパガンダが巧みに書きこまれているわけです。「戦争放棄すれば戦争がないと思ってるのか」とか「ほかの国だって、憲法改正している、ドイツなんて六〇回もやっている」とか、最終的に「敗戦した日本にGHQが与えた憲法のままでは、いつまでも日本は敗戦国なんじゃ」というふうに締めくくる。[※2]

こういうもので、ああ、そうかと得心してしまう人も少なからずいるでしょう。大手メディアはこうした内容を大急ぎで紹介した上で問題点をただしたり、批判や反論を加えるなりしているかというと、残念ながらそうではないんですよね。自民党の改憲案は憲法とは呼べない、決して通してはいけないんだということを、できるだけ多くの国民に知らせる必要があります。改憲案の中身やその危険性はインテリの間で知られているだけで、多くの人はまだまだわかっていません。

この安保法改正反対の運動が高揚していたころ、多くの憲法学者にお話をうかがったのですが、安保法制や集団的自衛権の話はしても、自民党の改憲草案の話は「あれはちょっと」と眉をひそめてあまり触れたくない、と言う方もいました。「あまりにも下らなすぎて論外で触れる必要を感じていないし、触れたくもない」と言うんですね。

梓澤　憲法学者が？

岩上　そうです。インテリにとっては論外すぎるんでしょうね。けれども、大衆にとってはあの程度の自民党の改憲マンガでも影響を受けるんです。ですから、そうした人々に対して、これがどれほどとんでもない内容かを、やはり伝えるべきではないかと思うんです。

参議院議員選挙に向けて、野党は受け皿をつくることができるか？

梓澤　二〇一六年七月の参議院選挙に向けての話なんですけど、自民党改憲案を問題にするというのは、僕は賛成です。僕は東京国分寺市で、戦争法案反対の野党共闘演説会を三回成功させるために協力しました。来た政党は社民、民主、共産、生活ネット。維新はまだ来てないです。そういうことをやっていく中で、僕は全部の政党の人と個人的な友達になったんですよ。その経験から、さっきのSEALDsのところに戻るんだけど、ネット、電縁だけだと……。

岩上　僕が電縁と言ったのは、電子的ネットワークでの出会いがきっかけなんだけど、その後にオフ会なり、呼びかけあって集会やデモをやるなり、ともに一つの仕事を始めるなり、直接のコンタクトが生まれ、人間関係のご縁が生まれることを指しているんです。電縁がきっかけで、実際に人が会って縁が生まれることを言っているんです。ですので、ネット上だけでバーチャルにやりとりしているだけの話を指しているのではないんです。

梓澤　そこから先なんだけど、じゃあ、自民党ががっちり固めている地域で選挙をやる時に、どうやって自民党じゃないところに持ってくるのか。実際に自民党の支持者に「今、自民党に入れるか」と聞いたら、「だって民主党の政権交代でずいぶんひどい目にあったじゃないの、だから自民党を信じるんですよ」と答えます。かなりのインテリでもですよ。そういう人たちを電縁だけで……。

岩上　電縁だけ、と言いますが、きっかけは電子ネットワークなんだけど、実際に会って、ご縁が生まれることなんですよ。会社で一緒になったというだけでは社縁は生まれないのと同じことで、人と人のつながりができて「縁」になる。電子ネットワークで縁が生まれたから電縁なんですよ。

既存の集団ではない、新たな人と人との集まりによるデモや集会などは、スタート点は今やほとんど電縁です。電縁ではないものはほとんどないと言っていい。つまり、みんな、ネットやSNSを通じた告知を見てやってくるんです。その波及率というか、影響力というのは、ものすごく大きなものです。

梓澤　それは認める。

岩上　その後、アナログな集いがあり、語り合いがある。人間と人間のリアルな付き合いが始まる。それが始まらなければご縁ができたとはいわないし、そこも含んだものを電縁と仮に呼んでいるわけです。ただバーチャルな空間で発言しているだけの話を、電縁と言っているのではない。バーチャルな空間での発言をきっかけにして、まったく見知らぬ人たちが出会って付き合いができていくんですよ。

梓澤　問題はその先で、それをどうやって、選挙の票にするか。岩上さんと同じなんだ、

※1　IWJでは、この時の映像を記録しています。IWJ、「2015/06/07 自民党の「改憲」街宣に市民らが「戦争反対」のカウンター抗議！～新宿駅西口に鳴り響いた「帰れ」コール（5分ダイジェスト動画付き）」【URL】http://iwj.co.jp/wj/open/archives/248258

※2　ドイツの憲法にあたる「ドイツ連邦共和国基本法」は11章146条からなる。もともと1949年に西ドイツで制定され、正式な憲法は東ドイツとの統一後に制定されるとされていたため、必要最低限の規定だけを置いた簡潔な内容だった。その後、1990年のドイツ統一までの間、補足的に58回の改正が行われたが、ナチス・ドイツによる侵略の反省から設けられた第1条「人間の尊厳の不可侵」や第20条「ドイツは国民に主権がある民主国家である」などの憲法の根本、基本にかかわる条項については、一切改正を認めていない（参照：The Huffington Post「憲法改正、ドイツ58回なのに日本は0回 これっておかしい？」2013年06月19日【URL】http://huff.to/1ScxQeG）。

きっかけは否定していない。どうやって選挙の票にするか。選挙で支持する票にできるかというのは、これからの課題だし。例えばＳＥＡＬＤｓはどう考えているのか。

岩上　僕はＳＥＡＬＤｓの代弁者ではないから、彼らがどう考えているか、それについては代弁することはできません。

ただ、梓澤さんは、電縁はバーチャルな関係性だけで、はかないものだと思ってらっしゃるようですけど、失礼ながら、それは認識不足だと思います。現に、僕は電縁のみでＩＷＪというメディア企業をつくりましたから。

僕がネットを利用し始めたのは九〇年代からですが、積極的に使うようになったのは随分遅くて二〇〇八年ごろからです。それまでは調べものに使っているくらいでした。ホームページも開店休業状態でした。長い介護の果てに母に続いて、父を看取り終わったあと、時間ができて、二〇〇八年にホームページをリニューアルし、ブログを書き、ビデオカメラをもって取材し、ＹＯＵＴＵＢＥにアップするなどし始めました。肩ならし的に無償で情報を提供し始めたのですが、以来、ポツポツと「続けてほしい」という声が出てきて、ドネーションしたいと申し出る方も現れた。これがＩＷＪを始めるきっかけです。

その後、僕のもとに集まって僕の仕事を手伝ってくれるようになったスタッフは、すべて僕がツイッターやネットを通じて呼びかけてから以降に集まった電縁の集団です。スタッフだけでなく、ＩＷＪを財政的に支えてくださっている会員やサポーターの方々も、中継市民などのボランティアも、すべて電縁です。ＩＷＪは僕がネット上で活動する以前のリアルな御縁でつながっていた人は一人も巻き込んでいません。すべて電縁だけで一つのメディアを立ち上げることができた。実体化したわけです。

だから電縁での人とのつながりは、決してバーチャルにとどまらない。リアルの世界で実体化し、影響力を持ちうるのです。ネットはバーチャルだ、と言っている人は、単にネットとリアルとをつなぎきれていないだけのことだと思います。

話を戻しますが、改憲阻止のためにもっと明確に主体となって動くべき人たち、それは政党です。その政党の中でももっとも主体性を見せたのは、「国民連合政府」構想を掲げた共産党ですよ。しかし、その共産党ですら、なぜ自民党の改憲草案阻止を大きく掲げないのか。

自民党の改憲草案はクレージーです。これは立憲主義の破壊であり、人権の破壊であり、ものすごく危険なものであることは間違いないわけじゃないですか。我々は一二回も鼎談やったから、その危険性は十二分にわかっていますが、ほとんどの人はその危険性をきちんとわかっていない。それを僕はもっと多くの人に知らせたいと思う。変えられたら最後、もう自由な集会も、自由な言論も、このようなトークを配信するのにも制限がかかります。最悪の場合、できなくなるかもしれない。現に、パリでのテロ事件以降、フランスでは非常事態宣言が発令され、その中には政府が危険と判断したサイトの閉鎖を命じることができると書かれています。[※1] 日本で緊急事態が宣言された時、冗談ではなく、下手に動いたらＩＷＪのサイトが閉鎖され、僕も逮捕され、「梓澤先生、澤藤先生、弁護を頼みます」とお願いすることもあり得るかもしれない。しかし、もっとひどい状態を想定すると、弁護士すらも自由に動けなくなるかもしれない。そんな恐ろしい話が、でも戦前には実際にあったわけですよね。

澤藤　治安維持法の最終改正では、指定弁護士制度ができます。治安維持法違反被告事件については、当局が安全パイとして作成したリストに登載された弁護士の中からしか弁護人を選任できない。

岩上　だからお二人にお願いしようと思っても、僕が頼める弁護士が橋下徹だったりするかもしれないでしょ、それじゃ弁護になるわけないじゃないですか。そういう恐ろしいことになるって、みんな知ってるのかと言えば、何も知らないんですよ。

今、どれほど大手メディアが腐りきっているか。あえて申し上げておきますけど、今の安倍首相の会見は、大手メディアが共犯となって演じているお芝居ですよ。予め官僚が質問取りをしておき、答弁原稿をつくっておいて、安倍総理がプロンプターの画面に流れる原稿を読んでいるだけですから。外国人記者が質問したものでも、すぐにプロンプターに目をやり読んで回答している。そんなこと、事前に質問取りをして、官僚が確認して、日本語で回答を原稿にしておかなければ、できるわけないじゃないですか。※2 順番が決まっていなければ、質問と回答がズレてしまう。記者がアドリブで予定の質問と違う質問をすると大混乱になります。それを日本の首相の記者会見で、堂々とやっている。お芝居だというのに、誰もおかしいと言わない。大手メディアみんな一緒になって、グルになってやっているんですよ。

梓澤　今、岩上さんは首相会見に出られるの？

岩上　出て、質問しても当たらないですよ。記者クラブ以外のフリーの記者らは安倍政権になってからまったく当たらない。フリーが手を挙げていても、手を挙げていない産経の記者に当たったりするんです。一番最初と順番が決まっていたのでしょう。プロンプターに出る順番通りに進行するだけですから、もう誰も手を挙げません。※3

梓澤　自民党改憲案を批判を込めて大宣伝する、大賛成です。改憲阻止を志位さんに言う時にもう一つ必要なのは、民主党の中から具体的に発言を引っ張りださなければならない。選挙区ごとにおける具体的な話し合い、その動きをぜひつくるべきだと思います。改憲案の課題を出せというのに加えて、選挙協力の具体的な実践というのが、僕は必要だと思う。

岩上　もちろん必要で、実は民主党の執行部も選挙協力はしたがっているんです。ただし「国民連合政権」という約束をしないでやりたい。共産党が候補者を立てないで、「国民連合政権」の約束がない選挙協力。つまり共産党が降りてくれて、かつ応援してくれる、それ最高だねということ。こんなあつかましい話、話にならないですよ（失笑）。

TPPで戦前回帰どころか アメリカの植民地に？

梓澤　岩上さんが改憲阻止を入れるべきだと言うのはどうしてですか？

岩上　緊急事態条項の危険性を何よりも強く訴えないといけないし、三分の二を取らせたら

※1　パリ同時多発テロで発令されたフランスの非常事態宣言の法文には、「危険ネットサイトの閉鎖を内相が命じることができる」と規定されている。法文はフランス国民議会の公式サイトから閲覧可能。法文の4°の上にある二行に明記されている（参照：フランス国民議会公式サイト【URL】http://www.assemblee-nationale.fr/14/ta/ta0609.asp）。

※2　2012年末に第二次安倍政権が発足して以降、総理会見ではまだ一度もフリージャーナリストは指名されていない。2013年12月14日の記者会見以降、総理会見ではプロンプターが導入された。安倍総理は、記者からの質問に答える際にもプロンプターを見ていることから、官邸側が事前に質問取りをしていると推測される。岩上安身は2013年12月14日の記者会見に参加した際、会見場前方に設置されたプロンプターを写真で撮影し、Twitterに投稿した（安倍会見の茶番を暴く！ 演説から質問まで出来レースだったプロンプター会見【URL】http://togetter.com/li/602949）。

※3　2015年9月29日、国連総会出席のためにアメリカを訪れた安倍首相は、海外メディアを含めた記者会見で、ロイター通信の記者が行った「日本が難民を受け入れる可能性は？」という予定外の質問に対して、「人口問題として申し上げれば、我々はいわば移民を受け入れるよりも前にやるべきことがあり、それは女性の活躍であり、あるいは高齢者の活躍であり、そして出生率を上げていくにはまだまだ打つべき手があるということでもあります」と発言。難民問題に対する見識の低さを露呈すると同時に、事前に質問内容を通告させる安倍政権の記者会見のあり方について内外から批判を浴びた。また、そのシナリオから外れると、安倍総理はまったく要領を得ない回答しかできないことも明らかになった（参照：BLOGOS「安倍政権、アメリカでもメディア操縦を試み失敗」2015年10月10日【URL】http://bit.ly/1NkzJrI）。

ダメなんだという数値目標が有権者にはっきりするじゃないですか。有権者自身が、その数値目標を知らなければいけないし、反対政党がはっきりと掲げることで、この改憲案の中身はとんでもない内容だということを広く国民に知らせることができます。

また、自分が一票を投じた候補が実は、緊急事態条項賛成だった、時既に遅し、という悲劇を避けることができる。争点が曖昧なまだと、野党には属していても、実は改憲には賛成の人物だったと、参院選後に転ぶこともあるかもしれない。

憲法学者の大御所で東大名誉教授の樋口陽一さんがSEALDsの集会に来られたことがありました。樋口さん、ゆっくりと喋られるんだけど、「たいへん感動しています」と言いながら、「私は九条について、いろんな議論があることは承知しています。ことによっては、国民の意見によって、九条を変えなければならない日が来るということもあるかもしれない。しかし、この安倍政権にだけは変えさせてはならない。この政権にだけは触らせてはならない」とおっしゃったんですね。それは、すごく僕の中でしみわたった。

安倍政権に憲法を変えさせてはならないというのは、ただ九条二項だけを指すのではなく、憲法が持っているありとあらゆる重要な条項全部についての話なんですよね。安倍政権は憲法が持っている、失ったら取り返しがつかなくなるような重要な価値について、ことごとくひっくり返そうとしているからです。だから、彼らに憲法に手をかけさせてはならない。

自民党の改憲草案は、九条だけではなく、立憲主義、基本的人権も、言論の自由も、国民主権も、どこもかしこも、現在の日本国憲法をまったく違うものにしてしまおうという内容になっています。九条だけじゃなく、それ以外のものもみんなズタズタになっちゃうんだという話を広めないといけないと思うんです。改憲反対派の人は、九条だけに関心があり、あとは無頓着、他のことは知らないという人が非常に多い。

この頃はとてもファッションセンスのいい若者が増えていて、例えば九条のタグをつくってカバンにつけたりとか、「article 9」と書いたTシャツを着たりする人が増えている。そういうふうに憲法に関心と危機感を持つ人たちが増えてるのはいいことなのですが、九条だけがシンボルになっていて、あとの一切のことについては、ほとんど知らない、憲法のプロでない人はほとんど語らないというのが現状です。それでは非常にまずいと思います。

争点は九条だけでない。安倍政権はむしろ九条は置いておいて、緊急事態条項を先行しようとしている。その緊急事態条項の導入によって全部やられちゃうという話を、たった八カ月の間に知らしめる必要があります。憲法にはっきり刻まれているからこそ、国民に主権があり、自由があり、誰にでも人権があり、男女の平等もある。自民党の支持者、いわゆるネトウヨみたいな支持者も、九条だけを変えると思っていて、ほかのところに手出しするとは思っていないと思います。ほかのところも全部変わってしまうこと、その結果、どんな社会になってしまうか、安倍支持者ですらろくにわかっていないのではないでしょうか。

戦争の時に何が起こったかというと、戦争に行く年齢じゃないから自分は大丈夫と思っていた人も、勤労動員させられたり財産を接収されたじゃないですか。小さな商売なんて、統制経済となり、強制的に合併させられて、統合されて潰された。持っている貴金属も財産も召し上げられて、寺の鐘も持っていかれた。戦争になり、国民総動員になった場合、徴兵される若者だけが悲劇に見舞われるのではなく、根こそぎにされるんだということを知らないんですよ。戦闘の悲惨さ、最前線の悲惨さを伝えることも必要なんですけど、戦争が始まったら、銃後の人間も誰もが自由な暮らしを奪われるということを伝えなければ、どうしようもない。

梓澤 国家総動員法は、盧溝橋事件の次の年、一九三八年です。

澤藤 それから三年で太平洋戦争が始まりますからね。

岩上 戦争となれば、庶民の生活は逼迫します。しかもTPPが重なるんですよ。薬価は高騰して、普通に安価な薬なんか手に入らなくなりますよ。※1 ものすごいバカ高い費用を払える人しか、まともな医療は受けられないことになります。何千万人が、開発途上国の貧しい国民と同じようになる。

日本は今、アメリカの医療費の三分の一しか使っていないから、数値目標として三倍使わせようと言っています。

アメリカのホワイトハウスのサイト、ぜひご覧になってください。二〇一五年一〇月一〇日にオバマ大統領のコメントが掲載されているのですが、TPPについて「米国企業と労働者の利益と成功のために、米国が世界経済のルールを書いている。米国が二一世紀を主導する」と言っているんです。

またホワイトハウスのサイトには、TPPについてのQ&Aが掲載されているのですが、そこにはすごいことが書かれている。「昔は他国に市場を開かせるために、砲艦外交をやった。あるいは武力介入もした。でも、今はもっといい方法がある。それがISD条項だ」。

TPPを「第三の開国」と呼んで手を着けたのは菅直人政権ですけど、軍艦に乗ってやってきたペリーの砲艦外交、第二次大戦の敗戦に次ぐ、第三の日本の敗北、そして植民地化です。日本は持っているものを根こそぎ奪われる。Qの中で、「でもISD条項による仲裁裁判というか審判というものは、アメリカも損するかもしれないじゃないか」と書いてあるわけです。それに対してのホワイトハウスのアンサー。

「心配ない。過去三〇年間、貿易上の紛争解決を求めて他国企業が米国を訴えたケースのうちすべてで米国が勝っている。心配ない」と。

つまり、よその国から富と市場と労働をぶんどってくるから心配するなということです。もちろん、TPP参加の中でアメリカに次ぐ経済大国は日本ですから、当然、日本からぶんどってくる、ということになります。こんなことを堂々と書かれているのを知って、怒らない右翼は、もう右翼の看板下げろって言いたい。保守だとか、右翼だとか愛国者だとか名乗っている人間がこれで怒らないんだったら、本当にその看板は取り下げてくれって言いたいですね。

僕はショービニスト（排他主義者）でも、レイシストでも、軍国主義者でも、帝国主義者でもない。平和主義者で、デモクラットであると自認していますが、同時に一人の愛国者です。真の愛国者だと自認しているので、TPPは絶対に許せない。

人権とか民権とか日頃から言っている人も、TPPに反応しなかったらおかしい。人権も民権もないですよ。司法権もなくなっちゃうんだから、これで怒らない弁護士、裁判官はおかしいですよ。

澤藤 ISD条項についてはほとんどメディアも話題にしていません。

岩上 マスメディアでTPPについて本当のこ

※1　米国におけるTPP推進のロビー活動費をみると、米国を牛耳る軍産複合体は石油業界が100億円、防衛・ミサイル業界が1500億円と巨費を投じている。しかし5300億円という桁違いのロビー費を注ぎ込んでいるのが、米製薬会社・医療業界である。日本では盲腸の手術を行い8日入院すると10万円程度の自腹で済むが、米国では700万円かかるという。さらに貧血で2日間入院したら200万円、ちょっとした腕の骨折手術で150万円もかかる。米国ではGDPの約20%（280兆円）を医療費が占める。そして米国の家庭破産の62%が、この高額の医療費によるものだ。現在、日本の医療は医療法第7条で「営利を目的としてはいけない」と定められているが、TPPのモデルケースである米韓FTAでは、営利企業による病院経営が解禁となっている（参照:【特集】IWJが追ったTPP問題【URL】http://iwj.co.jp/wj/open/tpp）。

とを話せば、僕のようにテレビのコメンテーターを降板させられます。[※1] ＴＰＰに関しては産経や読売のような対米追従はもとより、朝日までが必要だ、という論調で足並みをそろえているんですから、話になりません。マスコミはどうしようもないのは、経団連から広告をもらってるからですよ。

英語の読めるインテリだったら、今言ったようなものは、ホワイトハウスのホームページを見ればすぐわかりますよ。

澤藤　ともかく、この自民党改憲草案、これが彼らの本音ですよね。彼らのやりたいことが、非常にあからさまに出ている。自分たちが政権にいない時につくっただけに気楽に本音を出したんだと思います。全体的に人権を破壊するような体系だし、形式的な立憲主義でしかない。民主主義や人権を守るところの立憲主義になっていない。特に憲法二一条では、ひどいことをあからさまに書いています（六三頁）。

岩上　澤藤先生のブログ「憲法日記」、たいへん興味深くご覧になっている方も多いと思います。

澤藤　一日も書かさずに、書き続けて既に連続九四〇回を越えました。[※2]

岩上　確か、千回を目指すとおっしゃっていませんでした？

澤藤　安倍政権が千日は持たないだろうと、だから私は千日はやるんだと言っていたんですけど。安倍政権が千日持つということになると、千日ではやめられない。

岩上　それって千日回峰行をやっているようなものじゃないですか。今度お会いした時は、阿闍梨みたいなことになっていますね（笑）。このブログを読んで自民党の改憲案のひどさに気づき、行動を起こす人が現れたらそれも電縁ですよ。しかし千日を超えて、千一回とかいうことになったら、ちょっと複雑な思いですね。

澤藤　私は安倍政権と張り合っているつもりです。

岩上　安倍政権が倒れた後も、もっとひどい、例えば稲田朋美政権とかになったら……。

澤藤　稲田政権って、最悪よりもっと悪い。身の毛がよだつ。

岩上　日本会議ですしね、生長の家の谷口雅春の教えに心酔していると言われる。谷口の教えは、「戦争は魂がもっとも磨かれる、崇高な宗教行事である」という教えですからね。[※3]

「前夜」は、もうすぐ当日の朝になります。ここが踏ん張りどころです。この本に書かれた心配事が、全部杞憂に終わったねということになるのを我々は望んでいますけれど、それはおそらく、我々がものすごく汗をかいて、へとへとになるまで抗い通して、やっとつかみ取れるかどうかくらいじゃないか。そのくらい状況は悪いと思っています。

（この鼎談は、二〇一五年一〇月二七日にＩＷＪで放送されたものをもとに、一二月五日に加筆修正したものである。注釈作成は、岩上安身およびＩＷＪ編集部）

※1　2011年2月に、岩上安身はレギュラーコメンテーターを務めていたフジテレビの情報番組「とくダネ！」で、TPPについて警鐘を鳴らしたところ、その直後に当時のチーフプロデューサーから電話があり突然降板を告げられた。話し合いの結果、降板の時期は延びたが、降板の結論は変わらなかった。その後、岩上安身はTPPの危険性についてフジテレビ幹部に直接説明したが、同幹部らは聞く耳を持たなかった。

※2　澤藤氏のブログ「澤藤統一郎の憲法日記」。専門の憲法問題だけでなく、政治とカネやイスラム国（IS）の問題についても掘り下げ、鋭い指摘と評論を掲載している。（【ブログURL】http://article9.jp/wordpress/?cat=38）

※3　「生長の家では出征する人にとっては戦場が直に魂の修養の道場となり、戦争が直に吾々の魂を練るところの公案となるのである。多くの人たちは戦争の悲惨な方面ばかり見ていて、その道徳的、宗教的意義を理解しない。そして動もすれば戦争を忌避するのであるが、戦争は実に真剣な、否応なしに左右をいわずに、ただひたすらに至上命令に従うところの激しき宗教的行事なのである」「戦争においては否応はない、言葉通り肉体の生命が放棄せられる。そして軍隊の命令者は天皇であって、肉体の放棄と共に天皇の大御命令に帰一するのである。肉体の無と、大生命への帰一とが、同時に完全融合して行われるところの最高の宗教的行事が戦争なのである。戦争が地上に時として出て来るのは地上に生れた霊魂進化の一過程として、それが戦地に赴くべき勇士たちにとっては耐え得られるところの最高の宗教的行事である」（参照：『谷口雅春選集』谷口雅春著　潮文閣、1941年、302～303頁）。

安倍総理の信頼が厚く、「次期総理」との声も自民党内で囁かれている稲田朋美氏は、熱心な谷口雅春氏の信奉者として知られる。稲田氏は2012年に、「谷口雅春先生を学ぶ会」が主催するイベント「東京靖国一日見真会」で講演し、谷口雅春氏の著書に家族の命が救われ、自身も人生の節目節目で救われた、と力説している（【稲田氏の講演動画】https://www.youtube.com/watch?v=LAY2jsefbZA）。

「改憲前夜の緊急鼎談」を終えるにあたって

自民党が、党として「日本国憲法改正草案」を決定し発表したのは、二〇一二年の四月二七日のことだった。この改憲草案が、米国の軍事的属国化に結びついていることは明らかだった。

そこで、旧知の梓澤和幸弁護士に、私の主宰するIWJの中継配信番組の一つとして、自民党改憲草案の徹底的な読み解きをお願いできないか、とご相談したところ、同期の澤藤統一郎弁護士にも加わってもらってやろう、という話になった。逐条で日本国憲法と対照しつつ自民党の改憲案を読み進めていった結果、我々三人の逐条憲法の番組は、約半年間にわたり、一二回を数え、計二五時間におよんだ。逐条で読み解くことで浮かび上がったのは、自民党改憲案のトンデモぶりだけではなく、現行の日本国憲法の条文の凄さ、素晴らしさである。

いわゆる護憲派は「第九条」の素晴らしさのみに注意が向きがちである。しかし、平和主義は「第九条」だけに書き込まれているのではなく、憲法前文にも重要な文言が書き込まれている。また、当然ながら重要なのは平和主義だけではない。特に重要なのは、立憲主義そのものであり、国民主権であり、基本的人権にかかわる条文である。「前文」「第一一条」「第一三条」「第一四条」「第一八条」「第一九条」「第二一条」「第二五条」「第三六条」「第九七条」「第九九条」……。これらすべてが重要であり、かけがえのないものである。

ところが自民党改憲草案は、基本的人権の上位に「公益及び公の秩序」をあからさまに位置づける。自民党の改憲草案は、立憲主義を根底から転倒させるものであり、国民は主権者でなく、実質的に従属者の地位に転落させられてしまう。これにより、我々国民の人権が制約され、侵害されるであろうことは、容易に想像がつく。

今、日本は最悪の夜明けを待つ「前夜」という岐路に立っている。

私は、憲法の恩恵を受けながら、ろくろく憲法を勉強してこなかった、ありがちな日本国民の一人として、お二人にご教授いただく生徒役を務めさせていただいた。梓澤先生、澤藤先生は、裁判に臨んで憲法を駆使して闘ってきた闘士である。憲法を生かした、憲法を実践した、あるいは憲法を生きた、といえる方々である。得難いご講義を拝聴する機会をいただいた。この場を借りて、改めて感謝申し上げたい。

本書をまとめるに際しては、IWJスタッフが文字起こし、注釈の作成を行って、メルマガ「岩上安身のIWJ特報！」で配信した。大西雅明君、平山茂樹君、また増補改訂版の刊行に際しては、佐々木隼也君、原佑介君、安道幹君、城石愛麻さんにはたいへん尽力してもらった。記して御礼申し上げる。また、出版の機会を支えて下さった現代書館の菊地泰博社長には、最後までお手を煩わせた。深く御礼申し上げたい。

最後になるが、三人の鼎談を最初から最後まで支えて下さったのは、IWJの会員・サポーターの皆さまである。特筆して感謝の意を表したい。ありがとうございました。

二〇一五年一一月三〇日

岩上安身

自民党改憲草案条文インデックス

◎ゴシックは条文、明朝は内容のページを指します。

第5章　内閣

第6章　司法

第7章　財政

第8章　地方自治

第9章　改正

第10章　最高法規

第11章　補則

日本国憲法条文インデックス

◎ゴシックは条文、明朝は内容のページを指します。

梓澤和幸（あずさわ かずゆき）

一九四三年群馬県桐生市生まれ。一橋大学法学部卒。一九七一年弁護士登録。日本ペンクラブ理事、市民メディアＮＰＪ代表。元東京弁護士会人権擁護委員長、日弁連人権擁護委員。日弁連 関東大震災朝鮮人、中国人虐殺事件調査委員会責任者。ＮＨＫ受信料不払い訴訟、「石に泳ぐ魚」事件、イスラム教徒違法捜査国家賠償請求事件、築地移転反対住民訴訟事件、沖縄密約情報公開請求事件などの弁護団に参加。

岩上安身（いわかみ・やすみ）

一九五九年生まれ。ジャーナリスト。独立系インターネット報道メディア・ＩＷＪ代表。早稲田大学社会科学部卒。編集者、週刊誌記者を経て、一九八七年よりフリーランスに。著書『あらかじめ裏切られた革命』（第一八回講談社ノンフィクション賞受賞、二〇〇〇年）、『百人百話』（三一書房、二〇一二年）。フジテレビ系「とくダネ！」（二〇〇〇年～二〇一一年）、文化放送「夕焼け寺ちゃん活動中」（二〇一〇年～二〇一三年）、ＴＯＫＹＯ ＭＸ「ニッポン・ダンディ」（二〇一二年～）など、コメンテーターも務める。近年はネットメディアに活路を見出し、「Web Iwakami」を母体に、二〇一〇年一二月にＩＷＪ（インディペンデント・ウェブ・ジャーナル）を設立。スポンサーに頼らず、一般市民の会費と寄付・カンパによって運営。「ニュースの産直」を目指す。Ustreamを用いたライブストリーミング（インターネット中継）による報道を展開、3・11直後には東電会見を二四時間中継し、日本全国にエリアチャンネルを開設。中継記者を育成しつつ、市民によるボランティアも登用して配信を行う。ＩＷＪ設立から三年未満で、総配信本数はすでに九〇〇〇本以上（二〇一三年一〇月現在）。動画だけでなくテキストでも、メールマガジン「岩上安身のＩＷＪ特報！」と「ＩＷＪウィークリー」で精力的に報道・論評を行っている。詳細はＩＷＪのＨＰ（iwj.co.jp）を参照。

澤藤統一郎（さわふじ・とういちろう）

一九四三年盛岡生まれ。一九七一年東京弁護士会に弁護士登録。東京弁護士会消費者委員長、日弁連消費者委員長、日本民主法律家協会事務局長などを歴任。現在、公益財団法人第五福竜丸平和協会監事。憲法、教育、労働、消費者、宗教、司法、医療、薬害などの分野に関心。豊田商事、霊視商法、スモン、未熟児網膜症、岩手靖国違憲訴訟、岩手銀行女子行員家族手当差別事件、湾岸戦争戦費支出差止請求事件、東京「日の丸・君が代」強制拒否事件等を担当。改憲への危機感から、ブログ「澤藤統一郎の憲法日記」（http://article9.jp/wordpress/）毎日更新中。

増補改訂版　前夜《ぜんや》
——日本国憲法と自民党改憲案を読み解く

二〇一五年十二月二十日　第一版第一刷発行
二〇一六年　一　月二十日　第一版第二刷発行

著者——梓澤和幸＋岩上安身＋澤藤統一郎

発行所——株式会社　現代書館
東京都千代田区飯田橋三—二—五　郵便番号　102—0072
電話　03—3221—1321　FAX　03—3262—5906　振替　00120—3—83725

発行者——菊地泰博
編集——原島康晴
組版——エディマン
装丁——中山銀士
印刷——平河工業社（本文）東光印刷所（カバー、表紙、見返し、帯）
製本——越後堂製本
校正協力——迎田睦子＋高梨恵一

ISBN978-4-7684-5779-5
●定価はカバーに表示してあります。乱丁・落丁本はお取り替えいたします。
http://www.gendaishokan.co.jp/

現代書館

池上彰・森達也 著
池上彰・森達也のこれだけは知っておきたいマスコミの大問題

テレビでは見られない池上氏の辛らつな政府・メディア批判！池上氏が自論とホンネ、体験談を惜しみなく展開！「朝日新聞への提言」をめぐって森氏は池上氏を批判！森氏が直接ぶつける池上批判と問いに池上氏はどう答えたか？

1400円＋税

孫崎享・鈴木邦男 著
いま語らねばならない戦前史の真相

ハト派の元エリート官僚と、行動右翼の戦前史をめぐる憂国歴史対談。大国との連戦でもたらされた明治の変質、知られざる近代日本の分かれ道、昭和時代の複雑な右翼思想の乱立状況。〈歴史の読み方〉〈国がヘンになったときの危機管理術〉など白熱の議論！

1600円＋税

孫崎 享 著
小説 外務省
尖閣問題の正体

『戦後史の正体』の著者が書いた、日本外交の真実。事実は闇に葬られ、隠蔽される〈つくられた国境紛争〉と危機を煽る権力者。外務省元官僚による驚愕のノンフィクション・ノベル。日本外務省の内幕を一気に読ませる

1600円＋税

橋爪大三郎 著
民主主義はやっぱり最高の政治制度である

陳腐で凡庸な民主主義が、なぜ、やっぱり、「最高」なのか。民主主義の歴史を検証し、9・11から3・11に至る、イラク戦争・政権交代・憲法・原発などの二一世紀初頭の事象をケーススタディに、実効性のある民主主義を身につけるために編まれた。

1800円＋税

日隅一雄 著
国民が本当の主権者になるための5つの方法

「主権者の振る舞い方」を示した「全ての市民のための教科書」。生活を豊かにするため、真に政治に関わるために、情報の必要性、報道の自由を担保する方法・選挙の重要性・行政監視の方法などを説く。**日隅一雄さんのラストメッセージ。宮台真司氏推薦**

1800円＋税

大谷恭子 著
共生社会へのリーガルベース
差別とたたかう現場から

障害者、外国人、少数民族、そして被災者……。マイノリティの人たちが自らの権利を取り戻そうとしてきた経緯を、国際人権条約をベースに、著者が弁護した事案や判例などを交えて解説。寛容な精神を基底とする〝共生社会〟への道筋を辿る。

2500円＋税

田中良紹 編
憲法調査会証言集 国のゆくえ

二〇〇〇年一月より国会に憲法調査会が設置され多くの有識者の憲法に対する考えが陳述され、二一世紀日本のあるべき姿が語られている。その中から、石原慎太郎・小田実・松本健一・渡部昇一・孫正義・姜尚中・市村真一の七氏の意見を収録し解説した。

2000円＋税

定価は二〇一五年十二月一日現在のものです。